HIMMEL + HÖLLE

Der Papst
verdammt die Armen
zu ewiger Armut

Ian Plimer

Himmel + Hölle

Der Papst verdammt die Armen zu ewiger Armut

Ian Plimer

Connor Court

Connor Court Publishing Pty Ltd

PO Box 224W
Ballarat VIC 3350
sales@connorcourt.com
www.connorcourt.com

ISBN 9781925138924 (German paperback edition)

Cover design by Ian James
Cover photo from L'Osservatore Italiano, used with permission

Der Gehirnkasten ist wie ein Fallschirm – er funktionert nur, wenn er offen ist.

- Barry Price, author

ÜBER DEN AUTOR

PROFESSOR IAN PLIMER ist Australiens bekanntester Geologe. Er ist Emeritus-Professor für Geowissenschaften an der Universität von Melbourne, wo er von 1991-2005 Ordinarius für Geologie war. Zuvor war er von 1985 bis 1991 Ordinarius an der Universität von Newcastle. 2006-2012 war er Professor für Minen-Geologie an der Universität von Adelaide und hatte eine Forschungsprofessur für Erzvorkommen der Deutschen Forschungsgemeinschaft DFG an der Ludwig-Maximilians-Universität München. Er hatte Ämter an der Universität von New England, der Universität von New South Wales, und der Macquarie Universität. Er hat mehr als 120 wissenschaftliche Beiträge verfasst und war einer von drei Herausgebern der fünfbändigen *Encyclopedia of Geology*. Dieses ist sein zehntes Buch für die allgemeine Leserschaft. Seine am besten bekannten Bücher sind *Telling lies for God* (Random House), *Milos – Geologic History* (Koan), *A Short History of Planet Earth* (ABC Books), *Heaven and Earth* (Connor Court), *How to get expelled from school* (Connor Court) und *Not for Greens* (Connor Court).

Plimer wurde ausgezeichnet mit der Leopold-von-Buch-Plakette der Deutschen Geologischen Gesellschaft, der Clarke Medal der Royal Society of New South Wales und der Sir Willis Connolly Medal des Australasian Institute of Mining and Metallurgy. Er ist *Fellow* der Australian Academy of Technological Sciences and Engineering und Ehrenmitglied der Geological Society of London. 1995 war er der Australische Humanist des Jahres und erhielt später die Jahrhundertmedaille, the Centenary Medal. Er war Geschäftsführender Herausgeber der Fachzeitschrift Mineralium Deposita, Präsident der

SGA, Präsident der IAGOD, Präsident des Australian Geoscience Council und war über viele Jahre Mitglied des Erdwissenschaftrates des Australian Research Council. Er erhielt den Eureka Preis für die Förderung der Wissenschaft, den Eureka Preis für *A Short History of Planet Earth* und den Michael Daley Preis für die Verbreitung der Wissenschaften. Er hat Regierungen und Grossunternehmen beraten und regelmässig im Rundfunk gewirkt. Dieses Buch stellt sicher, dass dem Autoren niemals eine päpstliche Ehrenwürde zugesprochen wird.

Professor Plimer verbrachte einen guten Teil seines Lebens in der rauhen Wirklichkeit der Bergbaustadt Broken Hill, wo Zink, Blei und Silber abgebaut werden. Dort braucht man interdisziplinäre wissenschaftliche Kenntnisse, gemischt mit einer Portion Skepsis und Pragmatismus. Seine Zeit im „outback" hat ihn mit jenen bekannt gemacht, die sofort die Schwächen eines Argumentes erkennen können. Er ist Schirmherr von Lifeline Broken Hill und des Broken Hill Geocentre. Er hat für North Broken Hill GmbH gearbeitet und war Direktor von CBH Resources Ltd. In seiner post-universitären Karriere ist er stolzer Direktor einer Anzahl von gelisteten (Silver City Minerals Ltd., Niuminco Group Ltd, Sun Resources NL, Lakes Oil NL und Kefi Minerals plc) und nicht gelisteten Hancock Explorationsunternehmen (Roy Hill Holdings Pty Ltd, Hope Downs Iron Ore Pty Ltd und Queensland Coal Pty Ltd).

Ein zuerst in Broken Hill gefundenes Mineral, Plimerit $ZnFe_4(PO_4)_3(OH)_5$ wurde in Anerkennung seines Beitrages zur Broken Hill Geologie nach Plimer benannt. Ironischerweise ist Plimerit grün und weich. Es bricht in ungleiche Stücke, ist leicht zerbrechlich und unlöslich in Alkohol. Eine am Boden zu jagende Spinne des Regenwaldes aus Tweed Range (NSW),

Austrotengella plimeri, wurde ihm zu Ehren benannt - wegen seiner streitbaren Beiträge zum Thema Klimawandel. Der Autor stellt sich gerne vor, *Austrotengella plimeri* wäre giftig. Sein Hund Benji hat ihn nie gebissen.

DANKSAGUNGEN

Dieses Buch wurde auf Anregung meines Verlegers Dr Anthony Cappello (Connor Court Publishing Pty Ltd) geschrieben, da viele konservative Katholiken durch die päpstliche Enzyklika *Laudato Si'* von 2015 verstimmt und nicht mit ihr einverstanden waren. Dieses ist mein viertes Buch mit Connor Court. Als bekannt wurde, dass ich dieses Buch schrieb, nahmen viele Katholiken Kontakt mit mir auf, da sie über die Botschaft der Enzyklika besorgt waren. Manche fanden sie verwirrend und andere konträr zur früheren Lehre. Anderen war bewusst dass die Enzyklika eine Präambel zur Beinflussung von Entscheidungen ist, die an der 2015 stattfindenden Konferenz der Vereinten Nationen zum Klimawandel in Paris (COP21/CMO11, 30. November – 11. Dezember 2015) getroffen werden. Manche waren erschüttert über die schwache Wissenschaft, die offensichtlich politische Natur der Enzyklika und die Laufbahn derer, die den Papst berieten.

Wegen der kurzen Frist zwischen Enzyklika und der Konferenz von Paris waren die Gutachter dieses Buches unter Hochdruck, um das Manuskript zu lesen, zu kritisieren, und erneut zu lesen, damit es rechtzeitig vor der Pariser Konferenz erscheinen konnte. Während dieses Buch geschrieben wurde, versank das Büro für den ganzen (australischen) Winter im Chaos und ich danke meiner Frau Maja, das sie mich ernährt und gewässert hat, für ihre Diskussionen über viele Aspekte dieses Buches, und dafür, dass sie mir eine große Stütze war. Bücher zu schreiben ist kein Spaß. Meine Frau hat ihre eigenen Bücher zu schreiben und nahm sich viel Auszeit von ihrer eigenen Arbeit, um dabei zu helfen, dass Himmel und Hölle fertiggestellt wurde. Die vier

Gutachter haben Himmel und Hölle mit sehr verschiedenen Augen angesehen und das Buch hat von ihrer furchtlosen Kritik, ihrer Pedanterie und ihrem Wissen profitiert. Jedwede Irrtümer gehen zu meinen Lasten.

Das Buch ist meinem guten Freund, früheren Studenten und Kollegen Gavin Thomas gewidmet, der leider verstorben ist. Nach nach der Publikation von *Telling Lies for God* im Jahre 1994 hatte Gavin Thomas mir während eines generösen und gut befeuchteten Mittagessens gesagt, dass die wahren Feinde der zivilisierten westlichen Gesellschaft die wütenden Umweltschützer seien und dass meine Auseinandersetzungen mit den Kreationisten nur Training für die großen Schlachten sei. Wie recht er hatte.

Inhaltsverzeichnis

1
ALARMGLOCKEN

Es hat sich nichts geändert

In der Zeit zwischen 499 und 449 vor Christus befand sich Griechenland im Kollaps, Persien wurde aggressiv und in Rom herrschte Unordnung. Zweieinhalbtausend Jahre später hat sich daran nichts geändert.

Das Klima hat sich immer gewandelt, der Kohlendioxid (CO_2)-Gehalt der Atmosphäre hat sich ständig gewandelt und die Vertreter eigennütziger Interessen haben immer schon „Wolf" gerufen. Auch daran hat sich nichts geändert.

Die päpstliche Enzyklika wiederholt 2015 denselben Fehler, den die Kirche schon 1615 machte, als sie die Erde statt der Sonne ins Zentrum des Universums stellte. Die Sonne bestimmt das Klima – nicht die menschlichen CO_2-Emissionen in die Erdatmosphäre. Ohne die Sonne gäbe es kein Leben auf der Erde. Daran hat sich nichts geändert.

Als Geologe habe ich mit Zeit, Raum, zyklischen Abläufen, planetaren Prozessen und Mikroprozessen zu tun. Hier ändert sich ständig alles, denn der Planet ist dynamisch.

Die päpstliche Enzyklika

Am 24. Mai 2015 veröffentlichte Papst Franziskus sein enzyklisches Rundschreiben *Laudato Si'* Über Die Sorge Für Das Gemeinsame Haus.[1] Der 184 Seiten umfassende Brief hat sechs Kapitel und 246 Paragraphen von denen sieben den Themen Umweltverschmutzung und Klimawandel gewidmet sind

1 http://w2.vatican.va/content/dam/francesco/pdf/encyclicals/documents/papa-francesco_20150524-enciclica-laudato-si_en.pdf

(Paragraphen 20-26, also weniger als 10% der Enzyklika).[2]

Das erste Kapitel -*Was unserem Haus widerfährt*- betrifft die Umwelt. Ich nehme in diesem Buch zu diesem Abschnitt Stellung. Kapitel zwei – *Das Evangelium von der Schöpfung* – ist theologischer Natur und dementsprechend gebe ich keinen Kommentar.

Die übrigen vier Kapitel -*Die menschliche Wurzel der ökologischen Krise; Eine ganzheitliche Ökologie; Einige Leitlinien für Orientierung und Handlung; Ökologische Erziehung und Spiritualität*- sind, wie ich in diesem Buch zeigen werde, eine Mischung aus Pseudowissenschaft und grünlinkem Umweltaktivismus. Die Enzyklika versucht, auf simplen Konzepten beruhende, einfache Lösungen für sehr komplexe Probleme vorzustellen. Sie ist an vielen Stellen wissenschaftlich unrichtig.[3]

Entgegen der Medienhysterie geht es in der Enzyklika nur wenig um globale Erwärmung, während es viel um Umwelt-Populismus geht, eine ökonomische Ideologie marxistischer Ausrichtung und Sprache. So wie sie ist, könnte die Enzyklika von Greenpeace geschrieben worden sein. Die zwei zuvor um allgemeine Unterstützung streitenden Glaubenssysteme der westlichen Welt, das Christentum und das atheistische Glaubenssystem des Kommunismus, sind beide im Niedergang. Die neue Religion des grünlinken Umweltschutzes „Environmentalism“ füllt dieses Vakuum.

Die Enzyklika des Papstes unterstützt die kommunistische Weltanschauung und propagiert die neue grünlinke Umweltreligion. Da sie weder die Glaubenssätze des

---

2 Hiernach ueberall als *Laudato Si'* bezeichnet

3 Fehlzitat von H. L. Mencken in “The Divine Afflatus” (*New York Evening Mail,* 16th November 1917): For every complex problem there is a solution that is neat, simple and wrong.

Kommunismus noch der Umweltreligion in Frage stellt, sehen viele konservative Katholiken in ihr einen Grund zur Sorge oder gar ein Sakrileg. Hier wird intellektuelle Ignoranz, besonders in Fragen des Klimas und Umwelt, als er Ehrerweisung Gottes verkleidet.

Der Papst ist eine theologische Autorität. Und doch verfällt er auf den populären rhetorischen Trugschluss des *argumentum ad verecundiam*[4] und nutzt die diskreditierte IPCC als seine Autorität in Fragen des Klimas und der Umwelt.

Die Enzyklika war Himmelsbrot für die grünlinken Umweltaktivisten. Viele Organisationen, die das Wort „Institut“ im Namen tragen, suchten sich in der Ausschüttung des Lobes für den Papst zu übertreffen. Die Enzyklika elektrisierte die Linke. Würden dieselben Claqueure auch die Auffassungen des Papstes zu Abtreibung, gleichgeschlechtlicher Ehe und Sterbehilfe befürworten?

Der Papst sollte ein Fürsprecher der Armen sein. Sie brauchen billigen, verlässlichen Kohle-Strom und trinkbares Wasser. Drückt die Enzyklika des Papstes diese Sorge aus? Ich argumentiere an dieser Stelle, dass sie das Gegenteil tut. Die Kirche stellt sich auf die Seite der wohlhabenden Propheten und Gewinnler des Weltuntergangs.

Die Enzyklika sehnt sich nach einer Welt vor der industriellen Revolution. In dieser, so wird behauptet, war das Leben einfacher, sauberer und glücklicher. Wie ich später zeigen werde, war dem nicht so. Die Welt und Umwelt dieser naiven Mary Poppins Vorstellung hat es nie gegeben. Die Geschichte lehrt uns, dass die Lebenserwartung weit geringer war. Hungersnöte waren häufig, Armut war universell, Menschenrechte und das Recht auf Eigentum existierten nicht, das menschliche Leben hatte keinen Wert. Das Leben war brutal. Die Menschen glaubten damals fest

---

4 Argument durch Anruf der Autorität

an ein besseres Leben nach dem Tode, wodurch das Leiden auf Erden erträglich wurde.

Die Enzyklika nimmt für sich in Anspruch, nicht nur für 1,2 Milliarden Katholiken weltweit, sondern für die ganze Menschheit geschrieben zu sein. Ich schreibe den ersten Teil dieses Buches in Riad, der Hauptstadt des Königreiches von Saudi-Arabien, wo sich keine Spalte der Zeitungen mit der Enzyklika befasste und wo sie in den örtlichen elektronischen Medien nicht erwähnt wurde. Die Enzyklika ist ungehemmt politischer Natur. Sie appelliert im Vorlauf der UN Klimawandel-Konferenz in Paris im Dezember 2015 an die öffentliche Meinung im Westen.[5]

Man kann daran fühlen, dass die Pariser Konferenz näher rückt. Klima-„Wissenschaftler“ machen in den vorangehenden Monaten immer furchteinflößendere Vorhersagen und die Medien sind in Geschichten vom Ende der Welt verliebt. Die Enzyklika gießt Öl in dieses Feuer und der Zeitpunkt ihrer Veröffentlichung ist kein Zufall. Wie bei früheren Klimakonferenzen ist das Ergebnis vorhersagbar. Vor jedweder Teilnahme an einer Konferenz sollten die Delegierten Mackay's 1841 geschriebenes Buch *Extraordinary Popular Delusions And The Madness Of The Crowds*[6] lesen. Es hat sich nichts geändert.

Die Enzyklika könnte gut für afrikanische und südamerikanische Bischöfe geschrieben sein. Sie ist wohlmeinend, sanft, naiv und hat wenig Bezug zur einer realen Welt, in der es Wettbewerb gibt, in der eine Spezies die andere für Nahrung umbringt, in der Arten einander ständig durch Aussterben und Weiterentwicklung folgen, und in der eine Lösung für die Armut nicht durch den Rückzug zu Gaia gefunden werden kann. Der normale Verlauf

---

5 COP21, Paris, 30. November – 11. Dezember 2015

6 MacKay, C. 1841: *Extraordinary Popular Delusions and The Madness Of Crowds.* Three Rivers Press

eines sich wandelnden Klimas wird hier zum Beweis für drohenden Weltuntergang umgedeutet. Natürlich ist dabei all dies das Ergebnis menschlichen Handelns.

Die Enzyklika ist eine Überraschung, da sie die neue Umweltreligion umarmt. Dieses Glaubenssystem der Städter huldigt der Erde. Ihm fehlen Geschichte, Musik, Philosophie, wohltätige und erzieherische Funktionen, Struktur, tiefe Spiritualität oder ein Verständnis davon, was es bedeutet, ein Mensch zu sein. In der Tat hat die neue Religion alle Kennzeichen eines totalitären, gegen den Menschen gerichteten Glaubenssystems mit sofortigen Belohnungsfunktionen.

Primitive Gesellschaften deuten außergewöhnliche Wetterereignisse als Strafe Gottes (oder der Götter) für die Sünden des Menschen. Die Bibel, besonders das Alte Testament, hat viele solche Erklärungen für natürliche Phänomene. In der heutigen Zeit des post-modernistischen Neo-Romantizismus sind extreme Wetterereignisse Folgen der skrupellosen Industrialisierung der westlichen Welt, für die wir in Form des Klimawandels bestraft werden.

Viele Kommentatoren haben geschrieben, dass der Papst moralische Tugend mit grünlinker politischer Ideologie gleichsetzt. Er trete neben einer wirtschaftlichen Schrumpfung des Westens auch für internationale Abkommen über Kohlendioxid-Immissionen, eine Neuverteilung des Wohlstands und die Anwendung von Sanktionen ein[7]. Weder Indien noch China werden der Enzyklika irgendwelche Beachtung schenken, denn sie wollen ihre Völker aus der Armut führen. Sie werden der Hypokrisie des wohlhabenden Westens ebenso wenig zustimmen, wie dem Brustschlagen der Aktivisten heißer Luft, einer päpstlichen Enzyklika oder politischen Spielen der Energiekonzerne. Was China sagt und was China tut sind

---

7 Leitartikel, *The Australian,* 14. Juli 2015

zwei verschiedene Dinge. Wie ich später argumentiere, ist die päpstliche Enzyklika ein Fahrplan, um Milliarden von Menschen in die Armut zu stoßen.

Darum dieses Buch. Es behandelt die Mängel und Konsequenzen der päpstlichen Enzyklika. Als er gewählt wurde, sagte Papst Franziskus, dass er eine arme Kirche für die Armen führen wolle. Und doch wird *Laudato Si'*, meiner Meinung nach, zu mehr Armut führen. Denn der Papst sagt nicht, dass freie Märkte, personale Freiheit, das Recht auf Eigentum, Demokratie sowie billige und verlässliche Energie Milliarden von Menschen von der Armut befreien werden – besonders in Afrika, auf dem indischen Subkontinent, in Asien und Südamerika. Genau dies hat sich im Westen ereignet, primär während der Aufklärung und einer durch Kohle angefeuerten Industriellen Revolution in den Ländern des Westens. Der Papst ignoriert den einzigen erwiesenen Weg aus der Armut. Der Papst verwirrt das, was er „zügellose Unersättlichkeit"[8] nennt, mit pulsierenden Ökonomien und dem durch sie hervorgebrachten Wohlstand. Wohlstand ist notwendig, um Nahrung, Trinkwasser und billige Energie zu erzeugen, die wiederum Arbeitsplätze schaffen. In der Vergangenheit sind diese Vorgänge niemals durch Milliarden von Dollars internationaler Wirtschaftshilfe oder Umverteilung des Vermögens in Gang gesetzt worden. Warum sollte dies nun der Fall sein?

Der Papst heisst Dissenz willkommen. Dieses ist das Ziel dieses Buches. Der Papst sagt[9]: „*Es steht die Entwicklung einer neuen Synthese aus, welche die falschen Dialektiken der letzten Jahrhunderte überwindet*". Und doch wiederholt der Papst all die altbekannten, falschen und widerlegten Argumente zu Klimawandel und Umwelt. Die Enzyklika ist ein schauderhaftes

8 *Laudato Si'*, Paragraph 237

9 *Laudato Si'*, Paragraph 121

Dokument, arm an Wissenschaft, Logik und Fakten. Sie spiegelt eine Ideologie, die nur in einem Raum ohne Wirtschaft und Geschichte existieren kann. Der Vatikan verfügt über aussergewöhnlich gute Archive und Aufzeichnungen. Dennoch ignoriert die Enzyklika die Wirtschaftsgeschichte. Sie ignoriert die Geschichte und Philosophie der Wissenschaft und ignoriert die Entwicklung des westlichen Christentums.

Meine Kommentare sind keine respektlose Attacke auf den Papst, das Christentum oder irgendeine Religion. Ich habe höchste Anerkennung dafür, dass Christen sich seit 2000 Jahren darum bemühen, eine bessere Welt zu schaffen, indem sie sich um andere sorgen und sich für andere opfern. Jawohl, das haben sie getan. Nur wenige andere Religionen können das von sich behaupten. Selbstlosigkeit und Streben nach dem Ende von Armut und Sklaverei sind Säulen des Christentums.

Papst Franziskus hat es versäumt, den wesentlichen Unterschied zwischen reichen und armen Ländern zur Kenntnis zu nehmen. Die reichen Länder haben ihre Ressourcen an fossilen Treibstoffen erfolgreich entwickelt, um damit billige Transportsysteme und Energie zum Heizen, Kühlen, Kochen, Kommunizieren, Unterhalten und Beschäftigen bereitzustellen. Energie hat die harten Lasten des Alltags abgeschafft. Menschen waren einst wie Lasttiere und die Industrielle Revolution übergab diese Lasten der Kohle. Menschen verbrachten Tausende von Jahren mit dem Versuch, bei kaltem Wetter nicht zu frieren und haben doch Eis für viele Aufgaben verwendet – zum Beispiel um Fisch zwischen Ozean und Küche frisch zu halten. Seit fast zwei Jahrhunderten haben wir Kühlschränke in unseren Häusern, die mit Öl, Kerosin, Gas oder Elektrizität betrieben werden und dazu dienen, Gemüse frisch zu halten und die für Getränke benötigten Eiswürfel herzustellen. Dadurch bleibt uns erspart, täglich jagen und sammeln gehen zu müssen. Nahrungsmittel verderben in der Hitze, Kühlung macht Nahrungsmittel haltbar.

Auch auf anderen Feldern benötigen wir große Mengen an Energie, um der Luft Wärme zu entziehen und flüssigen Stickstoff (-192°C) herzustellen, der für vielfältige medizinische und wissenschaftliche Anwendungen benötigt wird. Magnetresonanztomographen brauchen flüssiges Helium (-269°C). Eine noch größere Menge an Energie wird benötigt, um Helium auf Temperaturen gerade oberhalb des absoluten Nullpunkts zu kühlen (-273.15°C). All dies wird primär mit Energie bewältigt, die aus fossilen Brennstoffen stammt.

Seine Heiligkeit beklagt den exzessiven Konsum der weltlichen Wegwerfgesellschaft[10], wünscht weniger Wachstum und scheint sich nicht bewusst zu sein, dass es eine enge Verbindung zwischen Bruttosozialprodukt und Lebenserwartung gibt. So berichtete etwa die Weltbank im Jahre 1981[11], dass 42% der Menschen in Entwicklungsländern von weniger als einem Dollar pro Tag lebten. Heute sind es nur noch 28%, obwohl die Bevölkerung massiv gewachsen ist.[12] 1960 ernährte die Welt 3 Milliarden Menschen. Heute ernährt sind es mehr als 7 Milliarden. Dies ist ohne Präzedenz in der Geschichte. Es gibt einen sehr einfachen Weg die Armut zu überwinden: Werde wohlhabend. Das braucht Zeit.

Die westliche Welt

Die wohlhabenden Länder wurden nicht über Nacht reich. Erst Jahrhunderte von Freihandel, Demokratie, Kreativität, Ressourcennutzung und Eigentumsrechten machten die Schaffung von Wohlstand möglich. Es sind nicht die Regierungen,

---

10 *Laudato Si'*, Paragraph 22

11 http://documents.worldbank.org/curated/en/1981/01/438420/world-bank-annual-report-1981

12 http://www.worldbank.org/en/about/annual-report

kollektiven oder internationalen Vereinbarungen, die diesen Wohlstand geschaffen haben. Es waren Individuen. Indem Papst Franziskus den armen Ländern den Zugang zu fossilen Brennstoffen verweigert, verdammt er sie zu dauerhafter Armut und mit ihr zu Krankheit, Kurzlebigkeit und Arbeitslosigkeit.

Die westliche Welt entstand nicht wie von Geisterhand geschaffen. Es war ein langes progressives und regressives Schuften über einen Zeitraum von mehr als 2000 Jahren, durch die Epoche der Griechen und Römer, das finstere Mittelalter, das Mittelalter, die Renaissance, die Reformation, die Aufklärung, die Romantik und nun die Moderne.

Unsere Denkprozesse, Religionen, Literatur, Kunst, Musik, Regierung, Freiheiten, Handel, Recht, Finanzsysteme, Ingenieurskunst und Wissenschaft sind das Produkt dieser 2000-jährigen Reise. Es gab große rückschrittliche Perioden, wie etwa das finstere Mittelalter. Andere Kulturen haben diese Reise nicht gemacht. Für mich persönlich ist der Unterschied zwischen westlichen Kulturen und jenen Asiens, Afrikas und andernorts der Kontrapunkt. Es brauchte in den westlichen Kulturen etwa 200 Jahre, um von der Kirchenmusik des elften Jahrhunderts zu einer Technik zu gelangen, die viele und verschiedene Melodien und Instrumente gleichzeitig zusammen klingen lässt. Keine andere Kultur hat Musik hervorgebracht, die den Kontrapunkt nutzt.[13]

Die Evolution der Wissenschaft

Logik und Wissenschaft nahmen im alten Griechenland eine wichtige Stellung ein. Aristoteles wird allgemein als Vater der Wissenschaft angesehen. Beobachtung, Messung und rationale Erklärung natürlicher Phänomene standen am Beginn der Wissenschaft, wenngleich einige der Schlussfolgerungen von

13 Owen, H. 1992: *Modal and tonal counterpoint.* Schirmer Books

damals heute in Frage gestellt werden können.

So glaubte man zum Beispiel, dass Tragen eines Amethysten könne Trunkenheit und Verrücktheit vorbeugen. Amethystos kann man wörtlich als „nicht betrunken“ übersetzen. Ich habe ein Experiment durchgeführt, etwas das die alten Griechen üblicherweise nicht als Bestandteil ihrer Wissenschaft ansahen, und ich kann Ihnen versichern, dass das Tragen eines Amethysten die Trunkenheit nicht verhindert. Als geschulter Wissenschaftler musste ich dieses Experiment zum Zwecke der Datensicherung viele Male unternehmen. Dies habe ich für euch getan verehrter Leser, um euer Leben reicher zu machen. Irgendjemand muss es ja tun.

Das alte Griechenland

Es gibt eine ganze Reihe alter griechischer Mythen über den Amethysten. Hier nur einer davon: Dionysus, der Gott der Trunkenheit und des Weins, verfolgte Amethystos, die – wie es sich für eine tadellose Jungfrau gehört– seine Avancen ablehnte. Sie betete zu Artemis, dass sie rein bleiben möge und wurde in einen weißen Stein verwandelt. Dieser verfärbte sich violett, als Dionysos Wein darüber goss. Dies ist keine Wissenschaft, dies ist ein Mythos.

Im alten Griechenland entwickelte sich eine Form der Demokratie. Was wir heute als Demokratie verstehen, ist sicherlich nicht dasselbe wie die *demokratia* des Cleisthenes 509 vor Christus. Nur ein kleiner Teil der Gemeinschaft konnte an ihr teilnehmen. Stimmberechtigt waren die Männer Athens in der zweiten Generation im Alter über 18 Jahren.[14] Die Demokratien des Westens haben viele Gemeinsamkeiten, wie zum Beispiel das Prinzip der Gewaltenteilung. Das System der Vereinigten Staaten ist aber dennoch anders, als das von

14 Holland, T. 2013: *Herodotus: The histories.* Penguin Classics

Kanada, dem Vereinigten Königreich, Deutschland, Australien oder das anderer Rechtsräume. Die westliche Demokratie kennt optionale, präferentielle und verpflichtende Wahlsysteme, Zwei-Parteiensysteme, Viel-Parteiensysteme und auch eine Koalition von Parteien und Staatsführern mit Exekutivgewalt. Westliche Demokratien sind substantiell anders als die ursprüngliche griechische *demokratia*. Länder, die sich als demokratische Volksrepublik bezeichnen, sind üblicherweise totalitär, undemokratisch oder ein System feudaler Familien.

Das römische Recht

Lange bevor die Römische Republik ausgerufen wurde, hatte sich das Römische Recht als vererbter Aspekt des Sozialwesens über Generationen entwickelt.[15] 451 vor Christus wurde ein Rat beauftragt, das Recht niederzuschreiben.[16] Dabei wurde kein neues Recht geschaffen, sondern einfach das Gewohnheitsrecht niedergelegt. Die Ausbreitung der Römischen Republik über eine große Landfläche führte zur Entwicklung des Nationalrechtes (*ius gentium*) und des Naturrechtes (*ius naturale*). *Gentium* war jener Teil des Rechtes, der auf vernünftigem Einverständnis basierte das Gesellschaft und Menschen in Lebenspraxis teilten, während das *naturale* auf Prinzipien aufbaute, die allen lebenden Kreaturen gemein sind.

Der Gesetzeskodex des Justinian ging nach dem Fall Roms verloren, wurde im Bologna des elften Jahrhunderts wieder belebt und verbreitete sich dann über ganz Europa. Wenn auch das Weströmische Reich im Jahre 476 nach Christus unterging, so entliehen doch die Rechtssysteme der westlichen Gesellschaften mannigfach vom Körper des bürgerlichen Gesetzes (*corpus iuris civilis*), der auf dem Gesetzeskodex des Justinian von 534 nach

15 https://www.law.berkeley.edu/library/robbins RomanLegalTradition.html

16 Das Zwölftafelgesetz

Christus aufbaute und im oströmischen Reich entstand.

Licht aus im Finsteren Mittelalter

Als mit dem Untergang des Römischen Reiches das Licht Roms erloschen war, kam es zu einem kulturellen, wirtschaftlichen und sozialen Niedergang. Dieser Zeitraum ist das Finstere Mittelalter. Darüber hinaus war dies eine Periode natürlicher Abkühlung des Klimas mit sehr variablen Wetterkonditionen. Die Wirtschaft schrumpfte, als die Ernten ausblieben. Dem folgten Hunger, Krankheit, der Zusammenbruch der Wirtschaft und Krieg. Es war eine furchtbare Zeit, um zu leben. Erzählen Sie mir nichts von der guten alten Zeit. Sie war nicht gut. Viele Fortschritte der Griechen und Römer gingen verloren, wenn auch die wissenschaftliche Methode in der arabischen Welt überlebte.

Im Irak des elften Jahrhunderts schrieb Alhazen über die wissenschaftliche Methode. Er betonte, dass derjenige, der die Wahrheit sucht, sich nicht dem Konsens anvertraut. Vielmehr sucht der Gelehrte seine Thesen zu verifizieren, in dem er sich auf hart erarbeitetes wissenschaftliches Wissen stützt. So zweifelte Alhazen zum Beispiel am Werk des Ptolomäus und sagte dazu *inter alia*[17]: „*Der Weg zur Wahrheit ist lang und hart: aber genau das ist der Weg, dem wir folgen müssen.*“Solches Denken würde in der westlichen Welt für Jahrhunderte nicht zum Vorschein treten.

Das Kopieren von Manuskripten ist ein Maß der ökonomischen Produktivität und Verbreitung des Wissens im Finsteren

---

17 http://www.africaresource.com/rasta/sesostris-the-great-the-egyptian-hercules/wise-words-of-alhazen-the-moorish-master-and-founder-of-the-scientific-method/

Mittelalter.[18] Im sechsten, siebten und achten Jahrhundert wurden fast keine Werke kopiert. Ein geringer Anstieg der Aktivität wird im neunten, zehnten und elften Jahrhundert verzeichnet; vom zwölften Jahrhundert an kam es zu einem exponentiellen Anstieg des Kopierens von Manuskripten in Mittelalter, Renaissance, Reformation und Aufklärung. Auch wenn die Chinesen den Buchdruck unter Verwendung eines Drucksatzes im elften Jahrhundert erfunden hatten, so wurde dieselbe Erfindung in der westlichen Welt 1440 von Johannes Gutenberg erneut gemacht. Die Massenveröffentlichung von Büchern führte zu einer weiten Verbreitung des Lesens, besserer Ausbildung und Aufklärung.

Warme Zeiten

Im frühen Mittelalter gab es viel soziale Disruption, die sich in Entvölkerung, dem Untergang von Städte, Invasionen und der Bildung von Diasporas niederschlug. Königreiche kamen und gingen. Während des Hochmittelalters stieg die landwirtschaftliche und technologische Produktion Europas wegen einer natürlichen Periode der Erwärmung stark an. Es gab damals keine CO_2-emittierenden Industrien, die den Planet hätten wärmer machen können. Und doch gab es diese Periode, die Mittelalterliche Warmzeit. Sie war ein natürlicher Prozess.

Grünlinke Umweltaktivisten müssen zur Kenntnis nehmen, dass es viele natürliche Erwärmungszyklen gab, zum Beispiel den minoischen, griechisch-römischen, mittelalterlichen und modernen Zyklus. Ebenso gab es Abkühlungszyklen wie das Finstere Mittelalter und die Kleinen Eiszeiten. Frühere Warmzeiten waren wärmer als die Jetzige und die Welt ist nicht untergegangen ist; der Meerespiegel ist nicht

18 Bruingh, Eltjo und van Zandern, Jan Luiten 2009: Charting the 'Rise of the West': Manuscripts and printed books in Europe, a long-term perspective from the sixth through eighteenth Centuries. *Jour. Econ. History* 69: 409-445

alarmierend anstiegen und es gab auch keine erhöhte Frequenz an Stürmen oder extremen Wetterereignissen. Tatsächlich gediehen die Bevölkerungen in den wärmeren Zeiten. Aber Anstatt eines Versuches, zu einem tieferen Verständnis von Klima und Geschichte zu kommen, entfernten die grünlinken Umweltaktivisten einfach die Mittelalterliche Warmzeit aus den Aufzeichnungen.[19] Wenn immer Menschen die Geschichte neu schreiben, so können ihre Motive nur fragwürdig sein.

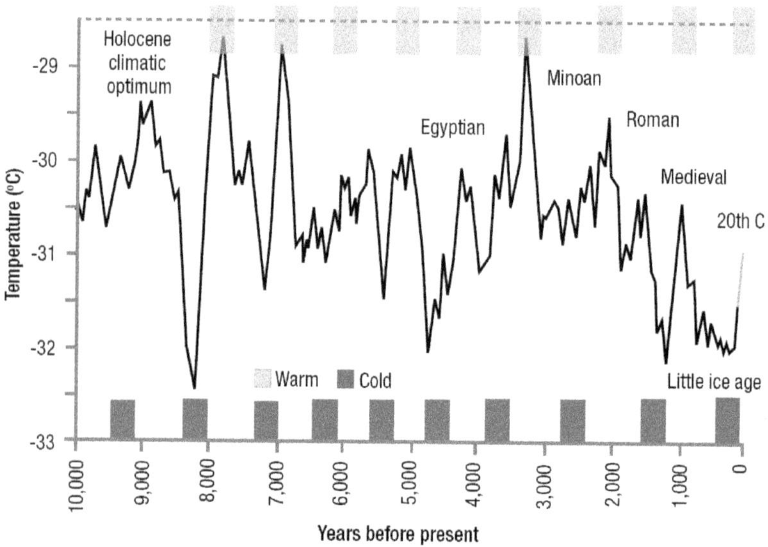

Abbbildung 1: Grönland GISP2 Interglaziale Temperatur-Rekonstruktion aus Eisbohrkernen aufgetragen gegen die Zeit. Gezeigt ist das Atlantikum (Holozän Klima-Optimum), sowie die ägyptische, minoische, römische, mittelalterliche und moderne Warmzeit.[20] *Nota bene* war die meiste Zeit der letzten 10.000 Jahre die Erde wärmer als heute. Der derzeitige interglaziale Temperaturtrend ist absteigend.

19 Klein, Naomi 2014: *This changes everything: Capitalism vs. The climate.* Simon and Schuster

20 Alley, R. B. 2000: The younger Dryas cold interval as viewed from central Greenland. *Jour. Quat. Sci.* Revs 19: 213-226

Bis wir die gut gesicherten zurückliegenden Episoden natürlicher globaler Erwärmung rational erklären können, sollten wir sehr zurückhaltend sein mit der Behauptung, dass die wärmeren Zeiten, die wir heute erleben dürfen, eine Folge unserer Aktivitäten seien und nicht einfach natürliche Klimazyklen. Zeit und Raum der Geologie lehren uns große Demut und setzen den heutigen Wandel ins Verhältnis. Was wir heute sehen ist nichts verglichen mit den großen Ereignissen der Vergangenheit. Es hilft uns nicht, narzisstisch zu sein oder voller menschlicher Arroganz. Es waren die kalten Zeiten, die Menschen töteten, Pflanzen und Tiere töteten und in der Bildung von Wüsten endeten. In der geologischen Vergangenheit waren es die kalten Zeiten, die die Artenzahl reduzierten. Dasselbe Prinzip beobachten wir auch heute im Muster der Verteilung der Arten über die Klimazonen der Erde.

Etwa 90 % aller Arten leben in den Tropen, während weniger als ein Prozent an den Polen leben.[21] Das ist keine Überraschung. Wenn ich als Geologe fossil-tragende Aufschlüsse von Sedimentgestein untersuche, so zähle ich rasch die Arten, um so herauszufinden, ob das Material ursprünglich in einem hohen oder niedrigen Breitengrad abgelagert worden ist. Paläomagnetische Studien liefern dann später eine genauere Bestimmung.

Im späten 20. und frühen 21. Jahrhundert auf dem Planeten Erde leben zu dürfen, ist ein Hauptgewinn in der Klimalotterie. In Perioden natürlicher Erwärmung wird man alt, die Bevölkerung wächst, die Wirtschaft wächst, der Hunger nimmt ab und das Recht regiert. Es ist immer schon weit besser gewesen, in wärmeren Zeiten zu leben, als in der Kälte. So ist das auch heute noch.

---

21 Brown, J. H. 2014: Why are there so many species in the tropics. *Jour Biogeography* 41: 8-22

Im mittelalterlichen Grönland wurden Weizen und Gerste kultiviert; Vieh weidete auf dem Grasland und man konnte Gräber ausheben, weil der Permafrost verschwunden war. Die Wikinger profitierten zuerst von der mittelalterlichen Warmzeit und begannen, ihren Herrschaftsbereich auszuweiten. Ihre Fischgründe und ihr Agrarland reichten bis zum Vereinigten Königreich, Europa und Russland. Europa war wärmer als jetzt. Nutzpflanzen wurden auf Höhen und in Breitengraden angepflanzt, in denen dies heute nicht möglich wäre. Es gab weniger Stürme. Die Baumgrenze in den Alpen wanderte nach oben, während die Gletscher zurückgingen. All dies erzeugte eine Periode großer wirtschaftlicher Stabilität mit Bevölkerungszuwachs und wirtschaftlichem Wachstum.

Für Jahrhunderte fiel die Ernte der Feldfrüchte nicht aus, oft gab es in der nördlichen Hemisphäre zwei Ernten. Der Wohlstand wuchs, und Überschuss wurde darauf verwandt, Universitäten zu bauen, Kathedralen (zum Beispiel Chartres, Frankreich) und Klöster, im Versuch das heidnische Europa zum Christentum zu bekehren. Große Kreuzzüge zogen ins Heilige Land. Bauern lebten in feudalen Dörfern, die ihr Leben dem Adel verdankten, während der Adel Land zum Ausgleich für geleistete Militärdienste besass. Könige regierten zentralisierte Nationalstaaten. Verbrechen und Gewalt nahmen ab. Für die Bewohner der Anglosphäre ist ein ansonsten ziemlich langweiliges Feld an der oberen Themse (Runnymede) von grosser Bedeutung, da hier die *Magna Carta* unterzeichnet wurde. Das Zugeständnis, das König John am 16. Juni 1215 in der *Magna Carta* machte, war ein revolutionärer Fortschritt für das Gesetz. Indem der König dem Gesetz fortan verpflichtet war, wurde eine klare formale Anerkennung der Herrschaft des Gesetzes erzielt. Die Steuererhebung wurde reguliert, statt wie zuvor beliebig zu sein.

Die stabilen, warmen, gedeihlichen Zeiten der Mittelalterlichen Warmzeit führten zu großen theologischen und philosophischen Fortschritten (Thomas Aquinas 1225-1274), zur Blüte der Kunst (Giotto 1266-1337) und Dichtung (Dante 1265-1321, Petrarca 1304-1374, Boccaccio 1313-1375, Chaucer 1343-1400). Dies war der Beginn der Renaissance.

Die Renaissance

Die Renaissance (14.-17. Jahrhundert nach Christus) war die Brücke zwischen Mittelalter und Moderne. Sie begann als Kulturbewegung in Italien und verbreitete sich über ganz Europa. Alle Völker des Westens haben von der Renaissance empfangen. Das Klima brauchte zwei Jahrzehnte, um sich von der Mittelalterlichen Warmzeit zur Kleinen Eiszeit zwischen 1280 und 1303 zu wandeln. Wichtige Seewege war eisbedeckt, so etwa 1303 der Bottnische Meerbusen. Der Planet kühlte sich ab, die Feldfrüchte gediehen nicht, die Menschen hungerten und die geschwächte Bevölkerung fiel dem schwarzen Tod zum Opfer.[22]

Die erste gut aufgezeichnete globale Pandemie im Jahre 542, die Pest des Justinian, verursachte den Tod von bis zu 50 Millionen Menschen. Während der zweiten Pandemie starb zwischen 1347 und 1350 ein Drittel aller Europäer am Schwarzen Tod. In manchen Städten erlagen bis zu 60 % der Bevölkerung der Krankheit. Die Pest hat uns nicht verlassen. Seit dem schwarzen Tod gab es lokalisierte Ausbrüche der Pest im Europa des 17. und 18. Jahrhundert und im China und Indien im 19. Jahrhundert.

---

22 Die Beulenpest (Yersinia pestis) wurde von Fliegen von Schiffen, die asiatische Häfen besucht hatten eingeschleppt, und verbreitete sich in Europa aufgrund schlechter Hygiene und dem Fehlen sauberen Trinkwassers.

Im frühen 20. Jahrhundert gab es viele lokalisierte Erkrankungen an der Pest in Australien. Es gibt immer noch Berichte über isolierte Fälle. So musste zum Beispiel 2015 ein Camping-Platz im Yosemite Nationalpark in den USA zweimal geschlossen werden, da sich dort zwei Besucher - vermutlich an Eichhörnchen- mit der Pest infiziert hatten. Es gab zwei weitere Ausbrüche in Colorado und ein Erwachsener starb.[23]

Die Kleine Eiszeit am Beginn der Renaissance führte zu Unruhen, Bevölkerungsschwund, ökonomischem Zusammenbruch, Bauernrevolten und Konflikten in der Kirche. Der Schwarze Tod und die durch ihn hervorgerufene Dezimierung der Bevölkerung stimulierten ein neues Denken über das Leben in der Welt, über Spiritualität und das Leben nach dem Tod. Dies mag zu der Flut religiöser Malerei in der Renaissance beigetragen haben.

Es ist nicht bekannt, warum die Renaissance in Florenz begann, wo viele große Künstler lebten, wie etwa Leonardo da Vinci, Sandro Botticelli und Michelangelo Buonarotti, um nur wenige zu nennen. Nicht nur die Kunst blühte, sondern auch neue und aufregende akademische Disziplinen wie Dichtung, Grammatik, Geschichte, Moralphilosophie, Rhetorik, Mathematik, Naturphilosophie (d.h. Naturwissenschaft) und Astronomie. Die wissenschaftliche Methode erlangte Bedeutung. Mathematik und empirische Evidenz wurden als Methoden zum Verstehen der Natur entwickelt. Polyphonie und Kontrapunkt erhoben sich aus der recht farblosen Kirchenmusik, hauptsächlich Gesänge. Die Buchführung wurde erfunden.

Die Renaissance begann in Zeiten religiöser Verwerfung. Drei Männer behaupteten gleichzeitig, Papst zu sein. Erst 1512 kristallisierte sich im fünften Laterankonzil das Papsttum als die höchste Autorität in kirchlichen Fragen heraus.

---

23 http://edition.cnn.com/2015/08/18/health/yosemite-plague/

Die italienische Renaissance breitete sich in den Norden Europas aus und so kam es dort zu großer Innovation in Architektur, Kunst (z.B. Albrecht Dürer, Pieter Breughel, Hieronymus Bosch, el Greco), Literatur (z.B. François Rabelais und Miguel de Cervantes), Dichtung, Ballett (zum Beispiel Katharina de' Medici) und Musik. In England brachte die Renaissance Schriftsteller wie William Shakespeare, Francis Bacon und John Milton und Komponisten wie Thomas Tallis und William Byrd hervor. Mit ihrer Kreativität, Innovation, Kritik der Religion und ihrem freieren Denken legten Renaissance und Reformation den Grundstein für die Aufklärung des 17. und 18. Jahrhunderts. Der Druck von Pamphleten und Büchern ermöglichte es neuen Ideen, sich wie Wildfeuer zu verbreiten.

Die Reformation

1517 leitete die Publikation der 95 Thesen des Martin Luther (1483-1546) die Reformation ein. Der Buchdruck, die Erfindung besseren Papiers und besserer Tinte und somit die Verfügbarkeit einer Vielzahl von billig gedruckten Büchern propagierte die rasche Verbreitung neuer Ideen, Pamphlete, Bücher, gedruckter Musik und Heresien. Die Verbreitung gedruckten Materials machte es möglich, die Autoritäten herauszufordern. Der aufbereitete Boden des Andersdenkens erlaubte es Martin Luther, so wie Johannes Calvin und Heinrich VIII, ein Feuer im Gras zu entfachen, dass sich zu einem Buschfeuer auswuchs. Luther wurde exkommuniziert und übersetzte die Bibel ins Deutsche. Dies verminderte die Macht des Klerus.

Die Reformation zersplitterte das katholische Europa und legte den Grundstein für das moderne Europa, so wie sie auch die Kirche von England hervorbrachte. Die Reformation zielte auf die Umverteilung politischer und religiöser Macht ab. Dadurch rief sie Kriege, Verfolgung und die Konterreformation als Antwort auf den Protestantismus hervor. In der Konterreformation wurde die katholische Kirche spiritueller, belesener und gebildeter. Neue religiöse Orden wie die Jesuiten wurden gegründet und die alten Orden wurden erneuert. In Spanien und Italien kämpfte die Inquisition gegen protestantische Abwanderung und Irrglauben. In Deutschland endete die Reformation mit dem Frieden von Augsburg, der das Zusammenleben von Protestantismus und Katholizismus ermöglichte. Es gab Bauernaufstände und der Westfälische Friede beendete 1648 den 30-jährigen Krieg, der Deutschland etwa 40% seiner Bevölkerung gekostet hatte. In Norddeutschland, Skandinavien und in den baltischen Staaten wurde der lutherische Glaube zur Staatsreligion.

Nicht alles daran war schlecht. Die lutherische Kirchenmusik gedieh, Universitäten und Barockkunst blühten und die holländischen calvinistischen Händler verbreiteten den Kapitalismus. Durch Johann Sebastian Bach (1685-1750 AD) wurde Musik weit technischer und baute auf harmonischen Tonleitern auf. Bachs „Das wohltemperierte Klavier" war eine Sammlung von 48 Paaren von Präludien und Fugen, komponiert in jeder der zwölf Dur- und Moll-Tonarten. Dies führte von den pythagoreischen Tonleitern hin zu den wohltemperierten Skalen. Durch diese Entwicklung wurde vermieden, dass dieselbe Musik in einer Tonart furchtbar und in einer anderen wunderbar klang[24]. Ich würde behaupten, dass die moderne Dschungelmusik zu disharmonischer Kakophonie geworden ist – ein weiteres Symptom des derzeitigen post-modernistischen Neo-Romantizismus.

---

24 Warum schreibt dieser Clown Plimer über den Kontrapunkt, Bach, Tonleitern, und wohl-temperierte Musik? Weil dieses Buch zu Musik von Radio Swiss Classic geschrieben wurde. Sehen Sie selbst auf www.radioswissclassic.ch; es wird Ihren Tag erheben. Vergessen Sie ABC, selbst die Musik tönt rot.

Die Aufklärung

Die ganze westliche Welt profitierte von der Aufklärung des 17. und 18. Jahrhunderts. Kaffeehäuser, private Salons, Debattierklubs und Logen waren Orte lebhaften Meinungsaustausches. Diese Periode wird manchmal auch als Zeitalter der Vernunft bezeichnet, weil Philosophen[25] wie Bacon, Descartes, Locke, Spinoza, Newton, Voltaire, Hume und Kant großen Einfluss auf die Entwicklung des tatsächlichen Denkens hatten. Könige und andere Herrscher holten Intellektuelle an ihren Hof, setzten zuvor undenkbare Sozialreformen um, bildeten sich zur Toleranz und unterstützten die wissenschaftliche Evolution die Isaac Newton in Gang gesetzt hatte.

Während das verfügbare Wissen zuvor auf religiöse Texte begrenzt war, wurden nun große Enzyklopädien, Wörterbücher und Gedanken veröffentlicht und in Umlauf gebracht. Vernunft stellte etablierte Ideen, Kirchen und Königreiche in Frage – was zur französischen Revolution führte. Universitäten wurden Orte lebendigen Denkens und einer Pluralität von Gedanken. Die wissenschaftliche Methode wurde wieder erfunden, große Entdeckungen gemacht und neue Industrien entwickelt. Viele französische Universitäten blieben der Tradition verhaftet und

---

25 Intellektuelle Schlüsselfiguren waren: Francis Bacon (1562-1626 AD), Thomas Hobbes (1588-1679 AD), René Descartes (1596-1650 AD), John Locke (1632-1704 AD), Baruch Spinoza (1632-1677 AD), Robert Hooke (1635-1703 AD), Isaac Newton (1642-1727), Gottfried Leibnitz (1646-1711 AD), Emanuel Swedenborg (1688-1772 AD), François-Marie Arouet Voltaire (1694-1778 AD), Benjamin Franklin (1706-1790 AD), G. L. Buffon (1707-1788 AD), Carl von Linné (1707-1778 AD), David Hume (1711-1776 AD), Jean-Jaques Rousseau (1712-1778 AD), Denis Diderot (1713-1784 AD), Immanuel Kant (1724-1804 AD), Adam Smith (1723-1790 AD), Edmund Burke (1729-1797 AD), Luigi Galvani (1737-1798 AD), Edward Gibbon (1737-1794 AD), Thomas Jefferson (1743-1826 AD), Antoine Lavoisier (1743-1794 AD) und Johann Wolfgang von Goethe (1749-1832 AD).

änderten sich während der Aufklärung wenig, obwohl Frankreich ansonsten wichtigen Einfluss auf die Aufklärung genommen hat. Die Öffentlichkeit wandte sich Lesegesellschaften zu, Bildungs-Instituten, der Bildung neuer politischer Parteien und der Schaffung neuer Nationen.

Die Entdeckung der Welt, kombiniert mit den Naturwissenschaften, Astronomie und Anthropologie, wurde zum zentralen Inhalt (z.B. HMS *Endeavour*, HMS *Beagle*, *La Recherche*). Wissenschaftliche Gesellschaften wurden gegründet und blühten. Es wurden bedeutsame wissenschaftliche Entdeckungen gemacht. Viele vorgefasste Ideen wurden auf der Basis von Evidenz und Vernunft verworfen. Die Freimaurerei mag einen bedeutsamen Effekt auf die Aufklärung gehabt haben, denn viele große Namen der Aufklärung waren Freimaurer, wie etwa Diderot, Voltaire, Horace Walpole, Robert Walpole, Mozart, Goethe, Friedrich der Große, Benjamin Franklin und George Washington. Die Buchbranche boomte und die Musik wuchs mit jenen großen europäischen Komponisten, die mit Musik experimentierten, so wie etwa Bach, Mozart, Haydn.

Die Industrielle Revolution

Die erste Industrielle Revolution war eine direkte Konsequenz der Aufklärung. Eine 2000-jährige Entwicklung führte darauf hin. Kohle, Öl und Gas sind hocheffiziente natürliche Formen der Speicherung von Sonnenenergie. Die Menschen erfanden einen Prozess, durch den das prähistorische Sonnenlicht aus der Kohle befreit wurde, um die Welt besser zu machen. Plötzlich waren die Menschen keine Lasttiere mehr.

Woher kamen diese fossilen Brennstoffe? Kohle war ursprünglich pflanzliches Material, das mit der Zeit tief begraben unter Temperatur und Druck von Torf zu Braunkohle und endlich zu Schwarzkohle wurde. Die Energiedichte nahm in diesem Prozess zu. Das ursprüngliche Pflanzenmaterial extrahierte Kohlendioxid durch Photosynthese aus der Atmosphäre. Das Verbrennen der Kohle bringt das Kohlendioxid zurück in die Atmosphäre, von wo es dann erneut in den Zyklus des Lebens und der Sedimente aufgenommen wird.

Die Pflanzen, die zu Torf wurden, wuchsen ursprünglich in einem kalten Klima mit hoher atmosphärischer CO_2-Konzentration. Und doch will man uns wesimachen, dass eine höhere atmosphärische CO_2-Konzentration eine globale Erwärmung hervorrufen würde. Wir hören das Argument, dass das Verbrennen der Kohle CO_2 schneller zurück in die Natur bringe, als die Natur CO_2 das tut und dass wir so die natürlichen natürlichen Systeme in Unordnung bringen. Falsch. Ein einziger vulkanischer Ausbruch bringt in wenigen Tagen mehr CO_2 in die Atmosphäre als alle Mensche zusammen über Jahrhunderte.

Was passiert mit dem vulkanischen Kohlendioxid in der Atmosphäre? Es wird sequestriert: in Pflanzen, in den Ozeanen und im Leben des Ozeans. Öl ensteht in den Ozeanen aus kleinsten schwimmenden Organismen. Sie extrahieren Kohlendioxid aus dem Meerwasser[26], sterben ab und akkumulieren in den Sedimenten am Meeresgrund. Mit Zeit, Temperatur und Druck wird aus diesen Organismen Rohöl und Gas. Wenn Öl und Gas im Sediment verbleiben oder sich nur über eine kurze Distanz bewegen, also Schiefer-Öl und Schiefer-Gas werden, dann können sie durch den Prozess des Fracking extrahiert werden. Öl und Gas, die die Sedimente durchwandern, werden in geologischen Strukturen gefangen und werden so konventionelles Öl und konventionelles Gas. Das Verbrennen von Öl und Gas bringt Kohlendioxid zurück in die Atmosphäre. Es kann dann erneut vom Leben benutzt werden oder wird in Meerwasser gelöst. Noch einmal: eine einzige vulkanische Eruption setzt in

---

26 CO_2 ist in Meerwasser gelöst als CO_2, CO_2-bearing air, HCO_3^- and CO_3^{2-}.

wenigen Tagen mehr Kohlendioxid in die Atmosphäre frei, als alles Öl und Gas, das wir verbrennen. Aber Perspektive gehört nicht zu den Stärken der grünlinken Umweltaktivisten.

Obwohl schon die Römer in England Kohle verbrannten, war es nicht bis zur Industriellen Revolution im 18. Jahrhundert, dass die Engländer herausfanden, dass Kohle sauberer und heißer brennt, als Holz und Holzkohle. Kohle lieferte darum die Energie für die neuen Technologien: Stahlproduktion, Produktion von Textilien und Transport, die in der Industriellen Revolution erfunden wurden. Der weitverbreitete Gebrauch der Kohle rettete im 18., 19. und 20. Jahrhundert die Wälder im Vereinigten Königreich, in Europa und den Vereinigten Staaten. Nutzung und niedrige Kosten fossiler Rohstoffe beendeten die Abholzung ganzer Wälder zur Holzgewinnung fürs Kochen, Heizen, Bauen, das Herstellen von Glas und das Legieren. Es brachte die Menschen davon ab, Wale und Seehunde für Lampenöl zu töten, jedes Flüsschen und jeden Strom zur Energiegewinnung und Bewässerung aufzustauen.

Die Industrielle Revolution erlaubte Millionen von Menschen aus der Sklaverei der Arbeit zu flüchten, beklemmender Armut zu entkommen und in die Stadt zu ziehen. Menschen hatten jetzt eine Zukunft und verrichteten nicht mehr notwendigerweise dieselbe Arbeit wie ihre Väter und Großväter. Die Sklaverei unter dem begüterten Grossgrundbesitzer verschwand und eine Mittelklasse stieg auf, wuchs, reiste und eignete sich Bildung an.

Der Wechsel zu fossilen Brennstoffen während und nach der Industriellen Revolution brachte auch große Vorteile für die Umwelt. China und Indien waren von der Zeit Jesu bis zur Industriellen Revolution die reichsten und mächtigsten Länder der Welt. Dann kam es zu einem unerhörten Wachstum in den

USA, dem Vereinigten Königreich, Europa und Japan.[27] Erst in den letzten 50 Jahren wurde wieder signifikantes Wachstum in Afrika, China und Indien beobachtet.

Auch wenn das Leben hart war, so wurde es Dank Kohle besser und die Lebenserwartung in England verdoppelte sich. Kohle ermöglichte beeindruckende Steigerungen der Produktivität. Im Europa des mittleren 18. Jahrhunderts verschwanden die Wälder schnell. Kohle kehrte diesen Trend um. Kohle reduzierte die Luftverschmutzung, die durch Kochen und Heizen mit Holz, Blättern und Dung entstand. Kohle ermöglichte das Schmelzen von Metallen im großen Stil. Kohle bereitete den Weg für die moderne Landwirtschaft, Medizin, Handel und eine vor Beginn der Industriellen Revolution unvorstellbare Bewegungsfreiheit. Kohle ermöglichte den normalen Menschen Freizeit, machte das Wachstum demokratischer Institutionen möglich, und führte zur Aufhebung der Sklaverei. Die Menschen lebten länger, assen besser, und ihre Kaufkraft vergrößerte sich Jahr ein Jahr aus.

Kohle gab uns im 20. Jahrhundert billige Elektrizität. Durch technologische Erfindung wie etwa die Wirbelschichtfeuerung verringerte sich die Verschmutzung. Etwa 1,3 Milliarden Menschen auf dem Planeten haben immer noch keinen Zugang zu billigem Kohlestrom und leben in der Misere. Der Papst kann diesen Menschen die Vorteile der Kohle aus moralischen Gründen nicht versagen. Kohle ermöglichte das Aufblühen der Kultur und unter anderem das Wachstum der Kirche von England. Es ist dieselbe Kirche von England, die sich nur von allen Nutzungen der Kohle abkehren möchte und von ihren Kanzeln einen Propagandakrieg gegen die Kohle betreibt. Sie begeht ein furchtbares Verbrechen gegen die Armen dieser Welt.

27 Die Wirtschaftsgeschichte der letzten 2000 Jahren in einer kleinen Abbildung. The Atlantic, 19. Juni 2012 und 22. Juni 2012

Seit 1800 hat sich das weltweite Bruttosozialprodukt[28] verzehnfacht. Die Lebenserwartung hat sich verdoppelt, die Kindessterblichkeit ist auf ein Sechstel gesunken, und der weltweite Energieverbrauch ist 26fach gestiegen.[29] In den Vereinigten Staaten ist in den vergangenen 215 Jahren der Wert der für den durchschnittlichen Amerikaner verfügbaren Güter und Dienstleistungen um 9000% gestiegen. Fast alles an dieser Steigerung ist erzeugt mit, erzeugt durch, mit Energie versorgt oder vorangetrieben mit fossilen Brennstoffen.[30] Heutzutage nehmen Verschmutzung von Luft, Wasser und Boden in den Kernländern der Industriellen Revolution ab. Die Nationen, die am meisten Energie und fossile Brennstoffe benutzen, haben die beste Luft, das beste Wasser, die beste Bodenqualität und die beste Abfallentsorgung. Jetzt, wo die Einkommen gestiegen sind, haben auch einige Entwicklungsländer die Möglichkeit, Luft-, Wasser- und Bodenverschmutzung zu mindern. Man hätte dem Papst raten sollen, dass die gesteigerte Nuztung fossiler Brennstoffe Menschen aus der Armut herausbringt und nicht das Gegenteil.[31] Der Papst behauptet[32]:

„*Wir wissen, dass die Technologie, die auf der sehr umweltschädlichen Verbrennung von fossilem Kraftstoff – vor allem von Kohle, aber auch von Erdöl und, in geringerem Maße, Gas – beruht, fortschreitend und unverzüglich ersetzt werden muss.*“

Das liest sich wie eine haltlose Propagandaparole aus einem Pamphlet grünlinker Umweltaktivisten. Vielleicht ist es das

---

28 Eine faszinierendce Abbildung: ‘Economic history of the world since Jesus’. *Daily Mail,* 24. Juni 2012

29 www.worldenergyoutlook.org

30 http://www.deirdremccloskey.org/docs/pdf/IndiaPaperMcCloskey.pdf

31 *Laudato Si',* Paragraph 23 und 26

32 *Laudato Si',* Paragraph 165

auch? In der päpstlichen Enzyklika wird nicht anerkannt, dass Kohle Millionen von Menschen aus der Armut half. Sie erwähnt auch die Industrielle Revolution nicht ein einziges Mal. Ist dieser große Wandel der Westlichen Welt deswegen aus der Geschichte getilgt worden, weil er sich nicht in die Narrative einfügt?

In der „*guten alten Zeit*“ brauchte die *Mayflower* 1620 mit ihren 102 Pilger-Passagieren und ihrer Besatzung 120 Tage um von Plymouth in England nach Cape Cod (USA) zu segeln. Zwei Passagiere kamen nicht an, da sie auf dem Weg starben. Heutzutage transportieren 25.000 kommerzielle Flugzeuge täglich 9 Millionen Passagiere über eine Entfernung von insgesamt 15 Milliarden Kilometern. Tausende von Menschen bereisen die 7 Stunden-Verbindung zwischen Vereinigtem Königreich und Vereinigten Staaten jeden Tag. Viele Passagiere kommen auch heute nicht an – weil sie zu spät kamen und den Flug verpassten. In den „*guten alten Tagen*“ gab es aus denselben Gründen nationalen und internationalen Handel[33], aus denen es ihn auch heute gibt.

Der moderne internationale Handel betreibt etwa 90.000 Schweröl-verbrennende Schiffe, zumeist Containerschiffe, die pro Jahr eine halbe Trillion Tonnen fossiler Rohstoffe verbrennen und dabei Kohlendioxid und Schwefelgase ausstoßen. Dazu kommt eine schwer einzuschätzende Flotte von industriellen Fahrzeugen, Automobilen und Schwertransportern, die fossile Rohstoffe nutzen, um Nahrungsmittel und andere Konsumprodukte bis zu ihrer Tür zu bringen. Ausser Russland verfügt kein einziges Land innerhalb seiner eigenen politischen Grenzen über alle Rohstoffe, die bei diesem Prozess erforderlich sind.

---

33 Oudbashi, O. et al. 2012: Bronze in archaeology: A review of archaeometallurgy of bronze in ancient Iran. In: Copper alloys – early applications and current performance-enhancing processes (Ed Collini, L.) InTech

Aufgrund dieser Tatsache haben einige Länder wie die Vereinigten Staaten von Amerika strategische Rücklagen jener Rohstoffe und Stoffe, die sie nicht produzieren können oder nicht einfach einführen könnten, sollten die Seewege während einer Periode von Auseinandersetzungen geschlossen sein. Heutzutage werden viele leicht verderbliche Nahrungsmittel, Blumen und Produkte von hohem Wert in der Luft transportiert. Die Enzyklika erwähnt Handel überhaupt nicht, wenn man vom Drogenhandel[34] und dem illegalen Handel mit Flora und Fauna[35] absieht. Auch Rücklagen von Rohstoffen erwähnt die Enzyklika nicht, und man muss sich Fragen, wie Rom sich vorstellt, dass die Welt funktioniert.

Heutzutage kann eine große Last von Gütern und Rohstoffen wenn nötig auf dem Luftwege befördert werden. Während der der Berlin-Blockade zum Beispiel (vom 1. April 1948 bis 12. Mai 1949) hatten die Bürger Westberlins keine Kohle zur Stromgewinnung, zum Kochen und Heizen, weil die Sowjets Straßen und Eisenbahn blockierten. Die 2 Millionen Menschen in Westberlin benötigten täglich 1534 t an Nahrungsmittel und Medizin und 3475 t Kohle und flüssigen Treibstoff. Die Lösung war einfach, aber teuer. Auf der Höhe der Blockade flogen die DC-3 und DC 47 Flugzeuge Tag und Nacht fast 9000 t Kohle und Nahrungsmittel von Westdeutschland nach Berlin. Auch folgende Flugzeugtypen kamen zum Einsatz: DC-4, DC-54 Skymaster, Avro Yorks, Handley Page Hastings, C-82 Packets, C-47 Globemaster, YC-97A Stratofreighter und Lockheed Super

34 *Laudato Si'*, Paragraphen 123 und 197

35 *Laudato Si'*, Paragraph 168

Constellation Flugzeuge.[36] Selbst Sunderlands und Catalinas landeten um korrosive Salze zu liefern, die man in anderen Flugzeugen nicht befördern konnte. Insgesamt 692 Flugzeuge wurde bei der Luftbrücke eingesetzt, davon mehr als Hundert aus der zivilen Luftfahrt.

Schwere Tonnagen wurden von der US Air Force bewältigt (1.783.575 Tonnen), von der RAF (541.937 Tonnen), der RAAF (7.968 Tonnen und 6.964 Passagiere). Hinzu kamen die Royal Canadian Air Force, die Royal New Zealand Air Force, und die South African Air Force. Jetzt wurden täglich mehr Kohle und Nahrungsmittel geliefert, als vorher mit der Eisenbahn transportiert worden waren. Warum so viel schreiben über die Berlin-Blockade, die fast 70 Jahre her ist? Weil es zeigt, dass Menschen die Fähigkeit haben, sehr schwierige Probleme zu lösen und dass Kohle und andere fossile Treibstoffe für das moderne Leben essenziell sind. Grünlinke politische Aktivisten müssen begreifen, dass alle Umweltprobleme mithilfe von Wissenschaft und Technologie gelöst werden können und dass Ideologie, Katastrophismus und Weltuntergangsstimmung noch nie ein Problem gelöst haben.

Einige Güter wurden früher über außergewöhnliche Entfernungen gehandelt und dabei mithilfe von Kamelen, Eseln, Pferden, Wagen, Segeln oder Ponys transportiert. Da gibt es zum Beispiel die chemischen Fingerabdrücke von Chinesischem Zinn in persischer Bronze.[37] Wir müssen also vermuten, dass die Güter

---

36 Ausser Musik interessiert sich der Autor auch für die Historical Aircraft Restoration Society (HARS) in Albion Park, NSW. Besuchen Sie die Ausstellung und sehen Sie sich einige der aufgeführten Flugzeuge an, die vollständig von Freiwilligen restauriert wurden. HARS hat eine der zwei in der Welt verbleibenden Lockheed Super Constellations.

37 Snoek, W. et al. 1999: Application of Pb isotope geochemistry to the study of the corrosion products of archaeological artifacts to constrain provenance. Jour. Geochem. Explor. 66, 421-425

Tausende von Kilometern über Land reisten. Der Handel hat sich ausgeweitet. 1900 hatten die Exporte der Welt einen Wert von 10 Milliarden Dollar (in der Währung des Dollars von heute). 2013 war dieser Wert 18 Trillionen US Dollar und er steigt. Jeden Tag befördert fossiler Brennstoff mehr als 100 Millionen Tonnen Fracht. Ohne den Gebrauch fossiler Brennstoffe gäbe es kaum Handel, mit der Folge massiver Armut und Verknappung der Grundbedarfsgüter. Wollen wir wirklich aufhören, fossile Brennstoffe zu benutzen?

Im späten 19. Jahrhundert hinterließen Pferde täglich etwa 500 Tonnen Dung auf den Straßen und in den Ställen von New York.[38] Tote Pferde verrotteten in den Straßen, Krankheit griff um sich und verursachte mehr als 20.000 Tote. Der Gestank war überwältigend. 1890 reiste der durchschnittliche New Yorker etwa 300 mal pro Jahr mit der Pferdekutsche. Diese Probleme wurden durch menschliches Genie gelöst, nicht durch Regierungen oder Umweltaktivisten. Das Automobil wurde erfunden und in New York aus Umweltgründen willkommen geheißen. Wissenschaft, Technologie und fossile Rohstoffe reduzierten die Verschmutzung in New York. In der heutigen Welt stammt praktisch alles, was der Papst benutzt, aus dem Bergbau, aus fossilen Rohstoffen oder aus intensivierter Landwirtschaft für die Massenproduktion von Nahrungsmitteln; wir leben in einem goldenen Zeitalter billiger Energie.

Die Entwicklung der modernen Wissenschaft ging während der Industriellen Revolution Hand in Hand mit dem Aufstieg des modernen Kapitalismus. Stahlwerke, Baumwollspinnereien, Ziegeleien, Minen, Eisenbahnwege, Kanäle, Straßen und Mechanisierung wurden nach und nach durch Privatunternehmer gebaut. Einzelpersonen mit brennender Neugierde forschten wissenschaftlich. Es gab keine offizielle Regierungspolitik

38 http://www.nyhistory.org/community/horse-manure

zur wissenschaftlichen Forschung und keine Lenkung der Wissenschaft. Wissenschaftliche Forschung unter Bedingungen des freien Marktes führte Individuen dazu, grundsätzliche wissenschaftliche Entdeckungen zu machen, indem sie ihrer Neugier und Leidenschaft folgten. Die Regierung finanzierte die Wissenschaft nicht. Vielleicht ist das der Grund, dass es in dieser Zeit so viele große wissenschaftliche Entdeckungen und praktische Erfindungen gab.

Der wahrscheinlich größte Fortschritt kam aus Patenten. Patente ermöglichten es den Erfindern, von ihrer harten Arbeit zu profitieren. Rechte an Kreativität und intellektuellem Eigentum wurden ebenso wichtig, wie Eigentumsrechte an Grund und Boden. Die Rolle des der Regierung bestand darin, Patente aufrechtzuerhalten, ein gesundes legales und wirtschaftliches Umfeld zu erhalten, sowie Handel und Nation zu schützen. Heutzutage werden Wissenschaftler von der Regierung bezahlt. Viel von dem, was gemeinhin als „Wissenschaft" angesehen wird, ist vom Steuerzahler unterstützter Umweltaktivismus. Wissenschaft wird heute zumeist von der Suche nach Forschungsförderung angetrieben. Wissenschaft aus Neugier wird nur selten gefördert. Fragen Sie mich, ich habe das erlebt.

Im Zeitalter der Aufklärung gab es eine Explosion wissenschaftlicher Entdeckungen. Der Verstand der Menschen entkam von Fußschellen der Dienstbarkeit und der Unterwerfung unter Autorität, sei sie politisch oder kirchlich. Technische Entwicklung nutzte die Errungenschaften der Wissenschaft und setzte sie um, so zum Beispiel die Lokomotive, elektrisches Licht, Telefon. Das 18. und 19. Jahrhundert war eine Zeit großen Optimismus. Das 20. Jahrhundert litt unter einer verkrüppelnden Depression mit zwei Weltkriegen, die die dunkle Seite der Menschheit offen legten. Im friedlichen 21.

Jahrhundert des Wohlstands hat sich Weltuntergangsstimmung all jener bemächtigt, die behaupten, das progressive Element der intellektuellen Klasse zu sein. Sogar Papst Franziskus stellt fest[39]:

„*Wir könnten den nächsten Generationen zu viel Schutt, Wüsten und Schmutz hinterlassen.*"

und an anderer Stelle

„*Die Erde, unser Haus, scheint sich immer mehr in eine unermessliche Mülldeponie zu verwandeln. An vielen Orten des Planeten trauern die alten Menschen den Landschaften anderer Zeiten nach, die jetzt von Abfällen überschwemmt werden.*"[40]

Seine Heiligkeit irrt. Das Leben ist besser. Verglichen mit früheren Zeiten leben wir länger, sind gesünder, besser ausgebildet, haben Nahrungsmittel zur Verfügung und werden von Wissenschaft und Technik unterstützt.[41] Es gibt weniger Schmutz in der entwickelten Welt. Einige von uns erinnern noch, wie schmutzig die Länder Südeuropas vor einigen Jahrzehnten noch waren, bevor Wohlstand und Kulturwandel dort Einzug hielten.

Abfall, Desolation und Schmutz belasten heute die Entwicklungsländer, die keinen billigen Kohlestrom haben. In der westlichen Welt beklagen sich die Älteren in der Tat, dass einst schöne Landschaften nun im Müll versinken. Dieser Müll sind die Windanlagen, welche der Papst befürwortet.[42] Wir beobachten heute besonders in den Entwicklungsländern eine Migration von Menschen aus den ländlichen Gebieten in die Städte. Das sind gute Nachrichten für die Wälder, die Tiere und die Biodiversität. Und nur um es zu erwähnen: weder Land, noch

39 *Laudato Si'*, Paragraph 161

40 *Laudato Si'*, Paragraph 21

41 Bailey, Ronald 2015: *The end of doom.* Thomas Dunne

42 *Laudato Si'*, Paragraph 228

Nahrungsmittel, Wasser, Energie oder Mineralressourcen[43] sind, wie seit Jahrhunderten vorausgesagt, knapp geworden.

Der Papst behauptet:

„*Die Ressourcen der Erde werden auch geplündert durch ein Verständnis der Wirtschaft und der kommerziellen und produktiven Tätigkeit, das ausschließlich das unmittelbare Ergebnis im Auge hat. Der Verlust von Wildnissen und Wäldern bringt zugleich den Verlust von Arten mit sich...*“[44]

Dies ist Humbug. Die Berater des Papstes hätten die Weltbank oder die UN konsultieren sollen. Beide zeigen, dass die Nutzung von Ressourcen auf Angebot und Nachfrage basiert, dass Ressourcen ersetzt oder recycelt werden, dass die waldbedeckten Gebiete auf dem Planeten wachsen und dass das Kommen und Gehen der Arten im normalen Rahmen liegt, ohne jedwede Evidenz eines signifikanten Aussterbens durch den Menschen, manchmal emotional und irrtümlich als die *sechste Massenvernichtung der Arten (sixth mass extinction)* bezeichnet wird. Zur Beseitigung der Armut und bei Zunahme der Bevölkerung werden mehr Ressourcen benötigt. Die Wahl ist einfach: weniger Armut durch Verbrauch unter sorgfältiger Haushaltsführung der Ressourcen, besonders Kohle, oder die Verdammung der Armen dieser Welt zu ewiger Armut.

Die Nationen des Westens sind in der Tat glücklich, dass sie aus der Aufklärung demokratisch verfasste Regierungsformen geerbt haben. Diese Regierungen haben Wissenschaft, Ingenieurskunst und Logik angewendet, um die Probleme der Gesellschaft zu lösen. Wir sehen viele Strukturen, die im 19. Jahrhundert gebildet wurden, auch heute noch stolz dastehen. Die Fortschritte der Wissenschaft im 19. und 20. Jahrhundert brachten uns ein Verständnis der Mechanismen von Evolution

43 *Laudato Si'*, Paragraph 27

44 *Laudato Si'*, Paragraph 32

und genetischer Vererbung; das Verständnis des Atoms, sowie die Fähigkeit es zu spalten und Energie daraus zu gewinnen; Mikroelektronik und billige, schnelle Verständigungssysteme; und eine Erklärung und Integration des Paläo-Klimas sowie der Kontinentaldrifft.

Während schwieriger Zeiten, wie etwa im Zweiten Weltkrieg, während Polioepidemien und Nahrungsmittelverknappung, verließen sich die Regierungen auf die Wissenschaft, um zu überleben. In jüngerer und weit einfacherer Zeit sind die Regierungen zunehmend auf Distanz zur Wissenschaft gegangen. Die Wissenschaft ist von den grünlinken Umweltaktivisten und der Parteipolitik in Beschlag genommen worden. Wissenschaft wird nicht mehr primär als Vorgang zur Befriedigung Neugierde verstanden, als ein Versuch zu verstehen oder Probleme für die Gesellschaft zu lösen. Von manchen wird sie gar als Prozess gesehen, der der Ideologie im Weg steht. Derzeit ist die größte Bedrohung der westlichen Welt nicht die Zerstörung der Umwelt. Es ist der Selbsthass. Viele sind nicht länger dazu bereit, die Errungenschaften zu verteidigen, deren Erschaffung 2000 Jahre benötigte.

Der Papst äußert Bedenken, dass moderne Gesellschaften die Umwelt durch Devegetation zerstören.[45] Doch die Industrielle Revolution beweist, dass die Umwelt sich verbessert, wenn die Gesellschaft zu billiger und verlässlicher kohlebasierter Elektrizität übergeht. Statt papageienhafter Wiederholung grüner Propaganda täten der päpstlichen Enzyklika Ausgewogenheit und Perspektive Not. Und welchen Schaden hat das Verbrennen der Kohle seit dem Beginn der Industriellen Revolution der Erdatmosphäre uns bis jetzt zugefügt? Etwa 400 Gigatonnen Kohlendioxid sind in die Atmosphäre aufgestiegen. Dieses ist eine schrecklich große Zahl – wir sollten uns schämen und uns

45 *Laudato Si'*, Paragraph 32

zur Bewältigung unserer Schuld gehörig kasteien. Sollten wir das wirklich?

Der Gesamtgehalt des Ozean-atmosphärischen Systems an Kohlendioxid ist 32.000 Gigatonnen. In den Sedimentgesteinen, den metamorphen und magnetischen Gesteinen sind, besonders im Erdmantel, mindestens 100mal mehr CO_2 eingeschlossen. Darüber hinaus: selbst wenn 400 Gigatonnen Kohlendioxid während der letzten 250 Jahre durch menschliche Aktivität freigesetzt worden sind (das entspricht etwa 1,25 % des Ozean-atmosphärischen Systems), so hat atmosphärisches CO_2 eine Verweilzeit von etwa fünf Jahren in der Atmosphäre. Dann erfolgt die natürliche Aufnahme in Pflanzen, in das Leben der Ozeane, in dass Ozeanwasser und in Sedimente.

Der Papst hingegen verwahrt sich gegen die Nutzung der Kohle.[46] In der Industriellen Revolution erzeugte das Verbrennen von Kohle Dampfkraft. Dieser Ansatz wurde zur geschlossenen Verbrennungsmaschine entwickelt und eingebunden in nationale Elektrizitätsnetzwerke, die jetzt von Industrien genutzt werden, die Arbeitsplätze schaffen, Gemütlichkeit und Komfort zu Hause: Zentralheizung, air conditioning, Kochen, heißes Wasser, Unterhaltung und Kommunikation. Die Geschichte lehrt uns, dass die Verschmutzung ihren Höhepunkt im intermediären Stadium des Wachstums einer sich entwickelnden Ökonomie erreicht. Wenn Gesellschaften mehr Wohlstand akkumulieren, wird einiges von diesem Wohlstand dafür benutzt, Verschmutzung und Umweltprobleme zu beseitigen.[47] Derzeit befinden sich China und Indien in den mittleren Stadien der Entwicklung. Beide Länder leiden an massiver Verschmutzung und beide sind dabei, Mittel zur Lösung der Umwelt- und Verschmutzungsprobleme

46 *Laudato Si'*, Paragraph 165

47 Brimblecombe, P. 1987: *The big smoke: A history of air pollution in London since Medieval times.* Routledge, Kegan and Paul

aufzubringen, die sich aus der schnellen Industrialisierung ergeben haben.

Einige in der westlichen Welt empfinden eine moralische Verpflichtung, den Entwicklungsländern, wie etwa Indien, dabei zu helfen, ihre Völker aus der Armut herauszubringen. Dies kann einfach dadurch bewerkstelligt werden, dass man Kohlekraftwerke baut. Und genau das passiert. Der Papst hat sicherlich völlig recht:

„*Wir könnten den nächsten Generationen zu viel Schutt, Wüsten und Schmutz hinterlassen.*“[48]

Aber er nennt das *caveat* nicht: nur wenn das Wirtschaftswachstum reduziert wird.

Vor dem 20. Jahrhundert waren Infektionen und Viruserkrankungen eine tödliche Bedrohung. Eine Hautwunde auf dem Bauernhof konnte zu Tetanus oder Blutvergiftung führen. Ein infizierter Zahn konnte ein Todesurteil sein. Die Geburt eines Kindes war ein Gewinnspiel bei dem Gevatter Tod eine hohe Gewinnschance hatte. Die Lungenentzündung bescherte den Totengräbern geschäftige Winter.

Was wäre passiert, hätte es zu Zeiten der Industriellen Revolution Greenpeace schon gegeben und sie hätten die Nutzung der Kohle gestoppt?

Die Romantik

Der Aufklärung folgte eine entgegengesetzte intellektuelle Bewegung, die im späten 18. Jahrhundert begann und sich bis in die Mitte des 19. Jahrhunderts fortsetzte. Die Romantik ist zum Teil als Antwort auf die Industrielle Revolution zu verstehen. Liberalismus, Radikalismus und Nationalismus wuchsen und der Romantizismus bevorzugte Gefühle und Ästhetik gegenüber der Vernunft der Aufklärung. Heroische Einzelpersonen wurden

48 *Laudato Si'*, Paragraph 161

hoch geschätzt, so wie auch Kunst, Literatur, Musik, Natur, Erziehung, Bildung und die Naturwissenschaften. Es kam zu einer verschwommenen, nostalgischen Sicht des Mittelalters. Unterhaltsame Zusammenkünfte in mittelalterlichen Kostümen waren verbreitet.

In der englischsprachigen Welt gedieh die Dichtung (zum Beispiel William Wordsworth, Samuel Taylor Coleridge, John Keats, Lord Byron, Percy Bysshe Shelley). Im Vereinigten Königreich, auf dem Kontinent und in den USA faszinierte Literatur die Vorstellung der Leser (z.B. Walter Scott, Robert Burns, Jane Austen, Bronte Schwestern, François-René de Chateaubriand, Victor Hugo, Alexandre Dumas, Goethe, Pushkin, Lermontov, Washington Irving, Walt Whitman). Die Landschaftsmalerei verbreitete sich (z.B. Constable und Turner). Die Musik entwickelte sich besonders in der deutschen Romantik (Schumann, Schubert, Liszt, Wagner, Mendelssohn) mit großen Werken aus Frankreich (zum Beispiel Berlioz) und Italien (z.B. Verdi).

Eine andere Aufklärung

Meine Großeltern wurden am Ende der Romantik geboren. Obwohl sie zwei Weltkriege und eine Wirtschaftskrise erfahren mussten, erlebten meine Eltern in der Anglosphäre die Erfindung von Radio, Fernsehen, Radar, Photographie, Telefon und Kommunikationstechnologien, Elektrizität, Kraftfahrzeugen und Motorrädern, Raketen, Flugzeugen, Raumfahrt und Nuklearenergie. Sie erlebten auch die Experimente der gescheiterten sozialistischen Regime, etwa in den UdSSR, Osteuropa und Kuba. Das Leben meiner Großeltern war weit besser, als das ihrer Großeltern gewesen war.

Der Pflug blieb hinter der Scheune, die Pferde wurden in den Ruhestand geschickt und die Landwirtschaft benutzte nun

Traktoren. Fortschritte in der Chemie versetzten uns in die Lage, mit Kohlestrom synthetische Stickstoffdünger aus Luft herzustellen. Internationaler Handel ermöglichte den Import von Pottasche-Düngern und Superphosphaten. Fortschritte in der Züchtung erhöhten den Ertrag in Landwirtschaft und Viehzucht. Viel Schufterei wurde nun von Maschinen erledigt und neue Fähigkeiten zur Führung solcher Maschinen mussten erworben werden. Das Denken der Industriellen Revolution, Wissenschaft und Technologie ermöglichten einen größeren Ertrag an Nahrungsmitteln, Wollprodukten und Fleisch. Die Erfindung verschiedener Chemikalien, die natürlichen Stoffen ähnlich sahen, ermöglichte die Bekämpfung von Keimen und Schädlingen. Als Ergebnis konnten Ernteverluste stark zurückgedrängt werden. Der Maschendrahtzaun machte es möglich, große Gebiete für die Landwirtschaft und Weideland abzuzäunen. Die Schäfer verloren ihre Arbeit.

Die 1950er waren eine Zeit großer Hoffnung. Jedes zweite Kind wollte Wissenschaftler oder Ingenieur werden. Große nationale Projekte waren ohne den Widerstand des grünlinken Umweltaktivismus umsetzbar, so z.B. das Snowy Mountains Hydroelectric Scheme in Australien. Unter heutigen Bedingungen des grünlinken Umweltaktivismus könnten die Hafenbrücke von Sydney oder die Wasserkraftwerke des Snowy Mountains Hydroelectric Scheme nicht mehr gebaut werden. Ich bin mir ganz sicher, dass sich eine zuvor unbekannte, auf dem linken Fuß tanzende Eidechse gefunden hätte, die endemisch an genau der Stelle lebt, auf der einer der Brückenpfeiler der Hafenbrücke von Sydney zu stehen kommen sollte.

Dieses war eine andere große Zeit der Aufklärung. Auch wenn meine Großeltern ein bescheidenes Leben hatten, so wurde doch die Welt in ihrer Lebensspanne besser. Anders als ihre Eltern mussten sie keinen Hunger fürchten, obwohl die Kälte die

Älteren mit sich nahm. Ganz sicher hatten sie keine Angst davor, dass das Wetter wärmer werden könnte. Es gab Hoffnung auf eine bessere Welt und die Welt wurde eine bessere Welt.

Wie langweilig, schon wieder Romantizismus

Derzeit erleben wir in der westlichen Welt eine weitere Periode des Romantizismus. Die früheren Zeiten mit ihrer angeblichen Harmonie von Gesellschaft und Umwelt werden nostalgisiert.

Die beste Zeit auf dem Planeten Erde zu leben ist heute. Es gab keine edlen Wilden; es ist nicht romantisch ein Lasttier zu sein und ist es ganz sicher nicht romantisch, ohne modernen Komfort auskommen zu müssen. In der westlichen Welt ist in der Tat eine Zeit des Anspruchs angebrochen. Viele glauben, dass sie, ohne sich den Rücken krumm zu machen, Anspruch auf alle möglichen Vergünstigungen haben. Die westliche Welt ist eine „ich ich ich" Kultur besonders unter den jüngeren Leuten. Der Papst hob in seiner Enzyklika darauf ab.[49]

Wir haben jetzt den Luxus einer schlecht informierten Meinung ohne die Unannehmlichkeiten des Denkens. Viele große Errungenschaften der Aufklärung sind verloren gegangen. Universitäten und Institute sind nun ein Hort des Gruppendenkens statt lebendige Orte im Wettstreit der Ideen. In der Aufklärung des 18. und 19. Jahrhunderts waren Wissenschaft, Universitäten und wissenschaftliche Gesellschaften auf Privatmitteln gegründet. Die Romantik der modernen Welt hat Anflüge von Inquisition. Die Minderheit mit einer anderen Meinung in politischen Fragen, wie zum Beispiel zur Frage der durch Menschen verursachten globalen Erwärmung, der gleichgeschlechtlichen Ehe oder in anderen sozialen Fragen, werden mit zur Schau gestelltem Entsetzen in den sozialen Medien attackiert, wenn sie sich dem populistischen Gruppendenken nicht anpassen. Dabei werden

49 *Laudato Si'*, Paragraphen 26, 149, 204 und 230

weder durchdachte Argumente vorgebracht, noch wird nach Kompromissen gesucht. Es wird gar nicht erst versucht, die andere Seite zu verstehen. Der Stil der Auseinandersetzung ist der Angriff *ad hominem.*

In der modernen Aufklärung werden Wissenschaft, Universitäten und wissenschaftliche Gesellschaften von Regierungen bezahlt. Wes Brot Du isst, des Lied du singst. Es gibt keine große Kunst, Dichtung, Literatur, Musik oder Philosophie, die sich aus unserer modernen Romantik entwickelt. Bildung hat keinen Wert, die Kunst der Konversation und des tiefen Nachdenkens sind verloren und die Politik dient nicht mehr dazu, eine bessere Welt zu schaffen. Die modernen Romantiker profitieren von allen Wohltaten der modernen Industriegesellschaft mit besserer Gesundheit, Ernährung, Sicherheit und Kommunikation, doch sehnen sie sich nach einer einfachen Welt ohne Industrie. Es ist nicht das erste Mal in der Geschichte des Menschen, dass die Gesellschaft irrationalen Launen folgt, die keinen Bezug zu Geschichte oder Realität haben. Alle früheren Generationen fürchteten die kalte Zeit. Kaltes Wetter brachte Menschen um. Das tut es immer noch. Moderne Romantiker fürchten sich heute vor der Möglichkeit warmer Zeiten.

Die Tiefen, in welche der moderne Romantizismus sinkt, lässt sich an Facebook Photographien ermessen, auf denen die letzte Mahlzeit, das Kunststück eines Haustieres oder das Erbrechen eines Kindes gezeigt wird, gefolgt von furchtbar hohlem narzizisstischen Leiden. Erregung ist wie das Klicken einer Taste, die Abgabe eines Kommentars auf Facebook. Das intellektuelle Leben findet in 140 Buchstaben politischer Weisheit auf Twitter statt oder in banalen elektronischen „Ja-oder-Nein“ Petitionen betreffs komplizierter Probleme. Das Ausmaß an Vulgarität, Missbrauch und Intoleranz in den sozialen Medien lässt vermuten, dass sie Gesellschaft einen großen Schritt nach hinten gemacht hat.

Soziale Medien ermöglichen den Menschen, sich gegen eine geplante neue Bergbaugrube zu stellen, ohne dass sie selbst jemals in einer Grube gewesen wären, in einer Grube gearbeitet hätten, in der Nähe einer Kohlegrube gelebt hätten oder ohne zu wissen, wie die Grundlagen, d.h. Elektrizität, Trinkwasser, Nahrungsmittel und Geld geschaffen werden. Die Romantik entstand im 18. und 19. Jahrhundert als eine intellektuelle Bewegung gegen die Industrielle Revolution. Der moderne Romantizismus ist als anti-intellektuelle Kraft gegen die jüngste Aufklärung und gegen die derzeitige industrielle Revolution entstanden, die sich in China, Ostasien und Indien abspielt.

Die Menschen sind zu grosser Selbsttäuschung befähigt, besonders wenn das Wort „sozialistisch“ ins Spiel kommt. Viele denken, dass die Welt ohne billigen Kohlestrom besser wäre. Ich erinnere mich noch der häufigen Stromausfälle in meiner KIndheit. Dann gab es ein großes Programm für Kohlekraftwerke und die hydroelektrischen Anlagen in den Snowy Mountains. Plötzlich hatten wir verlässliche Elektrizität und es gab genug Energie, das Wasser heraufzupumpen, um es die Toiletten abzuziehen, um Kühlschränke zu betreiben und um zu kochen. Die modernen Umweltromantiker sollten sich selbst einen Gefallen tun und in idyllischer Subsistenzwirtschaft in einem Dritte Welt Land ohne Elektrizität aus Kohlekraftwerken leben. Die modernen Romantiker verstehen nicht, dass sie ohne Kohle nicht die Lebensqualität haben könnten, auf die sie Anspruch zu haben glauben. Ich werde erst dann aufhören, die Romantiker als Heuchler zu bezeichnen, wenn ich sie mit eigenen Augen in den Höhlen, verlassenen Inseln und isolierten Landstrichen im *Outback* sehe, wo sie von dem leben, was das Land hervorbringt.

Die wohlhabende Anglosphäre

Die Anglosphäre hat sich in 2000 Jahren Geschichte entwickelt. Gesetz, Traditionen, Eigentumsrechte, persönliche Freiheiten, Wissenschaft, Ingenieurskunst und moderne Landwirtschaft erstrecken sich von Schottland bis nach Neuseeland und schließen dabei die größten multikulturellen Demokratien der Welt (USA und Indien) ein. Auf diesem langen Weg vom alten Griechenland zur modernen Zeit sind wir besser geworden in Wissenschaft, Ingenieurskunst, Mathematik und Medizin.

Als Ergebnis dieses Prozesses können wir heute gewaltige stabile Strukturen bauen, die Tiefsee explorieren, Mond, Mars, Pluto und große Asteroiden erkunden; sehr schnell reisen; ständig miteinander in Kontakt sein. Diese Reise von mehr als 2000 Jahren hat uns Langlebigkeit, bessere Gesundheit, mehr Sicherheit, mehr Wohlstand und einen höheren Lebensstandard gebracht. Während der langen geschichtlichen Reise gab es auch Schritte nach hinten. Gerade jetzt könnten wir einen solchen Schritt nach hinten tun.

Die westliche Welt ist wohlhabender, weil sie besser entwickelt und weniger korrupt ist als andere Teile der Welt. Diese Entwicklung hat sich nicht zufällig ereignet. Die Entwicklung hat stattgefunden, weil die Ressourcen der Erde mit den Fähigkeiten menschlicher Köpfe und den großen Institutionen der Gesellschaft, zu welchen die katholische Kirche gehört, zusammengeführt wurden. In meiner Laufbahn als Geologe habe ich viele tragisch arme Dritte Welt Länder besucht, in denen menschliche, mineralische und landwirtschaftliche Güter brach lagen und die Armut durch despotische und korrupte politische Systeme verschlimmert wurde.

Nirgendwo in der Enzyklika kommentiert der Papst die

politischen Systeme, die Armut, Sklaverei und vorzeitigen Tod hervorbringen, gleichwohl der Kommunismus etwas Kritik wegen seiner Nutzung von Technologie um Menschen umzubringen erfährt.[50] An vielen Stellen deutet die Enzyklika auf Korruption in armen wie in reichen Ländern[51], ohne aber die endemische Korruption zu erwähnen, die in der Dritten Welt eine effektive Barriere dagegen bildet, dass die Menschen der Armut entkommen könnten.

Wohlstand ist die Lösung für tatsächliche und vermutete Umweltprobleme. Reiche Gesellschaften zeichnen sich durch Langlebigkeit, eine niedrigere Geburtenrate, die freie Verfügbarkeit besserer Nahrungsmittel und billige Energie aus. Dementsprechend gibt es keine Not, Wälder abzuholzen oder dass Weideland überzustrapazieren. Es gibt Mittel, um sich mit Umweltproblemen auseinanderzusetzen. Der durchschnittliche Afrikaner sorgt sich nicht um das Klima. Seine Sorge gilt der Frage, woher die nächste Mahlzeit kommt. Etwas vorausschauend gilt die Sorge dem Überleben, der Gesundheit, dem sauberen Wasser, dem Licht, der Heizung, und der Frage, wie man ein Dach über den Kopf bekommt oder Erziehung für die Kinder. Für den durchschnittlichen Afrikaner gibt es kein potentielles Klimadesaster in 100 Jahren – für ihn ist ein Kampf ums Überleben, Stunde um Stunde. In den Entwicklungsländern leben Milliarden von Menschen in bitterer Armut und mit all den schlechten Dingen, die Armut mit sich bringt, also Unterernährung, vermeidbare Krankheiten und frühzeitigen Tod.

Im Endeffekt verlangt der Papst von den Entwicklungsländern, dass sie ihre billigsten, bekannten, verfügbaren Energieressourcen nicht nutzen. Damit damit fordert er sie auf, die Überwindung der Unterernährung zu

---

50 *Laudato Si'*, Paragraph 104

51 *Laudato Si',* Paragraphen 55,123, 142, 172, 179, 182 und 197

verzögern und die weite Verbreitung vermeidbarer Krankheiten hinzunehmen. Der Dritten Welt die Kohle zu verweigern bedeutet, dass es dort keine billige Energie geben wird, dass Wälder abgeholzt werden, und dass Mütter und Kinder ohne Not sterben. Weder Solar- noch Windtechnologien werden diese Probleme lösen, denn es gibt nicht genug Geld, um ideologische und unzuverlässige Elektrizität zu finanzieren. So wie sich viele Dinge in der Dritten Welt entwickeln, ist es oft für arme Menschen das Beste, Kupferdraht und Solarzellen zu stehlen, um sie für die nächste Mahlzeit zu verkaufen.

Die Aspirationen des Papstes bezüglich der Energie haben nicht nur für die Dritte Welt Konsequenzen. In Großbritannien ist der offensichtlichste Transfer von Vermögen von den Armen zu den Reichen rund um die erneuerbaren Energien aufgebaut. Der Papst unterstützt dieses ebenso wie die Linke, die unter anderem behauptet, die Kirche sorge sich um die Armen. In den Vereinigten Königreichen haben massiv substituierte reiche Landbesitzer Windräder auf ihrem Land, damit die Armen mit einer der teuersten und unverlässlichsten Formen von Energie versorgt werden können, die es je gegeben hat.

In der Anglosphäre gibt es heute mehr Menschen, die für ein Auskommen eine Stimme abgeben, als Menschen, die für ein Einkommen arbeiten. Die politische Macht liegt nun in den Städten. Jene, die in den ländlichen und verlassenen Gebieten Australiens all die Nahrungsmittel und Rohstoffe produzieren, die eine lebende Wirtschaft braucht, werden von denen überstimmt, die gänzlich von der Realität abgekoppelt sind.

2

WER IST WER IM ZOO

Wir alle wollen einen sauberen Planeten für uns selbst und die nächsten Generationen. Aber wenn es auf die Agenda der grünlinken Umweltaktivisten kommt, dann müssen wir uns hüten vor Idealismus, Eigeninteressen und der Lust an der Macht. Dies formulierte Bertrand Russell trefflich in seiner Rede vom 11. Dezember 1950 anlässlich der Verleihung des Nobelpreises.[52] Die Rede trug den Titel „*Welche Wünsche sind politisch wichtig*":

„unter jene Umstände, unter denen Menschen im Eigeninteresse handeln, fallen die meisten Gelegenheiten, zu denen sie überzeugt sind, dass sie aus idealistischen Motiven handeln. Vieles von dem, was als Idealismus daherkommt, ist verkleideter Hass oder verkleidete Liebe zur Macht. Wenn man große Menschenmassen von scheinbar edlen Motiven hingerissen sieht, ist es ratsam, unter die Oberfläche zu sehen und sich zu fragen was diese Motive wirksam macht. Man ist sonst zu schnell einvernommen von einer Fassade des Edelmuts..."

Wer erzählte dem Papst was?

Was man dem Papst nicht gesagt hat

Es gibt keinen Beweis dafür, dass menschliche Emissionen von Kohlendioxid eine globale Erwärmung bewirken. Unter empirischen Wissenschaftlern, die keine messbare Evidenz für Kohlendioxid-abhängigen Klimawandel finden, ist seit langem bekannt, dass das Klima -und von daher die Lufttemperatur-

---

52 Frenz, Horst 1969: *Nobel Lectures, Literature 1901-1967*. Elsevier

langfristig von der Position der Kontinente abhängen sowie von galaktischen Zyklen, die 143 Millionen Jahre (Ma) lang sind. Dies lässt sich an den Sedimenten Zentraleuropas aus Hunderten von Millionen von Jahren nachweisen.[53] Klima wird auch durch die nicht ganz so langfristigen Milankovitch Zyklen beeinflusst (orbital 100.000 Jahre[54], 41.000 Jahre[55], und 21.000 Jahre[56]). Mittelfristig wirken Solarzyklen (1500-, 217-, 87-, und 22 Jahre) sowie Ozeanzyklen wie die Atlantische Multidecadale Oszillation AMO, die Pazifische Dekadale Oszillation. Kurzfristig wird das Klima von Zyklen in Ozean und Atmosphäre wie Mondzyklen und El Niño-Southern Oscillation beeinflusst. Hat man dem Papst von diesen Klimazyklen der Erde berichtet?

Wenn vulkanische Ausbrüche Aerosole in die Atmosphäre einbringen, so verursacht dies eine kurzfristige Abkühlung für etwa fünf Jahre, wie zum Beispiel nach den Ausbrüchen des Krakatoa (1883) und Tarawera (1886). Asteroide führen dieselbe Situation herbei. Große Asteroideneinschläge sind katastrophale Ereignisse, durch die sich die Dinge dramatisch ändern. Angesichts der Dimensionen, in denen sich die Dinge abspielen, ist es unsere Mühe nicht wert, uns mit in Modellen vorhergesagten Temperatursteigerungen von 0.1°C zu beschäftigen. Das ist jene Änderung der Temperatur, die man herbeiführt, indem man den Kopf schüttelt. Der Umstand, dass die Komplexität des Klimasystems auf die Wirkung einer einzigen Variable, nämlich die menschlichen Emissionen von Kohlendioxid, reduziert worden ist, zeigt die intellektuelle Vakuosität der grünlinken Umweltaktivisten. Die Enzyklika beweist, dass dieses der Rat

53 Brink, H-J. 2014: Singnale der Milchstraße vorbogen in der Sedimentfüllung Zentraleuropäischen Beckensystems? Z. Dt. Ges. Geowiss. 166: 9-20

54 Orbitale Excentricität

55 Achsneigung, Obliquität

56 Der kombinierte Effekt von zwei Präzessionen

ist, den der Papst erhalten hat.

Der Papst schreibt[57]:

„...*dass die Kirche nicht beansprucht, die wissenschaftlichen Fragen zu lösen, noch die Politik zu ersetzen, doch ich fordere zu einer ehrlichen und transparenten Debatte auf, damit Sonderbedürfnisse oder Ideologien nicht das Gemeinwohl schädigen.*"

Es hat nie eine ehrliche Debatte über die Fragen der Umwelt und des Klimas gegeben. Es scheint, dass die Ratgeber des Papstes auch nicht ehrlich gewesen sind. Der Papst hätte von seinen Ratgebern informiert werden sollen, dass sich die Debatte über das Klima nicht um die Wissenschaft dreht. Es geht um Politik. Der Papst hat sich auf Kosten der Debattierer zu den „Hassern" gesellt. Dem Papst scheint nicht bewusst zu sein, dass die Theorie einer vom Menschen gemachten globalen Erwärmung, anders als die meiste Wissenschaft, wenig praktischen Wert, aber große politische Durchschlagskraft hat. Es hätte dem Papst gesagt werden sollen, dass die Vorhersagen der Klima-"Wissenschaftler" nicht eingetroffen sind. Nicht nur eine oder zwei ihrer Vorhersagen, sondern sämtliche Vorhersagen sind nicht eingetroffen. Ein Leben in der Wissenschaft hat mich gelehrt, mich vor Vorhersagen zu hüten. Niemand hätte viele wichtige Dinge vorhersagen können, die sich in der Lebensspanne des Papstes ereignet habe: etwa Aufstieg und Fall des Kommunismus, den Aufstieg Indiens und Chinas, die Erfindung des Internets und die Leichtigkeit des internationalen Reisens. Hat sich im Vatikan gegenüber den Vorhersagen dramatischen Klimawandels innerhalb des nächsten Jahrhunderts irgendjemand skeptisch gezeigt?

Dem Papst hätte man zur Kenntnis gebracht haben müssen, dass die IPCC die wissenschaftliche Literatur sehr selektiv

57 *Laudato Si'*, Paragraph 188

benutzt hat, dass sie unpublizierte und unbegutachtete Arbeiten verwendet hat. Die IPCC scheint die wesentlichen wissenschaftlichen Werke über die Sonne, die Wolken, vergangenen Klimamandel nicht zu kennen. Sie weiss auch nichts von der geologischen Vergangenheit, in der die atmosphärische Konzentration des Kohlendioxid weit höher war als heute. Wer hat die Glaubwürdigkeit der IPCC geprüft? Die IPCC ist eine mit schweren Defiziten belastete Interessenvertretungs-Gruppe, die in Skandalen schwimmt. Der Papst ignoriert die lange Geschichte des Planeten Erde. An keiner Stelle erwähnt er in seiner Enzyklika die Ungewissheit der Wissenschaft. Hat man ihm gesagt, dass die letzten 18 Jahre keine Erwärmung gezeigt haben? Die Enzyklika geht an keiner Stelle auf das Faktum ein, dass es über die Zeiten keine Beziehung zwischen dem atmosphärischen Kohlendioxidgehalt und Klima gibt.

Weder findet der himmelschreiende Betrug der *Climategate* e-Mails aus dem Jahre 2009 Erwähnung, noch die manipulierte Erfindung der Hockeyschläger-Graphik durch Michael Mann oder die weltweite „Berichtigung" der Temperaturaufzeichnungen. Der Vatikan muss Aufzeichnungen haben, die zeigen, dass das Finstere Mittelalter, die Mittelalterliche Warmzeit und die Kleine Eiszeit existiert haben. Und doch hat er sich zum Verbündeten von Leuten gemacht, die die Geschichte ändern und solche natürlichen Klimavariationen aus den Aufzeichnungen tilgen wollen. Der Papst macht sich Sorgen um die Bildung.[58] Aber er wurde nicht informiert, dass grünlinke Umweltaktivisten wie Greenpeace und WWF über Jahrzehnte unaufhörlich daran gearbeitet haben, falsche Informationen über die Menschen-gemachte globale Erwärmung in das Bildungssystem einzubringen. Ganz offensichtlich hat man den Papst unterrichtet, dass es einen wissenschaftlichen Konsens über menschengemachten

58 *Laudato Si'*, Paragraph 94

Klimawandel gibt.[59] Aber ich zeige in diesem Buch, so wie es viele andere es vor mir getan haben[60], dass diese Behauptung weit von der Wahrheit entfernt ist.

Die Enzyklika beschäftigt sich nicht mit den ökonomischen, sozialen, umweltlichen und gesundheitlichen Kosten der erneuerbaren Energien. Grünlinke Umweltaktivisten propagieren erneuerbaren Energien ohne jedwedes Verständnis der Kosten oder der verursachten Umweltschäden. Der Papst verwendet das Wort „Profit" 15 mal in einem herabsetzenden Sinn und scheint nicht zu verstehen, dass hinter der Industrie erneuerbarer Energien eine ganze Schlange von gierigen Bankern aufgereiht ist.

Wenn dem Papst profitorientierte Unternehmen suspekt sind, dann sollten alle Alarmglocken bezüglich der erneuerbaren Energien geläutet haben. Wenn man den Papst informiert hätte, in welchem Ausmaß die sogenannte Klimawissenschaft und die Industrie erneuerbarer Energien vom Steuerzahler subventioniert werden, dann hätte er vielleicht über Profit etwas anderes zu sagen gehabt. Wenn nur ein Bruchteil des Geldes, das auf eine widerlegte Theorie hin ausgegeben worden ist, in die Infrastruktur von Entwicklungsländern investiert worden wäre, dann gäbe es weit weniger arme Menschen, über die der Papst sich Sorgen machen müsste.

Wer versäumte es, dem Papst zu sagen, dass die langen und kurzen Klimazyklen keine Beziehung zum Verbrauch fossiler Brennstoffe haben, dass sie keine Beziehung zur modernen Welt oder menschlichen Kohlendioxid-Emissionen haben, dass in der Vergangenheit der Anstieg des atmosphärischen CO_2 dem Anstieg der Temperatur folgt und nicht ihm vorhergeht und dass er schon deshalb die Erwärmung nicht verursachen kann.

59 *Laudato Si'*, Paragraph 23

60 Laframboise, Donna 2011: *The delinquent teenager who was mistaken for the world's top climate expert.* Connor Court

Wer versäumte es, dem Papst zu sagen, dass die Eiskappen an den Polen, das Meereseis und die Gletscher aus einer ganzen Reihe von Gründen kommen und gehen? Der Papst propagiert eine post-modernistische Wissenschaft die behauptet, dass die Fakten gesichert seien, während widersprüchliche Fakten einfach ignoriert werden, und die suggeriert, die Situation sei kritisch und Entscheidungen also dringlich.

Der Papst hat die sehr enge Sicht der grünlinken Umweltaktivisten dargestellt und die Implikationen seiner Enzyklika nicht durchdacht. Wenn man der Logik folgt, dann wird des Papstes Enzyklika zu Klima und die Umwelt die Armen in ewiger Armut halten.

Warum war der Papst so schlecht beraten? Wer waren seine Berater? Was waren die Motive seiner Berater? Es ist offensichtlich, dass der Papst auf dem Weg nach Paris ist - aber ohne Landkarte.

Gleich und Gleich gesellt sich gern

Als er noch Kardinal in Argentinien war, wurde der Papst stark durch Überflutungen und unhygienische Bedingungen in den Armensiedlungen seines Heimatlandes beeindruckt, die auch als Dörfer der Misere bekannt sind. Es ist es sicher, dass dem Papst der Schmutz, der Mangel an Fürsorge für die Arbeiter und die Brutalität des aufkeimenden Kapitalismus in Argentinien bekannt sind. Doch dieses ist nicht der Kapitalismus der modernen Westlichen Welt. Nicht jedem passt derselbe Schuh. Der Papst kündigte nach einer Reise zu den Philippinen bereits im Januar 2015 seine Absicht zu einem Beitrag vor der UN Klimakonferenz im Dezember 2015 an. Es ist offensichtlich, dass die Schlussfolgerungen der Enzyklika schon getroffen waren, als der Papst noch Kardinal in Argentinien war. Der Papst signalisierte seine Absicht, ein wichtiges Dokument über die Umwelt herauszubringen, kurz nach seiner Wahl zum Papst im März 2013. Es kann nicht Erstaunen, dass der Papst jetzt dem Widerstand der konservativen Theologen begegnet.

Der bekennende Atheist und radikale Umweltaktivist Hans Joachim Schellnhuber, ein Mitglied des *Club of Rome*, war am Schreiben der päpstlichen Enzyklika beteiligt. Für diese Rolle hatte ihn anscheinend Erzbischof Marcelo Sanchez Sorondo ausgewählt, der Leiter der Päpstlichen Akademie der Wissenschaften. Es kann also nicht verwundern, wenn sich die Enzyklika liest wie ein Weltuntergangsdokument des *Club of Rome* oder von *Greenpeace* liest. Der Papst, ohne Praxis in den Naturwissenschaften, braucht Rat. Es ist klar, dass die sogenannten Umweltexperten die Antworten lieferten, die die päpstliche Akademie der Wissenschaften wünschte.

Die Litanei einfacher wissenschaftlicher Irrtümer, der wissenschaftliche Dogmatismus und die Auslassungen grundlegender Wissenschaft legen nahe, dass die Päpstliche Akademie der Wissenschaften nicht daran interessiert war, sich mit Wissenschaft auseinanderzusetzen und intelligente Lösungen zu finden, die Menschen helfen, während sie den Planeten schützen. Die anti-Wissenschaft, anti-Technologie und anti-Industrie Agenda der Enzyklika[61] ist diejenige der grünlinken Umweltalarmisten, die uns in die Höhlen zurück befördern möchten. Und während es genug Höhlen für etwa 7000 Menschen auf der Erde geben mag, so ist dort doch kein Platz für 7 Milliarden.

Naomi Klein und Kardinal Peter Turkson haben im April 2015 in Rom eine hochrangige Umweltkonferenz geleitet. Die Päpstliche Akademie der Wissenschaften war der Sponsor der Konferenz, der auch UN Generalsekretär Ban Ki-Moon

---

61 *Laudato Si'*, Paragraphen 9, 16, 20, 54, 60, 102, 106, 107, 108, 109, 110, 112, 114, 131, 132, 136, 165 und 172

beiwohnte. Klein und Turkson wurden von ihresgleichen und grünlinken Umweltaktivisten unterstützt. Wissenschaftler anderer Auffassung durften nicht teilnehmen, und sie wurden schon gar nicht angehört. Wenn wir das Buch von Klein[62] zur Kenntnis nehmen, dann ist sie keine geeignete Person dem Papst Rat zu erteilen. In ihrem Buch behauptet sie:

„*Kohlendioxid verbleibt für ein bis zwei Jahrhunderte in der Atmosphäre und einiges davon verbleibt für 1000 Jahre oder mehr.*"

Falsch. Die einzige Zeitspanne in der Geschichte des Planeten, in der diese Behauptung zutraf, waren die ersten wenigen 100 Millionen Jahre, als es auf der Erdoberfläche noch kein Wasser gab. Die atmosphärische Verweilzeit von Kohlendioxid ist etwa fünf Jahre. Dieses ist bewiesen durch die 116 über Grund durchgeführten russischen Nuklearexperimente, die das kurzlebige Kohlenstoffisotop[63] C^{14} freigesetzt haben. Die Schätzungen der IPCC sind mit diesen Fakten nicht konsistent.[64]

Klein schreibt auch, dass die „*Mittelalterliche Warmzeit schon als Unfug erkannt und ausgeräumt (debunked) worden sei*".

Falsch. In der Tat haben eine Reihe von wissenschaftlichen Disziplinen durch Messung einer Anzahl von

62 Klein, Naomi 2014: *This changes everything: Capitalism vs. The climate.* Simon and Schuster

63 There are three natural isotopes of carbon. C^{12} (98.9%) and C^{13} (1.1%) are stable isotopes, these ratios can vary slightly due to fractionation by thermodynamic, biological and geological processes. C^{14} is radiogenic from cosmic radiation (and atomic bombs) and has a half-life of 5,730 years. This means that after 5,730 years a bucket full of C14 would have decayed to half a bucket of C14, after another 5,730 years of decay a quarter of a bucket of C14 would remain, after another 5,730 years and eighth of a bucket of C14 would remain and so on.

64 http://wattsupwiththat.com/2013/07/01/the-bombtest-curve-and-its-implication-for-atmospheric-carbon-dioxide-residency-time/

Klimasurrogatparametern[65,66,67] die Übereinstimmung mit der aufgezeichneten Geschichte[68] validiert. Dieses nennt man das Kohärenzkriterium der Wissenschaft. Dass Klein die Geschichte umschreibt, um sie ihrer Ideologie anzupassen, gibt tiefen Einblick in ihre Agenda und intellektuelle Unredlichkeit. Wieder und wieder haben wissenschaftliche Studien von jedem Ende der Welt gezeigt, dass die Mittelalterliche Erwärmung ein globales Phänomen war.[69,70] Wenn es nach Klein geht, dann muss ein Faktum abgeschafft werden, wenn es der eigenen Ideologie widerspricht. Dann kann man mit der Ideologie fortfahren. Nur weil einem eine Schlussfolgerung nicht passt, heißt das noch nicht, dass man sich ihrer mit einer wegwerfenden Bemerkung entledigen kann. Kleins Buch dreht sich nicht um das Klima. Hier geht es um grünlinken Umwelt-Sozialismus:

„die Verringerung von Emissionen ist nur ein Beispiel, wie der Klima-Notfall durch seine Dringlichkeit und den Umstand, dass er für buchstäblich jeden auf der Welt Bedeutung hat, neues Leben in ein politisches Ziel einflößen konnte..... (wie) Steuern bei den Reichen zu erheben, schädliche Handelsabkommen blockieren, in die öffentliche Sphäre zu reinvestieren....“

65 Broeckner, W. S. 2001: Was the Medieval Warm Period global? *Science* 291: 1497-1499

66 Huang, S. et al. 1997: Late Quaternary temperature change seen in worldwide continental heat flow measurements. *Geophys. Res. Lett.* 24: 1947-1950

67 Huffman, T. N. 1996: Archaeological evidence for climate change during the last 2000 years in southern Africa. *Quat. Internat.* 33: 55-60

68 Fagan, Brian 1999: *Floods, famines and emperors: El Niño and the fate of civilizations*. Basic Books

69 Oullet-Bernierm M.-M. et al. 2014: Paleoceanographic changes in the Disko Bugt area, West Greenland, during the Holocene. *The Holocene* 24: 1573-1583

70 Yan, H. et al. 2015: A composite sea surface temperature record of the northern South China Sea for the past 2500 years: A unique look into seasonality and seasonal climate changes during warm and cold periods. Earth Sci. Rev. 141: 122-135

und

„wichtiger noch, die Klimabewegung bietet eine umfassende Narrative in der einfach alles vom Kampf um gute Arbeitsplätze bis zu Gerechtigkeit für Immigranten bis hin zu Rückzahlungen für das Unrecht der Sklaverei.... alles Teil eines großen Projektes wird, in dem wir eine ungiftige „shock-proof" Wirtschaft aufbauen, bevor es zu spät ist."

Darum geht es also. Die Wissenschaft ist nicht wichtig und wir scheinen einen maßlosen Klima-Notfall zu haben. Was zählt ist, wieviel soziale „Gerechtigkeit" aus dem Klimawandel extrahiert werden kann. Dieses ist das Buch nicht eines wissenschaftlichen, sondern sozialen Aktivisten. Einige von uns mögen mit einigen ihrer Ansichten über soziale Gerechtigkeit übereinstimmen. Aber Angstmacherei durch Wissenschaftsbetrug ist nicht der Weg Ergebnisse hervorzubringen. Naomi Klein, eine hartnäckige Kritikerin des Kapitalismus des 21. Jahrhunderts, sieht jetzt im Papst einen Umweltcampaigner. Dieses sind die Qualitäten der Personen, die der Papst zu seinem Ratgeber machte. Es kann also nicht wundern, dass die Enzyklika weitum angegriffen worden ist. Einiges in ihrem Sprachgebrauch, so zum Beispiel der Gebrauch des Wortes „dringlich"[71], mutet an, wie die mystischen Dokumente der grünlinken Umweltaktivisten oder Greenpeace. Ist dies der Fingerabdruck der Naomi Klein?

Ein Marsch vieler Glaubensgruppen durch die Ewige Stadt ging dem Willkommen des Vatikans für die grünlinken Umweltaktivisten (einschließlich Greenpeace, Oxfam und bekennenden Atheisten) voraus. Die Konferenz fokussierte auf den anstehenden UN Klimagipfel in Paris. Der Greenpeace

---

71 *Laudato Si'*, Paragraphen 13, 14, 26, 31, 57, 111, 114, 141, 162, 173, 175, 181, 189 und 192

Aktivist Kert Davies[72], der Gaia huldigt, feiert den Einzug des Papstes in die Klimadebatte.

Die Vorstellung der päpstlichen Enzyklika erfolgte durch eine Gruppe von fünf, darunter ein römischer Schullehrer und Hans Joachim Schellnhuber, der seine 15 Sekunden des Ruhms nutzte, um uns eine Lektion über Klima-„Wissenschaft" zu erteilen. Der Mann, der das Ohr des Papstes hat, machte folgende Aussage[73]:

„*es ist nicht das Streben der Armen nach etwas Zugang zu Ressourcen wie etwa sauberem Wasser, welches das Klima destabilisiert, sondern der Konsum der Oberklasse und der Mittelklasse. Es ist nicht die Armut, die den Planeten zerstört, sondern der Reichtum.*"

Ich bin mir sicher, dass sich die Leser schuldig fühlen, Ablass kaufen und diese Behauptung nicht genauer analysieren. In diesem Buch trage ich das Argument vor, dass es der Aufstieg der Mittelklasse in der ersten industriellen Revolution und der Aufstieg der Mittelklasse in der derzeitigen industriellen Revolution ist, der Hunderte von Millionen Menschen aus der Armut befreit. Nur Wohlstand kann Armut überwinden.

Schellnhuber ist der Vorsitzende des *Wissenschaftlichen Beirats der Bundesregierung Globale Umweltveränderungen WBGU*. Er hat einen großen Plan für die Gesellschaft, mit autoritärem Einschlag:

„*Der Wissenschaftliche Beirat der Bundesregierung Globale Umweltveränderungen, dem ich vorstehe, wird bald einen grossen Plan für die Transformation der Gesellschaft enthüllen.*"

Denjenigen von uns, die Sinn für Geschichte haben, haben sich die Haare aufgestellt, als sie das Wort „grosser Plan" aus

72 http://www.climatedepot.com/2015/02/26/regurgitate-unsupportable-accusations-greenpeaces-kert-davies-is-back-again/

73 Socialist Moaning Herald, 18th June 2015 (sometimes called the Inner Sydney Moaning Herald)

Deutschland vernahmen, gerade weil es im Kontext einer Veränderung der politischen Landschaft der Welt vorgebracht wurde. Schellnhuber fährt fort:

„*der Wissenschaftliche Beirat der Bundesregierung Globale Umweltveränderungen empfiehlt die Rückführung von Kohlendioxidemissionen aus fossilen Rohstoffen auf null spätestens bis zum Jahre 2070. Diese Leitlinie ist sowohl ehrgeizig als auch einschneidend, denn das Nullziel muss von jedem Land erreicht werden, von jeder Gemeinde, jedem Unternehmen und jedem Bürger, damit die Welt als Ganzes klimaneutral werden kann.*“

Sollen wir alle das Atmen einstellen? Wir atmen etwa 0,04% Kohlendioxid ein und atmen etwa 4% aus. Es wurde uns keine praktische Methode vorgestellt, wie wir also dann die menschlichen Emissionen von Kohlendioxid bis 2070 auf null reduzieren. Wenn darüber mit Ihnen, Herr Dr. Schellnhuber, Einvernehmen herzustellen ist, so möchte ich gerne mit meinem Leben fortfahren, ohne irgend einer Art von globalem deutschem autoritären Gehabe ausgesetzt zu sein.

Ist sich Dr. Schellnhuber bewusst, dass im Falle seines Erfolgs die Welt in 55 Jahren kalt und arm sein wird und Gesundheit und Lebenserwartung auf das Niveau von vor 300 Jahren abgesunken sein werden. In einem *Nature* Artikel[74] aus dem Jahre 1999 behauptet Schellnhuber:

„*Auch wenn man Effekte wie die Eiszeiten als Überreaktionen auf kleine Störungen deuten kann -eine Art von kathartischem geophysiologischem Fieber- so resultieren doch die Hauptereignisse in einer beschleunigten Reifung durch Schockbehandlung und zeigen an, dass Gaia einem mächtigen Antagonisten gegenübersteht.*“

---

74 Schellnhuber, H. J. 1999: ‘Earth system’ analysis and the second Copernican revolution. *Nature* 402 (Supp.) C19-C23

Ich bin sicher, wir alle verstehen was er meint! Dieses ist postmodernistisches Kauderwelsch. Die Umarmung Gaias durch einen Atheisten hätte die Ratgeber des Papstes zur Suche nach einem ausgewogenen und hoffentlich christlichen Klimaexperten anspornen sollen. Solche warteten in Rom zum Zeitpunkt der Konferenz im April 2015.

Fürchteten sich der Papst und seine Berater davor, eine andere Sicht anzuhören? Eine Gruppe von Experten[75] kam nach Rom, um einer anderen Sicht Ausdruck zu geben; man ließ sie warten und sie bekamen keine Audienz, weder mit dem Papst noch mit seinen Ratgebern. Philippe de Larminat[76], der ein Buch über Klimawandel geschrieben hat, wurde im März 2015 von Kardinal Peter Turkson für das Treffen im Vatikan im April 2015 eingeladen und fünf Tage vor der Konferenz wieder ausgeladen. Er hatte seinen Flug nach Rom schon gebucht.[77]

War der Grund dafür, dass de Larminat schrieb, dass die Sonnenaktivität die Hauptursache des Klimawandels ist und nicht die Kohlendioxidemissionen der Menschen? Im April 2015 hatte der Papst offensichtlich bereits entschieden, dass Klimawandel von Menschen gemacht war. Die Enzyklika wurde Mitte 2015 herausgegeben, mit der Behauptung dass der Klimawandel auf

---

75 Dr E. Calvin Beisner (Cornwall Alliance for the Stewardship of Creation), Hal Doiran (früher NASA Skylab und Space Shuttle Ingenieur), Dr Robert Keen (Hochschullehrer für Meteorologie an der University of Colorado), Viscount Christopher Monckton (Science and Public Policy Institute und Katholik), Marc Morano (Heartland Institute, ClimateDepot.com), Dr Tom Sheehan (Science and Environment Policy Project) und Elizabeth Yore, JD (früher General Counsel am National Center for Missing and Exploited Children)

76 Philippe de Larminat, 2014: Climate change: identification and projections. Wiley

77 http://.dailymnail.co.uk/news/article-3133468/French-climate-change-doubter-uninvited-Vatican-summit-weeks-Pope-declared-global-warming-man-problem.html

menschliche Aktivität zurückginge. In diesem Zusammenhang erscheinen die Worte der Enzyklika vollkommen hohl, wenn sie sagt: „*die Notwendigkeit aufrichtiger ...Debatten...*“[78] „*.....und ehrlicher Debatten...*“[79], „*......verantwortungsbewusste und breite wissenschaftliche und gesellschaftliche Debatte*“[80], „*....erfordert transparente politische Prozesse, die dem Dialog unterworfen sind.....*“[81], und „*.....fordere zu einer ehrlichen und transparenten Debatte auf.....*“[82]. All dies ist mit der Tatsache unvereinbar, dass ausschließlich die Sicht grünlinker Umweltaktivisten propagiert wurde.

Dass der Papst Rat bei bekennenden Atheisten suchte, setzte den tiefen Glauben seiner Gemeinde herab. Der Papst muss ganz sicher die G. K. Chesterton (1874-1936) zugeschriebene Bemerkung kennen[83]: „*Wenn ein Mann aufhört, an Gott zu glauben, dann heißt das nicht, dass er an nichts glaubt, er glaubt an alles und jedes.*“

Die grünlinken Umweltaktivisten glauben an alles und jedes. In diesem Buch zeige ich, dass sie sogar an menschengemachten Klimawandel glauben – auch wenn jede Evidenz dafür fehlt. Darüber hinaus werden sie, wenn man ihnen gegenteilige Evidenz vorlegt, dies einfach ignorieren und fortfahren, an alles und jedes zu glauben.

Der Papst hat sich mit den schlimmsten, heidnischen, antireligiösen und Gaia-huldigenden grünlinken Umweltaktivisten verbündet. Sie werden ihn und seine Enzyklika für ihre eigenen Zwecke brauchen. Die Wirtschaftsreformer, die

78 *Laudato Si'*. Paragraph 16
79 *Laudato Si'*. Paragraph 16
80 *Laudato Si'*, Paragraph 135
81 *Laudato Si'*, Paragraph 182
82 *Laudato Si'*, Paragraph 188
83 http://www.chesterton.org/ceases-to-worship/

für Märkte eintreten, werden als sündig dargestellt; dadurch werden die Marxisten moralisch sehr unterstützt. Bei dem Versuch zwischen Wissenschaft und Religion Versöhnung herzustellen, ist der Papst weit auf der Seite der wissenschaftsfeindlichen politischen Aktivisten gelandet.

Die Umarmung des Kommunismus

Es wird allgemein akzeptiert, dass der heilige Johannes Paul II (zusammen mit Premierministerin Thatcher aus den Vereinigten Königreichen und dem US Präsidenten Reagan) die treibende Kraft hinter der Dekonstruktion des osteuropäischen Kommunismus war. Dieses hat die Welt spirituell, moralisch, wirtschaftlich und in der Umwelt reicher gemacht. Die Drohung eines Weltkrieges wurde massiv verkleinert. Papst Johannes Paul II, Thatcher und Reagan beendeten den kalten Krieg und machten die Erde zu einem viel friedlicheren Platz. Unter Papst Johannes Paul II war die Kirche wieder zu einer weltweiten Macht geworden.

Papst Johannes Paul II war nach 400 Jahren der erste nicht-italienische Papst. Er wurde als Karol Jozef Wojtyla geboren, erlebte die Nazibesetzung Polens als junger Mann und danach die Unterwerfung Polens unter die kommunistische UdSSR am Ende des Zweiten Weltkrieges. Er lebte die meiste Zeit seines Lebens unter totalitären politischen Systemen. Er kannte den als Humanismus verkleideten Totalitarismus, Kommunismus und Sozialismus gut.

Die Enzyklika des Papstes von 2015 ist ein Rezept für eine Katastrophe. Solche Verschreibungen können die Glaubwürdigkeit der Kirche nur untergraben und den Gewinn, den Papst Johannes Paul II gemacht hatte, verlieren. Ich frage mich, ob in den Schulen die Rolle der Kirche in der Zerstörung des Kommunismus der Sowjets und Osteuropas als grundlegende historische Wahrheit gelehrt werden wird oder der grünlinke negative Umweltaktivismus der Kirche?

Papst Franziskus zitiert die erste Enzyklika von Papst Johannes Paul II[84]. Und doch schenkte wenige Wochen nach der Veröffentlichung von *Laudato Si'* Boliviens sozialistischer Präsident Morales im Juli 2015 dem Papst ein aus Holz geschnitztes kommunistisches Kruzifix[85]: dieses war eine Skulptur Christi mit Nägeln auf das kommunistische Emblem von Hammer und Sichel genagelt, hergestellt von dem ermordeten Jesuitenpriester Luis Espinal. Papst Franziskus ist der erste Jesuit als Papst. Der bolivianische Bischof Gonzalo del Castillo nannte das Geschenk „*eine Provokation, einen Scherz.*“[86]

Das Hammer- und Sichelkruzifix würde viele entsetzen, besonders in Polen, wo Papst Johannes Paul II Dutzenden von Millionen Menschen half, der eisernen Kralle des Kommunismus zu entkommen. All diejenigen, die die Tyrannei und Unterdrückung des atheistischen Kommunismus erfahren haben, müssen große Unruhe verspüren, dass der jetzige Papst eine rivalisierende, despotische atheistische Ideologie umarmt. Der Papst gab das Kreuz später zurück.

Alarmglocken läuten auch deshalb laut, weil bekannte Hilferufe der grünlinken Umweltaktivisten und Kommunisten ertönen[87], wie etwa:

„*Es besteht eine sehr starke wissenschaftliche Übereinstimmung darüber, dass wir uns in einer besorgniserregenden Erwärmung des Klimasystems befinden.*“

---

84 *Laudato Si'*, Paragraph 5

85 http://www.catholicherald.co.uk/news/2015/07/09/pope-francis-praises-reforms-of-evo-morales-on-arrival-in-bolivia/

86 http://www.news.com.au/world/south-america/bolivian-president-evo-morales-presents-pope-francis-with-communist-crucifix/story-fnh81jzo-1227437028470

87 *Laudato Si'*, Paragraph 23

Wie ich später zeige, gibt es keinen Konsens. Der Term wissenschaftlicher Konsens ist ein Widerspruch in sich selbst. Konsens ist ein Wort, das in die Politik gehört, nicht in die Wissenschaft. Messungen während der letzten 18 Jahre zeigen keine Erwärmung und schon gar keine „*besorgniserregende Erwärmung*". Es hat über die letzten 350 Jahre einen generellen Trend der Erwärmung seit dem Maunder Minimum gegeben. Genau das durfte nach der kältesten Periode der Kleinen Eiszeit erwartet werden. Während dieser tendenziellen Erwärmung gab es Abkühlungszyklen und Zeiten ohne Abkühlung oder Erwärmung. Die Ratgeber des Papstes vergaßen, ihm dieses bedeutsame Stück Evidenz zur Kenntnis zu bringen.

Päpstliche Führung

In den USA hat eine Gallup-Befragung gezeigt, dass die Popularität von Papst Franziskus nach Veröffentlichung seiner Enzyklika gesunken ist.[88] Kurz nach seiner Wahl im April 2013 lag seine Popularität bei 58%. Sie stieg Anfang 2014 auf 76% und ist seit Erscheinen der Enzyklika auf 59% gefallen. 2014 hatten noch 89% der Katholiken in den Vereinigten Staaten eine günstige Meinung über den Papst, nun sind es 71%. 2014 hatten 72% der konservativen Wählerschaft in den Vereinigten Staaten eine günstige Meinung über den Papst. Dies ist nun auf 45% gefallen. In den Vereinigten Staaten lag Papst Franziskus höher in der Gunst als Papst Benedikt XVI und tiefer als Papst Johannes Paul II.

Diese Enzyklika ist nicht das Dokument eines Führers. Es folgt einem simplistischen westlichen Gedanken der populistischen grünlinken Umweltaktivisten und der Idee, dass Änderungen erfolgen sollten, wenn junge Menschen nach ihnen rufen.[89]

88 http://gallup.com/poll/184283/pope-francis-favorable-rating-drops.aspx
89 "Young people demand change." *Laudato Si'*, Paragraph 13

Vielleicht ist der Papst auf den Status einer „*Celebrity*" aus und möchte sein Pferd an den Umweltwagen binden, der so stark durch die Jugend unterstützt wird. Sollte dies seine Führung sein, so sollte man ihn an ein Zitat erinnert haben, dass einem Politiker des 19. Jahrhunderts, nämlich Alexandre Auguste Ledru-Rollin, zugeschrieben wird, der 1848 für 54 Tage das Staatsoberhaupt von Frankreich war:

„*Dahin gehen die Leute, ich muss Ihnen folgen, denn ich bin ihr Führer.*"

Globale Störungen gibt es ständig. Sie beeinträchtigen Arbeiter, Unternehmen und Regierungen. Der Papst kann diese Realität nicht akzeptieren[90] und zeigt als Führer in einer sich ständig ändernden Welt große Furcht vor der Technologie, während er gleichzeitig einige technologische Errungenschaften lobt.[91] Es scheint, dass es den Papst nach der stagnierenden Welt von damals verlangt. Dieses war die Welt der Armut, Krankheit und der Despoten, in der die Menschen wie Fliegen starben. Heute ist der Wandel der Technologie sehr schnell, die meisten von uns haben Mühe, mitzuhalten. Kreative Technologie verändert die Welt. Es ist diese neueste Technologie, die es möglich macht, die päpstliche Enzyklika zu publizieren und weiter in Umlauf zu bringen Es ist die letzte Technologie, die es möglich macht, dass der Papst seine Gemeinde in Südamerika besucht und es ist die neueste, in Mengen CO_2 produzierende Technologie, die es den päpstlichen Ratgebern erlaubt hat, nach Rom zu kommen und seine Heiligkeit über die Gefahren des Kohlendioxid in Kenntnis zu setzen.

Der ständige Wandel, hervorgebracht durch technologische Innovation und sofortigen weltweiten Kapitalfluss, produziert

90 *Laudato Si'*, Paragraph 51

91 *Laudato Si'*, Paragraphen 9, 16, 20, 54, 60, 102, 106, 107, 108, 109, 110, 112, 114, 131, 132, 136, 165 und 172

wirtschaftliche Kräfte, die die Bedeutung von Arbeit neu definieren, neue Arbeitsplätze erschaffen, Industrien verwandeln und Nationen verändern. Mitleid helfe der Nation, die sich nicht mit diesen dynamischen Wirtschaftskräften wandelt, sondern unflexibel ist und Technologie mit Befremdung ansieht. Keine Nation ist gegen solche Kräfte immun, besonders wenn sie ein Defizit akkumuliert. Aber viele westliche Nationen werden beherrscht von schlechter Führerschaft, falschen Ideen, falschen Debatten und Trivia. Der Kapitalismus ist kreativ, die Technologie befreite die Leute von der Fließbandarbeit und neue Arten von Arbeitsplätzen werden geschaffen, zum Beispiel durch die digitale Revolution. Wir sollten all dies feiern. Der Papst tut das nicht.

Woher wissen wir, was wir wissen?

Die fatale Annahme

Wenn wir uns eine Meinung über Klimawandel bilden wollen, dann müssen wir ein paar Grundlagen kennen. Wir müssen dabei die Denkprozesse benutzen, die sich über die letzten 2000 Jahre entwickelt haben. Die gesamte Trillionen schwere Klimaindustrie beruht auf einer einfachen hypothetischen Annahme. Diese Annahme ist, dass die CO_2-Emissionen der Menschen globale Erwärmung hervorrufen. Bis zum heutigen Tag gibt es keine wissenschaftliche Evidenz, die diese Annahme stützt. Nach nun drei Jahrzehnten von Behauptungen, in welchem Ausmaß sich die Welt durch menschliche CO_2-Emissionen erwärmen wird, ist einigen von uns der heretische Gedanke gekommen, dass vielleicht einfach die Annahme nicht stimmt. Vielleicht sind die Modelle falsch? Vielleicht tut die Erde einfach, was die Erde tut und was wir Menschen tun ist dabei ziemlich unbedeutend?

Wer bezahlt den Trommler?

Ich zweifle daran, dass die CO_2-Emissionen aus menschlicher Aktivität Klimawandel hervorrufen. Die grünlinken Umweltaktivisten behaupten nun, das wir Zweifler (denialists) von der Industrie fossiler Rohstoffe dafür bezahlt werden, eine solche Sicht zu haben. Das lässt tief blicken, wie die grünlinken Umweltaktivisten denken und arbeiten im Bezug auf ihre eigenen venalen Motive.

Eine wachsende Menge von Fakten zeigt, dass viele grüne Bewegungen von einer Reihe von Quellen gut gefördert werden (zum Beispiel Gewerkschaften) und damit -um einmal grünlinks zu denken- ihre Motive hochgradig fragwürdig sind. Die Rentenfonds der Gewerkschaften haben riesige Investments in der Industrie der erneuerbaren Energien. In Australien wurde die größte jemals gemachte Spende an eine politische Partei an die Grüne Partei gemacht. Die nächstgrößten Spenden stammten von den Gewerkschaften an sowohl die australische Labour Partei wie auch die Grüne Partei. Die öffentlichen Aufzeichnungen politischer Spenden zeigen, dass jene bösen Multimilliardäre, die angeblich das Land regieren, die Risiken eingehen und Millionen von Leuten anstellen, nicht annähernd in die Höhe der Spenden der Gewerkschaften kommen und oft Spenden sowohl an die rechte und linke Seite der Politik machen. Förderung von Klimawissenschaft ist Ausführungswissenschaft für Regierungen. Sie wird nicht von Neugier angetrieben, nicht von dem Versuch, die Welt besser zu machen. Wir können die Abschiedsrede von Präsident Eisenhower am 17. Januar 1961 nicht vergessen, in der er warnte:

„die Aussicht der Unterwerfung der Gelehrten der Nation durch Anstellung beim Staat, die Zuweisung von Projekten, und die Macht des Geldes...... dass die öffentlichen Leitlinien der Politik selbst Gefangene einer wissenschaftlich-technologischen

Elite werden könnten."

Er warnte und wir lassen es geschehen. Die Leitlinien-Politik ist fest in den Händen einer grünlinken umweltaktivistischen Elite, die angetrieben ist von Geld, Bosheit, Macht und Ruhmsucht. Die Furcht vor menschengemachtem Klimawandel ist eine vom Himmel gesandte Gelegenheit für die grünlinken Umweltaktivisten, um die Kontrolle der Regierung über die Wirtschaft massiv zu vergrössern, wich auch die Kontrolle über das persönliche Leben der steuerzahlenden Bürger. Sie haben unwissenschaftliche Behauptungen eingeführt wie etwa „*die Wissenschaft ist abgeschlossen*". Sie haben diejenigen in der pluralistischen demokratischen Gesellschaft, die damit nicht einverstanden sind, als „*Klimaleugner*"(denialists) bezeichnet, mit offensichtlich beabsichtigten Anspielungen auf den Nazi-Holocaust. „Abgeschlossene Wissenschaft" ist ein Widerspruch in sich selbst. Wissenschaft wandelt sich mit neuen Fakten. Die Attacke *ad hominem* zeigt letztlich nur, dass es keine Beweise gibt, ein Argument anders aufrechtzuerhalten.

Ich finde es schwer verständlich, wie die Wissenschaft vom Klima jemals „abgeschlossen" sein könnte. Es gibt eine sehr große Zahl von Eingangs- und Ausgangsfaktoren, die wir nicht verstehen. Da gibt es widersprüchliche Fakten. Die Vergangenheit stimmt nicht gut überein mit einigen Theorien über die Gegenwart. Das Unbekannte überrascht uns immer wieder und gibt es immer mehr zu lernen, denn Wissenschaft ist wahrhaftig ein Füllhorn unbeantworteter Fragen. Die offensichtlichen Fragen heißen: warum stoppte die Erwärmung von 1978-1998? Wie empfindlich reagiert das Klima auf die erhöhten atmosphärischen CO_2-Spiegel, besonders im Licht vergangener Zeiten als die atmosphärischen CO_2-Konzentrationen sehr hoch waren?

Die US-Regierung gibt jedes Jahr 2,5 Milliarden Dollar für

Forschung rund um das Kohlendioxid aus und ignoriert die mächtigen Naturkräfte, die von jeher Klimawandel verursacht haben. Diese Forschung erzeugt Veröffentlichungen, Bücher, Rapporte, Presseveröffentlichungen, Modelle und Karrieren in regierungsgeförderter Wissenschaft und Medien. Große Egos werden gefüttert und Experten *ex nihilo* erschaffen. Ständig werden wir wegen Rekordtemperaturen, mehr Dürren, dem Abschmelzen der Eiskappen an den Polen, dem Anstieg des Meeresspiegels, häufigeren und schwereren Stürme, Aussterben von Arten und schlechthin jeder Art von unvergleichlicher Krise alarmiert. Die Auflistung potentieller Desaster findet kein Ende.

Was ist aus den 2,5 Milliarden Dollar pro Jahr eigentlich herausgekommen? Ist die Welt ein besserer Platz? Wie viele Leben sind gerettet worden? Wie viele afrikanische Dörfer wurden an das Elektrizitätsnetz angeschlossen? Wie viel Trinkwasser wurde für die Wüstenvölker Nordafrikas produziert? Hat all diese Forschung auch nur ein Jota Unterschied für das globale Klima gemacht? Drakonische Reduktionen der CO_2-Emissionen durch die entwickelte Welt können vielleicht 0.0001°C Erwärmung verhindern. Wenn denn menschliche Emissionen von CO_2 überhaupt globale Erwärmung hervorrufen. Solch eine Abnahme der Temperatur kann nicht einmal gemessen werden. Worum geht es eigentlich hier?

Die Klimaforscher sind nicht glücklich: sie wünschen sich mehr Geld, damit sie uns bezüglich unserer Umwelt besser das fürchten lehren können. Offensichtliche Ungereimtheiten deuten stark darauf hin, dass sie grünlinken Umweltaktivisten sich um die Umwelt überhaupt nicht sorgen. Windräder zum Beispiel zerlegen jedes Jahr Millionen von Vögeln und Fledermäusen, sind aber in den Vereinigten Staaten von den Strafen der Artenschutz-Gesetzgebung Arten ausgenommen. Stellen Sie sich vor, eine Bergbaumine, eine Fabrik, ein Kohlekraftwerk oder ein Atomkraftwerk tötete dieselbe Anzahl von Vögeln und Fledermäusen wie Windräder oder brächte Gesundheitsprobleme für Menschen, die rundherum leben. Sie würden unverzüglich geschlossen, mit Strafen versehen und wahrscheinlich in den Bankrott getrieben werden.

Das Klimageschäft ist ein großes, zirkuläres, sich selbst fortsetzendes Geschäft, das öffentliche Gelder aufsaugt. Das ist mehr als Glück. Dies ist ein Geldtransfer von den Armen zu den Reichen. Zwischen 2007 und 2013 gaben die an Ethanol-aus-Getreide interessierten Gruppen in den USA 158 Millionen US Dollar für mehr grüne Gesetzgebung und Subventionen aus. Sie gaben in Wahlkampagnen etwa 6 Millionen US Dollar für alkoholbasierte PKW-Treibstoffe aus, die die Effizienz reduzieren, die Maschinen beschädigen, mehr CO_2 ausstoßen als konventionelle Kohlenwasserstoffverbrennung und zur Herstellung eine enorme Menge Land, Wasser und Dünger benötigen.

Universitäten und das unabhängige Denken

Lawinen von Steuergeldern sind an Klimawissenschaftler vergeben worden, um zu zeigen, dass menschliche Emissionen von CO_2 eine globale Erwärmung hervorrufen. Und doch ist dies nicht gezeigt worden. Ich zweifle am menschengemachten Klimawandel, denn ich habe eine formale wissenschaftliche Ausbildung und habe für Jahrzehnte wissenschaftlich geforscht. Meine Zweifel beruhen darauf, dass die Wissenschaft schlecht gemacht ist. Wirklich schlecht. Ich werde nicht davon beeinflusst, was professionelle Gesellschaften, Politiker, Leitlinienschreiber, Mediengruppen, Aktivisten, Ideologen und Träumer denken mögen, denn ihre Auffassungen beruhen nicht auf Evidenz. Für die eine Seite dieser Scheindebatte geht es um Geld, für die andere Seite geht es um Wissenschaft.

Moderne Universitäten und Wissenschaftler leben von der Förderung durch Regierungen und sind bei weitem nicht so unabhängig, wie wir gerne glauben möchten. Wissenschaftler, die sich dem Dogma nicht unterwerfen, werden als Staatsfeinde behandelt und viele von ihnen haben ihre fachliche Meinung erst nach ihrer Berentung geäußert, zu einem Zeitpunkt, an dem ihnen die Auftragswissenschaft nichts mehr anhaben kann. Das Profil der gefährlichsten Person im gegenwärtigen Szenario der Klimahuldigung ist ein älterer, unabhängiger vielbegabter, der sein Leben mit der Wissenschaft zugebracht hat, kritisch denkt und analysiert, aus Fehlern gelernt hat, Geschichte liest und Logik versteht. Der einzige Weg, wie man mit solchen Leuten umgehen kann ist, ihre Reputation zu beschädigen und in den sozialen Medien über sie herzufallen. Kein gegenläufiges Argument wird jemals veröffentlicht.

Die unglaublich aggressiven Attacken im Stil der Politik imponieren mir nicht. Es beeindruckt micht nicht, wenn allen, die der Ideologie nicht zustimmen, Ethik, Moralität, Kompetenz und der gesunde Geisteszustand abgesprochen wird. Diese Attacken sind nicht wissenschaftlich, sondern *ad hominem*. Viele in der Öffentlichkeit haben nun verstanden, dass solche *ad hominem* Attacken nichts anderes sind als der Ersatz für fehlende Argumente zur Aufrechterhaltung einer Hypothese. Das Einzige, was die Zweifler gemeinschaftlich charakterisiert ist, dass wir nicht schreiben werden, was die Politiker wollen. Wir lassen uns nicht sagen, wie wir denken müssen, wir sind furchtlos unabhängig, wir glauben nicht daran, dass Modelle wichtiger sind als Fakten. Wir sprechen aus, was ist. Wenn die Aktivisten, Politiker oder die grünlinken umweltaktivistischen Medien das nicht mögen, dann kümmert uns das nicht. Es spielt keine Rolle, dass uns niemand bezahlt; wir können nichts daran ändern und sind einfach störende Elemente.

Die Geschichte lehrt, dass Menschen Fehler nicht einfach machen. Sie verharren bisweilen in diesen Fehlern und in den dümmsten Ideen bis zum bitteren Ende. Denken Sie nur an die flache Erdscheibe oder jene „abgeschlossene“ Wissenschaft, die zeigte, dass sich die Sonne und alle Planeten um die Erde drehen. Es brauchte Tausende von Jahren, um diese Ideen zu beerdigen.

Ich muss immer wieder staunen, dass Menschen, die in einem speziellen Fach der Wissenschaft Experten sind, nicht in der Lage zu sein scheinen, dieselbe Genauigkeit des Denkens auf andere Bereiche des Lebens anzuwenden. Viele Ausbildungsgänge in der Wissenschaft von heute, besonders in zweitklassigen Universitäten von denen viele sich Hochschulen und technische Hochschulen nennen, sind nicht rigoros. Hier wird einfach ein Gewerbe gelehrt. Bei solcher Lehre wird impliziert, dass es eine „richtige“ Antwort gibt. Die Epistemologie scheint dabei nicht von Bedeutung. Was heißt das eigentlich, wenn jemand einen Abschluss in Umweltwissenschaften hat? Heißt das, dass der Hochschulabgänger ein volles Verständnis der Chemie, Physik, Erdwissenschaften, und Biowissenschaften hat und über die mathematischen Fähigkeiten zur Datenanalyse verfügt? Ich fürchte nein. Nur wenige wissenschaftliche Hochschulabgänger sind auch in den Sozialwissenschaften ausgebildet worden, wo die Datenlage so unverlässlich sein kann, dass es selbst auf einfache Fragen keine Antwort gibt.

Die Geschichte der Wissenschaft belegt, dass große wissenschaftliche Entdeckungen nicht durch Konsens zustande kommen. Große wissenschaftliche Entdeckungen wurden von Individuen gemacht, die gegen den Strom schwammen. Im allgemeinen waren diese Forscher ziemlich schwierig im Umgang.

Oxymoronische journalistische Ignoranz

Parallel zum Niedergang der Qualität der Ausbildung und Bildung beobachtet man den Niedergang der Qualität des Journalismus. Wahre Journalisten suchen Fakten. Fakten sind sakrosankt. Heutzutage wendet sich der Journalismus den Trivialitäten des Internets zu, der Banalität und Vulgarität. Ein intellektuelles Argument kann heute in die Medien kaum noch diskutiert werden. Viele Netzwerke sammeln ihre Nachrichtenströme jetzt von Twitter. Nur wenige Journalisten sind zu einem rationalen Argument befähigt. Statt dem rationalen Argument, hat sich der Kommentar der Medien dem Sensationellen zugewendet, wie auch dem unreifen und vulgären Missbrauch. Unter ihnen scheinen die stammeskämpferischen grünlinken Umweltaktivisten eine sehr wütende, neidische und sprachlich schwache Gruppe zu sein.

Durch Nutzung des Internets können Journalisten nun nach einer Meinung fischen, die ihrer Ideologie gefällig ist oder zu ihrer derzeitigen Schauergeschichte passt. Dabei brauchen sie nicht nachzuforschen, kritische Fragen zu stellen und die gesammelte Fakten zu validieren. Sobald eine Geschichte fertig ist, folgt die nächste furchteinflößende Geschichte. Wenn eine Geschichte sich als falsch herausstellt, dann gibt es weder eine Berichtigung noch eine Entschuldigung, denn der Journalist ist schon mit dem nächsten großen Horror beschäftigt. Den der Wissenschaft unkundigen Journalisten fehlen Wissen, Ausbildung, wissenschaftlichen Kenntnisse, Forschungserfahrung und die Fähigkeit zu kritischem Denken, die benötigt werden, um die Presseveröffentlichungen einer wissenschaftlichen Organisation zu analysieren. Dasselbe gilt für eine wissenschaftliche Publikation oder eine Behauptung in einem Internet Blog.

Sie betrachten eine Presseveröffentlichung oder eine

Behauptung als ein Faktum, wiederholen die Information und publizieren ihre eigene, wenig gegründete Meinung. Einige wenige von ihnen haben zugegeben, dass sie selbst Aktivisten sind.[92] Da muss man sich fragen, ob dem Leser, Hörer oder Zuschauer genug Informationen für eine wohl informierte Entscheidung geliefert werden. Eine Menge Journalismus wird von pensionierten Politikern produziert, allgemein von der Linken. Deren politische Meinung ist in die Sicherheit der politischen Korrektheit eingebunden. Politische Korrektheit verkleidet Ignoranz.

Die Medien sind zu einem Sprachrohr schreiender Propaganda geworden. Schöpfen Sie Verdacht, wenn ein Journalist einen anderen bezüglich seiner Meinung befragt. Ich kann mir meine eigene Meinung über eine ganze Reihe von Dingen bilden und würde es bevorzugen, wenn die Medien uns mit tatsächlichen Fakten versorgten und nicht mit „cheer leaders", Altpolitikern, und Aktivisten. Aber genau das ist die Wirklichkeit dessen, was man heute Journalismus nennt. Wegen dieser Unfähigkeit zu argumentieren, zu analysieren und kritisch zu denken, beenden die Journalisten die Debatten noch bevor sie sich ereignen, und lassen zu, dass das Argument von polarisiertem Hass dominiert wird. Dabei prätendieren sie oft nicht einmal mehr Ausgeglichenheit. In Fernsehen und Radio unterbrechen Journalisten ständig und fallen ihren Gästen immer dann ins Wort, wenn sie selber eine abweichende Meinung haben. Dann lassen Sie eine Flut von Hass von einem handverlesenen Publikum zu. Was als Diskussion vorgespiegelt wird, ist in Wirklichkeit Gruppendenken, in dem Journalisten mit anderen Journalisten übereinstimmen indem sie Orwell'sche Neusprache verwenden, wie zum Beispiel Kohlenstoffverschmutzung oder Konsens. Solche Taktiken dienen dazu, Ignoranz zu verstecken - nicht um

92 Fran Kelly, ABC Radio National

Zuschauer oder Zuhörer zu informieren.

Die Medien betrachten die Wissenschaft als eine Art Beliebtheitswettbewerb, in welchem diejenigen mit der höchsten Zahl von Stimmen in der Konsenswahl gewinnen. Man muss mit politischen Konsensentscheidungen immer sehr vorsichtig sein, da das volle Wissen über die hinter den Bühnen gemachten Geschäfte gewöhnlich nicht verfügbar ist. Wenn es eine Hypothese gibt, die besagt, dass menschliche Emissionen von CO_2 eine globale Erwärmung hervorrufen, dann wird im Feld der Wissenschaft nur ein einziges Beweisstück gebraucht, um zu zeigen, dass diese Hypothese falsch ist. Dieses Buch und andere Veröffentlichungen[93,94] liefern Dutzende von Beweisen, dass die These von der vom Menschen gemachten globalen Erwärmung falsch ist.

Dominante Konsensmeinungen der Vergangenheit waren zum Beispiel, dass die Sonne sich um die Erde drehte, dass Stoffe wegen einer Substanz brannten, die man Phlogiston nannte, dass Gesundheit durch Säfte gesteuert wird, dass Blutegel die meisten Krankheiten heilen, dass Malaria durch schlechte Luft verursacht wird, dass Erdbeben ein Werk Gottes sind, dass Maschinen, die schwerer sind als Luft, niemals fliegen können, dass die Kontinente feststehen und dass Geschwüre des Zwölffingerdarms durch Stress verursacht werden. Alle diese Ansichten wurden von der Wissenschaft und den Autoritäten ihrer Zeit sehr unterstützt und sie alle haben sich schließlich als falsch erwiesen.

Die Einseitigkeit der wissenschaftlichen Literatur ist nicht gesund für eine Gesellschaft, die davon abhängt,

---

93 Plimer, Ian 2015: *The science and politics of climate change. In: Climate change: The facts (*Ed. Alan Moran). Institute of Public Affairs, 10-25

94 Plimer, Ian 2009: *Heaven and Earth. Global warming: The missing science.* Connor Court

dass Wissenschaftler und die wissenschaftliche Literatur glaubwürdigen Rat für weise Entscheidungen in der Politik geben. Mein Rat an junge Klimatologen: schreibe keine Veröffentlichung, die die IPCC infrage stellt, das Paradigma vom verhängnisvollen Klimawandel oder das Klimainstitut, in dem arbeitest. Du wirst dir Deine Karriere verbauen und niemals Forschungsförderung erhalten. Der einzige Weg, wie man in der Klima-"Wissenschaft" Karriere machen kann, ist zu täuschen. Der gemeinsame Nenner aller Klima-"Wissenschaft" ist irreführendes und täuschendes Verhalten. Dafür gibt dieses Buch viele Beispiele.

Die Medien graben derzeit ihre alten Dokumentarfilme über Umweltdesaster aus, um uns so für die Paris Klimakonferenz weich zu klopfen. Und so sehen wir zum x-ten Mal Bilder von natürlichen Prozessen, wie etwa dem Abbrechen von Gletschereis, das ins Meer fällt. All die alten Horror Storys werden verschönert wieder aufgewärmt und die grünlinken Wissenschaftsaktivisten machen immer bedrohlichere Vorhersagen. Anscheinend lauert das Desaster gleich um die Ecke. So war es auch kurz vor der Kopenhagen Konferenz 2009.[95] Das eigentliche Desaster in Kopenhagen waren mehrere Meter Schnee; es war bitter kalt und die Öffentlichkeit wurde aufgefordert, zu glauben, dass die Menschen eine globale Erwärmung hervorrufen. Fragen Sie mich: ich habe dort auf eigene Kosten gefroren.

Die wissenschaftliche Reise

Die Griechen

Der griechische präsokratische Philosoph Anaxagoras (510-428 vor Christi Geburt) interessierte sich für Eclipsen, welche er vorhersagen konnte, für Meteoren, Regenbogen und die Sonne. Er behauptete, der Mond reflektiere das Sonnenlicht (richtig),

---

95 2009 UN Climate Change Conference, Kopenhagen 7.-18. Dezember 2009

der Mond habe Berge (richtig) und es gebe dort Einwohner (naja....). Seine Erde war flach und wurde durch starke Luft gestützt. Turbulenzen dieser Luft verursachten Erdbeben. Sein größter Beitrag war, dass er vorschlug, die Sonne sei ein Stern, und wir wissen heute, dass dem so ist. Wir wissen darüber hinaus, dass es viele verschiedene Formen von Sternen gibt.

Aristarchus von Samos (310-230 vor Christi Geburt) brachte das Denken über die Sonne weiter voran und propagierte ein heliozentrisches Modell des Sonnensystems (d.h. die Sonne war das Zentrum des Sonnensystems). Diese Ideen wurden von Aristoteles (384-332 vor Christi Geburt) und Ptolomäus (90-168 nach Christi Geburt) zurückgewiesen. Sie traten für ein geozentrisches Modell des Sonnensystems ein, d.h die Erde ist im Zentrum des Sonnensystems. Aristoteles beherrschte die Lehrmeinung, bis in der Aufklärung die klassische Mechanik Newtons hervortrat. Aristoteles führte die erste formale Untersuchung im Feld der Logik durch. Für fast 2000 Jahre war die Wissenschaft abgeschlossen und wir alle wussten, dass die Erde im Zentrum des Sonnensystems steht. Auch wenn Kopernikus und Galileo an den Käfigstangen rüttelten, so war es nicht vor der Aufklärung, bis wir bewiesen hatten, dass die Sonne im Zentrum des Sonnensystems steht. Erst 1992 akzeptierte die katholische Kirche die heliozentrischen Schlussfolgerungen Galileo‘s, welche auf Beobachtungen basierten, nicht auf Ideologie.

Der Durchschnittsmensch von heute „weiß“, dass die Sonne im Zentrum des Sonnensystems steht, kann dies aber nicht durch Astronomie und Mathematik beweisen. Einige Leute wissen heute, dass die menschlichen Emissionen von Kohlendioxid Klimawandel verursachen, können dies aber nicht wissenschaftlich beweisen. Der Leser kann sich angesichts der Tatsache beruhigen, dass auch Klima-„Wissenschaftler“

nicht beweisen können, dass menschliche Emissionen von Kohlendioxid Klimawandel hervorrufen.

Der Astronom Ptolomäus schrieb geographische Bücher mit topographischen Landkarten. Dabei benutzte er ein Gitternetz für den Globus und konstruierte astronomische Tabellen. Seine Studien führten zur Landvermessung. Seine geozentrische Sicht des Sonnensystems dominierte vom 2. Jahrhundert nach Christus bis zur Mitte des 19. Jahrhunderts. Einer der Gründe, warum es so lange brauchte, um diese geozentrierte Sicht zu verwerfen, liegt darin, dass die Wissenschaft abgeschlossen war und durch religiöse Autorität unterstützt wurde. Die Geschichte lehrt, dass abgeschlossene Wissenschaft den Fortschritt der Wissenschaft nur aufhält. Das europäische wissenschaftliche Denken des 16. Jahrhunderts war von der Wiederentdeckung der Werke der alten Griechen gekennzeichnet und nicht von neuer wissenschaftlicher Forschung. Dies war kein Fortschritt der Wissenschaft.

Die Kirche fordert die Wissenschaft heraus

Der Heliozentrismus wurde von Nikolaus Kopernikus (1473-1543) zu neuem Leben erweckt. Er schuf ein Modell des Sonnensystems, in dem die Planeten um die Sonne kreisten.[96] Kopernikus war der Vater einer wissenschaftlichen Revolution, die für Jahrhunderte andauerte. Nach Kopernikus führten Tycho Brahe (1546-1601), der kein Heliozentrist war, und Johannes Kepler[97] (1571-1630) das Studium der Astronomie in Europa durch das nächste Jahrhundert, wenngleich es nur etwa 15 Astronomen gab, die die heliozentrische Theorie des Sonnensystems akzeptierten. Papst Gregor XIII verwendete 1582 das heliozentrische Konzept für den Übergang vom Julianischen Kalender zu dem derzeitigen Gregorianischen Kalender.

96 De revolutionibus orbium coelestium (1543 AD)
97 Johannes Kepler Epitome astronomiae Copernicanae (1617-1621 AD)

Galileo Galilei (1564-1642) verbesserte das Teleskop, eine ursprünglich holländische Erfindung, und konnte auf astronomische Beobachtungen gründend zeigen, dass die Sonne im Zentrum des Sonnensystems stand. Er interessierte sich auch für Fluten und Kometen. Diese heliozentrische Sicht wurde von anderen Astronomen in Frage gestellt. Sie argumentierten, dass die Erde im Zentrum des Sonnensystems stehe. Wieder andere folgten dem System des Tycho Brahe, dass die Erde im Zentrum des Universums sah, während Sonne und Mond sich um die Erde drehten und die anderen fünf bekannten Planeten um die Sonne rotierten.

1610 publizierte Galileo seine Teleskopbeobachtungen über die Phasen der Venus und die Monde des Jupiter.[98] 1615 entschied die römische Inquisition, dass Galileo's heliozentrische Idee wohl eine Möglichkeit sei, aber kein etabliertes Faktum. Teleskopbeobachtungen führten zu der Schlussfolgerung, dass die Planeten sich um die Sonne drehten. Dieses wurde veröffentlicht[99] und wurde als Angriff auf Papst Urban VIII missverstanden. Das kostete Galileo die Unterstützung, die er zuvor von Seiten des Papstes und der Jesuiten hatte. 1633 befand das Inquisitionstribunal, dass Galileo wegen seiner Unterstützung des Heliozentrismus der Häresie verdächtig sei. Er wurde gezwungen zu widersagen und verbrachte seine letzten Jahre unter Hausarrest.

Es wurde behauptet, Galileo's Theorie sei konträr zur Heiligen Schrift. Galileo wurde von der Kanzel herab verurteilt, verurteilt für Kopernikanismus und für ein paar andere Heresien, die seine Schüler angeblich verbreitet hatten. Bei der Gerichtsverhandlung verlauteten Galileo's Inquisitoren, die Idee, die Sonne sei stationär, sei „*eine Torheit und absurd in der Philosophie und*

98 Sidereus Nuncius (1610)

99 Dialogue Concerning the Two Chief World Systems (1632 AD)

formal betrachtet eine Häresie, da es ausdrücklich an vielen Stellen dem Sinn der Heiligen Schrift widerspräche....".

Verbotene Bücher

Das Gerichtsurteil der Inquisition wurde erst 2014 weithin verfügbar gemacht. Die Schriften des Kopernikus wurden verboten; 1633 wurde auch Galileo's gefragtes Werk „*Dialog über die beiden Hauptsysteme der Welt*" (1632) verboten. 1758 nahm die katholische Kirche die heliozentrischen Bücher vom Index der verbotenen Bücher.[100] Diese Liste schloss Publikationen ein, die man für heretisch, antiklerikal oder obszön hielt. Erst in der nächsten Ausgabe von 1835 wurden auch Kopernikus' *Revolutionibus* und Galileo's *Dialog* von der Liste gestrichen. Die letzte Edition des Index im 20. Jahrhundert erschien 1948; Papst Paul VI schaffte den Index 1966 in aller Form ab.

1992 rehabilitierte Papst Johannes Paul II Galileo endlich[101]:

„*Dank seiner Intuition als brillanter Physiker und unter Heranführen verschiedener Argumente verstand Galileo, der praktisch die experimentale Methode erfand,warum allein die Sonne das Zentrum der Welt sein könne, so wie sie dann bekannt war, d.h. das Planetensystem. Der Irrtum der Theologen dieser Zeit, die die Erde im Zentrum hielten, war die Vorstellung, dass unser Verständnis der physikalischen Struktur der Welt in irgendeiner Art vorgegeben ist durch die wörtliche Auslegung der Heiligen Schrift.....*"

Die geozentrische Sicht der Sonnensystems war für 1850 Jahre abgeschlossene Wissenschaft gewesen. Jene, die die heliozentrische Sicht propagierten, wurden verfolgt und ausgeschlossen. Mächtige Institutionen propagierten eine Sicht, die im Gegensatz zu den Fakten stand. Die

100 Index Librorum Prohibitorum

101 *L'Osservatore Romano* N. 44 (1264), 4. November 1992

Worte „*wissenschaftlicher Konsens*“ oder „*abgeschlossene Wissenschaft*“ müssen in diesem Zusammenhang gesehen werden.

Philosophiae Naturalis Principia Mathematica

Isaac Newton (1642-1726) machte Beiträge zu Optik, klassischer Mechanik, Gravitationstheorie und den Gesetzen der Bewegung (102).[102] Er stellte reflektierende Teleskope her, entwickelte eine Theorie vom Spektrum des Lichts, studierte das Abkühlen und die Geschwindigkeit des Schalls, versuchte zu verstehen, wie Flüssigkeiten sich bewegten und entwickelte neue Methoden der Mathematik. Newtons Physik war abgeschlossene Wissenschaft, bis 1840 beobachtet wurde, dass die Umlaufbahn des Merkur nicht den Regeln Newtons folgte. Dieses Paradox wurde dadurch erklärt, dass man einen Planeten zwischen Merkur und der Sonne postulierte. Es gab keinen solchen Planeten. Newton waren populäre Täuschungen aufgefallen und er hatte einst kommentiert: „*Ich kann die Bewegung der Himmelskörper berechnen, aber nicht die Verrücktheit der Leute*“. Das ist auch heute noch wahr.

Newton nahm an, dass der Raum immer und überall derselbe sei. Erst 1915 zeigte Albert Einstein mit seiner Relativitätstheorie, dass der Raum durch große Objekte wie die Sonne verzerrt wird. Einer der ersten Beweise der Relativität war die Berechnung der Umlaufbahn des Merkur. Dies war genau, was Einsteins Theorie vorhersagte. Nach 230 Jahren wurde gezeigt, dass die „*abgeschlossene*“ Wissenschaft Newtons unrichtig war. Abgeschlossene Wissenschaft hat es nie gegeben. Wer auf die Behauptung der „*abgeschlossenen Wissenschaft*“ trifft, sollte daraus sofort schließen, dass man ihm Sand in die Augen streut.

Während meiner Zeit an der Universität haben wir oft

102 Philosophiæ Naturalis Principa Mathematica (1687 AD)

darüber gelacht, dass ein großer Wissenschaftler definiert werden könne als eine Person, der Fortschritte in seinem Feld so lange wie möglich zurückhält. Dieses wird umgesetzt durch die Begutachtung und Zurückweisung von Veröffentlichungen, die im Wettbewerb stehen. Als Herausgeber sendet man dann die Veröffentlichungen nicht einmal zu Gutachtern. Man sitzt im Promotionsrat, im Forschungsförderungsrat, begutachtet Anträge für Forschungsförderung und nutzt jeden Mechanismus, um die konträre Idee eines aufkommenden Mitbewerbers nicht gross werden zu lassen. Dieser Vorgang kann in allen Feldern der Wissenschaft beobachtet werden. In der Klimawissenschaft ist er zur Kunstform entwickelt worden.

Evidenzbasiertes Denken

Was wir wissen, wissen wir aufgrund von Fakten. Wissenschaft ist mit den Fakten verheiratet. Es gibt immer Überraschungen und es ist sehr schwierig, aussagekräftige Vorhersagen zu machen. Evidenz wird durch Beobachtung erworben, durch Messung und Experiment. Computermodelle stellen keine Evidenz dar. Sie sind eine Methode, mit der man versucht, durch eine große Datenmenge zu navigieren und sie zu verstehen. Computermodelle sind nicht der einzige Weg, Daten zu verstehen. Auch wenn Computermodelle benutzt worden sind, um Vorhersagen zu machen, so ist die Natur doch heikel und Computermodelle leiden an „unbekannten Unbekannten". Es gibt eine Auffassung in der Gesellschaft, dass eine Überzeugung Evidenz sei und dass eine stark vertretene Überzeugung richtig sein müsse. Das ist Gefühl - nicht Evidenz. Die meisten öffentlichen Diskussionen über Klimawandel basieren auf Emotionen. Typischerweise ist die Intensität von Emotionen invers proportional zur Menge und Richtigkeit der Fakten.

In der Wissenschaft dreht sich die ganze Debatte darum, ob

der Vorgang der Sammlung der Daten valide war, welche Irrtümer vorkamen, wie akkurat vorgegangen wurde, welche Annahmen gemacht wurden und ob diese Annahmen gültig waren. Wenn ich eine wissenschaftliche Arbeit betrachte, dann will ich wissen, wer die Daten gesammelt hat, wann sie gesammelt wurden und wo sie gesammelt wurden. Oft werden wissenschaftliche Daten von Assistenten und Studenten gesammelt, die sie dann den Wissenschaftlern zur Analyse übergeben. Was passiert, wenn die Primärdaten nicht korrekt sind? Eine Menge Forschung im Feld Klimawissenschaft besteht aus mathematischen und Computermodellanalysen der Daten anderer Leute. In den meisten Fällen können diese Daten nicht unabhängig validiert werden.

Wenn man zu der Auffassung kommt, dass es einen hinreichenden Datenkörper gebe, dann wird dieser Datenkörper interpretiert und erklärt. Manchmal stellen sich Daten als unverlässlich heraus und müssen erneut erhoben werden. Es gibt keine harten Regeln für solche Urteile. Außerdem kann manches Material schlichtweg nicht noch einmal gesammelt werden, wie etwa Proben vom Mond, vom Mars, von Asteroiden oder aus dem Weltraum. Dann müssen sich die Wissenschaftler mit den verfügbaren Daten bescheiden. Die Interpretation und Erklärung eines Datenkörpers bildet dann eine wissenschaftliche Theorie. In der Juristerei können manche Fakten unzulässig sein und darum erscheinen manche Entscheidungen des Rechts bizarr. Nicht so in der Wissenschaft.

Manche wissenschaftlichen Ideen, so wie zum Beispiel die kalte Fusion, werden sehr schnell wieder verlassen, wenn das Phänomen nicht reproduziert und validiert werden kann. Der tatsächliche Begutachtungsprozess geschieht eigentlich erst nach der Veröffentlichung einer wissenschaftlichen Schrift. Oft haben die grünlinken Umweltaktivisten allzu viel über das

Begutachtungssystem zu sagen. Das zeigt uns nur, dass diese Schreiber noch nie ihre Arbeit begutachtet bekommen haben, dass sie weder Fachgutachter noch Herausgeber waren. Die Modelle haben einen weiteren fundamentalen Irrtum. Sie gehen davon aus, dass sich die Welt in 100 Jahren nicht von jener zum Zeitpunkt der Vorhersage unterscheiden wird. Die Welt von 2015 ist bereits sehr verschieden von jener von 1990 und dieser Wandel wird sich auf unserem dynamischen Planeten fortsetzen. Es wäre vernünftig davon auszugehen, dass nach etwa 20 Jahren der Beobachtung, die der Planet Zeit zum Aufwärmen hatte, eine Feststellung getroffen werden könnte. Die logische Schlussfolgerung ist, dass die Vorhersage der Menschen gemachten globalen Erwärmung nachweisbar falsch ist.

Wissenschaftliche Evidenz muss reproduzierbar sein. Wissenschaft transzendiert Kulturen, Religion, Geschlecht und Rasse. Die wissenschaftliche Theorie wird sich immer dann ändern, wenn neue validierte Fakten zur Verfügung stehen. Deswegen ist es im wissenschaftlichen Sinne unmöglich, dass Wissenschaft jemals abgeschlossen sein könnte. Die Wissenschaft ist anarchistisch; sie kennt keinen Konsens, beugt sich keiner Autorität und es spielt keine Rolle, was eine wissenschaftliche Fachgesellschaft, die Regierung oder eine Kultfigur entscheiden. Das Einzige was zählt, sind reproduzierbare, validierte Fakten. Ausnahmen hiervon sind Lysenko und die Klimawissenschaft. Wie jede andere Domäne leidet auch die Wissenschaft an Launen, Moden, Narren und Betrügern. Manchmal hat sie kurzsichtige Führer und verkommt zum Kult.

In meiner wissenschaftlichen Laufbahn hat es mich etwas Zeit gekostet, bevor ich angefangen habe, es abzulehnen, Moden und Bewegungen zu folgen. Dann koppelte ich meine Meinung an reproduzierbare, validierte Fakten und schloss mich keiner zum Putsch aufrufenden, partikularen wissenschaftlichen

Theorie an. Auf jeder beliebigen wissenschaftlichen Konferenz kann man die verschiedenen Putschversuche sehen, die in narzisstischer Selbstdarstellung um Aufmerksamkeit, Ruhm und Forschungsmittel werben, indem sie kompetierende Theorien ausschließen und entgegengesetzte Meinungen dämonisieren. Das ist normales menschliches Verhalten. Wissenschaftler sind nicht moralisch unanfechtbar und haben dieselben Schwächen wie alle anderen Menschen auch.

Wissenschaftliche Ideen können geprüft werden. Es mag Hunderte von Datensätzen geben, die eine bestimmte wissenschaftliche Idee unterstützen. Alles was es braucht, ist ein einziges validiertes Faktum, welches das Gegenteil beweist. Dann muss die Idee verworfen werden. Dieses ist Karl Popper‘s Konzept der Falsifikation oder Widerlegung.[103]

Adolf Hitler versuchte, das Werk Albert Einsteins zu diskreditieren indem er ein Papier in Auftrag gab[104], das den Namen „*100 Autoren gegen Einstein*“ trug. Einstein antwortete: „...... *es braucht keine 100 Wissenschaftler, um zu beweisen, dass ich Unrecht habe; dafür reicht ein einziges Faktum*.“ Die Kritik an Einstein war von 28 Autoren verfasst, mit Auszügen der Publikationen 19 anderer und einer Liste weiterer Autoren, die seit einiger Zeit von der Relativitätstheorie nicht überzeugt waren. Das liest sich so ziemlich wie eine Liste von Wissenschaftlern und Fachgesellschaften, die die Theorie von der Menschen gemachten globalen Erwärmung unterstützen.

Die Royal Society kommt einem in den Sinn, gleichwohl dies konträr zu ihrem Motto steht: *nullius in verba.*[105] Die Farce von der menschengemachten globalen Erwärmung hat sich in

103 Popper, K. 2005: *The logic of scientific discovery.* Taylor and Francis

104 Israel, K. et al. 1931: 100 *Autoren gegen Einstein. Naturwissenschaften* 19: 254-256

105 Glauben Sie niemandes Wort oder Nimm niemandes Wort dafür

ähnlicher Art und Weise entwickelt. Auch der Kreationismus hat dieselben Charakteristika mit einer langen Liste angeblich eminenter Titelträger mit beeindruckenden Merkmalen.

Die Manipulation von Daten

In der Wissenschaft ist es eine Kardinalsünde, primäre oder Rohdaten zu verändern. Dieser Vorgang ist in der Klimawissenschaft allgegenwärtig. Auf diese Art und Weise werden Schlussfolgerungen erreicht, die ohne Verbindung zu anderen Disziplinen der Wissenschaft sind. Die päpstlichen Ratgeber sollten sich der Datenmanipulation bewusst sein. Die Klimawissenschaft sollte in aller Form dafür kritisiert werden, dass sie die Welt auf Abwege führt. Sie ist nicht kritisiert worden und die Enzyklika erwähnt den Wissenschaftsbetrug mit keiner Silbe.

Die täglichen Temperaturdaten die vom *United States Historical Climate Network* (USHCN) erhoben werden[106], zeigen eine Abnahme der Lufttemperatur in den Vereinigten Staaten seit 1930. Bevor diese Daten in die Öffentlichkeit gelangten, wurden eine Reihe von „Berichtigungen" vorgenommen, die ganz zufällig den Trend von einer Abkühlung zur Erwärmung verändern.[107] Der Vergleich zwischen Rohdaten und berichtigten Daten zeigt, dass Temperaturen der Vergangenheit jetzt abgesenkt sind und die der Gegenwart angehoben. Wie immer die Temperaturen tatsächlich waren, so führt dies zu einer Übertreibung der Erwärmung. Solche Verfahren sind nicht auf die Vereinigten Staaten beschränkt. Das Hadley Centre, das zum Amt für Meteorologie des Vereinigten Königreiches gehört, ist dafür verantwortlich in Zusammenarbeit mit der Abteilung für Klimaforschung an der Universität von East Anglia die globalen

106 http://cdiac.ornl.gov/epubs/ndp/ushcn/ushcn.html
107 https://stevegoddard.wordpress.com/data-tampering-at-ushcngiss/

Temperaturdatensätze HadCRUT der Oberflächentemperaturen von Land und Meer zusammenzutragen.

Zum einen gibt es einen Datensatz für die Landtemperatur, CRUTEM, der aus den Temperaturaufzeichnungen der Lufttemperatur von Wetterstationen nahe der Landoberfläche über alle Kontinente der Erde besteht. Der CRUTEM4 Datensatz zeigt einen Anstieg der Temperatur von 2,2 °C pro Jahrhundert. Als der Datensatz Veränderungen zum CRUTEM4.3 Datensatz hinter sich hatte, war dieser Temperaturanstieg jetzt 2,8 °C pro Jahrhundert. Es gab keine Erklärung.

Der HadCRUT 4.3 Datensatz wurde zum HadCRUT4.4 Datensatz verändert.[108,109] Ohne Sammlung neuer Daten waren „Berichtigungen" an den historischen Datensätzen vorgenommen worden, durch welche die Vergangenheit kälter und die Gegenwart wärmer wurde.[110] Das Endresultat der Aktion ist das Verschwinden der mehr als 18 Jahre währenden Pause der Erwärmung. In der Wissenschaft ist es eine Kardinalsünde, Rohdaten zu berichtigen. Es ist Betrug. Diese Daten wurden vom Steuerzahler bezahlt und sollten für immer Rohdaten bleiben. Die retrospektive Veränderung der Lufttemperaturdaten des *Goddard Institute for Space Studies* (GISS) über die letzten fünf Jahre hat plötzlich statt Abkühlung einen inversen Trend gezeigt.[111,112] Anfragen nach einer Erklärung der vorgenommenen Veränderungen blieben unbeantwortet.

Die jüngsten Temperaturdaten sind um 0,2°C aufwärts

---

108 http://www.cru.uea.ac.uk/cru/data/temperature/HadCRUT3-gl.dat

109 http://www.metoffice.gov.uk/hadobs/hadcrut4/data/versions/previous_versions.html

110 http://notalotofpeopleknowthat.wordpress.com/tag/temperature-adjustments/

111 http://data.giss.nasa.gov/gistemp/

112 http://wattsupwiththat.com/2015/07/24/impact-of-pause-buster-adjustment-on-giss-monthly-data/

„berichtigt“ worden. Daher zeigen die berichtigten Temperaturen nun seit der warmen Zeit in den dreißiger und vierziger Jahren einen Anstieg um 0,6°C. Die Berichtigungen verursachen zumindest ein Drittel der Erwärmung, die seit 1930 beobachtet wird. Mit jeder Berichtigung ändert sich das wärmste aufgezeichnete Jahr und wandert in der Reihenfolge der wärmsten Jahre nach oben oder unten. Dies ist Betrug.

2014-2015 hat die *National Oceanic and Atmospheric Administration* (NOAA) die Klimaaufzeichnungen von Maine zweimal neu geschrieben. Nach einer Erklärung befragt antworteten sie[113]:

„..... Verbesserungen am Datensatz und bringen unsere Messwerte besser in Übereinstimmung mit dem, was zu der Zeit beobachtet wurde. Die neue Methode benutzte Stationen im Nachbarland Kanada um Schätzungen für Gegenden mit wenig Daten innerhalb von Maine durchzuführen (eine große Verbesserung).“

Es ist klar, was das heißt. Rohdaten sind verändert worden, um vorher festgelegte Resultate zu erzeugen. Der Temperaturdatensatz der Welt ist jetzt ein Hybrid aus Rohdaten, veränderten Daten und Schätzungen. Es gibt nurmehr sehr wenig verlässliche Temperaturdaten für die nächsten Generationen.

Über Jahre weg hat die GISS Schritt um Schritt historische Datensätze „berichtigt“, um den Trend der Erwärmung zu vergrößern. Rohdaten werden „berichtigt“, um zu zeigen, dass das jetzige Jahr das Wärmste seit Aufzeichnung ist. Dem folgt dann eine unkritische Fanfare der Medien. Rohdaten werden „berichtigt“, um zu zeigen, dass die mehr als 18 Jahre anhaltende Pause der Erwärmung nicht wirklich eine Pause ist, denn die „berichtigten“ Rohdaten zeigen nun eine Erwärmung.

113 http://manhattencontrarian.com/blog/2015/7/21/the-greatest-scientific-fraud-of-all-time-part-v/

Und wiederum, eine große Fanfare aus der Echokammer der unkritisch mitmachenden Medien. Kein Wunder, dass der Datensatz der GISS jetzt von den genaueren Satellitendaten abweicht.[114] Geschähe dies in der Geschäftswelt, dann würde eine Gefängniszelle warten. Dieses ist ein aussagekräftiges Zeichen, in welchem Ausmaß die grünlinken Umweltaktivisten die vom Steuerzahler finanzierte akademische Welt eingenommen haben. Dort fühlen sie sich jetzt sicher genug, um eine Ideologie durch Betrug zu propagieren.

„Berichtigungen" sind vorgekommen in Reykjavik (Island), de Bilt und Uccle (Niederlande) (115)[115], Trier und Hannover (Deutschland), Alice Springs, Darwin, Bourke, Brisbane, Wagga, Deniliquin, Kerang, Rutherglen (Australien).[116] Dr Jennifer Marohasy hat nachgewiesen, wie das Australische Amt für Meteorologie eine „Berichtigung" einfach erfindet. Sie behaupten, dass die Verlegung einer Messstation zwischen Koppeln in der Nähe einer kleinen Stadt in Nordost Victoria (Rutherglen) es erforderlich gemacht, hat den Trend der Abkühlung von 0,35 °C pro Jahrhundert auf einen Erwärmungstrend von 1,7 °C pro Jahrhundert zu verändern.[117] Dieser Trend wurde „berichtigt", damit er besser mit „berichtigten" Trends im benachbarten Wetterstationen übereinstimmte.

Es mag trotz allem einen Grund geben, Rohdaten zu „berichtigen", aber trotz aller Nachfragen ist für die Berichtigungen keine stichhaltige Erklärung abgegeben worden.

---

114 http://www.woodfortrees.org/plot/gistemp/from:1998/to:2015/plot/gistemp/from:1998/t):2015/trend/plot/rss/from:1998/to:2015/plot/rss/from:1998/to:2015/trend

115 https://notalotofeopleknowthat.wordpress.com/2015/04/09/coolin-the-past-in-holland/

116 http://wattsupwiththat.com/2009/12/08/thesmoking-gun-at-darwin-zero/

117 http://jennifermarohasy.com/2015/08/bureau-just-makes-stuff-up-deniliquin-remodelled-then-rutherglen-homogenized/

Es sieht so aus, dass die Langzeit Temperaturaufzeichnungen bis zum Grad der Unverlässlichkeit „berichtigt“ worden sind. Der Steuerzahler bezahlt das Amt für Meteorologie, damit genaue Langzeitaufzeichnungen von Rohdaten vorgenommen werden. Aber es sieht so aus, dass aus ideologischen Gründen „Berichtigungen“ gemacht werden. Wenn es in Ordnung ist für das Amt für Meteorologie die Rohdaten zu „berichtigen“, dann ist es völlig logisch für Regierungen, das Budget der Organisation zu berichtigen. Es kann nicht erstaunen, dass die BBC das Wetteramt als Quelle ihrer Wetter-Informationen gestrichen hat und nun eine Firma aus Neuseeland diese Arbeit verrichtet.[118]

Alle „Berichtigungen“ scheinen in dieselbe Richtung zu gehen und übertreiben die Erwärmung. Wo ist jene „Berichtigung“, die eine Abkühlung zeigt? Ganz sicher sollte es bei so vielen „Berichtigungen“ zu mindestens eine einsame „Berichtigung“ geben, die von Erwärmung auf Abkühlung geändert worden wäre. Nach Jahrzehnten des Sammelns und interpretierens von Rohdaten sieht dieses für mich so aus wie systematischer Wissenschafts-Betrug im großen Rahmen aus – ausgeführt duch Wissenschaftler, die aus dem Unternehmen der katastrophalen globalen Erwärmung profitieren. Die Messdaten der Lufttemperatur an der Landoberfläche sind nun nicht mehr verlässlich und es wäre vernünftig anzunehmen, dass einige der Datensätze, die für Modelle benutzt werden, korrumpiert sind und nutzlos geworden. Das Rätsel um die globale Erwärmung ist endlich gelöst. Es ist im Wesentlichen ein Ergebnis der Fälschung von Rohdaten. Sie haben es hier zum ersten Mal gehört.

2015 gibt es hektische Aktivität bei der Veränderung der Temperatur-Rohdaten von Landmessungen (HadCRUT4, GISS, NOAA), um so in Vorbereitung der Paris Klimakonferenz übertriebene Erwärmung zu zeigen. (Das wahre Ziel der

---

118 *Sunday Telegraph,* 30. August 2015

Paris Klimakonferenz ist es, ein globales ungewähltes Regierungsinstrument mit großer Macht zu etablieren.) Die Satellitendaten (Universität von Alabama in Huntsville (UAH), Remote Sensing Systems (RSS)) sind noch nicht angepasst worden. Auch das wird nicht mehr lange dauern.

Der Papst ist besorgt über die Erwärmung. Hat einer seiner Berater einfache Fragen über die Messung der Lufttemperatur gestellt und gefragt, ob die Primärdaten von verschiedenen meteorologischen Instituten „berichtigt" wurden oder von jenen, die die Daten halten, so wie HadCRUT und GISS? Es gibt eine extensive Literatur zum Thema des größten wissenschaftlichen Betrugs aller Zeiten: der „Berichtigung" der Rohdaten durch Angestellte der Regierungen der Vereinigten Staaten und des Vereinigten Königreichs am NOAA und am Hadley Centre.[119] NOAA veröffentlicht fast monatlich Pressemeldungen über immer höhere Temperaturen sowie neue „Nachrichten" mit immer bedrohlicheren Schlagzeilen. Dabei erwähnt NOAA einfach nichts davon, dass andere Datensätze mit diesen Aufzeichnungen nicht übereinstimmen oder keine Erwärmung zeigen. Und sie erwähnen natürlich auch nicht die ernst zunehmenden, unwiderlegten und bewiesenen Anschuldigungen der Datenmanipulation und Datenfälschung.

Ein wenig Nachdenken hätte die Berater des Papstes besorgt machen müssen über jene, die die Aufzeichnungen besitzen und dazu benutzen, mittels Modellen furchteinflößende Szenarien voraussagen. Es sind dieselben Leute, die für die Datensätze verantwortlich sind und die Voraussagen validieren. Ist dies nicht ein Interessenkonflikt? Wo ist die Transparenz und die unvoreingenommene Sammlung von Daten? Hatten die Berater des Papstes sich hinreichend belesen, um skeptisch umgehen zu können mit Temperatur, Messungen, Datenberichtigung

119 http://www.informath.org/WCWF07a.pdf

und Medienmärchen vom Weltuntergang? Wenn schon die Temperaturdatensätze selbst „berichtigt" sind, wie können wir dann anderen Daten und denen aus ihnen gezogenen Schlussfolgerungen vertrauen?

Dieses ist eine moralische Angelegenheit, die der Papst ignoriert hat.

Entgleisung

Von Zeit zu Zeit entgleist die Wissenschaft. Wir leben in einer solchen Zeit. Wir kennen solche Entgleisungen aus der Vergangenheit gesehen, etwa aus der Eugenik und der Landwirtschaftspolitik der Sowjets, die angeblich auf Wissenschaft beruhte. Die Geschichte zeigt, dass es Jahrzehnte und manchmal Jahrhunderte dauert, um wieder ins Gleis zu kommen.

Eugenik

Es gab dereinst einen wissenschaftlichen Konsens über Eugenik. Dieser wurde allein von den besten Leuten begutachtet. Der Plan war, diejenigen zu identifizieren, die schwachsinnig waren (je nachdem schloss das Juden, Schwarze und Ausländer ein), um sie davon abzuhalten, sich zu vermehren, indem man sie in Institutionen isolierte oder sterilisierte. Es gab Zeiten, da wurde die Forschung im Feld der Eugenik durch die Carnegie Stiftung und die Rockefeller Stiftung gefördert. Wo solch eminente Bürger und respektable Stiftungen die Eugenik unterstützten, wie konnte es da keine gute Wissenschaft sein?

Wir wissen heute, dass es sich um ein als Wissenschaft verkleidetes rassistisches, gegen Einwanderung gerichtetes soziales Programm handelte. Und so ist es auch mit der vom Menschen gemachten globalen Erwärmung. Wenn so viele angeblich wichtige Wissenschaftler und Fachgesellschaften diese Theorie unterstützen, wie könnte sie da falsch sein?

Lysenko's Lügen

Die Geschichte hat die schlechte Angewohnheit, sich zu wiederholen. Regierungsideologien und unkritische Medien haben schon früher zur Propagation falscher wissenschaftlicher Konzepte geführt. Ein Beispiel ist Trofim Denisovich Lysenko (1898-1976), ein am eigenen Fortkommen interessierter russischer Bauer, der in der Zeit des Stalinismus in den UdSSR einen Prozess erfand, der Vernalisierung heißt. Samen wurden angefeuchtet und heruntergekühlt, um so das spätere Wachstum der Feldfrüchte ohne Dünger und Mineralien anzutreiben. Es wurde behauptet, dass die Samen ihre Eigenschaften auf die nächste Generation übertrügen. Stalin wollte die Landwirtschaftsproduktion erhöhen, die Vernalisierung wurde nie wissenschaftlich geprüft, und man konnte die Kosten für den Dünger sparen.

Lysenko wurde der Liebling der sowjetischen Medien. Er wurde als Genie dargestellt und jeder Widerstand zu seinen Theorien wurde zerstört. Ruft das den Hockeyschläger von Michael Mann in Erinnerung? Lysenkos Theorien dominierten die sowjetische Biologie für Jahrzehnte und und ihre Auswirkungen können auch heute noch beobachtet werden. Die Vernalisierung funktionierte nicht. Millionen starben an Hunger, Hunderte von kritischen Wissenschaftlern wurden in die Gulags geschickt oder erschossen. Genetik nannte man eine bourgeoise Pseudowissenschaft. Die evidenzbasierte Mendel'sche Genetik wurde zugunsten einer Ideologie zurückgewiesen (Michurins Hybridisierung). Der Rückgang der Kornproduktion verursachte zwischen 1929 und 1933 den Tod von mehr als 14 Millionen Menschen und war ein direktes Ergebnis Lysenkos. Stalins Lysenkoismus und die Kollektivierung der Landwirtschaft brachte mehr Menschen um, als der Erste Weltkrieg oder Hitlers Völkermord.[120]

Die weiche, freundliche Seite der Erwärmer

Heute wird brutal Kritik an jenen Wissenschaftlern geübt, die auf der Basis von Fakten die Theorie in Frage stellen, dass menschliche Emissionen von Kohlendioxid globale Erwärmung verursachen. Einige extreme Umweltschützer schlagen vor, dass solche Wissenschaftler aus ihren Arbeitsstellen vertrieben, eingesperrt oder umgebracht werden sollen. Zum Beispiel[121]:

„am 20. September veröffentlichte die britische Zeitung der Guardian einen Artikel über einen Brief der Königlichen Gesellschaft (Royal Society)..... der dazu aufforderte, Gruppen, Organisationen, und Individuen zum Schweigen zu bringen, die sich nicht ihren Auffassungen und Leitlinien zum Thema Klimawandel anschliessen“.

Und[122]

„die britischen Grünen haben dazu aufgerufen, alle offiziellen Ämter zu reinigen, um aus diesen jedermann zu entfernen, der den wissenschaftlichen Konsens über den Klimawandel nicht akzeptiert“

Andere Schreiber haben ihre eigenen Beiträge zum selben Thema gemacht[123,124,125]:

„ich frage mich welche Urteile die Richter künftiger internationaler Verbrechertribunale sprechen werden über jene

120 Robert Conquest, 1987: *Harvest of sorrow: Soviet collectivization and the Terror-famine.* Oxford University Press

121 Kueter, Jeffrey, 29th September 2006. President of George C. Marshall Institute, letter to Congress

122 O'Neill, Brendan, *The Weekend Australian* 2.&3. Mai 2015

123 Lynas, Mark, Dagelijksestandard 19. Mai 2006

124 Monbiot, George, *The Guardian* 23. August 2008

125 Lovelock, James, T*he Guardian* 29. Mai 2010

die teilweise aber direkt verantwortlich sind für Millionen von Toten durch verhungern, Hungersnot, und Krankheit in den vorigen Jahrzehnten. Ich stelle ihre Leugnung des Klimawandels in dieselbe moralische Kategorie wie die Leugnung des Holocaust- nur dass dieses Mal der Holocaust erst noch kommen muss und wir noch Zeit haben um ihn zu verhindern. Die die versuchen, sicherzustellen, dass wir das nicht tun werden sich für ihre Verbrechen verantworten müssen"(Lynas 2006).

Und

,den galoppierenden Klimawandel anzuhalten, muss Priorität vor jedem anderen Ziel erhalten. Jeder in dieser Bewegung weiß, das wir wenig Zeit haben: das Zeitfenster in dem wir 2 Grad Erwärmung noch verhindern können, schließt sich schnell. Wir müssen alle Ressourcen nutzen, derer wir habhaft werden können und diese müssen sowohl die Regierungen als auch die Grossunternehmen einschließen" (Monbiot 2008).

Und

,Ich empfinde, dass die Agenda des Klimawandels so wichtig wie der Krieg sein muss. Es mag notwendig sein, die Demokratie für eine Weile auszusetzen" (Lovelock, 2010).

Professor Richard Parnkutt, Professor für systematische Musikologie an der Karl-Franzens- Universität in Graz (Österreich) hat ganz offensichtlich die Wissenschaft von der menschengemachten globalen Erwärmung kritisch evaluiert und gab seine Expertenmeinung[126]:

„als ein Resultat dieses Prozesses werden einige Leugner der globalen Erwärmung niemals ihre Fehler zugeben und infolgedessen werden sie hingerichtet werden. Vielleicht ist das

126 Parncutt, Richard 25. Oktober 2012: Death penalty for global warming deniers? An objective argument…a conservative conclusion. Internet text on website of Karl-Franzens-Universität Graz (Austria) until removed by order of university officials.

auch der einzige Weg, um den Rest von Ihnen aufzuhalten. Die Todesstrafe wäre hier gerechtfertigt angesichts der enormen Zahl an in der Zukunft geretteten Leben."

Kevin Trenberth, eine der Schlüsselfiguren des Climategate Betrugs fand 19 Klimawissenschaftler, die mit ihm zusammen am 1. September 2015 einen Brief an Präsident Obama unterzeichneten, der forderte, dass alle, die mit den Auffassungen der Autoren zum Klimawandel nicht übereinstimmten unter Nutzung des *Racketeer Influenced and Corrupt Organisations Act* ins Gefängnis gebracht werden sollten. Es scheint, dass Trenberth et al. der Debatte über globale Erwärmung müde sind und wollen, dass die Dissidenten eingesperrt werden.

Ich frage mich, ob diese morddurstigen und betrügerischen anti-demokratischen Schreiber bereit wären, sich hinrichten zu lassen, falls sie sich irren und der Planet sich abkühlt. Diejenigen sind die Leugner, die uns weis zu machen versuchen, dass es die Mittelalterliche Erwärmung nicht gegeben habe, dass es während der letzten 18 Jahre einen Anstieg der atmosphärischen Temperatur gebe und dass es eine Korrelation zwischen dem atmosphärischen Kohlendioxid und der Temperatur gibt. Grünlinker Umweltaktivismus ist der neue Lysenkoismus und solche Bewegungen sind ein Honigtopf für alle Arten von Despoten und Verrückten. Viele von ihnen nennen sich stolz Sozialisten.

Es sind diese modernen Lysenkoisten, die der Papst umarmt hat.

Die Aufgabe wertvoller Ideen

Der Anstieg der populistischen Anti-Wissenschaft von der globalen Erwärmung erinnert mich an die „Atmer" (breathers). Sie behaupten, sie bräuchten nur Luft und Energie aus dem Sonnenlicht, aber keine Ernährung in Form von Nahrung und

Flüssigkeiten. Sie behaupten, dass ihre Ernährung aus einer kosmischen Mikronahrung stamme. Es heißt, dass man durch Meditation alle Nährstoffe für das Leben aus Luft und Sonnenlicht erhalten könne. Bei Einigen ging die Selbsttäuschung weit genug, um sich unter Laborbedingungen untersuchen zu lassen. Sie gaben nach ein paar Tagen auf, da sie an Dehydratation, Blutdruckabfall, Verwirrung und Auszehrung litten. Natürlich gibt es immer eine Ausrede, warum das Phänomen sich in einem besonderen Labortest nicht nachweisen ließ. Die Ideologie der Atmer ist von ihnen deshalb nicht verlassen worden. Normalerweise ist die Ausrede, dass ein solches Phänomen in der Gegenwart von Skeptikern oder unter Laborbedingungen nicht funktioniert.

Es gibt sogar Atmer, die sich zu Tode gehungert haben[127,128], ein starkes Beispiel für den Darwinismus für den Leiter der Darwin-Preis nie vergeben worden ist. 1999 machte sich eine Dame mit ihrem Zelt und ihrem Atmer-Glauben auf den Weg in die Wildnis des schottischen Hochlands. Man fand sie dort tot auf, als Folge von Hypothermie und Wassermangel verschärft durch den Mangel an Nahrungsmitteln. Tragischerweise wurde sie für den Darwin-Preis nur nominiert.[129]

So ist es auch mit den Klimakatastrophisten der heißen Luft, die an einer irrationalen Ideologie hängen, obwohl wissenschaftliche Daten völlig fehlen, die zeigen würden, dass die menschlichen Emissionen von CO_2 eine gefährliche globale Erwärmung verursachen. Auch wenn die Klimamodelle nachweisbar falsch sind und es für über 18 Jahre keinen nachweisbaren Anstieg der globalen Atmosphärentemperatur gegeben hat, obwohl

---

127 “Swiss woman dies after attempting to live on sunlight; Woman gave up food and water on a spiritual journey” Associated Press, 25 April 2012
128 “Three deaths due to ‘living off air’ cult.” *Sunday Times,* 26 September 1999
129 http://darwinawards.com/darwin/darwin1999-58.html

es einen Anstieg des atmosphärischen Kohlendioxid und der menschlichen Emissionen von Kohlendioxid gab, behaupten sie, dass dies kein gültiger Test fuer ihre Hypothese sei und dass in 50 oder 100 Jahren nachgewiesen werden wird, das sie recht hatten.

Die liebgewonnene Idee lässt sich einfach dadurch prüfen, dass man sie mit der reproduzierbaren validierten Evidenz aus vergangenem Klimawandel vergleicht. Dieses ist das Kohärenzkriterium der Wissenschaft.[130] Jede neue Idee muss sich mit validieten Fakten aus anderen Gebieten der Wissenschaft vereinbaren lassen. Die Theorie der vom Menschen gemachten globalen Erwärmung ist nicht mit der Geologie zu vereinbaren. Sie ist auch mit der Geschichte nicht vereinbar. Es gibt Hunderte von Beispielen, die belegen, dass in der Vergangenheit durch Kohlendioxid keine globale Erwärmung verursacht wurde, dass es auf dem Planeten in der Vergangenheit sowohl weit kälter als auch weit wärmer gewesen ist, und dass die Geschwindigkeit der Temperaturveränderung zu Zeiten weit schneller gewesen als heute.

Diese Fakten, die die Theorie widerlegen, dass menschliche Emissionen von CO_2 den Klimawandel verursachen, werden von den grünlinken Umweltaktivisten nicht akzeptiert. Dies zeigt, dass die Idee von der menschengemachten globalen Erwärmung keine Wissenschaft ist, sondern eine politische Ideologie. Die Vergangenheit ist eine Geschichte konstanten Klimawandels. Unser jetziger Klimawandel ist das Ergebnis der Vergangenheit und setzt sich in die Zukunft fort. Die Idee, dass menschliche Emissionen von Kohlendioxid zu einer katastrophalen globalen Erwärmung führen, ist deshalb ungültig. Die Propagation einer solchen Idee ist Unwissenheit, Betrug oder vielleicht beides. Es

---

130 Evers, C. W. and Lakomski, G. 1996: *Exploring educational administration: Coherentist applications and critical debates.* Pergamon

ist also kein Wunder, dass jene, die sich Klimawissenschaftler nennen, nicht mit Geologen debattieren wollen. Die Antwort der Klimawissenschaftler auf diese wunden Punkte ist es, Geologie, Astronomie und Geschichte einfach zu ignorieren und doch zu behaupten, dass sie sich mit Wissenschaft beschäftigen. All dies belegt, dass es um Politik geht und nicht um Wissenschaft.

Ungewissheit, Gewissheit und Konsens

Als Wissenschaftler kann ich definitiv schreiben, dass ich mir nicht sicher bin, ob es Ungewissheit oder Gewissheit in der Wissenschaft gibt.

Ungewissheit

Alle wissenschaftliche Evidenz und die Ideen, die auf dieser Evidenz gegründet werden, haben einen Grad von Ungewissheit. Es hat mit Wissenschaft nichts zu tun, starke Behauptungen oder Vorhersagen aufzustellen, ohne die Ungewissheiten offenzulegen. Geologen lernen das sehr schnell. Es flößt einem viel Demut ein, wenn man Ideen, die auf den neuesten komplexen geophysikalischen, geochemischen und geologischen Theorien beruhen mit einem Bohrloch testet. Wir nennen einen Diamantbohrer im Spaß oft einen rotierenden Lügendetektor. Modelle, die auf geophysikalischen Messungen beruhen werden am häufigsten durch Bohrungen widerlegt. Die neuen Fakten von unterhalb der Oberfläche, die von der Bohrung und den Messungen aus dem Bohrkern stammen, werden dann benutzt, um das geophysikalische Modell zu verbessern. Das Modell mag immer noch falsch sein, aber es ist besser als der erste Versuch und kann erneut geprüft werden. Wenn ein Wissenschaftler etwas für gewiss erklärt, Voraussagen macht und dabei einen Körper entgegenstehender wissenschaftlicher Befunde ignoriert, dann zeigt das nur, dass persönliche Schwächen die wissenschaftliche

Methode übermannt haben.

Wissenschaftliche Gewissheit und 97% Konsens

Die ganze Angelegenheit der menschengemachten globalen Erwärmung hat sich zu einer Pfründewirtschaft entwickelt. Selbst die Soziologen haben sich herbeigelassen, um Forschungsförderung für die Frage zu erhalten, warum Leute bezüglich des menschengemachten Klimawandels skeptisch sind. Zum Beispiel[131]:

*Klima-Skeptik besteht fort, obwohl es überwältigende wissenschaftliche Beweise gibt, dass der anthropogene Klimawandel tatsächlich stattfindet (IPCC, 2013) (*sic*). Die Gründe dafür sind verschiedenartig und komplex. Ein Verständnis dafür, warum Klimaskeptizismus fortbesteht oder sogar stärker wird und warum das Ausmaß der Skeptik sich zwischen Ländern unterscheidet, erfordert Konzepte, die erkennen, dass die Assimilation fehlerhafter Information durch Unterschiede in Werten und Weltsichten transkultureller und internationaler Natur vermittelt wird. Fruchtbare Erklärungen der Skeptizismus müssen also in Rechnung stellen, in welcher Weise die Partisanen von ihren politischen Führern beeinflusst werden. Die Integration solcher Einsichten mag einen Weg dafür bereiten, soziale Probleme des Klimaskeptizismus sowohl zu verstehen, als auch zu behandeln.*

Dieses ist post-modernistischer Unsinn. Das Klima ändert sich ständig und deshalb gibt es so etwas wie Klimaskeptizismus nicht. Es gibt auch keine überwältigenden Beweise, dass anthropogener Klimawandel stattfindet. Die einzige Referenz, die für diese Behauptung beigebracht wird, stammt von einer Aktivisten-Gruppe mit eigenen Interessen. Es gibt eine große Literatur der

131 Tranter, B. and Booth, K. 2015: Scepticism in a changing climate: A cross-national study. *Global Envir. Change* 33:154-164

integrierten, interdisziplinären Welt der Wissenschaft (wie ich in meinem Buch *Himmel und Erde. Globale Erwärmung: die fehlende Wissenschaft* aufgezeigt habe)[132], die wohlfundierte andere Schlussfolgerungen zieht als die IPCC. Man fragt sich, ob die Soziologen Tranter und Booth die wissenschaftliche Literatur gelesen haben, ganz davon zu schweigen, ob sie sie verstanden haben.

Sicherlich haben Sie den IPCC Bericht nicht gelesen, obwohl sie einen nicht bekannten IPCC Report 2013 (sic) als Referenz anführen. Vermutlich haben Sie also diesen Bericht gelesen, da sie behaupten, er enthielte *„überwältigende wissenschaftliche Beweise"*. An manchen Stellen ist der IPCC Bericht sehr reserviert und zeigt auf, dass das Ausmaß des menschlichen Einflusses auf das globale Klima nicht bekannt ist.[133,134,135,136] Die Soziologen führten an, dass bei der Identifizierung von *„Klimaskeptikern"* ihre Studie den menschengemachten Klimawandel nicht erwähnte. Ihre weltverändernde Spitzenforschung war ein Fragebogen. Dessen Fragen waren

132 Plimer, Ian 2009: *Heaven and Earth. Global warming: The missing science.* Connor Court

133 IPCC 2013, SPM, p. 3, Section B.1, bullet point 3, and in Synthesis Report p. SYR-6 ("…the rate of warming over the past 15 years…is the rate calculated since 1951…")

134 IPCC 2013, WGI, Ch 9, box 9.2, p. 769 and in Synthesis Report SYR-8 ("…an analysis of the full suite of CPIP5 historical simulations…reveals that 111 out of 114 realisations show a GMST trend over 1998-2012 that is higher than the entire HadCRUT4 trend ensemble…"

135 IPCC 2013, SPM, D.1, p.13, bullet point 2 and Synthesis Report SYR-8 ("There may also be a contribution from forcing inadequacies and, in some models, an overestimation of the response to increasing greenhouse gas an other anthropomorphic forcing [dominated by the effect of aerosols]")

136 IPCC 2013, WGI, ch 9, box 9.2, page 769 ("This difference between simulated [i.e. model output] and observed trends could be caused by some combination of (a) internal climate variability, (b) missing or incorrect radiative forcing and (c) model response error.")

lahm und unsinnig und machten unbegründete Annahmen. Die Methodologie des Fragebogens, auf den die Schlussfolgerungen basieren, ist fragwürdig. Natürlicher Klimawandel und durch Menschen verursachter Wandel (zum Beispiel durch Abholzung, oder den Einfluss urbaner Hitzeinseln) finden statt, doch gibt es keine Daten, die belegen, dass vom Menschen verursachter globaler Klimawandel aufgrund menschlicher Emissionen von Kohlendioxid signifikant oder gefährlich ist. Eine unbedachte, summarische Zitierung eines IPCC 2013 (sic) Berichtes weisen auf die Qualität der Gelehrsamkeit, der Begutachtung und die Gründlichkeit der Herausgeber.

Der Grund warum sich die Skepsis ausbreitet, liegt darin, dass der normale Steuerzahler mitbekommen hat, dass die Wissenschaft übertrieben, geschönt, falsch oder betrügerisch ist, dass wieder und wieder Modelle und Vorhersagen falsch gewesen sind und dass die Konsequenzen verfehlter politisierter Wissenschaft angefangen haben, für den Durchschnittsbürger sehr teuer zu sein. Sie sind es müde, erzählt zu bekommen, dass die Welt untergeht. Die grünlinken Umweltaktivisten haben seit einem Vierteljahrhundert vor dem Wolf gewarnt, das Klima hat sich nicht merklich verändert, die Leute haben Mühe ihre Energierechnungen zu bezahlen und die Gemeinschaft hört jenen nicht länger zu die weiter vor dem Wolf warnen.

Die Leute sind von ihren politischen Führern nicht sehr beeinflusst worden. Politische Führer haben auf die Skepsis der Gemeinschaft geantwortet und entsprechend gehandelt. Im Vereinigten Königreich, in Australien und auch an anderen Orten haben manche Leute ihre parteipolitischen Allianzen gewechselt, weil eine bestimmte Partei unkritisch einer politischen Leitlinie bezüglich des Klimawandels folgte. Es mag sein, dass Tranter und Booth ein naives Verständnis von Politik haben und nicht verstehen, dass viele Menschen ihre Stimme auf eine ganze

Reihe von Inhalten der Politik abgeben und nicht allein auf eine Partei.

Tranter und Booth erklären Klimaskeptizismus zum sozialen Problem und können von daher zu dem Schluss kommen, dass die Tore für weitere Förderungsgelder zwecks weiterer Forschung geöffnet werden müssen. Sie vergessen, eine ihrer Schrift unterliegende Annahme offen zu legen: dass nämlich Klimawandel stattfindet und seit Milliarden von Jahren stattgefunden hat. Haben die Autoren darüber nachgedacht, dass Skepsis ein wesentlicher Teil des intellektuellen Denkens ist, dass es heute mehr Zugang zu Informationen gibt als je zuvor, und dass die durchschnittliche Person heute selber kritisch die Behauptungen prüfen kann, die von grünlinken Umweltaktivisten gemacht werden, die behaupten sie seien Wissenschafter? Man muss nicht die mit Titelträger in einer Universität sein, um Wissen und Befähigung zu kritischer Analyse zu haben.

Unabhängige Denker wie etwa Skeptiker nehmen nicht einfach hin, was man sie zu denken anweist. Sie brauchen Beweise, um Vorhersagen vom Untergang Wahrheitsgehalt zuzuschreiben und akzeptieren nicht fraglos die Verkündigung hoher Autoritäten. Sie denken einfach selber. Die Autoren kommentieren, dass die Skeptiker älter sein. Vielleicht sind ältere Leute rigoroser ausgebildet und besser unterrichtet, dass Fakten und Denkprozesse wichtiger sind als Gefühle, Glaubensvorstellungen und Umweltideologie.

Nach 45 Jahren Tätigkeit an verschiedenen Universitäten und der Bekleidung eines Ordinariates für fast 30 Jahre kann ich nur sagen, dass viele derzeitige Universitätsangestellte in einem System ausgebildet wurden, das verdummt wurde. Das zeigt sich jetzt. Einige von ihnen, nun mittleren Lebensalters, hängen hartnäckig an den Studentenansichten einer jungen und törichten marxistischen Sicht der Welt. Es wäre für die soziologische

Forschung eine fruchtbarere Frage, zu untersuchen, warum viele Leute so leichtgläubig sind und die unsubstanzierten Behauptungen und Modelle der IPCC akzeptieren, obwohl diesen ein großes Volumen Fakten widerspricht.

Tranter und Booth sind völlig erstaunt, warum sich der durchschnittliche Steuerzahler nicht täuschen lässt. Offensichtlich behandeln sie jeden mit großer Verachtung der kein hoher und wichtiger akademischer Soziologe ist und den gegenwärtigen Moden folgt. Ein Rat für Tranter und Booth: die Öffentlichkeit ist nicht dumm. Und was für eine Art von Journal publiziert eigentlich dieses Zeug. Die Zitate weiter oben zeigen, dass dieser Beitrag wahrhaft kein gelehrtes Werk ist, die Fakten wurden nicht geprüft, die Referenzen waren armselig, und ein herausgeberischer Vorgang scheint nicht zu existieren.

Die Soziologie-Journale sind zur Form aufgelaufen. Wie könnten wir vergessen, dass der Physiker Alan Sokal einen Artikel bei dem Journal für kulturelle Studien *Social Text* einreichte, den er großzügig mit Unsinn, Pseudogeschwätz und groben Schnitzern gesalzen hatte. Dieser wurde 1996 veröffentlicht.[137] Der Artikel wurde eingereicht, um den Niedergang der Standards zu belegen, besonders in den weichen, post-modernistischen, herzblutenden und händewringenden Disziplinen. Sokal enttarnte den Beitrag selbst, die Leser, Gutachter und Herausgeber hatten dies nicht entdeckt.[138] Die Herausgeber der Zeitschrift versuchten die Veröffentlichung des Artikels zu rechtfertigen,denn es habe sich um einen *„ernstlichen Versuch eines professionellen Wissenschaftlers gehandelt der eine Art von Bestätigung durch die postmoderne Philosophie für die Entwicklung seines Feldes*

137 Sokal, A. D. 1996: Transgressing the boundaries – Toward a transformative hermeneutics of quantum gravity. *Social Text* 46/47: 217-252

138 Sokal, A. D. 1996: A physicist experiments with cultural studies. *Lingua Franca* May/June 1996: 62-64

gesucht habe".

Aber das war der Artikel nicht. Es war ein publiziertes Papier, das den Mangel an wissenschaftlicher Gründlichkeit in einer wichtigen Fachzeitschrift der Soziologie zeigte. Einer der Herausgeber behauptete gar, dass „*Sokal's Parodie gar keine war und dass seine Einlassungen einen späteren Sinneswandel darstellten, oder ein Einknicken seiner intellektuellen Entschlossenheit.*"

Aber das war der Artikel nicht. Auch nicht, wenn die Herausgeber von *Social Text* mutig schwache Erklärungen eingaben.[139] Es handelte sich nicht um eine Parodie, sondern um den Versuch, den Mangel an gelehrter Tugend in der Soziologie aufzuzeigen. Sokal gab nicht zu, unehrlich zu sein oder seine Ansichten geändert zu haben. Er war ein rigoroser Physiker, der belegte, dass einige soziologische Fachzeitschriften jedweden Unsinn akzeptieren, der ihnen, in die dekonstruktivistische Sprache der Post-Moderne als Gelehrsamkeit gehüllt, eingereicht wird. Der Titel der Veröffentlichung war absoluter Unsinn und jeder gebildete Mensch hätte gesehen, dass der Text Unsinn war.[140] Wäre ich Fach-Gutachter der Veröffentlichung von

---

139 http://linguafranca.mirror.theinfo.org/9607/mst.html

140 A quote by Sokal: "*The Einsteinian constant is not a constant, is not a center. It is the very concept of variability – it is, finally, the concept of the game. In other words, it is not the concept of something – of a center starting from which an observer could master the field – but the very concept of the game.*" I have read this many times with and without James Squire amber ale on board, it still means nothing to me. Another quote from the Sokol paper should have given the game away: "*the pi of Euclid and the G of Newton, formerly thought to be constant and universal, are now perceived in their ineluctable historicity.*" I have been an editor of a major scientific journal for years and have seen some dreadful papers submitted. Why didn't the editor at least insist that such great revelations were intelligible? An editorial tip: If something has to be read more than once to be understood, then it is poorly written or nonsense.

Tranter und Booth gewesen, so hätte ich den Herausgebern des Journals folgendes vorgeschlagen:

„...... *mit ein wenig harter Arbeit hätte das Papier den Standard von Sokal (1996) erreichen können.*“

Einige von uns sind geborene Skeptiker. Einige von uns haben eine tief sitzende Skepsis für alles, was von Aktivisten produziert wird, oder von Karriere-Akademikern, von Regierungen, von politischen Parteien, von fundamentalistischen religiösen Organisationen, von der Großindustrie, von Gruppen mit Eigeninteressen, von verschiedenen Umweltgruppen und von jedwedem, der Fakten, Logik und Rationalität zurückweist und stattdessen emotionale Argumente bringt.

Es gibt keinen Ersatz für den gesunden Menschenverstand.

Wissenschaftliche Dispute

Jeder aktive Wissenschaftler ist ständig in wissenschaftliche Dispute involviert, da die Wissenschaft nie in irgendetwas zum Abschluss kommt, da neue Fakten und Ideen kontinuierlich ans Licht gebracht werden, und jede neue Idee im allgemeinen kritisch über das vorangehende Werk nachdenkt. Das ist das Wesen der Wissenschaft. Sie entwickelt sich mit der Zeit. Viele von uns haben Veröffentlichungen mit unseren Kritikern geschrieben. Selten werden wissenschaftliche Dispute persönlich. Einige meiner engsten persönlichen Freunde sind als Gutachter im Verlauf des Begutachtungsprozesses grausam kritisch mit meiner Arbeit umgegangen. Dieses ist intellektueller Anstand und auch wenn es manchmal irritiert, ändert das nichts an der Freundschaft.

Einige von uns sind Herausgeber großer wissenschaftlicher Fachzeitschriften gewesen, saßen im Gremium der Herausgeber, begutachteten wissenschaftliche Papiere, saßen als Experten in Forschungsgremien, haben Doktorarbeiten aus der ganzen

Welt examiniert, waren als Fachgutachter bei Gericht und sind wissenschaftliche Autoren. Disput ist normal. Es steht nie den Medien oder einer Seite der polarisierten Debatte zu, eine Entscheidung zu treffen, was nun für die Wahrheit zu halten sei.

In meiner Rolle als leitender Herausgeber der Zeitschrift *Mineralium Deposita* habe ich ein Manuskript zu behandeln gehabt, dass die Doktorarbeit eines prominenten Kreationisten zum Thema Uranerzvorkommen im Northern Territory war. Als Wissenschaftler schrieb der Autor schrieb über Steine, die Milliarden von Jahren alt waren, und doch behauptete der selbe Autor in der kreationistischen Literatur, der Planet sei nur wenige 1000 Jahre alt. Weist man ein Manuskript allein wegen der religiösen Ansichten des Autoren zurück, von welchen er behauptet sie seien auf Wissenschaft gegründet oder schickt man dieses Manuskript zu den Gutachtern?

Nachdem ich das Manuskript gelesen hatte, sandte ich es zu den Gutachtern, denn nach meinem herausgeberischen und wissenschaftlichen Urteil enthielt das Manuskript Wissenschaft, die von internationalem Interesse war. Nach nur geringen editorialen Veränderungen wurde das Manuskript publiziert. Während derselben Zeit nahm ich an Auseinandersetzungen mit eben diesem Kreationisten in der kreationistischen Literatur und in den Medien teil. Für einen erfahrenen Wissenschaftler ist es leicht, die Werke der Rivalen zu Fall zu bringen. Dasselbe gilt für Mitbewerber und jene die wir nicht mögen. In der Klimawissenschaft ist dies allgegenwärtig.

Fachbegutachtung

Fachbegutachtung lebt von der Integrität des Herausgebers und der anonymen Gutachter. Wenn der Herausgeber ein Vorurteil hat, so ist es ein Leichtes, das Manuskript zu Gutachtern zu senden, die die gewünschte Expertenmeinung äußern. Ein wissenschaftliches

Manuskript oder ein Forschungsförderungsantrag können leicht begraben werden, indem man das Werk an einen Gutachter anderer Meinung sendet. Für den Herausgeber, ein Mitglied einer Forschungsbegutachtungskommission oder für das Mitglied einer Einstellungskommission ist es nützlich, sich darüber klar zu sein, wer im Wettbewerb der Stämme welche Rolle spielt, denn eine andersdenkende Clique begräbt nicht selten gute Arbeit. Die Begutachtung ist eine Hilfe für den Herausgeber. Sie beinhaltet die Zurückweisung oder Annahme eines Manuskriptes sowie Vorschläge und Änderungen am Manuskript. Im allgemeinen werden zwei oder drei Leute gefragt, ein Manuskript zu begutachten.

Fachbegutachtung liegt in der Hand der Herausgeber und der Fachbegutachtungsprozess ist sehr empfindlich für den Einfluss und das Vorurteil kleiner Gruppen, die ihre eigenen Interessen fördern und schützen. Die meisten Gutachter bleiben anonym. Das kann die Einflussmöglichkeit nur vergrößern, Vorurteil und Feigheit wirken in der Anonymität. Begutachtung vor der Publikation ist wichtig, aber der wichtigste Prozess folgt nach der Begutachtung. Dieses ist der Moment für die wissenschaftliche Gemeinschaft als Ganzes, die publizierten Ideen zurückweisen, zu prüfen, bestätigen oder auf ihnen aufzubauen.

Der Klimaclan begutachtet und veröffentlicht sein eigenes, Forschungsmittel-melkendes Dogma selbst. Einige in der wissenschaftlichen Gemeinschaft zeigen auf, wie schwach diese Wissenschaft ist, nachdem sie erst einmal publiziert ist. Fachbegutachtung, weit weg von einem optimalen Standard, wird von der Klimaindustrie dafür benutzt, ganz im Sinne ihrer eigenen Agenda Wissenschaft gut zu heißen oder zu zensieren. In der Klimaindustrie geht es nicht um Fachbegutachtungen - hier üben die Gutachter Druck aus, um Autoren an die Orthodoxie anzupassen. Die Arbeiten Newtons, Darwins und einige Werke von Einstein wurden nicht Fachbegutachtet. Genauso falsch ist die Annahme, dass nur gute Wissenschaft fachbegutachtet wird.

In einem Wissenschaftlerleben habe ich die Veröffentlichung eine Menge haltloser Wissenschaft erlebt. Im System der Fachbegutachtung gibt es viel Versagen. Zum Beispiel gelang es Jan-Hendrik Schön von 2000 bis 2002 alle acht Tage eine Arbeit zur Nanotechnologie und dem Verhalten einzelner Moleküle in wichtigen wissenschaftlichen Journalen zu veröffentlichen. Jedes Manuskript wurde fachbegutachtet, jedes war eine Erfindung und doch wurden Schön's Arbeiten in führenden Journalen wie *Nature*, *Science*, *Applied Physics Letters* und *Physical Review* gedruckt. Schön gewann eine Reihe von wichtigen Preisen für seine publizierten Arbeiten. Dieser Betrug wurde erst später von einem Studenten aufgedeckt, nicht von der Fachbegutachtung. Dieser Betrug wurde in Zeitschriften wie *Nature* und *Science* veröffentlicht, die heute in der Frage der von Menschen gemachten globalen Erwärmung Partei ergriffen haben.

Wissenschaftliche Zeitschriften sollten in keiner Frage Position beziehen, sie sollten gegenüber der Politik gleichgültig sein, sollten die Bandbreite kompetierender Hypothesen veröffentlichen und es dem Markt, d.h. der wissenschaftlichen Gemeinschaft, überlassen, zu destillieren, zu validieren und mit der Zeit zu replizieren. Schöns Fall belegt, dass Betrug ohne Mühe in den besten fachbegutachteten wissenschaftlichen Zeitschriften veröffentlicht werden konnte, wenn man nur wichtige und einflussreiche Freunde hatte. Dieser Umstand wurde durch die Evaluation der begutachteten Manuskripte nach der Publikation korrigiert. Fachbegutachtung ist kein solches absolutes Instrument, dass die Qualität wissenschaftlicher Veröffentlichen sicherstellte. Darum zeigen eine ganze Reihe von Zeitschriften und Institutionen einen Zitierungsindex an, der die wissenschaftliche Bedeutung der Veröffentlichung misst. Aber auch dies ist kein Ideal-Standard, denn in einem kleinen Feld kann sich die Auswirkung von einem großen Feld unterscheiden. Darüber hinaus sind die verschiedenen Stämme im allgemeinen nicht willens, das Werk von Rivalen zu zitieren.

Eine Menge dessen, was veröffentlicht ist, ist sachlich nicht richtig. Dieses sind nicht meine Worte. In der Medizin ist möglicherweise die Hälfte dessen, was veröffentlicht wird, nicht wahr. Studien über kleinen Stichproben mit winzigen Effekten, mit ungültigen Analysen, offensichtliche Interessenkonflikte, eine Obsession Modetrends zweifelhafter Bedeutung zu verfolgen – all dieses scheint hier normal. Auch bei wenig trefflicher Verwendung bringt die wissenschaftliche Methode Resultate und aufsehenerregende Geschichten hervor. Und das bleibt auch so, bis diese geprüft werden oder man einen Versuch unternimmt, die Forschung zu replizieren. Es gibt so viel Sorge über unrichtiges publiziertes Material in den Medizinwissenschaften, dass die Akademie der medizinischen Wissenschaften, der Rat für medizinische Forschung und der Rat für Forschung in der Biotechnologie und Biologische Wissenschaften ihre ganze Reputation hinter die Behandlung solcher Besorgnisse gestellt haben. Es gibt eine reiche Zahl statistischer Märchen, Journale haben eine schlechte Fachbegutachtung und die Herausgabeprozesse ebenso wie die Abläufe bei der Vergabe von Forschungsförderung tragen dann alle zur schlechten wissenschaftlichen Praxis bei. Wenn das für die Medizinwissenschaften zutrifft[141], was ist dann mit den anderen Feldern los? Ich habe Zweifel, dass es anderwo anders ist.

In der Physik hat es einige Irrtümer von hohem Rang gegeben, wie zum Beispiel die kalte Fusion, in der Partikelphysik. Diese Fehler haben zu einer Änderung der Abläufe geführt, so dass

141 Horton, R. Offline: *What is medicine's 5 sigma? The Lancet* 385: 1380

jetzt ein intensives Prüfen und erneutes Prüfen der Daten vor der Publikation die Norm geworden ist. Wie verhält es sich mit der Klimawissenschaft? Ich vermute, besonders nach Climategate, nach dem Versagen der Klimamodelle, dem Versagen der Vorhersagen, der Übertreibung, der Auslassung widersprüchlicher Daten, nach auf nichts gegründeten statistischer Studien, dass es um die Dinge im Feld der Klimawissenschaft noch schlechter getsellt sein könnte. Ich nehme an, dass die Felder der Physik und der Medizin rigoroser aufgestellt sind, als die Klimawissenschaft. Ihre Einschätzung ist hier so gut wie meine, aber es sieht nicht gut aus. Vielleicht ist es in der Klima-„Wissenschaft" so, dass die Wissenschaft niemals einem saftig geförderten Forschungsantrag in die Quere kommen darf.

Aber nach allem gibt es in der Klimaindustrie keine Parallelen. Innerhalb der Profession scheint eine Entscheidung getroffen worden zu sein, dass nichts veröffentlicht werden kann, das die Ruhm und Reichtum einbringende Ideologie von der globalen Erwärmung durch menschliche CO_2-Emissionen gefährden könnte. Der Mangel an wissenschaftlicher Objektivität hat ein solches Ausmaß erreicht, dass man sich fragen muss, ob Veröffentlichungen aus der Klimaindustrie für die nächsten 30 Jahre irgendwie ernst genommen werden können. Die Klimaindustrie hat in aller Öffentlichkeit und in schwerster Weise jeden zentralen Aspekt der Wissenschaftsethik verletzt. Wissenschaft der Klimaindustrie ist Parteinahme im Dienst einer Richtung der Politik.

Sie ist nicht unvoreingenommen und ihre Behauptungen sind nicht zutreffender oder gültiger als die wissenschaftlichen Veröffentlichungen der Tabakindustrie, dass Rauchen harmlos sei. Es lässt sich auf vielen Wegen beweisen, dass es in Zeiten der Vergangenheit auf dem Planeten Erde wärmer war als heute. Dieses zerstört die Narrative der Katastrophe. Als

Michael Mann[142] 1998 die spektakuläre Entdeckung machte, dass der Anstieg der Temperatur heute viel höher sei als in der Vergangenheit, da begründete man damit politisches Handeln bezüglich des menschengemachten Klimawandels. Mann zeigte, dass die globale Erwärmung außer Kontrolle geraten war und die Temperaturkurve wie ein Hockeyschläger aussah - ganz im Gegensatz zur früheren Oszillationen des Klimas zwischen warmen und kalten Perioden. Manns neu gezeichneter Temperaturverlauf basierte auf drei Punkten. Die Fakten und die statistische Methode wurden extern geprüft.[143] Der Hockeyschläger war ein Mythos und eine betrügerische Erfindung *ex nihilo*. Die Kontroverse führte dazu, dass ein Ausschuss des US Senates eine von Professor Edward Wiegmann geleitete Untersuchung einsetzte. Die Untersuchung zeigte, dass das Werk von Mann nicht aufrechterhalten werden konnte. Der Wegmann Report[144], eine einschlägige Übersicht über den Betrug vom Hockeyschläger durch Michael Mann, stellte den Fachbegutachtungsprozess in der Klimaindustrie in Frage:

„eine der bedeutsamen Fragen, die mit der Hockeyschlägerkontroverse verbunden sind, betreffen die Beziehungen zwischen den Autoren und in der Folge die Frage, in welchem Grad man dem Fachbegutachtungsprozess trauen kann. Im besonderen muss man vermuten, dass der Fachbegutachtungsprozess Manuskripte vor der Publikation dann nicht sorgfältig abklopft, wenn es zwischen den Autoren

142 Mann, M. et al. 1998: *Global-scale temperature patterns and climate forcing over the past six centuries*. Nature 392: 779-787

143 McIntyre, S. and McKitrick, R. 2003: *Corrections to the Mann et al. (1998) proxy data base and Northern Hemisphere average temperature series*. Energy Envir. 14: 751-771

144 U.S Congress House Committee on Energy and Commerce; http://republicans.energycommerce.house.gov/108/home/07142006_Wegman_Report.pdf

eine enge Beziehung gibt und nur wenige Individuen in einer spezifischen Fachfrage tätig sind.“

Und weiter

„in der Tat ist es verbreitete Praxis unter den assoziierten Herausgebern gelehrter Journale, in die Liste der Zitate eines Manuskriptes zu schauen, um so herauszufinden, wer in diesem Feld schreibt und wer also mit gutem Recht gebeten werden könnte, eine kenntnisreiche Fachbegutachtung durchzuführen. Wenn eine Fachdisziplin klein ist, und die Autoren in diesem Feld eng verbunden sind, dann führt dieser Vorgang dazu, dass es wahrscheinlich ist, sympathische Gutachter zu finden. Diese Gutachter haben unter Umständen andere wissenschaftliche Veröffentlichungen mit dem einreichen Autor geschrieben. Und sie mögen glauben, dass sie die Schriften des Autors gut genug kennen, sodass sich Irrtümer fortsetzen und in der Tat zementiert werden.“

Der Wegmann Report hat sich nur mit einem kleinen Aspekt des Fachbegutachtungsprozesses beschäftigt. Im Falle der Hockeyschläger Veröffentlichung gab es nur 43 Individuen in der Klimaindustrie, die im Fachbegutachtungsprozess den Betrug Michael Manns hätten abwenden können. Es kann nicht überraschen, dass schlechte Wissenschaft veröffentlicht werden kann, wenn der Club so klein ist. Spätere Arbeiten[145] haben gezeigt, eine wie kleine Gruppe von Klimawissenschaftlern es vollbracht hat, das Denken der Welt zu beeinflussen, speziell unter den nicht-wissenschaftlichen grünlinken Umweltaktivisten. Dieses ereignete sich besonders bis der Hockeyschläger als Betrug identifiziert worden war. Die IPCC zollte dem Hockeyschläger von Mann höchste Anerkennung und Aufmerksamkeit, bis er als

145 Steyn, Mark 2015: *A disgrace to the profession. The world's scientists in their own words on Michael E. Mann, his hockey stick and their damage to science.* Vol. 1 http://www.steynstore.com/product113.html

betrügerisch entlarvt war, und entfernte die Agenda ganz leise im weiteren Verlauf.

Ross McKitrick hat sich eine lange Zeit mit Mann, seinem Hockeyschläger und der blinden Akzeptanz von Mann's Betrug durch die IPCC beschäftigt. McKitrick hatte große Schwierigkeiten seine Befunde in den großen Fachzeitschriften der Wissenschaft zur Veröffentlichung zu bringen. Er wies die Behauptungen Manns bezüglich des Hockeyschlägers ebenso zurück, wie Behauptungen der IPCC, dass Datensätze aus der realen Welt ihre Modelle bestätigten, die vom Menschen gemachte globale Erwärmung vorhersagten. Die Reihen wurden geschlossen und der freundliche Club vom katastrophalen Klimawandel war geschützt. Am Ende gelang es McKitrick doch, zu beweisen, dass dieses keine kleine akademische Auseinandersetzung in den Ehrenhallen der Akademie war, sondern symptomatisch für die gesamte Klimaindustrie, welche die Reihen schließt, um ihre eigenen Leute zu schützen, um eine frei Diskussion zu verhindern, um Daten zu verstecken oder zu zensieren, oder um Daten zu beseitigen, die zu einer anderen Schlussfolgerung führen, als die, die man veröffentlicht hatte.[146,147,148,149]

In der Klimawissenschaft gibt es weitere Entwicklungen die die Befunde der IPCC in Frage stellen. Eine der wichtigsten Meteorologen der Welt, Richard Lindzen, beschäftigte

146 McKintyre, S. and McKitrick, R. 2003: *Corrections to the Mann et al. (1998) proxy data base and Northern Hemisphere average temperature series.* Energy and Environment 14: 751-771

147 McIntyre, S. and McKitrick, R. 2005: *Hockey sticks, principal components, and spurious significance.* Geophys. Res. Lett. 32: L03710, doi:10.1029/2004GL021750

148 Montford, Andrew 2010: *The Hockey Stick Illusion.* Stacey International

149 McKitrick, Ross 2015: *The hockey stick: a retrospective.* In: Climate change: The facts (Ed: Alan Moran). Institute of Public Affairs, 201-211

sich in einer Veröffentlichung 2011 mit Kritik an seiner Veröffentlichung von 2009. Seine Forschung stellte fest, dass eine Verdopplung des Kohlendioxid in der Atmosphäre zu einem Temperaturanstieg von nur etwa 0,7 °C führen würde. Dieser Wert liegt erheblich tiefer als die unteren Einschätzungen der Modelle der IPCC. Die Klimaindustrie schloss die Reihen und Lindzen brauchte etwa zwei Jahre um eine Zeitschrift zu finden, die willens war, sein Manuskript zu veröffentlichen.[150] Nach der Veröffentlichung fokussierte dann die Kritik auf den Punkt, dass die Veröffentlichung in einem asiatischen und nicht einem westlichen Wissenschaftsjournal erschienen war. Ignorieren wir den Rassismus, die wissenschaftlichen Fakten ändern sich nicht. Fred Singer hat dokumentiert, wie die Fachzeitschriften *International Journal of Climatology*, *Geophysical Research Letters* und *EOS* seine Forschungsarbeiten begruben, weil sie nicht dem populären Paradigma folgten.[151]

Unvoreingenommene Gleichgültigkeit

In den ersten 300 Jahren nach ihrer Gründung nahm die *Royal Society* in England die Haltung ein, sich von politischen Debatten fernzuhalten und lehnte es ab, sich in die politischen Kontroversen des Tages hineinziehen zu lassen.

Ihre Zeitschrift *Philosophische Transactions of the Royal Society* schrieb damals:

„*es ist weder notwendig noch wünschenswert, dass die Society ein offizielles Urteil in wissenschaftlichen Fragen abgibt. Denn diese Fragen werden weit gründlicher im Labor geklärt, als im Sitzungsraum des Kommittees.*“

---

150 Lindzen, R. S and Choi, Y. S. 2011: *On the observational determination of climate sensitivity and its implications.* Asian Pacific Jour Atmos. Sci. 47: 377-390

151 http://americanthinker.com/articles/2015/08/peer_review_is_not_what_its_cracked_up_to_be.html

Dies änderte sich in den 1960er Jahren und die Society befasste sich sukzessive immer mehr mit Politik und ihren Richtlinien. Die letzten beiden Präsidenten waren sehr aktiv in dieser Hinsicht und nur eine Revolte der Mitglieder der Gesellschaft veränderte die Angelegenheit ein wenig. Heute ist der Ruf der Gesellschaft wegen ihrer Einvernahme in politischen Kontroversen beschädigt. Das geht nicht nur der *Royal Society* so. Fast alle Fachgesellschaften befassen sich heute mit politischer Parteinahme, der Formulierung von politischen Leitlinien und politischen Wegen der Interessenvertretung. Viele gelehrte Fachgesellschaften, so auch die *Royal Society*, werden teilweise von der Regierung bezahlt und müssen deshalb um jeden Preis das Lied der Regierung singen, da sonst die Mittel ausbleiben würden und die Gesellschaft ausstürbe.

Die Fachgesellschaften, denen ich selbst angehöre, haben interne Auseinandersetzungen, wenn Vorstände oder manchmal gar Angestellte ohne wissenschaftliche Ausbildung gegen den Wunsch der Mitglieder handeln und in den politischen Kontroversen des Tages Position beziehen. Das hat sich auch an anderen Orten abgespielt. Die amerikanische Gesellschaft für Physik spielte das Spiel der Politik und revidierte 2010 ihre Haltung zur Klimapolitik. Ein scharf kritischer Brief des Austritts eines ihrer herausragenden und bedeutendsten Mitglieder, Hal Lewis von der *University of California*, enthielt folgenden Kommentar zum populären Paradigma des menschengemachten Klimawandels:

„*dieses ist der größte und erfolgreichste pseudowissenschaftliche Betrug, den ich in meinem langen Leben als Physiker gesehen habe*."

Meine eigene Kritik an der Klimaindustrie richtet sich darauf, dass ein erheblicher Teil der Daten zweifelhaft ist (zum Beispiel die Messungen von Temperatur und Kohlendioxid sowie ihre

Berichtigungen), dass Computer so lange bearbeitet worden sind, bis man die vorgeschriebenen Resultate erhielt, dass der Zugang zu den verwendeten Computerprogrammen nicht frei ist, dass weder die Daten noch die aus ihnen gezogenen Schlussfolgerungen in Übereinstimmung stehen mit dem, was wir aus Gegenwart und Vergangenheit wissen, dass die Veröffentlichung in einem geschlossenen System erfolgt, das die Gründlichkeit des Fachbegutachtungsprozesses in Frage stellt, dass finanzielle Interessen nicht deklariert werden, dass eine Versuchung zur Publikation angstmachender Szenarien durch finanzielle Belohnung besteht und dass der Vorgang der wissenschaftlichen Widerlegung insgesamt übersehen worden ist.

Die Klimaindustrie muss jetzt beweisen, dass sie unvoreingenommen ist, dass sie keinen von vorneweg angeordneten Schlussfolgerungen dient, dass sie nicht mit grünlinker Umweltpolitik verbunden ist, dass sie angetrieben wird von intellektueller Neugierde und dass sie alternative Theorien annehmen und kritisch analysieren kann.

Der einfachste Weg, die Aufmerksamkeit der Klimaindustrie auf sich zu ziehen, besteht darin, die Forschungsförderung zu stoppen, die auf der vorweggenommenen Annahme beruht, dass menschliche Emissionen von CO_2 Klimawandel hervorrufen. Stattdessen sollte man Forschung fördern, die sich mit der langen Geschichte des Klimas auf dem Planeten Erde beschäftigt, sowie Forschung, die sich auch mit der Möglichkeit einer natürlichen globalen Abkühlung beschäftigt. Lass uns sehen, was das Geld tut. Wir werden sehen, ob die Ratten das sinkende Schiff verlassen.

In den 1970er Jahren haben dieselben Leute, die uns heute erzählen, wir würden in der Hitze umkommen, behauptet, dass wir zu Tode frieren würden (zum Beispiel Stephen Schneider).

Sie haben damals übertrieben und sie übertreiben heute. Der rote Faden, der sich durch die Klima-„Wissenschaftler“ zieht, ist Täuschung, wie ihre eigenen Worte beweisen.[152] Sie verließen das sinkende Schiff der globalen Abkühlung und folgten dem Geld zum Schiff der globalen Erwärmung. Die wissenschaftlichen Daten sind unverändert. In einem Gebiet der Wissenschaft, in denen ein großer Teil der Experten-Debatte für den Laien unverständlich ist und somit auf der Wahrhaftigkeit beruht (einschließlich der Ungewissheiten), hat die Gemeinschaft der Klimawissenschaftler uns im Stich gelassen. Sie handelten als grünlinke Umweltaktivisten, indem sie dasselbe Lied derer sangen, die ihre Wissenschaft förderten, nämlich die Regierungen. Wie Judith Curry[153] leise anmahnt:

„wenn es zum Problem des Klimawandels kommt, dann scheint es, dass unser Sinn sozialer Gerechtigkeit oft eine realistische Darstellung des Problems und der Ungewissheiten der Wissenschaft wie auch der vorgeschlagenen Lösungen überwiegt.“

Ich bin nicht so vorsichtig. Die Angstmacherei mit der globalen Erwärmung ist der größte wissenschaftliche Betrug in 2000 Jahren Geschichte der Wissenschaft.

Der Aufstieg des Anti-Intellektuellismus

An der Klimawissenschaft hängen nicht nur riesige Forschungsmittel, sondern auch wirtschaftliche Möglichkeiten

---

152 “*We need to get some broad-based support to capture the public's imagination. That, of course, entails getting loads of media coverage. So we have to offer up scary scenarios, make simplified, dramatic statements and make little mention of any doubts we may have... Each of us has to decide the right balance between being effective and being honest.*” Stephen Schneider, October 1989 interview for Discover magazine.

153 Curry, J. 2014 and 2015: *Ethics of climate expertise and Conflicts of interest in climate science*, http://www.judithcurry.com

rund um den Handeln mit Kohlenstoff, die Kohlenstoffsteuer, und die Umverteilung von Vermögen. Dieses hat eine Reihe verschiedener und zum Teil verzweifelter Gruppen zusammengeführt. Trillionen von Dollars sind bereits für die Angst vor der globalen Erwärmung ausgegeben worden. Die Möglichkeiten für Forschungsförderung, der Aufstieg der Grünen Partei und finanzielle Gelegenheiten im Kohlenstoffmarkt haben in Kombination einen fast perfekten Sturm quasi-religiöser Hysterie ausgelöst, der mit all der Heuchelei gekennzeichnet ist, die wir mit einer fundamentalistischen Religion verbinden.

Die Furcht vor den Umwelteinflüssen wachsender Wirtschaften, verbunden mit dem Qualitätsverlust der wissenschaftlichen Bildung, haben die Menschen ermutigt, über einfache Lösungen für Probleme (oder nicht-Probleme) nachzudenken. Dieses wird durch faule Medien vervielfältigt, die Furcht ausbeuten, um die Verkaufszahlen zu steigern und die sich keine Mühe geben, einer Sache auf den Grund zu gehen. Das wird auch nicht durch Journalisten verbessert, die eine unmittelbar alarmierende Geschichte wollen, die keine Ausbildung in der Wissenschaft haben. Grünlinke Umweltaktivisten benutzen den Journalismus zur Propagation ihrer Ideologie. Im Journalismus sind Fakten sakrosankt. Ein bisschen Grundwissen hilft auch. Probieren Sie es einmal. Fragen Sie einmal einen grünlinken Umweltaktivisten, wie viel wirklich gefährliches CO_2 Gas in der Marmoroberfläche ihrer Küche steckt.

Die Wissenschaftsethik hat viel Boden verloren. Es gibt jetzt etablierte Wissenschaftler, die Veröffentlichung von Forschung, die ihren Überzeugungen zuwiderläuft, dadurch zu verhindern suchen, dass sie vom Steuerzahler bezahlte Internetplattformen schaffen, die den anderen Blick kritisieren. Es gibt erfahrene Wissenschaftler, die behaupten, die Wissenschaft bezüglich des menschengemachten Klimawandels sei „abgeschlossen“, ganz gleichgültig der Tatsache, dass andere widersprüchliche Resultate berichten. Warum würde der Papst jene mit einer so zweifelhaften Ethik unterstützen? Es gibt heute Institutionen früher guter Reputation, die Wissenschaftler ausschließen oder ablehnen, sie aufzunehmen, wenn sich ihr Werk gegen die öffentliche Meinung richtet.[154]

Einige Mitarbeiter der Universität und Studenten agitierten jetzt gegen die Berufung des skeptischen Umweltforschers Björn Blomberg.[155] Es ist offensichtlich, dass die falschen Leute ausgewählt worden sind, um die vom Steuerzahler bezahlten Universitäten zu betreiben, wenn die Universität von Westaustralien und die Flinders Universität unfähig sind, mit der Pluralität und Diversität von Meinungen umzugehen. Auch wenn Blomberg behauptet, er sei kein „Klimawandelleugner", wie seine Veröffentlichungen belegen[156], so verlangt er doch, dass seine Widersacher aufhören, seine Sicht falsch darzustellen.[157] Seine Kritiker behaupten, dass er ein Zentrum zur Leugnung des Klimawandels etablieren wolle. Man sollte glauben, dass Skepsis und eine Bandbreite im Wettbewerb stehender Ideen innerhalb einer Universität nur gesund sein können. Wenn die Flinders Universität also einem Argument nachgibt, das nur auf Gefühlen, aber nicht auf Vernunft und Logik beruht, dann ist das nicht geeignet, um ihre Reputation zu schützen. Die Gewerkschaft für nationale höhere Ausbildung, die Studenten Vereinigung

154 Bjorn Lomborg: University of WA scraps research centre. *The Australian,* 8. Mai 2015

155 *Students and staff warn of angry backlash if 'sceptical environmentalist' Bjorn Lomborg sets up research centre at Flinders University.* Socialist Moaning Herald, 24. Juli 2105

156 Lomborg, B. 2001: *The skeptical environmentalist: Measuring the real state of the world.* Cambridge University Press

157 Bjorn Lomborg: I'm not a climate-change denier. *The Australian*, 26th July 2015

der Flinders Universität sowie 6662 Studenten, Angestellte und Ehemalige die einen offenen Brief zur Verhinderung des Zentrums geschrieben haben[158], würden nur beweisen, dass die Reputation der Universität gegründet ist auf Anti-Wissenschaft, Anti-Intellektualität, Anti-Demokratie, Anti-Freiheit der Sprache und Anti-Kapitalismus.[159]

Viele australische Universitäten, ihre Mitarbeiter und Studenten-Assoziationen sind von grünlinken Umweltaktivisten infiltriert worden. Manche Universitäten sind jetzt seichte, politisierte, drittklassige Institute. Vor 40 Jahren war das wenig anders.[160] Wer sind diese schlecht ausgebildeten jungen Studenten, denen man zugesteht, die Forschungsrichtung vorzugeben? Das Zeitalter einer offenen transparenten Wissenschaft könnte zu einem Ende kommen und wir sehen zur Zeit das Endresultat von Jahrzehnten eines Verdummungsprozesses in den Schulen und im universitären Ausbildungssystem. Wenn Sie mir das nicht glauben, so fragen Sie bitte jemanden, der im privaten Sektor einstellt.

Die Geschichte und Evolution des Planeten Erde sind in der gegenwärtigen populären Katastrophengeschichte vom Menschen-gemachten Klimawandel vergessen worden. Wenn ein großer Satz Fakten und Geschichte ignoriert werden, dann muss das zu einem unausgewogenen, irreführenden und täuschenden Konzept vom globalen Klima führen. Wenn die Wissenschaftler selbst integrierte, interdisziplinäre, faktische Evidenz ignorieren, dann haben sie die Wissenschaft politisiert, um Begünstigungen der Regierung zu erhalten und agieren betrügerisch. Wann immer Wissenschaftler die Geschichte ignorieren, dann tun sie tun sie

158 *The Guardian,* 24th September 2015

159 We are reminded of the quote from Bertrand Russell's Sceptical Essays: "We are faced with the paradoxical fact that education has become one of the chief obstacles to intelligence and freedom of thought."

160 Greg Sheridan, 2015: *When we were young and foolish.* Allen & Unwin

das auf eigene Gefahr.

Warum ist es, dass ich wenig Vertrauen habe auf die Daten, die Methoden, die Schlussfolgerungen und die wissenschaftliche Kommunikation der Wissenschaftler in der Klimaindustrie und all diejenigen, die Weltuntergangsgeschichten verbreiten? Das ist eine lange Liste: a) Climategate; b) das Ignorieren vergangenen Klimawandels, das Ausmaß vergangenen Wandels und die natürliche Variabilität des Klimas; c) „Berichtigung" von Primärdaten, um das gewünschte Resultat zu erzielen d) die Korruption des Begutachtungsvorgangs; e) der Ausschluss entgegengesetzter Meinungen und Sichten eminenter Wissenschaftler; f) Korruption sowohl der Aufzeichnung der Temperaturdaten als auch der Kohlendioxid-Konzentration; g) die fehlende Korrelation des Kohlendioxid mit der Temperatur im Zeitverlauf; h) die Verwandlung der Wissenschaft und der freien unabhängigen Untersuchung in politische Parteinahme, die Herabsetzung oder Auslassung der validieren Datensätze über die minoische, römische und Mittelalterliche Erwärmung; j) die Erfindung eines Hockeyschlägers *ex nihilo*; k) die Dämonisierung der abweichenden Meinung; l) die Leugnung der Tatsache, dass der Planet Erde sich unter Kräften wandelt, die weit größer sind als irgendetwas, was Menschen erschaffen können, das Versagen der Computer-Modelle, massive Interessen, die Gewissheit einer durch den Menschen reduzierten Katastrophe propagieren und mit Betrug und Heuchelei ebenso assoziiert sind wie mit einem Mangel an vorsichtigem Urteil und Zurückhaltung, wenn über neue wissenschaftliche Befunde öffentliche Aussagen gemacht werden. Dieses ist der Zug der Täuschung der alle grünlinken Umweltaktivisten vereint.

Die Fortschritte der Renaissance und Aufklärung sind in den letzten zwei Jahrzehnten verloren worden. Ein System, das erlaubt, Glaubensansichten infrage zu stellen, ist ein aufgeklärtes System. Aber die Klimaindustrie tut alles, um die Infragestellung der Basis der Klimawissenschaft aufzuhalten. Das ist nicht das Verhalten von Wissenschaftlern, sondern von bezahlten politischen Grobianen. Eine Menge des Drucks in Politik und Medien wird durch vollzeitig tätige Klima-Advokaten erzeugt, die für Fehlinformation bezahlt werden. Und wem nützt das alles? Der Steuerzahler muss das alles bezahlen. Banken, Händler, alternative Energiekompanien und Investoren, Aktienhändler und Versicherungs-Gesellschaften tummeln sich in der schattigen Welt eines total undurchsichtigen Kohlenstoff-Handels um astronomische Profite.

Niemand konnte bis jetzt genau zu bestimmen, warum sich das Klima in der Vergangenheit gewandelt hat. Wir haben einige sehr gute Vorstellungen und über diese streiten wir uns, wie es in einer gesunden skeptischen Umgehung in der Wissenschaft üblich ist. In genau diesem Sinne kann auch niemand das künftige Klima beschreiben. Wir haben einige ziemlich gute Vorstellungen, die debattiert werden sollten. Aber das passiert nicht. Sicher ist bislang nur, das eine Decarbonisierung der Wirtschaft das Ende des industriellen Fortschritts bedeuten wird. Sie wird den globalen Hunger steigern, weil die Energie teurer wird. Es ist sogar möglich, dass in der Zukunft Energie als Folge eigensüchtiger Intrigen rationiert wird.

Wie viel Geld auch immer mit dem Kohlenstoffhandel verdient werden wird, so wird das doch kein CO_2 aus der Atmosphäre entfernen. Trotz aller Rhetorik sind die finanziellen Organisationen an unserem Planeten nicht interessiert. Sie sind am Profit interessiert. Richtigerweise so. Es scheint nicht so, dass wir aus früheren Finanzkrisen viel gelernt haben. Die Menge an Mitteln, die in die Profite der Banken transferiert werden, bedeuten gleichzeitig weniger Geld für genuine Umweltprogramme. Regierungsprogramme für eine grüne Zukunft sind in Wirklichkeit Vorschläge, die Türen für Geldwäsche unserer Steuergelder zu öffnen.

Die Wissenschaft hat sich noch immer selbst korrigiert. Das braucht Zeit, denn viele der Befürworter einer falschen Theorie müssen erst ihr Arbeitsleben zu Ende leben und ihre Positionen aufgeben, bevor der Wandel dann endlich stattfinden kann. Vielleicht ist diese Zeit der Selbstkorrektur zu einem Ende gekommen, denn Milliarden Dollars sind für Klimaforschung greifbar, solange sie die vorgeschriebene Lösung propagiert, dass wir alle an Hitze sterben werden und dass das alles unsere eigene Schuld ist. Warum sollten wir das weiter bezahlen? Wir kennen die Antwort. Die westlichen Regierungen haben unkritisch und ideologisch motiviert die Theorie von der menschengemachten globalen Erwärmung akzeptiert, um sie als Vorwand für Steuererhöhungen, die Umverteilung von Vermögen, die Untergrabung der Freiheiten, die Einengung freier Denkprozesse und dem Erhalt der eigenen Macht verwenden zu können, indem man mit jenen Gruppen, die angeblich über die Umwelt besorgt sind Geschäfte macht.

Die Politisierung der Wissenschaft und die hässliche Climategate-Affaire schwächen die Wissenschaft. Wir können uns nur aufgrund von Wissenschaft ernähren. Es ist die Wissenschaft, die uns längeres und besseres Leben gibt. Wenn die nächste unausweichliche Pandemie die Menschheit treffen wird ,dann werden wir die Probleme auch nicht damit lösen können, dass wir andere Meinungen herabsetzen und einfach behaupten, es gebe einen Konsens. Einige Regierungen sind so verbittert über den ganzen Betrug mit der menschengemachten globalen Erwärmung, dass sie möglicherweise kein Geld für andere Disziplinen ausgeben werden, wie zum Beispiel für die Medizinforschung. Im Falle einer Pandemie brauchen wir die Wissenschaft, das unabhängige Denken, die Kreativität und wir brauchen Wissenschaftler, die ihren Fuß dahin setzen, wo vor ihnen noch niemand gewesen ist. Denn das ist der einzige Weg, Probleme zu lösen. Aber diese Problemlösungsprozesse, die wir von der Aufklärung geerbt haben, werden durch die Klimaindustrie unterminiert und zerstört.

Wir fehlbaren Menschen – Wissenschafter eingeschlossen-fallen oft Launen, Moden, dem Betrug und der Torheit zum Opfer weil wir die Vergangenheit ignorieren. Einige glauben tatsächlich, dass Menschen in der Größenordnung planetarischer Konstellationen wichtig seien. Sie scheinen sich nicht bewusst zu sein, dass ein einziger Vulkan alles zerstören könnte und eine einzige bakterielle Pandemie uns allen ein Ende setzt.

Wir können weder die soziale, politische und wirtschaftliche Geschichte, noch die Geschichte der Erde ignorieren.

Behauptungen der Klimakatastrophisten

Nie dagewesene Temperaturveränderungen während der letzten 100 Jahre

Falsch. Die Behauptung, dass sich die Erdatmosphäre an der Oberfläche während der letzten 100 Jahre um 0.85 °C erwärmt hätte und dass diese Erwärmung nie da gewesen sei, stimmt mit faktischen Aufzeichnungen nicht überein. Die Temperaturaufzeichnungen Zentralenglands belegen, dass die Temperatur zwischen 1630 und 1733 mit einer Geschwindigkeit von 4°C pro Jahrhundert anstieg. Während der römischen Epoche und im Mittelalter war es wärmer als jetzt. Die Zunahme der Erwärmung war bisweilen schneller als im 20. Jahrhundert.[161,162]

161 Christiansen, B. and Ljungqvist, F. C. 2012: *The extra-tropical Northern Hemisphere temperature in the last two millennia: reconstructions of low frequency variability*. Clim. Past 8: 765-786

162 Ljungqvist, F. C. et al. 2012: *Northern Hemisphere temperature patterns in the last 12 Centuries*. Clim. Past 6: 227-249

Darüberhinaus sind seit dem Zenith der letzten Eiszeit die Welttemperaturen um insgesamt etwa 3-8 °C gestiegen. Die globalen Temperaturen variieren auf lange Sicht etwa ±3,5°C um den Mittelwert.[163] Im 21. Jahrhundert liegen wir etwa 1°C über dem Langzeitmittelwert - aber bevor sie jetzt rausgehen und sich die Pulsadern aufschneiden: in der Mittelalterlichen Warmzeit lag die Temperatur 2,5 °C über dem Langzeitmittel. Die Temperatur des 21. Jahrhunderts oder der Temperaturanstieg während der letzten 100 Jahre haben nicht Besonderes an sich. Es handelt sich schlicht um die normale Variabilität, derer sich der Planet immer erfreut hat.

Das wärmste Jahr seit Aufzeichnungen war 2014

FALSCH. Die Aufzeichnungen, so schlecht wie sie sind, gehen zurück bis 1850 (HadCRUT4, Thermometer), 1880 (NASA, GISS, NCDC, Thermometer) und 1979 (RSS und UAH, Satellitendaten) Die Thermometeraufzeichnungen wurden „berichtigt", wonach 2014 das wärmste Jahr war. Die Satellitendaten zeigen, dass 2014 nicht das wärmste Jahr war. Dabei verwendet die Klima-„Wissenschaft" üblicherweise den Trick, eine Periode so zu definieren, dass man bei einer kalten Temperatur anfängt indem man dort die Temperatur nach unten „berichtigt". Man schliesst den Beobachtungszeitraum ab, indem man einem warmen Zeitpunkt waehlt – oder „justiert" die Messdaten aufwärts.

Seit mehr als 18 Jahren gab es weder eine globale noch eine regionale Zunahme der Temperatur, trotz des angeblichen Temperaturgipfels 2014. Die Langzeitaufzeichnungen durch sogenannte Proxies zeigen uns eine andere Geschichte. Das Holozaen Maximum (9000-5000 Jahre vor der heutigen Zeit)

163 Jouzel, J. et al. 2007: *Orbital and millennial Antarctic climate variability over the past 800,000 years*. Science 317: 793-796

und die Epochen des alten Ägypten, der Minoer, der Römer und das Mittelalter waren wärmer als heute. Es wird oft behauptet, dass die Frequenz extrem hoher Temperaturen im Steigen sei. Dabei wird der Umstand nicht erwähnt, dass es genauso viele besonders kalte wie warme Wetter gegeben hat. Darüber hinaus hat es gerade in den 1930er Jahren wiederholt Perioden extremer Temperatur gegeben, obwohl viele davon nun „berichtigt" sind und damit aus der Aufzeichnung verschwunden. Mit dem Wetterekord verhält es sich so, wie mit Rekorden im Sport: irgendwo wird immer ein Rekord gebrochen.

Angeblich war Juli 2015 der heisseste Sommermonat der Nordhemisphaere seit Aufzeichnung und es sehe so aus, dass 2015 das heißeste Jahr würde, seit die Datensammlung vor 136 Jahren. Die implizierte Botschaft war, dass all dies vom Menschen verursacht sei und dass sich das die globale Erwärmung ungehemmt fortsetzt. Etwas Merkwürdiges ereignet sich im Nordpazifischen Ozean. Das warme Wetter ist nicht dort, wo man es erwarten wuerde, was wahrscheinlich auf den verzögerten Effekt des El Niño 2014-2015 zurückgeht. El Niños werden von Las Niñas gefolgt. Während also zu erwarten ist, dass 2016 etwas wärmer wird, werden dann die darauffolgenden Jahre etwas kälter.[164] Dieses verändert die Temperatur an der Meeresoberfläche, das Muster des Wetters und die Ökosysteme. Aufzeichnungen seit 1905 zeigen, dass dieses sich zuvor noch nicht ereignet hat. Doch solche Ereignisse beeinflussen das Wetter, nicht das Klima. Dem hingegen kann man die 2015 Erwärmung in der Satellitendaten nicht sehen und ebenso wenig in den Temperaturaufzeichnungen der Südhemisphäre. Trotz aller „Berichtigungen" zeigt sich dort, dass der Juli 2015 kälter war, als ein normaler Winter.

Es sieht so aus, als ob der Planet umso heisser wurde, je

164 David Whitehouse, *Global Warming Policy Forum*, 6. September 2015

näher die 21. Sitzung der Konferenz der Partein (COP-21) der Rahmenwerkskonvention der Vereinen Nationen zum Klimawandel (UNFCCC) rückte, die in Paris zwischen dem 30. November und 11. Dezember 2015 stattfinden soll.

Die Eisschilde und Gletscher schmelzen und das Meereseis schwindet

FALSCH. Einige Gletscher dehnen sich aus und andere schrumpfen. Das ist normal, kein Grund zur Sorge und kann ganz sicher nicht dafür herangeführt werden, furchtbare Voraussagen zu machen. Eisdecken und Meereis haben eine lange Geschichte von Ausdehnung und Schrumpfung hinter sich und das ist kein Grund zur Sorge.[165] Das Ausmaß der saisonalen Variation des Meereises, sowohl in der Arktis als auch in der Antarktis, ist immens viel größer als das Ausmaß jener Veränderungen des Meereises, die uns angeblich katastrophale globales Erwärmung anzeigen. Darüber hinaus zeigt die Ausdehnung des weltweiten Meereises über die letzten 35 Jahre bemerkenswert wenig Veränderungen[166]. Selbst die IPCC zeigt, dass es in der Antarktis wenig oder keine Erwärmung gibt.

Präsident Obama und Staatssekretär John Kerry haben Ende August 2015 Glacier Bay in Alaska besucht. Sie zeigten als Beweis für gefährlichen durch Menschen verschuldeten katastrophalen Klimawandel auf die zurückgehenden Gletscher. Ein wenig Geschichte statt Übertreibung wäre ehrlicher gewesen. Der Gletscher fing 1750 an, sich zurückzuziehen. Als Kapitän George Vancouver in 1794 besuchte, füllte das Eis die Bucht und hatte sich nur für wenige Kilometer zurückgezogen. Als der Begründer des Sierra Club, John Muir, Glacier Bay

---

165 Braithwaite, R. L. 2002: *Glacier mass balance: The first 50 years of international monitoring*. Prog. Phys. Geog. 26: 75-95
166 http://arctic.atmos.uiuc.edu/cryosphere/

1879, da stellte er fest, dass sich das Eis um 50 Kilometer von der Position von 1750 zurückgezogen hatte. Um 1900 gab es fast kein Eis mehr. Dies beweist, dass es sich um lokalen Klimawandel handelt, der zu dem seit Beginn der Industriellen Revolution vom Menschen freigesetzten CO_2 keine Beziehung hat. Vielleicht steht es in einem Bezug zu der Erwärmung, derer wir uns erfreut haben, seitdem wir vor 300 Jahren das Maunder Minimum durchlaufen haben.

Der Meeresspiegel steigt rapide an, die Inseln im Pazifik, die Malediven und die Küstenstädte werden überflutet werden

FALSCH. Es geht die Theorie, dass sich die Ozeane erwärmen und ausdehnen, während sich die Erdatmosphaere erwaermt. Luft hat eine geringe Wärmekapazität. Wasser hat eine hohe Wärmekapazität. Wenn der Ozean sich abkühlt, dann kühlt sich auch die Luft ab. Wenn der Ozean sich aufwärmt, dann wärmt sich auch die Luft auf.

Nicht die atmosphärischen Temperaturen treiben oder bestimmen Erwärmung oder Abkühlung, es sind die Ozeane. Gemäß Messungen des Erdschwerefeld bestimmeden Satellitensystems GRACE[167] fiel der Meeresspiegel von 2003-2008. ENVISAT zeigt[168], dass der Meeresspiegel mit einer mittleren Geschwindigkeit von 3,3 cm pro Jahrhundert stieg.

Stellen wir diese Schätzungen einmal in den Zusammenhang: dieKalibrierungsirrtümereinerSerievonDatenvonLasersatelliten bezüglich des offiziell Meerespiegels sind eine Groessenordnung höher, als die Änderungen selbst, welche sie angeblich zeigen. Mareographen, d.h. Pegelschreiber, und Standardmarken zeigen sehr wenig Anstieg an. Ein Teil des angeblichen Anstiegs der

167 http://www.csr.utexas.edu/grace/

168 https://earth.esa.int/web/guest/missions/esa-operational-eo-missions/envisat

Meeresspiegel geht, wie gezeigt worden ist, auf die Setzung der Mess-Station zurück. Setzung ist die langsame Senkung des unterliegenden Gesteinskörpers, der die Gegend trägt. Die ARGO Bathythermographen[169] zeigen, dass während der ersten elf Jahre Messung (2004-2014) die Ozeane sich bis zu fast 2 km Tiefe um 0,2°C pro Jahrhundert erwärmten.

Extreme Regenfälle sind häufiger geworden

FALSCH. Die Berichte der IPCC 2012 und 2013 zeigen, dass es keinen Hinweis für einen Anstieg extremer Regenfälle aufgrund menschlicher Aktivitäten gibt. Die Aufzeichnungen der Regenfälle über die letzten 250 Jahre in Großbritannien zeigen wenig Veränderungen. Dasselbe trifft für die Aufzeichnungen der letzten 100 Jahre in den USA zu. Darüber hinaus sind Todesfälle aufgrund extremen Wetters derzeit so selten wie noch nie, obwohl es zu einem Anstieg des atmosphärischen CO_2 und der Bevölkerung gekommen ist.[170]

Globale Erwärmung wird mehr Dürren erzeugen

In Australien riefen die Alarmisten der globalen Erwärmung solche Panik hervor, dass die Labour-Regierung Windkraft und Solarkraft staatlich unterstützte und während einer Dürre massive Meerwasser-Entsalzungs-Anlagen baute. Vier Meerwasser-Entsalzungs-Anlagen, die die vorangehende Labour-Regierung in Australien gebaut hat, sind seither stillgelegt worden. Sie werden den Steuerzahler 2015 fast 1 Milliarde Australische Dollar kosten.[171] 2016 wird das noch teurer und es gibt keinen Plan, wie man sie anderweitig benutzen sollte. Sie stammen aus einer Zeit, in der die grünlinken Umweltaktivisten viel Laerm

---

169 http://www.oco.noaa.gov/xBTsSOOPS.html

170 Global Warming Policy Foundation 2014

171 *The Weekend Australian*, 12-13th September 2015

machten, wie Australien das Wasser ausgehen würde.

Vielleicht haben die Labour-Politiker in der Schule die zweite Strophe von Dorothea Mackellar's Gedicht *My Country* nicht gelernt:

I love a sunburnt country,
A land of sweeping plains,
Of ragged mountain ranges,
Of droughts and flooding rains.
I love her far horizons,
I love her jewel-sea,
Her beauty and her terror –
A wide brown land for me!

Australien hat Dürren. Es ist ein braunes Land. Es kennt auch Überflutungen durch Regen. Dorothea Mackellar hatte 1911 Recht. Sie hat immer noch Recht.

Dürren waren in der Vergangenheit und werden auch in Zukunft eine typische Erscheinung in Australien sein. Grünlinke Umweltaktivisten, die Medien und die in der Stadt lebenden Politiker haben mit den Dürren wenig zu tun, da sie nicht direkt von ihnen betroffen werden. Vielleicht sollten Sie in das Hinterland Südaustraliens reisen und sich dort die verlassenen Häuser und Dörfer ansehen, wo in Folge der Dürren von 1880-1886, 1888 und 1895-1903 Träume zerbrachen.

In den letzten 150 Jahren gab es 10 große Dürreperioden in Australien.[172] Einige Dürren hielten ein ganzes Jahrzehnt an, einige kamen in Gruppen und alle haben das ländliche Australien schwer beschädigt. Die primäre Produktion ging zurück, die Banken schlossen Geschäfte, die Arbeitslosigkeit stieg, Landstädte starben, Bauern brachten sich um und zu wenig Hilfe kam zu spät. In den Städten ging das Leben ganz

---

172 Couglan, M. J. 1986: *Drought in Australia. Natural Disasters in Australia.* Australian Academy of Technological Sciences and Engineering

unbewusst der Tragödie weiter, die sich vor ihrer Türe abspielte. Die einzige Veränderung war, dass die Nahrungsmittelpreise bestimmter Produkte leicht anstiegen. Viele Dürren endeten mit überflutenden Regenfällen.

Das Australische Amt für Statistik[173] und das Amt für Meteorologie[174] dokumentieren die Dürren Australiens. Es gab schwere Dürren 1864-1866,1868,1880-86,1888,1895-1903, 1911-1916, 1918-1920,1939-1945, 1958-1968, 1982-1983, 1999-2009, 2012-2015, weniger schwere Dürren 1922-1923, 1926-1929, 1933-1938, 1946-1949, 1951-1952, 1970-1973, 1976 und Dürren in jenen Gebieten, in denen die meisten Australier leben (z.B.Süd-Ost Australien) 1888, 1902,1914-1915, 1940-1941, 1944-1945, 1967-1968, 1972-1973, 1982-1983, 1991-1995, 2002-2003, 2006-2007.

Die drei grössten Dürren fanden zwischen 1895-1903, 1939-1945 und 2002-2007 statt.[175] Aber statt Rat anzunehmen von Regierungsämtern, die mit historischer Information zu tun haben, führte die letzte Dürre zu politischer Panik. Dies wurde unterstützt durch die grünlinken in den Städten lebenden Umweltaktivisten und die hysterischen Mediennetzwerke von ABC und Fairfax. Australiens schlechtester Klimavorhersager (Tim Flannery) konnte, ohne kritisch befragt zu werden, folgende Aussage machen:

„und so wird selbst der Regen, der fällt unsere Staudämme und Flusssysteme nicht mehr füllen und das ist ein wirkliches Problem für die Menschen im Buschland... Ich denke es gibt ein erhebliches Risiko, dass Perth die erste Geistermetropolis des 21. Jahrhunderts wird. Die Möglichkeit besteht, dass in Perth

173 http://www.abs.gov.au/AUSSTATS/abs@.nsf/lookup/1301.0Features%20Article151988

174 http://www.bom.gov.au/climate/drought/

175 http://www.australia.gov.au/about-australia/australian-story/natural-disasters

die Wasserversorgung katastrophal scheitert... Ich persönlich sorge mich mehr um Sydney als um Perth. Wohin wendet sich Sidney, um mehr Wasser zu finden?

Das war eine große Angstmacherrei und weder die Medien noch Flannery hielten sich damit auf, den Leuten zu sagen, dass Dürren etwas Normales sind, dass es in Australien in der Vergangenheit viele lange und harte Dürren gab und dass sich diese vorigen Dürren abspielten, bevor Australien industrialisiert wurde und in Folge von Transport und Industrie Pflanzenfutter (Kohlendioxid) ausstieß. Niemand in den etablierten Informationsquellen elektronischer oder gedruckter Natur stellte Flannery's angsteinflößende Vorhersagen und Behauptungen in Frage. Niemand zweifelte an seinen Qualifikationen. Kommentatoren die Flannery's Katastrophenbehauptungen in Frage stellten, wurden einfach ignoriert. Flannery hat einen Abschluss in Englischer Literatur und einen PhD über Baumkängurus. Von daher war er für die Medien die perfekte Adresse für eine Expertenmeinung zum Thema Dürren. Im Jahre 2007 äußerte er folgende Meinung: „*In Adelaide, Sydney und Brisbane sind die Wasservorräte so gering, dass wir dringlich entsalzenes Wasser brauchen; möglicherweise schon in 18 Monaten.*"

Der Labour-Premierminister von Queensland gab mehr als 1,2 Milliarden australische Dollar Steuergelder für eine Meerwasser-Entsalzungs-Anlage aus, basierend auf der Annahme, dass der geringer als übliche Regenfall sich fortsetzen würde. Das tat er aber nicht. Die teure Entsalzungsanlage wurde stillgelegt und Brisbane seitdem zweimal überflutet. Um nicht übertroffen zu werden, gab die Labour-Regierung Victorias 2 Milliarden australische Dollar Als sie eröffnet wurde, waren die Staudämme 80% voll und die Anlage wurde seither stillgelegt. Auch Sydney gab horrende Mengen Geldes für eine Meerwasser-Entsalzungs-Anlage aus, dien seither stillgelegt wurde und seit 2012 kein

Wasser produziert hat.

2008 sagte Flannery: „*Das Wasserproblem Adelaides ist derart, dass der Stadt wohl um 2009 das Wasser ausgeht*".

Das Wasser ging Adelaide nicht aus. Beizeiten ist das Wasser von Adelaide characterbildend und kann durch Mischung mit Sand und Gesteinskörnung hervorragenden Zement ergeben. Auch Adelaide beteiligte sich an der Aktion und gab 2.2 Millarden australische Dollar aus. Als Analge aus, die seither stillgelegt mit der höchsten Arbeitslosenquote Milliarden für ein Potemkin'sches Dorf ausgab, belegt, wie weit die grüne Ideologie die Politik infiltriert hat, und die Gemeinschaft zahlt – was immer es kostet.

Die Süd-Ost-Staaten Australiens gaben kürzlich mehr als 10 Milliarden Dollar für Meerwasser-Entsalzungs-Anlagen aus. Alle wurden stillgelegt. Diese schockierende Verschwendung öffentlicher Mittel war ein unmittelbares Ergebnis einer Angst-Kampagne grünlinker Umweltaktivisten. Niemand wurde zur Rechenschaft gezogen. Weder die Politiker, noch die Medien, noch die Akademiker noch die grünlinken Umweltaktivisten. Sie alle verfielen der Angstmacherrei um die globale Erwärmung und sind seither dazu übergegangen uns mit anderen Aspekten ihrer vorhergesagten Katastrophen durch globale Erwärmung zu ängstigen. Warum sollten wir diese grünlinken Umweltaktivisten jemals wieder zur Kenntnis nehmen? Keine Person und keine Unternehmung im produktiven Teil der Wirtschaft hat jemals ohne dabei die übliche Sorgfalt walten zu lassen solch fürchterliche Fehler gemacht, die allein auf Propaganda beruhten.

Damit nicht genug. Trotz verfehlter Vorhersagen erhalten Flannery und seine Narrenkollegen in den gefälligen Medien weiter Sendezeit für alles was mit Wetter, Klima oder Umwelt zu tun hat. Das scheint ein Kennzeichen der grünlinken Umweltbewegung: man bekommt Sendezeit und jeder Aktivist

ist ein Experte.

In Perth lag die Sache etwas anders. Über die letzten 40 Jahre war es in Südwestaustralien besonders im Winter zu einer leichten Abnahme der Regenfälle gekommen.[176] Solche Zyklen ereignen sich in ganz Australien nicht selten. Darüber hinaus kam es durch das kleinere Volumen des Regenfalls zu einem erhöhten Salzgehalt des Wassers der Staudämme, wie etwa im Wellington Damm. Viel Stauwasser wurde dadurch als Trinkwasser unbrauchbar. Perth ist eine sich rasch wachsende Metropolis mit hohem und steigendem Wasserbedarf in Haushalt und Industrie.

Eine Meerwasser-Entsalzungs-Anlage wurde in der Nähe von Kwinana (Perth Seawater Desalination Plant) gebaut. Sie versorgte Perth mit 17% des benötigten Wassers. Die zweite und größere Anlage wurde weiter südlich in Binningup (Southern Seawater Desalination Plant)[177] gebaut. Mehr als 50% des Wassers in Perth stammt nun aus Meerwasser-Entsalzungs-Anlagen. Die Energie zum Betrieb dieser Anlagen stammt aus fossilen Treibstoffen, vor allem aus natürlichem Gas. Das Wasserwerk Westaustraliens kauft die gesamte Energieproduktion der 10 MW Solaranlage in Greenough und der 55 MW Windkraftanlage in Mumbida und behauptet, dass die Anlage in Binningup „*kohlenstoffneutral*" sei (außer natürlich nachts, wenn der Wind nicht bläst).

Die Einwohner von Perth haben unter dem Klimawandel nicht gelitten. Die Bevölkerung ist explodiert. Die Einwohner haben mitgeholfen und haben ihre gut gewässerten grünen Rasen gegen einheimische Gärten ausgetauscht, die weniger Wasser erfordern. Die zusätzlichen Kosten sind in die Kosten der westaustralischen Wassergesellschaft eingebunden worden und alle waren glücklich, Wasser zu haben. Der Papst wird diese

---

176 www.cawcr.gov.au

177 www.watercorporation.com.au

Gemeinschaft für ihre Zusammenarbeit loben, und dafür, dass sie von durstigem Rasen zur nativen Flora übergehen. Ebenso würde er die Benutzung entsalzenen Wassers statt Regenwassers und Grundwassers befürworten.

Die üblichen Verdächtigen setzten viel Widerstand gegen den Bau einer Meerwasser-Entsalzungs-Anlage in Kwinana. Sie behaupteten, dass Seegras vor Kwinana sei empfindlich und der Salzgehalt des Indischen Ozeans würde ansteigen. Wenn das Seegras sterben sollte, würde dies einen ökologischen Kollaps bedeuten und alles vor der Küste Westaustraliens würde sterben. Das Seegras starb nicht. Eine einfache Berechnung der Massenverteilungen und Konzentrationen würde gezeigt haben, dass es vor Kwinana nicht zu einem Anstieg des Salzgehaltes im indischen Ozean kommen würde, weil die Verdünnung effektiv unbegrenzt ist. Wie üblich lösten Wissenschaft und Technik ein Problem. Wie üblich lagen die grünlinken Umweltaktivisten hoffnungslos falsch. Sie gingen von diesem einfach zum nächsten vermuteten Desaster über.

Vielleicht wäre es die beste Lösung, wir würden Tasmanien den Grünen überlassen, so dass sie dort ihr moralisch reines Leben ohne die Übel der modernen Gesellschaft führen können. Lass sie dort versuchen, sich selbst zu ernähren, zu kochen, warm zu bleiben und Arbeitsplätze zu schaffen. Der Rest des kontinentalen Australiens könnte dann eine grünenfreies weites braunes Land sein, in dem die Menschen einfach ihr Leben führen können. Sauberes, entsalzenes Meer-Wasser kostet eine Menge Geld. Es ist außerhalb der Reichweite der Entwicklungsländer. Aber es gibt viele andere Methoden, sauberes Wasser für die Menschen zu produzieren.

Die ansteigenden menschlichen Emissionen von CO_2 verändern die globale Temperatur

FALSCH. Auch wenn der atmosphärische Gehalt an Kohlendioxid seit der Industriellen Revolution um 40% angestiegen ist, so heißt das noch nicht, dass die Menschen die globale Temperatur verändert haben. Gesetzt, die Atmosphäre enthielte 85.000 Moleküle, dann wären die gesamten CO_2-Emissionen, die jährlich dazu kämen 33 Moleküle, von denen der menschliche Beitrag 1 Molekül wäre. Es muss erst noch bewiesen werden, dass dieses eine CO_2 Molekül aus menschlicher Aktivität das Klima verändert und dass die 32 anderen Moleküle aus natürlichen Quellen dieses nicht tun. Das ähnelt der Idee, dass im Fußballstadium von Dortmund 85.000 Zuschauer stehen und zu behaupten, dass ein einzelner der dort unter diesen 85.000 steht und laut ruft, die Fähigkeit hätte, den Ausgang des Spieles zu beeinflussen.[178] Der Zyklus des Kohlenstoffs, die Ozeane, Pflanzen und Mikroorganismen machen keinen Unterschied zwischen einem CO_2 Molekül aus menschlichen Emissionen und einem, das von den Ozeanen ausgeatmet wird. Etwaige Pläne, dieses eine Molekül Kohlendioxid zu begraben, könnten nur bei einer Lachveranstaltung oder nach enger Umarmung des Weingottes gefasst worden sein. Oder gibt es da einen anderen abwegigen Grund?

Setzen wir das noch einmal ins Bild: CO_2 ist ein Spurengas in der Atmosphäre. Das seltene inerte Gas Argon kommt in weit grösserer Menge vor. Indem wir Menschen also Spuren eines Spurengases in die Atmosphäre einbringen, verändern wir diese Atmosphäre sehr wenig. Dies trifft besonders auf ein Molekül wie CO_2 zu, das nur etwa fünf Jahre in der Atmosphäre verbleibt, bevor es natürlich abgelagert wird. Vor etwa 750 Millionen Jahren (Ma) war der atmosphärische CO_2 Gehalt etwa 1000 mal

178 This is a claim that could only be made by Collingwood supporters

höher als heute. Der Planet kochte nicht etwa, sondern es gab eine Eiszeit.

Als vor etwa 550 Millionen Jahren das Leben auf Erden explodierte, war der atmosphärische CO_2 Gehalt etwa 25mal höher als heute. In Zeiten, in denen sich die Vegetation entwickelte und rasch wuchs, wie etwa im Jura, war der atmosphärische CO_2 Gehalt etwa 15mal höher als heute.[179] Aber jetzt werden wir alle umkommen, wenn sich der CO_2 Gehalt verdoppelt? Die Vergangenheit lässt uns wissen, das alles wie immer sein wird und das Klima sich zyklisch ändert. Aber Computermodelle zeigen uns, dass die Temperatur zwischen 1,4-4,5°C steigt, wenn sich das CO_2 verdoppelt. Während der vergangenen 25 Jahre haben diese Modelle den Effekt der Erwärmung deutlich übertrieben. Die IPCC gibt derzeit eine Schätzung von 3°C Erwärmung für die Verdoppelung des atmosphärischen CO_2 Gehaltes. Aber es bleibt dabei, je mehr CO_2 in der Atmosphäre ist, umso mehr wird auch natürlich abgelagert. Die Vorzüge zusätzlichen atmosphärischen Kohlendioxid werden unterschlagen. So ist zum Beispiel die primäre Produktivität der Pflanzen weltweit um etwa 2% angestiegen, was zu einem Teil auf den leichten Anstieg des atmosphärischen Kohlendioxid zurückgeht.

Komplizierte Computermodelle sind nützlich um das künftige Klima vorherzusagen

FALSCH. Die Modelle sind getestet worden. Sie haben versagt. Sie konnten nicht einmal vergangenes Klima rekonstruieren, ohne entscheidend nachgebessert zu werden. Die wirkliche Prüfung ist es nun, ob diese Modelle das Klima etwa in 100 Jahren vorher sagen können. Es gibt über 100 Varianten der Klimamodelle, aber keines hat vorhergesagt, dass in den vergangenen 18 Jahren

179 Petit , J. et al. 1999: Climate and atmospheric history of the past 420,000 years from the Vostok ice core, Antarctica. Nature 399: 429-436

überhaupt keine Erwärmung stattfinden würde. Wenn sie das aber nicht vermocht haben, können wir sicher sein, dass gleich aller Veränderungen und Berichtigtigungen diese Modelle nicht werden vorhersagen können, was in 100 Jahren geschieht. 1990 sagte die IPCC eine Rate globaler Erwärmung voraus, die doppelt so hoch war wie die Realität. 2007 sagte die IPCC voraus, dass das Jahrzehnt nach 2005 sich durch eine signifikante Erwärmung auszeichnen würde. Im Jahrzehnt nach 2005 hat es überhaupt keine Erwärmung gegeben.

2013 versuchte sich die IPCC erneut und sagte kurzfristige Erwärmung voraus. Wir warten immer noch. IPCC Modelle sagten in den Tropen in der Höhe von 10 km einen atmosphärischen heißen Punkt (hot spot) voraus. Obwohl seit 1950 etwa 30 Millionen Wetterballons aufgestiegen sind, ist es dem modellierten heißen Punkt clever gelungen, sich vor jedem einzelnen dieser Wetterballons zu verstecken.

Die Modelle der Klimawissenschaft machen zwei Vorhersagen. Die erste betrifft die Temperatur. Sie war übertrieben und falsch. Die zweite betraf einen heißen Punkt. Auch dies war falsch. Beide Vorhersagen wurden durch Messdaten als falsch erwiesen.

Daraus kann sicher geschlossen werden, dass so ziemlich alles, was sie in den Massenmedien über Klimawandel hören, lesen oder sehen, falsch, übertrieben oder erfunden ist. Werden gar Modelle verwendet, können Sie sicher sein, dass es nicht stimmt.

KLIMA-MODELLE UND VORHERSAGEN

Die Enzyklika sagt u.a. dass 2015

„*die letzte wirkliche Gelegenheit ist, um Maßnahmen zu verhandeln, um die durch Menschen herbeigeführte Erwärmung unter 2°C zu halten*“.

Wie stellt sich der Papst vor, würden Maßnahmen die globale

Temperatur kontrollieren können? Die Jäger in den Dschungel von Sarawak haben wahrscheinlich eine andere Vorstellung von der Idealtemperatur als Leute in Saudi-Arabien, Sibirien oder Schottland. Ich bin mir sicher, dass die, die näher an den Polen wohnen, eine geringe Erwärmung um 2°C begrüßen würden. Immerhin verreisen sie für ihre Ferien ja in ein wärmeres Klima. Für mich persönlich ist die ideale trockene Temperatur 28-38°C.

Ist dem Papst bewusst, dass der menschliche Körper am besten bei einer Lufttemperatur von 19°C funktioniert und doch die mittlere atmosphärische Temperatur in Großbritannien 2014 weniger als 10°C betrug? Würde sich der durchschnittliche Einwohner Sibiriens nicht über eine Erhöhung der Temperatur um 2°C freuen? Das würde einen Landwirtschaftsboom in Russland, Kanada, Grönland, Schottland, Norwegen, Schweden, Finnland und Island auslösen. Stellen Sie sich einmal vor, wie die menschlichen Emissionen von Kohlendioxid sinken würden, stiege die globale Temperatur um 2°C. In den kühleren Teilen der nördlichen Hemisphäre müsste man viel weniger heizen.

Und warum gerade 2°C. Dieses ist einfach nur eine Zahl, die aus der Luft gegriffen ist. In der Vergangenheit hat sich die Temperatur des Planeten um ±3,5°C verändert. Und die Leute sind nicht wie die Fliegen gestorben, wenn es wärmer wurde. Früher Tod war in kälteren Zeiten häufiger. Die Aussage des Papstes ist Angstmacherei. Wir haben es oft gesehen. Am 13. Mai 2014 sagte der französische Außenminister Laurent Fabius zum US Staatssekretär John Kerry, dass:

„...... *wir haben 500 Tage, um das Klima-Chaos zu verhindern*“

Zum Zeitpunkt von Fabius‘ Kommentars hatten die Vereinten Nationen den Klimagipfel in Paris gerade für den späten November 2015 auf den Terminplan gesetzt, etwa 500 Tage von

Fabius' Vorhersage.

Klimakonferenzen ziehen die Vorhersagen derer mit eigenen Interessen ebenso an, wie die aller möglichen verwirrten Leute ohne weiteren Hintergrund. Nicht eine einzige bislang gemachte Vorhersage hat sich als richtig erwiesen.[180] Die Weltführer trafen sich im späten 2009 in Kopenhagen, um Maßnahmen zur Verhinderung der globalen Erwärmung zu vereinbaren. Gerade dann lag draußen hoher Schnee und es war bitter kalt. Die Führer der Grünen schrieben 2009 in Kanada

„wir haben Stunde, um einen sich langsam bewegenden Tsunami zu stoppen, der die Zivilisation die wir kennen, zerstören könnte!"

Und

„Die Erde hat viel Zeit. Die Menschheit nicht. Wir müssen dringend handeln. Wir haben keine Jahrzehnte mehr, wir haben Stunden. Dieses machen wir am Samstag durch die Stunde der Erde bekannt."

Das liest sich wie der Monolog dessen, der die emotionale Balance verloren hat.

Bereits 1982 erzählten die UN der Welt, dass sie nur noch ein Jahrzehnt hatte, um das Problem der globalen Erwärmung entweder zu lösen oder die Konsequenzen zu tragen. Die Natur hat die Arbeit für uns erledigt und es hat seit über 18 Jahren keine globale Erwärmung stattgefunden. Wir können uns bei der Natur dafür bedanken, dass sie uns gezeigt hat, wie wenig wir von den Systemen der Erde wirklich verstehen. 1989 behauptete ein hochgestellter Umwelt-Offizieller der UN, Noel Brown, dass:

„...wenn die globale Erwärmung nicht bis zum Jahre 2000 umgekehrt wird, dann könnten ganze Nationen durch ansteigende

---

180 http://dailycaller.com/2015/05/04/25-years-of-predicting-the-global-warming-tipping-point/

Meeresspiegel vom Gesicht der Erde ausgelöscht werden.“

In der Tat sind ein paar neue Nationen entstanden, statt zu verschwinden (zum Beispiel der Süd-Sudan). Die Vorhersage war 1989 falsch, war im Jahre 2000 falsch und ist immer noch falsch. Der frühere Leiter der IPCC, Rajendra Pachauri, sagte 2007:

„*Wenn wir bis 2012 nicht handeln, dann ist es zu spät. Was wir in den nächsten zwei oder drei Jahren tun, wird unsere Zukunft bestimmen. Dies ist ein Moment der Weichenstellung.*“

Alles was seit 2007 passierte ist, dass die Temperatur nicht gestiegen ist. Die Zukunft Pachauri’s wurde sicherlich in einem definierenden Moment entschieden. Er resignierte 2015 als Leiter der IPCC in der Folge von Anschuldigungen, dass er einige weibliche Angestellte sexuell belästigt hatte. Im Jahre 2007 warnte die UN wiederum, dass der Spitzenwert globaler Emissionen vor 2015 erreicht sein müsste, damit die Welt eine Chance hätte, den erwarteten Temperaturanstieg von 2°C zu limitieren. Die Temperatur ist nicht gestiegen, die Temperatur es nicht gefallen, und die CO_2-Emissionen steigen weiter, weil mehr und mehr Menschen im Orient einen besseren Lebensstandard genießen. Wie lange noch kann die UN noch vor dem Wolf warnen?

Die IPCC ist beschämt. Sie mussten jetzt zugeben, dass die Klimamodelle ihrer sogenannten Klimawissenschaftlern nicht die tatsächlich gemessenen Temperaturen vorhersagen können. Sie stellen bescheiden fest:

„*Für den Zeitraum von 1998-2012 haben 111 der 114 verfügbaren Klimamodelle mit ihren Simulationen einen Trend für die Oberflächenerwärmung vorhergesagt, der größer war als die gemessenen Veränderungen.*“

So sagt ein Feigling, dass er Unrecht hatte.[181]

Obama gab ein Wahlversprechen, dass er den Anstieg der Ozeane verlangsamen wolle. 2012 gab UN Gründungspräsident (Tim Wirth) Obama den Rat, dass seine zweite Regierungsperiode die letzte Möglichkeit sei, den Gebrauch fossiler Brennstoffe in den Vereinigten Staaten zu reduzieren. Obama versucht genau das. Wirth riet dem Präsidenten, es sei:

„dies unsere letzte Möglichkeit, um irgendetwas wegen der 2°C auf die Beine zu stellen"

und

„wenn wir das nicht jetzt tun, dann entscheiden wir uns, die Welt drastisch zu verändern"

Obama zieht ungebetenen Rat an. 2009 warnte der Klima-Aktivist James Hansen, dass Obama *„nur vier Jahre hat, um die Erde zu retten*". Das war vor sechs Jahren. Ich habe nicht nur Züge und Flugzeuge verpasst, sondern es sieht so aus, als ob ich auch das Ende der Welt verpasst hätte.

Auch Großbritannien hat seine Weltuntergangspropheten. Premierminister Gordon Brown sagte 2009, dass es nur noch

„50 Tage bleiben, um die Welt vor der globalen Erwärmung zu retten".

Nach dieser hysterischen Vorhersage behauptete er, es gebe

„keinen Plan B".

Zu dieser Zeit eine Erwärmung schon zwölf Jahre ausgeblieben. Im Juli 2009 sagte Prinz Charles, dass es einen

„unwiederruflichen Kollaps von Klima und Ökosystem geben würde, und alles was damit verbunden ist"

und dass wir 96 Monate hätten, den Planeten zu retten. Ich weiß nicht wie er auf genau diese Zahl gekommen ist, aber 72 dieser Monate sind nun verflossen und noch hat es keinen

---

181 http://www.economist.com/news/science-and-technology/21598610-slowdown-rising-temperatures-over-past-15-years-goes-being/

Wandel in Klima oder Ökosystemen gegeben.

Der grünlinke Umweltaktivist und Journalist George Monbiot, der Meister der falschen Vorhersagen, schrieb 2002[182]:

„*In weniger als zehn Jahren wird die Welt eine Wahl zu treffen haben: die Landwirtschaft wird entweder weiter die Tiere der Welt ernähren oder die Völker der Welt. Sie kann nicht beides.*“

Und

„*Die heraufziehende Krise wird durch Mangel an beiden Dingen beschleunigt, die man braucht, um Feldfrüchte zu ziehen: Phosphatdünger und Wasser.*“

Tut uns leid, George. Die Weltbevölkerung wird auch 13 Jahre später noch ernährt und weder Phosphatdünger noch Wasser sind uns ausgegangen. Zur Zeit der Vorhersage von 2002 waren gemäß Aussagen der UN etwa 930 Millionen Menschen unterernährt. Im Jahre 2014 war dieses 850 Millionen, obwohl die Bevölkerung inzwischen von 6,28 auf 7,08 Milliarden Menschen angewachsen war.[183] Es ist kein Wunder, dass George Monbiot in England als „Moonbat“ bekannt ist.

Das Amt für Meteorologie des Vereinigten Königreiches gewinnt die Goldmedaille für falsche Vorhersagen. Sie führten 2004-2014 eine Untersuchung über die Wirkungen künftigen Klimawandels durch. Die Computermodelle des meteorologischen Amtes nehmen an, dass ein Anstieg der atmosphärischen CO_2 Konzentration Klimawandel bewirkt. Die menschlichen Emissionen des CO_2 steigen, das atmosphärische CO_2 steigt (dieses muss aber nicht mit den menschlichen Emissionen von CO_2 zu tun haben), und die mittlere globale Temperatur hat einfach nicht das gemacht, was die Computer ihr gesagt haben. Für fast zwei Jahrzehnte ist die globale Temperatur nicht gestiegen. Trotz allem hat das Meteorologische Amt auch

182 http://www.theguardian.com/uk/2002/dec/24/christmas.famine

183 http://www.faq.org/hunger/en/

weiterhin schlimme Szenarien für die Zukunft vorausgesagt.

Das Meteorologische Amt erhält jedes Jahr 220 Millionen Britische Pfund Steuergelder. Sie verlangen nach größeren und besseren Computern, um immer weniger zutreffende Vorhersagen immer schneller machen zu können. Gemäß dem leitenden Wissenschaftler des Meteorologischen Amtes ist ihr Supercomputer für 33 Millionen Britische Pfund für akkurate Vorhersagen nicht gut genug. Deshalb will man jetzt 97 Millionen Britische Pfund für einen Supercomputer. Eine ihrer Vorhersagen war, dass mindestens die drei 2009 folgenden Jahre heißer wären, als das El Niño-Jahr 1998. Und was geschah? Das Meteorologische Amt behauptete, dass 2010 und 2014 heißer würden als 1998. Aber dieses traf erst zu, nachdem man die gemessenen und publizierten Temperaturen und Messungen von Seeoberfläche und Luft nach oben „berichtigt" hatte. Es gibt keine wissenschaftliche Begründung, warum eine solche Berichtigung valide war. Darüber hinaus zeigen Satellitenmessungen, dass 1998 ein heißes Jahr war und sowohl 2010 als auch 2014 nicht annähernd so heiß waren. Das Meteorologische Amt hat die akkurateren Satellitendaten einfach ignoriert.

Eine andere Behauptung des Meteorologischen Amtes war, dass es mehr solche Hitzewellen geben würde wie 2003. Während dieser Hitzewelle waren etwa 15.000 Menschen zusätzlich gestorben. Aber zu jener Zeit sagten dieselben Meteorologen, dass die Hitzewelle 2003 nichts mit Klimawandel zu tun hatte. Vielmehr handele es sich um einen ungewöhnlichen Influx heißer Luft aus der Sahara. Ein anderes Angstszenario des Meteorologischen Office sind extreme Wetterereignisse sowie abnorme Regenfälle. 2014 gab es heftigen Regen und auch Überflutungen. Aber die Aufzeichnungen des Meteorologischen Amtes selbst zeigen, dass zwischen Dezember 1929 und Januar 1930 weit mehr Regen fiel.

Grönland ist das Aushängeschild der globalen Erwärmung. Es lässt sich immer gut zum Angst machen verwenden. Das Meteorologische Amt behauptete, dass zu irgendeiner nicht genannten Zeit in der Zukunft das Eis der Polkappen in Grönland abschmelzen werde. Der Meeresspiegel würde 6m steigen und die an der Küste und auf Meeresniveau liegenden Städte würden überschwemmt. Dieses ist allerdings eine richtige Vorhersage, denn trotz sechs großen Eiszeiten hat es Eis auf der Erde für weniger als 20 % der Zeit gegeben. Irgendwann in der geologischen Zukunft, wenn die jetzige Eiszeit zu einem Ende kommt, wird das Eis an den Polkappen abschmelzen. Ich sage vorher, dass dieses in etwa 10 bis 100 Millionen Jahren sein wird und es wird um *fünf nach* an einem Donnerstag passieren. Vielleicht war dem Meteorologischen Amt die Studie nicht bekannt, die zeigt, dass seit 1900 die Lufttemperatur in Grönland nicht gestiegen ist.

In der Zeit von 2004-2014, als das Klimabuch vom Weltuntergang zusammengeschrieben wurde, traf das Meteorologische Amt weitere Vorhersagen, indem sie ihre 33 Millionen £ Computerspiele spielten. Es wurde vorhergesagt, dass 2007 „*das heißeste Jahr aller Zeiten*“ würde. Diese Vorhersage war kurz bevor die globalen Temperaturen um 0,7°C sanken. Sie sagten außerdem voraus, dass 2007 „*trockener als im Durchschnitt*“ ausfallen würde. Es war ein sehr nasses Jahr mit einigen der schlimmsten Überflutungen in der aufgezeichneten Geschichte. Sie sagten voraus, dass England zwischen 2008 und 2011 „*überdurchschnittlich wärmer*“ und die Sommer „*heißer und trockener*“ würden. Es folgten die kältesten und nassesten Sommer seit Aufzeichnung, selbst wenn es 2009 eine sehr kurze Zeit gab, die man den Barbeque Sommer nannte. Als ich mich im Oktober 2010 zu einer Konferenz in London im Dezember vorbereitete, war ich erschreckt zu erfahren, dass das Meteorologische Amt durch seine Computer vorhersagte, dass der Winter „*zwei Grad wärmer wäre als im Durchschnitt*". Ich packte meinen normalen Wintersachen ein und erlebte in London den kältesten und schneereichsten Winter, seit Beginn der Aufzeichnungen 1659.

Und hier ein Test Ihrer Leichtgläubigkeit, geschätzter Leser. Eine Computervorhersage des Meteorologischen Amtes von November 2011 behauptete, dass die globale Temperatur bis 2017 um bis zu 0,5°C steigen würde. Was halten Sie davon? Nun, irgendjemand im Meteorologischen Office scheint ähnlich zu denken wie sie. Nach nur einem Jahr wurde diese Vorhersage von den Webseiten des Meteorologischen Amtes entfernt.

Im März 2012 erfuhren wir, dass der Frühling wiederum „*trockener als im Durchschnitt*" sein würde. Diese Vorhersage wurde gemacht, kurz bevor der nasseste April aller Zeiten stattfand. Und um ganz sicher nicht übertroffen zu werden wurde im November 2013 vorhergesagt, dass der Winter in England „*trockener als üblich*" sein würde. Viele Leute waren nicht einverstanden, denn das Vereinigte Königreich erlebte die nassesten drei Monate, die jemals aufgezeichnet wurden. Das Meteorologische Amt sagte für 2015 einen wärmeren, trockeneren Sommer als üblich voraus. Es regnete den ganzen August und der Sommer war auf Platz 178 der Liste der wärmsten Sommer, seit Beginn der Aufzeichnungen 1659. Die Engländer froren im Regen.

Klima-„Wissenschaftler" haben keine Ernterekorde vorhergesagt. Sie haben den Rekord von Meereis rund um die Antarktis nicht vorhergesagt. Sie haben das schnelle Wachstum des arktischen Meereises nicht vorhergesagt. Sie haben nicht vorhergesagt, dass weniger Hurricans und Zyklone stattfinden würden.[184,185] Sie haben die kühleren europäischen Winter nicht vorhergesagt. Sie haben den vermehrten Schnee in der nördlichen Hemisphäre nicht vorhergesagt. Sie haben nicht vorhergesagt, dass Regen die Staudämme in Australien füllen würde. Sie haben nicht vorhergesagt, dass das Great Barrier Reef nicht ausbleichen würde. Sie haben nicht vorhergesagt, dass es für mehr als 18 Jahre keine Erwärmung geben würde. Warum sollte der Steuerzahler die Vorhersagen solch bewiesener Versager bezahlen oder von ihnen Notiz nehmen.

Die Politik des Klimawandels und die Energiepolitik

Während die Medien die mit Klimawandel befassten Paragraphen der päpstlichen Enzyklika hysterisch gefeiert haben, scheinen nur wenige Journalisten das ganze Dokument gelesen zu haben. Die grünlinken Umweltaktivisten und der Papst befürworten erneuerbare Energien.[186] Aber, erneuerbare Energien kommen mit eisernen Beinen. Diese sind der Kohlenstoffhandel, Treibstoffarmut und unverlässliche, teure Elektrizität. Der Papst scheint gegen den Kohlenstoffhandel zu sein[187]– da ist er in guter Gesellschaft.

Der Papst erklärt die Kräfte des Marktes nicht, scheint sich gegen den freien Markt zu wenden, scheint nicht zu sehen, dass die Kräfte des freien Marktes in der Vergangenheit viele Umweltprobleme gelöst haben und scheint den Profit von Unternehmen oder Individuen für unerwünscht zu halten. Und doch führt Profit zu Arbeitsplätzen, zu Steuereinnahmen. Und

184 Pielke, R. 2012: Hurricanes and human choice.

185 http://www.drroyspencer.com/2015/05/nearly-3500-days-since-major-hurricane-strike-despite-record-high-co2/

186 *Laudato Si'*, Paragraphen 26, 164, 165 und 179

187 *Laudato Si'*, Paragraph 190: "Here too, it should always be kept in mind that environmental protection cannot be assured solely on the basis of financial calculations of costs and benefits. The environment is one of those goods that cannot be adequately safeguarded or promoted by market forces."

diese Steuern bezahlen für die Bedürfnisse der Armen, so wie sie auch dafür zahlen, dass es all diese Bürokraten, Politiker, Universitäten und Institutionen gibt, die uns erzählen, dass man entweder die Wirtschaft zerstören muss oder aber den Hitzetod stirbt.

Das Land der Freien

Klimawandel und die EPA

Präsident Obama beschrieb den Klimawandel als „*eine der wichtigsten Herausforderungen unserer Zeit*" als er die ersten jemals erlassenen Begrenzungen für Kohlekraftwerke in den USA ankündigte. Wann machte Obama diese Ankündigung? Am heißesten Tag des Sommers 2015. 2014 lieferte Kohle 39% der Elektrizität in den USA.[188] Obama strebt nach einer Reduktion der CO_2-Emissionen durch Kohlekraftwerke um 32%. Obama beschrieb dies als „*den einen wichtigsten Schrit, den Amerika jemals unternommen hat, um globalen Klimawandel zu bekämpfen*". Tatsächlich! Und was wird bei diesem einen wichtigsten Schritt herauskommen? Das Klima hat sich für fast zwei Jahrzehnte nicht geändert. Es überschattet alle Realität, wenn man Trillionen Dollars der US Wirtschaft auf die mögliche Verhinderung einer Erwärmung von 0,01 °C verspielt oder beim Versuch, den Anstieg der Meeresspiegel um 0,3 mm (das ist die Dicke von drei Blatt Papier) zu vermindern.

In vielen Angelegenheiten haben die gewählten Politiker die Sache an ungewählte Bürokraten übertragen. Diese führen neue Regulationen ein. Der Clean Power Plan CPP der *Environmental Protection Agency* EPA erfordert, dass die Staaten bis zum Jahre 2030 ihre CO_2-Emissionen aus der Elektrizitätserzeugung auf

---

188 http://www.eia.gov, US electricity generation: coal 39%, natural gas 27%, nuclear 19%, hydropower 6%, wind 4.4%, biomass 1.7%, petroleum 1%, solar 0.4%, geothermal 0.4% and other gases (e.g. hydrogen, methane) <1%

32% des Ausstoßes von 2005 verringern. Die Differenz ist äquivalent zur gesamten CO_2 Produktion von 1975. Seit 1975 ist die US-Bevölkerung um 40 Millionen gewachsen. Mindestens zwölf Staaten werden ihre Emissionen um 40-48 % reduzieren müssen. Diese Staaten produzieren 50-90% ihrer Elektrizität aus Kohle oder natürlichem Gas. In den kohleabhängigen Staaten werden die Kosten der Energieerzeugung von 8-9 Cent pro KWh auf 0,36-0,40 C pro KWh steigen. Dies steht dann den hohen Kosten in Dänemark und Deutschland in nichts nach. Die USA sind wegen ihrer niedrigen Energiekosten effizient und wettbewerbsfähig. Millionen von Arbeitsstellen in den USA hängen an den niedrigen Kosten für Energie. Die sozialen Kosten der steigenden Energiepreise werden gewaltig sein und doch berechnet die EPA die Energiekosten unter Zuhilfenahme der *„sozialen Kosten des Kohlenstoffs*“. Diese Berechnung bläst die Folgekosten rein spekulativer Schäden durch Klimawandel durch Benutzung fossiler Rohstoffe willkürlich auf. Die EPA ist keine gewählte Institution. Die gewählten Mitglieder im Amerikanischen Kongress haben mehr als 700 Klimagesetzgebungen zurückgewiesen. Es ist klar, dass die EPA gegen den Willen des Volkes handelt. Die EPA hält ihre fragwürdigen Daten und Analysen geheim und lehnt es ab, sie mit dem Kongress oder den Gouverneuren der Staaten zu teilen. Sie ignoriert den Umstand, dass die globale Temperatur sich nicht verändert hat, während die atmosphärischen CO_2-Emissionen gestiegen sind.

Wirtschaftlicher und sozialer Schmerz wird die Familien der Armen und der Minoritäten am Härtesten treffen. All das wegen eines nur durch Modelle vorhergesagten Anstiegs der atmosphärischen Temperatur um 0,018°C in 85 Jahren. Diese Differenz ist kaum messbar. Das CPP Dokument der EPA trug den Namen „The Final Rule“ (das ist zweideutig und heisst entweder Die Letzte Regel oder Die Endherrschaft). Dies ist ein wundervoller Titel, der einen fröhlichen stalinistischen Klang hat. Geht es der EPA wirklich um Klima, Gesellschaft und die Umwelt? Oder ist dieses ein Spiel um die Macht in der Abwesenheit politischer Führung?

Die EPA rechtfertigt ihre Existenz oft mit der Feststellung, dass große profitorientierte Unternehmen, die nicht zuerst dem Schutz der Umwelt dienen, kaum berufen seien, sich um Amerikas natürliche Ressourcen zu kümmern. Als die Mitarbeiter der EPA versuchten, Schmutzwasser der Gold King Mine (Durango, Colorado) zu sammeln, welches sich in einer stabilen Situation befand, setzten sie 4,2 Millionen Liter eines sauren, gelben Abfalls frei, der reich an Arsen, Blei, Cadmium, Aluminium und Kupfer war. Dieser Abfall floss mit einer Geschwindigkeit von 45.000 l/h in den Fluss Animas (einen Zufluss des Colorado). Die EPA hat ihre Verantwortlichkeit sowohl für die verursachte Umweltverschmutzung, als auch für ihre schleppende Bekämpfung des Problems eingeräumt. Die unkompetenten Mitarbeiter der EPA zahlen nicht dafür, dass jetzt aufgeräumt werden muss. Dieses ist natürlich eine Pflicht des Steuerzahlers. Wieder einmal. Wenn ein Großunternehmen eine solche Schweinerei angestellt hätte, dann würde der Vorstand gefeuert.

Die Vereinigten Staaten: Kohle und Atomkraft

Genau als sich Präsident Obama entschloss, Amerikas satanische Kohleindustrie zu zerstören, um sie mit weit teuerer und weniger effizienter erneuerbarer Energie zu ersetzen, ist die Kohlenutzung an anderen Orten der Welt gestiegen, denn Kohle ist billig, verlässlich und effizient.[189] Amerika macht sich gerade wettbewerbsunfähig. Die Vereinigten Staaten schließen ihre

189 Investors Business Daily, 7th August 2015

Kohlekraftwerke, aber nicht so schnell wie Indien Neue baut.

Etwa 66 Kernkraftwerke sind derzeit weltweit im Bau[190], davon nur vier in den USA, 30 in China, und sechs in Indien. Rund um die Welt werden etwa 150 weitere Kernkraftwerke geplant, davon befinden sich nur fünf in den USA.

Das letzte in den USA gebaute Kernkraftwerk war Watts Bar 1 in Tennessee 1996. Die Vereinigten Staaten haben 99 aktive Atomkraftwerke. 20 davon sollen geschlossen werden. Es ist heutzutage wahrscheinlich einfacher, ein Atomkraftwerk im Iran zu bauen, als in den USA.

Die globale Renaissance der Kohle ereignet sich in den schnell wachsenden Ökonomien von Ostasien, Indien und Teilen von Europa, wo die Anteile von Kohle und Nuklearenergie im Energiemix wachsen. Mehr als 1200 Kohlekraftwerke sind derzeit in 59 Ländern geplant, davon drei Viertel in China und Indien.[191]

Die Nutzung von Kohle ist weltweit viermal schneller gewachsen, als die erneuerbarer Energien. Aus offensichtlichen Gründen. Erneuerbare Energien können nachweislich keine wettbewerbsfähige Energie produzieren, wenn dies benötigt wird. In Deutschland sollte die Kohle für Jahrzehnte die wichtigste Ressource zur Energieherstellung bleiben. Bis 2020 wird Indien 2,5mal mehr Kapazität zur Verfügung haben, als die Vereinigten Staaten im Begriff stehen zu verlieren.[192] Zwischen 2010 und 2013 hat China so viel Kohlekraftwerke gebaut, dass dies der halben Kohlekraftkapazität der USA gleichkommt. Über sieben aufeinander folgende Jahre hat China zwei Kohlekraftwerke von 600 MW pro Woche gebaut. Das wird nicht aufhören, denn China

190 http://bloomberg.com/news/articles/2015-04-15/soon-it-may-be -easier-to-build-a-nuclear-plant-in-iran-than-in-the-u-s/

191 World Resources Institute, www.wri.org

192 http://www.bp.com/en/global/corporate/about-bp/energy-economics/statistical-review-of-world-energy.html

hat eine Menge Nachholbedarf von einer niedrigen Basis.

Während die USA weniger Kohle benutzen, benutzt der Rest der Welt mehr. Um nun etwas Salz in die Wunden zu reiben: die USA haben mehr Kohle als irgendein anderes Land. Sie können verglichen mit den Entwicklungsländern diese Kohle billiger und sicherer abbauen. Der Kohlebergbau findet in einigen der ärmsten Länder der USA statt, wo es wenige Fabriken gibt und kaum Landwirtschaft. Dort erzeugt die Kohle willkommenen wirtschaftlichen Aufschwung mit Arbeitsplätzen und ihren Folgeeffekten. Der Kohlevorat der USA reicht für 300 Jahre und hat einen Wert von Trillionen Dollars. Die USA sind das Kohle-Äquivalent des ölreichen Saudi-Arabien. Darüber hinaus ist US Kohle von guter Qualität und kann leicht aufgereinigt werden, um eine Asche besserer Qualität und weniger Schwefel zu bilden.

Obamas Hinterlassenschaft

Für gewöhnlich versucht jeder wiedergewählte Präsident der USA ein Legat zu hinterlassen. Das Legat von Präsident Obama ist zweifelhaft. Er wird in die Bücher der Geschichte eingehen, als der Präsident, der billige Energie und wettbewerbsfähige Industrie in den USA zerstörte und für die Armen und die Minderheiten die Energiekosten steigerte. Dieses genau sind die Leute die meistens Demokratisch wählen. Obama's extrem teure Geste wird hunderttausende von Arbeitsplätzen kosten und den Preis des Lebensbedarfs für die Familien um 1000 US Dollar steigern. Gleichzeitig wird das Bruttosozialprodukt um 0,5 % sinken. Und das zu einer Zeit, wo die USA ohnehin nicht wächst. Das ist eine Hinterlassenschaft.

Obamas wichtigster Beitrag, um die USA wettbewerbsunfähig zu machen, die Arbeitslosigkeit zu steigern und Investoren abzuschrecken, ist seine Feindseligkeit gegenüber der Kohle.

Seine Aussagen zum Kohlendioxid und der Kohleindustrie können nur Selbstdarstellung mit dem Ziel sein, Präsident Obama bei der UN Rahmenwerkskonferenz in Paris zweifelhaften Heldenstatus zu verleihen. Es geht um den Eindruck, dass Obama in seiner zweiten Amtszeit als Weltführer ist im Kampf gegen die Abgase tatsächlich etwas für den Welt Umweltschutz tat. Hier geht es nicht um politische sachliche Entscheidungen,hier geht es um Obamas egotistisches Legat. Er wird in die Geschichte eingehen, aber aus den falschen Gründen und nicht dafür, dass er die Welt vor einer angeblichen globalen Erwärmung gerettet hat. China und Indien reduzieren weder den Kohleverbrauch noch ihre CO_2-Emissionen. Und warum sollten sie? Die Reduktion des Kohleverbrauchs in den USA wird nichts dazu beitragen, die globalen CO_2-Emissionen zu reduzieren.

EPA Verwalterin Gina McCarthy behauptete, dass sich 2030 die geschätzten zusätzlichen Kosten für neue erneuerbare Energie auf 8,4 Milliarden US Dollar pro Jahr belaufen. Regierungsschätzungen sind immer niedrig und es geht ja auch nicht um das Geld der Regierung. Es ist das Geld hart arbeitender Steuerzahler. Das Ziel ist es, bis 2028 28% des nationalen Elektrizitätselektrizität-Verbrauches aus erneuerbaren Energien zu gewinnen, ein erheblicher Zuwachs gegenüber den derzeit 13%. Das Endergebnis ist die Schließung der Kohlekraftwerke, die Stagnation der Nutzung von Naturgas und natürlich die Einstellung von etwa 800 Regulatoren, die den derzeit 15.000 Angestellten der EPA helfen sollen. Ist das der amerikanische Traum? Die Vernichtung von Privatunternehmen, die Arbeitsplätze erzeugen und stattdessen die Einstellung von mehr Regierungsangestellten? Der geschätzte Anstieg der Elektrizitätspreise liegt bei 4-17%. Die alten und jene in den ländlichen Gebieten der USA werden am meisten leiden, Arbeitsplätze werden ins Ausland abwandern, die Schaffung von

Arbeitsplätzen wird verhindert, die Wirtschaft wird beschädigt, die verfügbaren Einkommen werden sinken und jeder wird sich warm und glücklich fühlen, weil die USA, wieder einmal, die Welt gerettet haben.

Die Verfassung der USA hat ein ausgeklügeltes System der Gewaltenteilung. Das politische System wird hart daran arbeiten, um auch diese desaströse Wirtschaftspolitik Obamas aus dem Gleis zu bringen. Die Demokraten behaupten, dass der *Clean Power Plan* CPP keine Erosion der Abläufe der Verfassung beinhalte. Die Republikaner müssen Einheit finden. Die Zahl der verärgerten Wähler ist hoch. Die demokratische Präsidentschaftskandidatin Hillary Clinton versucht sich an einem Balance-Akt und versucht Obamas Plan mit ihrer eigenen Rhetorik „*wir kämpfen für die Mittelklasse*" in Übereinstimmung zu bringen. Aber sie kann nicht beides zugleich haben. Die Regulationen des CPP sind noch nicht vom Gesetzgeber verabschiedet worden. Der Kampf wird sich bis vor Gerichten und gegebenenfalls bis an die Wahlurne fortsetzen. Wie sollen die USA die Elektrizität herstellen, um eine wachsende Wirtschaft zu bleiben? Dieses kann (ausser durch Kohle) nur durch Gas bewirkt werden, denn es braucht viele Jahre, um Atommeiler und Wasserkraftwerke zu bauen. Ganz sicher wird es aus all den altbekannten Gründen nicht aus erneuerbaren Energien gelingen.

Der Boom von Öl und Gas

Vorhersagen über Gas und Öl-Ressourcen haben keinen guten Leumund. So behauptete 1922 eine vom US-Präsidenten eingesetzte Kommission[193], dass „*die Förderung von Gas schon nachlasse. Die Produktion von Öl kann nicht lange mit der jetzigen*

---

193 http://www.rationaloptimist.com/blog/fossil-fuels-are-not-yet-finished-not-obsolete-nor-a-bad-thing-(1).aspx

Geschwindigkeit weitergehen". Das tat sie wohl. Präsident Carter verkündete 1970, „*wir könnten alle nachgewiesenen Reserven von Öl in der gesamten Welt innerhalb des nächsten Jahrzehntes aufbrauchen*". Das haben wir nicht getan. Genau das Gegenteil passierte. Es gibt einen Ölboom in den USA.

Schiefer-Öl und Schiefer-Gas (also Shale Oil und Shale Gas) erleben in den USA derzeit einen unangekündigten Produktivitätsboom.[194] Der Anstieg der Produktivität um 321 % in vier Jahren wird die Energiepreise niedrig halten und nur die effizientesten Produzenten, die zu niedrigsten Preisen liefern, werden profitabel sein. Das ist kein Zufall. Es gibt immer noch Kreativität und Unternehmergeist in den USA. 2014 besuchte ich eine Förderstelle in Texas, die ein horizontales Loch bohrte, um an Schiefer-Öl zu gelangen. Die damalige Technologie ist heute überholt. Es bleibt abzuwarten, wie die Überproduktion und die langfristig niedrigen Preise für Erdöl den mittleren Osten, Russland, Nigeria und Venezuela beeinflussen werden, aber es sieht nicht gut aus. Der derzeitige Boom in den Vereinigten Staaten für Schiefer-Öl und Gas ist vom selben Ausmaß, wie der IT Boom – beide werden noch lange anhalten.

Der Boom verdient sich der Methode des *Hydraulic Fracturing* oder kurz Fracking, welche die Produktion von Öl und Gas aus sogenannten dichten Sequenzen erhöht hat. Dieses sind Sequenzen, in denen Porosität und Durchlässigkeit beeinflusst werden müssen, um die in dünnen Sandablagerungen gefangenen Kohlenwasserstoffe zwischen Gesteinsbrüchen freizusetzen. Änderungen der Technologie wie etwa die Rig-Effizienz, Geonavigation und Petrophysik haben die Revolution fossiler Treibstoffe vorangetrieben. Diese Revolution hat wegen der freien Märkte stattgefunden, nicht wegen der Anweisungen von Regierungen, der Erhöhung der Steuern, Subventionen

---

194 James Phillips, *City Wire,* 26. August 2015

oder einer repressiven Energiepolitik. Auch wenn die Preise für Kohlenwasserstoffe gefallen sind, so sind doch die Kosten für das Bohren und Fracken ebenso gefallen.

Es ist nur ein paar Jahre her, dass die USA mehr flüssige Kohlenwasserstofftreibstoffe einführte, als ausführte. Aufgrund der Furore im Gas ist die USA jetzt in der Lage, die Weltmärkte mit unvorstellbaren Mengen an verflüssigten natürlichem Gas (*liquid natural gas* LNG) zu fluten. Das dichte Öl der Revolution der fossilen Brennstoffe hat die USA Energie-unabhängig gemacht. Sie sind vom Rohöl des Mittleren Ostens nicht mehr abhängig und brauchen sich den Spielen der OPPC nicht mehr anzupassen. Die Vereinigten Staaten, ein Land mit den ältesten und am besten entwickelten Öl- und Gasfeldern der Welt, führt jetzt die Liga vor den Rivalen Saudi-Arabien und Russland wieder an. Es ist zu früh, um zu sehen, was sich daraus für den Handel mit dem Mittleren Osten und Russland ergibt, für Politik und Konflikte. 2016 werden 4 LNG Häfen, die derzeit im Bau sind, Gas exportieren. Es ist wahrscheinlich, dass die USA Qatar als den weltgrößten LNG Exporteur überholen wird. Australien ist hier im Rennen und sollte Qatar überholen, wenn das Gorgon-Feld vor der Küste die Produktion aufnimmt.

Trotz der Revolution in Öl und Gas, welche die USA von einem Nettoimporteur von Öl zu einem Nettoexporteur gemacht hat, stellte Obama neuen Pipelines Hindernisse in den Weg und stoppte die Suche nach Schiefer-Öl auf dem Land des Bundes. Obwohl sich die US- Ökonomie derzeit bei einer mageren Wachstumsrate von 2% erholt, ist das Bruttosozialprodukt der USA immer noch niedriger, als das von China.

Die Welt wandelt sich schnell. Detroit war einst die Heimat der Autoproduktion, heute produziert China zweimal mehr Autos als die USA und seine Stahlproduktion ist neunmal höher als die der USA. Niedrige Elektrizitätspreise gaben den USA einen großen internationalen Vorteil. Dieser Vorteil ist durch Präsident Obama's grünlinke politische Politik-Entscheidungen zum Klima sabotiert worden.

Down under

In der Politik war Klimawandel ein vergifteter Stiefel. In Australien führte es zum Machtverlust von zwei Oppositionsführern, zwei Premierministern, einer verlorenen Wahl und Entzweiungen innerhalb der Parteipolitik. Viele haben heute noch Albträume, wenn sie and die Behautptung des australischen Premierministers Kevin Rudd denken, der Klimawandel sei *„die große moralische Herausforderung in Umwelt und Wirtschaft in diesem Zeitalter"*. Diese Äußerung tat er kurz vor der Klimakonferenz von Kopenhagen[195] und genau dasselbe tut Obama jetzt kurz vor der Paris Klimakonferenz.[196] Das Legat von Rudd ist, dass man ihn als Täuscher exponiert hat und er wurde in Australien zum Objekt der Lächerlichkeit. Kopenhagen war der Grund für Rudd's Ausscheiden als Premierminister während seiner ersten Amtsperiode.

Was aber, wenn ich Unrecht habe und eine Verminderung der CO_2-Emissionen absolut nötig ist, um den Planeten zu retten? Das ist die Frage, die sich die meisten Wissenschaftler fragen. Wenn Australien noch heute alle CO_2-Emissionen stoppen würde, so würde die globale Temperatur bis 2050 um 0,0154 °C sinken. Auch wenn man fälschlicherweise annimmt, dass CO_2 globale Erwärmung verursacht, hätte diese wundervolle Aktion zur Rettung des Planeten also absolut keinen realen Effekt auf die globale Temperatur. Australien ginge nicht nur bankrott, es könnte sich auch nicht ernähren. Solch freiwillige Maßnahmen internationaler Umweltfreundlichkeit hätten absolut keinen

195 2009 UN Climate Change Conference, Copenhagen 7-18th December 2009
196 COP21, Paris, November 30-December 11, 2015

Effekt auf das globale Klima. Grünlinke Umweltaktivisten mögen behaupten, dass wir durch gutes Beispiel führen sollten. Es mag sein, dass die Grüne Partei willens wäre, ökonomischen Selbstmord zu begehen; niemand sonst würde das tun, am wenigsten Entwicklungsländer wie China und Indien. Sie wollen unseren Lebensstandard und nichts hat sie aufhalten.

Die Erklärung von Kopenhagen wurde am 18. Dezember 2009 von den USA, China, Indien, Brasilien und Südafrika entworfen. Die Konferenz „*nahm davon Notiz*", es gab keine einvernehmliche Bestätigung, das Dokument war nicht legal bindend und beinhaltete auch keine legal bindenden Verpflichtungen, die menschlichen Emissionen an CO_2 zu reduzieren. Das Redefest von Kopenhagen, an dem Premierminister Rudd und mehr als 100 australische Bürokraten teilnahmen, endete mit absolut nichts und kostete so viel wie das Lösegeld eines Königs. Aber wen kümmert das? Es ist ja nur das Geld des Steuerzahlers. Rudd hatte sich vorgestellt, er könnte als internationaler Held die Konferenz verlassen, der die Welt vor sich selbst gerettet hatte. Er wurde gedemütigt. Obama und der Papst sind in Paris auf dem selben Weg.

In Antwort auf mein Buch von 2011[197] veröffentlichte das Ministerium für Klimawandel und Energieeffizienz der Labour-Regierung Gillard eine Webseite[198], die nach dem 7. September 2013 entfernt wurde, als die Regierung konservativ wurde. Die Webseite hieß „*Exakte Antworten zu Professor Plimer's 101 Wissenschaftsfragen zum Klimawandel*"; es wurde behauptet, die Website sei „*basiert auf aktueller, fachbegutachteter Wissenschaft, und ... kritisch durchgesehen von einer Reihe*

197 Plimer, Ian 2011: *How to get expelled from school: A guide to climate change for pupils, parents and punters.* Connor Court

198 http://www.climatechange.gov.au/climate-change/understanding-climate-change/response-to-prof-plimer.aspx

australischer Klimawissenschaftler". Ich wusste nicht, ob ich lachen oder weinen sollte, weil das Dokument sich genauso las, wie eine der vielen Kritiken der anti-wissenschaftlichen Kreationisten, die ich (leidend) gelesen habe. Es war offensichtlich, dass mein Buch die Clique der Klimakatastrophisten irritiert hatte und dabei war, die Meinung der Öffentlichkeit umzustimmen. Die Webseite war ein Akt der Verzweiflung. Das zeigte sich. Ein Korrespondent rechnete aus, dass es den Steuerzahler etwa 1,5 Millionen Australischer Dollar gekostet haben müsse, eine solche Webseite in Gang zu bringen.

Es war amüsant, dass es da 101 Fragen gab, die Schüler ihre Lehrer fragen sollten. Selbst diese Gruppe eminenter und ernster Leute war nicht in der Lage, die meisten Fragen zu beantworten. Dieses war ein schlimmer Fall von politisierter Wissenschaft. Es kann schliesslich nicht angehen, dass der Ordinarius einer Universität Ideen formuliert, die im Gegensatz zur Regierungspolitik stehen oder kann es? Wenn wir ihn nicht entlassen können, dann lass uns doch wenigstens auf Kosten des Steuerzahlers eine Gelegenheit finden, ihn zu dämonisieren. Die Webseite fand viel Beifall durch die üblichen Verdächtigen, wie die Medien, unkritische Umweltaktivisten und die abgehobenen Linken. Der Steuerzahler zahlte für diese ganz offensichtlich grünlinke politische Propaganda. Die Labour-Regierung konnte mir nichts anhaben, denn ich hing nicht vor den Forschungsmitteln der Regierung ab, um meine Wissenschaft fortzusetzen. Der Labour-Regierung blieb nur, mich effektiv und öffentlich als Staatsfeind zu brandmarken. Diese Taktik kennt man aus totalitären Staaten.

Es war Obama der Australien anlässlich des G 20 Treffens in Brisbane darüber belehrte, wie die CO_2-Emissionen des Menschen das Great Barrier Reef zerstört hätten. Heute steht fest, dass das Riff nie bedroht war und wir sehen wie hohl

Obamas Worte waren. Und wie kam Obama nach Australien? In einer Boeing 747 genannt *Air Force One,* die fliegt, indem sie Kerosin verbrennt und CO_2 ausstößt. Zu jeder Zeit sind etwa eine halbe Million Menschen in der Luft unterwegs, in etwa 14.000 Flugzeugen, von denen die Boeing 747 zwischen zwei Betankungen etwa 175 Tonnen Kerosin verbrennt. Ein Airbus A380 verbrennt von Tankfüllung zu Tankfüllung 310 Tonnen. Kommerzielle Flugzeuge werden etwa 2,3 mal in 24 Stunden aufgetankt. Etwa 1 Billionen Tonnen Kerosin werden jedes Jahr durch Flugzeuge zu CO_2 verbrannt. Wie kommen Tausende von Aktivisten nach Rio, nach Kopenhagen oder zum Redefest in Paris? Durch internationale Luftfahrt.

Wenn wir fliegen sündigen wir einfachen Sterblichen. Jene, die händewringend versuchen, uns vor uns selbst zu retten, können die CO_2-Emissionen ihrer Flugzeuge rechtfertigen, denn sie sind ja auf einer Pilgerfahrt. Wenn die grünlinken Umweltaktivisten keine Heuchler wären, dann waeren sie zu diesen internationalen Redefesten unter Nutzung erneuerbarer Energien gekommen, statt mit generös CO_2 emittierenden Flugzeugen. Das Pariser Treffen findet vom späten November bis zum frühen Dezember 2015 statt. Haben irgendwelche der grünlinken Aktivisten aus Deutschland damit begonnen, in Napoleons Fußspuren zu treten und nach Paris zum UN-Meeting zu laufen? Und wie reist der Papst, um seine Schafe in Südamerika, auf den Philippinen oder in Afrika zu besuchen? Mit dem Flugzeug.

Old Dart - England

England war einst das Weltzentrum des Kohlebergbaus. Fast alle Kohleminen im Vereinigten Königreich sind nun geschlossen. Das Vereinigte Königreich erzeugt Elektrizität aus Kohle, Atomenergie, Biomasse und aus erneuerbaren Quellen. Das UK steht vor einer Krise von Energie und Einkommen.

Ein halbes Jahrhundert nach der Etablierung der Ölindustrie in der Nordsee sind jetzt die Hauptölfelder erschöpft. Die verbleibenden kleinen Ressourcen sind die Investitionen der großen Spieler wahrscheinlich nicht wert. Vor drei Jahren produzierte Nordseeöl noch 11,5 Milliarden £ für die Regierung des Vereinigten Königreiches, nun ist das noch 1 Milliarde £. Zwischen 2020 in 2040 werden sich die Erträge auf 2 Milliarden £ belaufen, das entspricht einem Rückgang von etwa 94%. Nordseeöl wird sich von einem Haben in Soll verwandeln, denn der Steuerzahler im Vereinigten Königreich wird etwa 60 % der auf 30 Milliarden geschätzten Stilllegungskosten zahlen müssen.[199] Die Energiepolitik des Vereinigten Königreiches ist ein Durcheinander.

Sollte Fracking in Lancashire und Yorkshire stattfinden, so könnte das Vereinigte Königreich all seine Elektrizität für die nächsten 43 Jahre daraus generieren. Dies würde 60.000 Arbeitsplätze schaffen und Milliarden von Pfunden für Investitionen freisetzen.[200] Das Vereinigte Königreich ist entschlossen, das Fracking schnell voranzutreiben. Wenn die Fracking-Industrie weltweit arbeitet, dann wird sich die Welt dramatisch ändern. Texas und viele der US Staaten mit Becken voller Kohlenwasserstoffen haben sich sehr schnell verändert. Vielleicht findet dasselbe im Vereinigten Königreich statt.

Die Entwicklungsländer

2013 war China für 47% des weltweiten Kohleverbrauchs verantwortlich.[201] Jeden Monat emittiert China 400 Millionen Tonnen CO_2. Das sind 45 % mehr als Obamas *Clean Power Plan* in einem Jahr sparen würde. Es mag aber sein, dass die

199 *The Sunday Times,* 23. August 2015
200 *The Times,* 10. August 2015
201 US Energy Information Administration

chinesischen CO_2-Emissionen um etwa 14% überschätzt wurden. Nur um etwas interessanter zu machen: China hat seinen berichteten Kohlenverbrauch um bis zu 10 % unter dem tatsächlichen Kohlenverbrauch angegeben. Trotzdem waren Chinas Emissionen an CO_2 zwischen 2000 und 2013 etwa 3 Milliarden Tonnen weniger als die offiziellen Schätzungen. Das bedeutet, dass China wenn es Kohle verbrennt etwa 40% weniger CO_2 produziert, als Modelle annehmen.[202] Darüber hinaus ist die Zementproduktion in China um etwa 45% überschätzt worden. Wer weiß schon wirklich, was in China los ist? Alles was wir wissen ist, dass diese unzutreffenden Schätzungen auf den Standard Rechnungen der IPCC fussen.

Indiens Kohleverbrennung steigt und wird das auch weiter tun. Es gab eine Zeit, in der Handlungen der USA andere Länder dazu gebracht hätte, dem Beispiel zu folgen. Aber in der heutigen industriellen Revolution Ostasiens, auf dem indischen Subkontinent, kann keine Aktion der USA „*den Planeten retten*", denn China und Indien werden ihr Wirtschaftswachstum nicht einer unbegründeten Ideologie opfern. QED.[203] Warum also Millionen für die Paris Konferenz ausgeben?

In Indien hat der Kohleverbrauch, besonders im Elektrizitätssektor, die Inlandsproduktion überholt. Deshalb suchen indische Kohlekraftwerk Firmen wie Adani und GVK in Australien ihren Bedarf an Kohle zu befriedigen. Indiens Kohleproduktion wuchs in den Jahren zwischen 2005 und 2012 nur um 4,7% (600 Millionen Tonnen), während die Energiekapazität um 9,4% pro Jahr wuchs und jetzt 150 GW erreicht hat.[204] Indien hat sich für das Jahr 2020 ein Produktionsziel für Kohle von

202 Guan, D. et al. 2011: *A gigatonne gap in China's carbon dioxide inventories*. Nature Climate Change 2: 672-675

203 quod erat demonstrandum

204 US Energy Administration, 25. August 2015

1,5 Milliarden Tonnen gesetzt. Trotz des Drucks vor der Paris Konferenz lehnt Indien es ab, der UN anzuzeigen, wann seine CO_2-Emissionen ihren Höhepunkt erreichen werden.[205]

Der Pariser Honigtopf

Tausende von besorgten Leuten werden nach Paris fliegen. Ihr Kohlenstoffabdruck wird ignoriert werden, da sie ja für das Wohl der Menschheit arbeiten. Für Sie, für mich und für unsere heutigen und künftigen Kinder und Enkelkinder. Alle vier Jahre blasen diese Leute CO_2 in die Atmosphäre, um zu irgendeiner fernen, sehr wichtigen Konferenz zu fliegen. Es wird viel Aufregung in Paris geben, Verhandlungen die ganze Nacht lang. Es wird kein bindendes, bedeutsames Einverständnis geben, trotz des Versuches eine globale Bürokratie zu erzeugen, die die CO_2-Emissionen limitiert. Während dieser Veranstaltung werden die Delegierten natürlich keinen Tropfen Alkohol anrühren, denn daraus wird ja durch Fermentation CO_2 freigesetzt. Man wird keine süßen Sprudel-Getränke trinken, denn sie enthalten CO_2. Es ist schon ein hartes Leben, wenn man ein moralischer Wächter ist.

Politiker und Bürokraten zielen auf fast-erfolgreiche Abkommen ab, die sich gut anfühlen, um dann über ihren Erfolg berichten zu können. Einen Fehlschlag zum Erfolg umzustilisieren ist einer der ältesten Tricks in der Politik. Dies ist das Beste, was in Paris herauskommen kann. Es mag sogar ein rechtlich bindendes Einverständnis geben, nicht über CO_2-Emissionen übereinzustimmen, durch das jedes Land verpflichtet wird, das zu tun, was es will und ggf. Seine eigenen Emissionsziele zu bestimmen. Das passierte in Kopenhagen. Das ist der Ausweg aus dem Dilemma eines Klimavertrags.

Einige Schlaglöcher sind in der Straße nach Paris aufgetaucht. Die grünlinken Umweltaktivisten sind sich möglicherweise

205 *The Times of India,* 25. August 2015

sich nicht bewusst, dass es im Vereinigten Königreich einen Regierungswechsel gegeben hat. Die Grünen, Labour und die Sozialisten haben viele Stimmen verloren, die konservative Regierung storniert die Unterstützung für die Windenergie, den hohen Stromkosten der Verbraucher wird Aufmerksamkeit geschenkt und das Ministerium für Energie und Klimawandel wird möglicherweise aufgelöst.[206]

Der Kongress der Vereinigten Staaten wird einem legal bindenden internationalen Abkommen nicht zustimmen.[207] Die australische Regierung hat angewiesen, dass die vom Staat bezahlte Clean Energy Finance Corporation aufhört, Windkraft oder kleine Solarinstallationen zu bezahlen.[208]

Europas Finanzen sind nicht sehr gesund (besonders in Griechenland).[209] 92% der schweizer Wähler haben im März 2015 eine Kohlenstoffsteuer abgelehnt. Die deutsche Regierung hat die Idee einer Kohlenstoffsteuer auf Kohlekraftwerke fallen lassen und sah sich dazu gezwungen, Rückstellungen für Windkraft und Solarkraft zu garantieren, wenn diese nicht liefern können.[210] Die Entwicklungsländer, speziell China und Indien, werden nicht zustimmen, dass ihr Wachstum beeinträchtigt wird. Sie werden hohle Versprechungen für bedeutungslose Aktionen in einigen Jahrzehnten machen.

Die Entwicklungsländer sind nicht dumm. In Paris geht es nicht um das Klima, es geht um Geld. Geld, das aus Schuldgefühlen bezahlt wird. Sie haben versucht, den grünen westlichen

---

206 http://www.telegraph.co.uk/finance/budget/11718594/Green-energy-subsidies-spiral-out-of-control.html

207 http://www.theguardian.com/world/2015/jun/01/un-climate-talks-deal-us-congress

208 http://smh.com.au/federal-politics/political-news/government-pulls-the-plug-on-household-solar-20150712-gianOu.html

209 http://www.energytribune.com/10083/greek-debt-crisis-exposes-green-energy-subsidies#sthash.JMBqVEQW.dpbs

210 http://blogs.ft.com/nick-butler/2015/07/06/germany-the-coal-industry-lives-on/

Politikern eine Falle zu stellen, nachdem dieselben sich selbst eine Falle gestellt hatten. Sie verlangen 200-400 Milliarden Dollar pro Jahr für die sogenannte Klimakompensation und Adaptationsmaßnahmen. Das Forum zur Entwicklung der pazifischen Inseln (PIDF) wird die größten CO_2 Erzeuger der Welt dazu auffordern, die pazifischen Inseln für den Schaden des Klimawandels zu entschädigen. Der Interim Generalsekretär der PIDF Amena Yauvoli sagte:

„Diejenigen, die für den Ausstoß der meisten Treibhausgase verantwortlich sind, sollen zahlen.“

Sollte es in Paris gegen alle Wahrscheinlichkeit zu einer Umsetzung des grünlinken umweltaktivistischen Traums kommen und ein international bindender Klimavertrag unterzeichnet werden, dann wird es eine neue, nicht gewählte Bürokratie geben. Sie wird befugt sein, in jedem Land zu intervenieren und die Entscheidungen der nationalen Parlamente und Regierungen zu überstimmen. Das haben wir heute schon in der EU, wo Bürokraten in Brüssel die gewählten Mitglieder des Parlaments in Westminster überstimmen können. Kein Wunder, dass die Unabhängigkeitspartei des Vereinigten Königreiches (UKIP) erschien und so schnell wuchs. Falls Paris das liefert, was die grünlinken Umweltaktivisten wünschen, dann wird es zu einem großen Verlust an nationaler Souveränität kommen - weit größer als im Falle einer Invasion oder eines Krieges. Und alles was wir in den Median hören, sind unzutreffende Vorhersagen über ansteigende Erwärmung, häufiges extremes Wetter, das Abschmelzen der Polkappen, das Aussterben von Arten, die Bedrohung der Eisbären.

Als Al Gore geboren wurde, gab es etwa 7000 Eisbären auf der Welt. Davon verbleiben heute nur noch 26.000. Hören wir in den Medien irgendwelche Besorgnis über Demokratie und Hoheitsrechte, wenn sie über die anstehende UN-Konferenz in

Paris berichten?

3

KOHLENDIOXID, WISSENSCHAFT UND KLIMA

Der Nährstoff des Lebens

Basierend auf der Hypothese, dass Kohlendioxid-Emissionen Klimawandel verursachen, untersuchte eine Studie der Concordia Universität (Montreal, Kanada)[211] die führenden 20 Nationen, gelistet durch Berechnung der Emissionen aus fossilen Treibstoffen, die Landnutzung von CO_2 und Aerosole.

Das Verhältnis der jährlichen globalen Emissionen ist: USA 15,1%, China 6,3%, Russland 5,9%, Brasilien 4,9%, Indien 4,7%, Deutschland 3,3%, UK 3,2%, Frankreich 1,6%, Indonesien 1,5%, Kanada 1,4%, Japan 1,3%, Mexiko 1,0%, Thailand 0,9%, Kolumbien 0,9%, Argentinien 0,9%, Polen 0,7%, Nigeria 0,7%, Venezuela 0,7%, Australien 0,6%, und die Niederlande 0,6%.

Die Veröffentlichung zeigt auch starke Ungleichheiten bzgl. der sogenannten „Klima-Kontribution" insgesamt und *per capita* zwischen den Ländern. In den meisten entwickelten Ländern sind die *per capita* Kontributionen derzeit nicht konsistent mit Versuchen, den globalen Temperaturwandel auf weniger als 2°C über der prä-industriellen Temperatur einzuschränken. Warum 2°C? Wie ist man auf diese Zahl gekommen? Warum nicht 1°C oder 3°C? Wie können wir Menschen die planetarischen Ereignisse so beeinflussen, das wir die Temperatur einstellen?

Was wichtig ist

Kohlendioxid ernährt Pflanzen und Pflanzen ernähren uns.

---

211 Matthews, D. H. et al. 2010: *National contributions to observed global warming*. Envir. Res. Lett. 9: doi:10.1088/1748-9326/9/1/014010

Ob wir Veganer sind, Vegetarier, Allesesser oder Fleischfresser – wir brauchen Pflanzen, um am Leben zu bleiben. Atmer (breatharians) brauchen keine Pflanzen, zumindestens sagen Sie das. Ohne Kohlendioxid, oder selbst unter der Bedingung einer erheblich verringerten CO_2-Konzentration in der Atmosphäre, gäbe es kein Leben auf der Erde.

Dass gefordert wird, die menschlichen Emissionen von CO_2 zu reduzieren oder CO_2 an der Stelle eines Kohlekraftwerkes deponieren zu wollen, beweist das Versagen des Erziehungssystems. Bitte alle melden. Wer hat schon von Photosynthese gehört?

Die Dämonisierung der pflanzlichen Nahrung

In der Atmosphäre lauert dieses farblose, geruchslose, geschmackslose, ungiftige Gas, das Kohlendioxid heißt. Es ist so schrecklich gefährlich, dass wir entschieden haben, es im Rahmen wundervoll klingender Projekte, die man „Kohlenstoff Sequestrierung" nennt, einzugraben. Ganz davon abgesehen, dass auch Pflanzen und Tiere beim Wachsen Kohlenstoff sequestrieren. Wir wissen seit 1804, dass Kohlendioxid Nahrung für die Pflanzen ist[212] und der Vater der modernen Theorie von der globalen Erwärmung Svante Arrhenius argumentierte bei einer Vorlesung bei der physikalischen Gesellschaft in Stockholm unter dem Titel „Der Einfluss der Carbonsäure auf die Lufttemperatur über dem Grund", dass es mit zunehmendem Gebrauch fossiler Brennstoffe zu einem Anstieg der Rate des Pflanzenwachstums kommen würde.[213]

Arrhenius argumentierte, dass ein höherer CO_2 Gehalt in

212 Nicolas-Théodore de Saussure, 1804: *Recherches Chimiques sur la Végétation*. Nyon

213 Svante Arrhenius, 1908: *Worlds in the making: the evolution of the universe*. Harper

der Atmosphäre dem Menschen nützlich sei und hatte keinerlei Bedenken wegen einer potentiellen leichten Erwärmung. Und warum sollte sich auch irgendjemand im kalten Schweden über ein etwas besseres Klima sorgen machen? Heute behaupten die grünlinken Umweltaktivisten das Gegenteil. Sie sagen uns, dass Landwirtschaft, Ökosysteme und Leben durch einen kleinen Anstieg des atmosphärischen CO_2 zerstört würden, obwohl es in der Chemie des Kohlendioxids seit über 100 Jahren keine Neuerungen gegeben hat.

Auch wenn CO_2 in der Atmosphäre nur ein Spurengas ist und Nahrung für die Pflanzen, so müssen wir doch das böse CO_2 eingraben, welches wir bei menschlichen Aktivitäten erzeugt haben, etwa bei der Arbeit, oder um uns satt und warm zu halten. Sequestrierung zielt darauf ab, die menschlichen CO_2-Emissionen von den natürlichen Emissionen des CO_2 in der Atmosphäre fernzuhalten.

Warum? Aus grüner Sicht kann ein sehr kleiner Anstieg des CO_2 in der Atmosphäre riesige Auswirkungen auf Klima und Wetter haben, aber nur, wenn es von den sündigen menschlichen Emissionen stammt und nicht, wenn es natürlichen Ursprungs ist.

Es erscheint dieses mirakulöse Gas kann gleichzeitig extreme Hitze und extreme Kälte verursachen, Regenfluten und endlose Dürren, Schneemassen und ein Mangel an Schnee, erhöhte Windgeschwindigkeiten und ein Fehlen des Windes, vermehrte Wirbelstürme und einen Mangel an Wirbelstürmen. Zumindestens sagt man das so. Das ist kein schlechtes Ergebnis für ein Spurengas. Wir werden bombardiert mit Medienpropaganda, dass was immer auf der Erde sich ändert auf die menschlichen Emissionen des Kohlendioxid zurückgeht. Das wahre Wunder des Kohlendioxid ist, dass es ohne dieses Spurengas kein Leben auf der Erde geben würde. Dies scheint der Aufmerksamkeit der grünlinken Umweltaktivisten entgangen zu sein. Oder vielleicht auch nicht? Vielleicht sind sie mit den wissenschaftlich ungebildeten Medien nicht ganz ehrlich.

Im australischen Parlament hat die Ministerin für Landwirtschaft, Barnaby Joyce, geäussert, dass die Enteignung von Farmland zum Zwecke der Sequestrierung von Kohlenstoff die Landwirte in Form von Grundbesitz 200 Milliarden Dollar gekostet hat.[214] Die grüne Partei und ihre linken Verbündeten haben dieses Zahlen nicht in Frage gestellt.

Indem man Kohlekraftwerke gesetzlich dazu zwingt, das von ihnen produzierte CO_2 einzugraben, macht man Kohle-Energie so teuer, dass die subventionierte Elektrizität aus Wind und Sonnenenergie wettbewerbsfähig wird. Dieses ist der Grund, warum die Befürworter erneuerbarer Energien sich moralisch aufspielen können und prahlen können, dass windbetriebene Elektrizität billiger seien als Kohlestrom.

Das Wunder Gas

Kohlendioxid ist Pflanzennahrung. Pflanzen stellen aus dem organischen Material Gewebe her. Gärtner wissen seit langem, dass der Ertrag eines Treibhauses sich steigern lässt, indem man warmes Kohlendioxid hineinpumpt. In einem Treibhaus ist ein CO_2 Gehalt von 1600 ppm wohltuend[215] und doch erzählen uns die linksgrünen Umweltaktivisten, dass ein Anstieg des CO_2 in der Atmosphäre auf 400 ppm gefährlich ist. Darüber hinaus nimmt der Wasserbedarf von Pflanzen ab, wenn man das CO_2 erhöht, denn die Stomata sind für eine kürzere Zeit offen und damit wird der Verlust von Wasser reduziert. Wenn sie im Winter zu Hause bis zu 1000 ppm Kohlendioxid in der Luft haben,

214 http://catallaxyfiles.com/2015/08/08/land-theft-by-governments-the-judiciarys-mythical-defence-of-darryl-kerrigans-castle/

215 Mortensen, L. M. 1987: *Review: CO_2 enrichment in greenhouses: crop responses.* Scientia Horticulturae 33: 1-25

dann ist das der Grund, dass Ihre Topfpflanzen im Haus so gut gedeihen.

Eine Vermehrung des Kohlendioxid in der Atmosphäre kann mehr Menschen ernähren. Für die 45 Agrarpflanzen, die etwa 95% der weltweiten Agrarpflanzenpopulation stellen, hat das Zentrum für die Untersuchung von Kohlendioxid und globalen Wandel gezeigt, dass eine Erhöhung des Luftgehaltes um 300 ppm CO_2 den Ertrag zwischen 5% und 78% steigert. Es verbessert die Effizienz des Wassergebrauchs durch die Pflanzen und erhöht die Fähigkeit der Pflanze einer Dürre standzuhalten.[216] Andere Studien haben einen ähnlichen Anstieg des Ertrags belegt. In den USA waren die geschätzten Gewinne im Ertrag zwischen 1950 und 2009 aufgrund der Düngung mit CO_2 wie folgt: Baumwolle 51%, Sojabohnen 15%, Weizen 17%, Mais 9%.[217] Dasselbe wird für Reis beobachtet.[218] Die meisten Feldfrüchte und Pflanzen sind C3 Pflanzen, wahrscheinlich weil sie sich entwickelt haben, als die atmosphärische CO_2 Konzentration weit höher war als heute. Viele Schädlingspflanzen sind C4 Pflanzen und damit vermindert eine höhere atmosphärische CO_2 Konzentration das Wachstum von Pflanzenschädlingen.[219]

Grünlinke Umweltaktivisten erzählen uns das CO_2 gefährlich ist und zu unaufhaltbarer globaler Erwärmung führen wird. Sie reden den ganzen Tag von der Kohlenstoffverschmutzung. Das

216 Idso, C. 2013: *The positive externalities of carbon dioxide: Estimating the monetary benefits of rising atmospheric CO_2 concentrations on global food production*, http://web.uvic.ca/~kooten/Agriculture/CO2FoodBenefit(2013).pdf
217 Attavanich, W. and McCarl, B. A. 2014: *How is CO_2 affecting yields and technological progress? A statistical analysis.* Climate Change doi 10.1007/s10584-014-1128-x
218 von Caemmerer, S. et al. 2012: *The development of C4 rice: Current progress and future challenges.* Science 336: 1671-1672
219 Zeng, Q. et al. 2011: *Elevated CO_2 effects on nutrient competition between a C3 crop (Oryza sativa L.) and a C4 weed (Echinochloa crusgalli L.).* Nutrient Cycling in Agroecosystems 89: 93-104

ist berechnende Täuschung. Kohlenstoff ist schwarz und fest. Als das atmosphärische CO_2 etwa 1000 mal höher war als jetzt, da gab es kein unaufhaltbares globales erwärmen. Das Leben starb nicht. Die Pflanzen gediehen. In den Vereinigten Staaten hat die EPA Kohlendioxid als Umweltgift klassifiziert. Dieses ist irreführend und täuschend. Ein juristischer Streich der Aktivisten in der EPA hat die ganze Geschichte des Lebens auf dem Planeten ausgelöscht. Alles Leben beruht auf Kohlenstoff und ohne Kohlendioxid gibt es kein Leben auf der Erde. Aller Kohlenstoff in dem Öl, der Kohle und dem Gas, das wir verbrennen um CO_2 zu produzieren war einmal in der Atmosphäre. Fossile Brennstoffe stammen letztendlich aus der Sonnenkraft.

Um eine Bevölkerung von 8 oder vielleicht 10 Milliarden Menschen zu ernähren, müssen wir die Räder der Grünen Revolution am Laufen halten. Aber alle Nutzpflanzen befinden sich in einem ständigen saisonalen Krieg mit Schimmel, Parasiten, Insekten und kompetierenden Schädlingspflanzen. In diesen Schlachten hilft mehr atmosphärisches CO_2 bessere genmanipulierte Nutzpflanzen, bessere Dünger, bessere Insektizide und Herbizide und billige Elektrizität. Als die westlichen Länder effizienter wurden, lebten weniger Menschen in den ländlichen Gegenden, die Wälder dehnten sich aus, die Erzeugung von Nahrungsmitteln bekam effizienter, die Geburtenrate nahm ab, die Langlebigkeit nahm zu und Beschäftigung, die von billiger Energie abhing, konzentrierte sich in den Städten. Simulationen der natürlichen Sequestrierung von Kohlendioxid im Zeitraum von 1960-2009[220] in der Tundra und den Wäldern Nordeurasien zeigten auf, dass CO_2 Emissionen überschätzt wurden, während der die Aufnahme von CO_2 durch

220 Rawlins, M. A. et al. 2015: *Assessment of model assessments of land-atmosphere CO2 exchange across Northern Eurasia.* Biogeosciences 12: 4385-4405

die Pflanzen unterschätzt wurde. Durch menschliche Aktivitäten wird mehr CO_2 abgelagert, als ausgestoßen. Simulationen leiden unter einem Mangel an Messstationen auf dem Boden gerade in entfernten Arealen und deswegen gibt es auch hier, so wie mit allen anderen Klimastudien, Ungewissheiten. So geht es auch mit den Annahmen der IPCC, die den Faktor, wieviel CO_2 aus der Luft entfernt wird, uf ein Zehntel heruntergesetzt haben.[221] Das Berner Modell der IPCC berechnet, das 22% des überschüssigen CO_2 in der Atmosphäre in der Luft verbleibt. Wenn Kohlenstoff künstlich erzeugt wird, sowie das C^{14} Isotop durch eine Atombombenexplosion, so kann es leicht gemessen werden. Mehr als 95% des C^{14} sind nach 50 Jahren bereits aus der Atmosphäre verschwunden. Das Leben eines Moleküls Kohlendioxid in der Atmosphäre ist kurz. Wenn also die menschlichen Emissionen von Kohlendioxid nicht lange in der Atmosphäre verbleiben und natürlich durch das Leben sequestriert werden, wo ist dann das Problem? Der Planet hat Kohlendioxid für Tausende von Millionen von Jahren natürlich sequestriert. Nur weil wir Menschen auf der Erde erscheinen, heißt das noch nicht, dass wichtige Recyclingssysteme des Planeten sich ändern.

Die Erde wird grüner.[222] Satellitenmessungen haben bestätigt, dass die grüne Vegetation auf dem Planeten seit drei Jahrzehnten auf dem Vormarsch ist. Darüber hinaus sind die von den Satelliten entdeckte fortschreitende Begrünung und die durch Flugzeuge erlangten Messungen konsistent mit den weltweit

---

221 http://hockeyschtick.blogspot.com.au/2013/05/analysis-finds-co2-emissions-only.html

222 Liu, Y. Y et al. 2015: *Recent reversal in loss of global terrestrial biomass.* Nature Climate Change 5: 470-474

gesteigerten Nutzpflanzenerträgen seit mehr als 50 Jahren.[223,224] Die Wälder der Erde haben sich in der Oberfläche[225] und über alle Klimazonen[226] vergrößert und wachsen nun schneller als sie es vor 50 Jahren taten.[227] Wären die Nutzpflanzenerträge nicht um 9-15 % gestiegen, dann hätte man die Ackerbauflächen entsprechend ausdehnen müssen, um dieselbe Menge Nahrungsmittel zu erzeugen. Diese Messergebnisse sind konträr zur Meinung des Papstes bezüglich der alarmierenden Rate des Verlustes der Wälder, einer Überentwicklung und der Destruktion der Ökosysteme.

Dieses Grün-werden hat seit 2003 fast 4 Milliarden Tonnen Kohlenstoff in Landpflanzen eingebunden und eine weitere nicht bekannte Menge in Mikroorganismen. Baumpflanzungen in China, das Wachsen der Wälder in der früheren Sowjetunion, bessere Landwirtschaftspraxis mit weniger Flächenbedarf, und eine gering höhere atmosphärische Kohlendioxidkonzentration machen diesen Planeten zu einem besseren Platz. In Nordkorea zeigen Satellitenaufnahmen einen massiven Verlust an Wäldern und kein Grün-werden aufgrund des CO_2. Nachtbilder zeigen den Mangel an Elektrizität in Nordkorea. Dieses ist das moderne Gesicht der Armut und des Totalitarismus.[228] Im Gegensatz dazu sehen wir mit dem Auge des Satelliten fast überall ein Ergrünen

223 Food and Agriculture Organization of the United Nations, http://www.fasostat.fao.org

224 Zeng, N. et al. 2014: *Agricultural green revolution as a driver of increasing atmospheric CO2 seasonal amplitude.* Nature 515: 394-397

225 Pan, Y. et al. 2011: *A large and persistent carbon sink in the world's forests.* Science 333: 988-993

226 Donohue, R. J. et al. 2013: *mit dem Auge des Satelliten fertilization has increased maximum foliage cover across the globe's warm, arid environments.* Geophys Res Letts doi 10.1002/grl.50563

227 Pretzsch, H. et al. 2014: *Forest stand growth dynamics in Central Europe have accelerated since 1870.* Nature Communications 5: doi 10.1038/ncomms5967

228 www.droyspencer.com

des Planeten.[229] Warum beabsichtigen die Vereinten Nationen die humanen Emissionen von Kohlendioxid zu reduzieren, wo sie doch nachweisbar den Lebensstandard für so viele Arme in der Welt verbessert haben? Es sieht so aus, als sei der Schwerpunkt eine Attacke auf die westliche Industrialisierung und viel weniger ein Versuch die Armut zu stoppen.

Klimavorhersagen

Grünlinke Umweltaktivisten und die sie unkritisch unterstützenden Medien[230] bedienen sich emotionaler Gebärden, des selektiven Gebrauchs von Information, die Auslassung kritischer Fakten, des Moralisierens, des Alarmierens und der Vorhersage des Weltuntergangs. Sie haben 60 der letzten 10 Krisen vorhergesagt. Weltweit sind die durchschnittlichen Temperaturen an der Meeresoberfläche seit 1998 nicht signifikant gestiegen[231], die durchschnittliche globale Temperatur ist für 18 Jahren nicht gestiegen[232], das arktische Meereis nimmt zu[233] und das antarktische Meereis ist ebenfalls im Zunehmen begriffen.[234] Anfänglich nahm das arktische Meereis ab. Jetzt hat es wieder das Ausmaß von 2006 erreicht.[235] Aber grünlinke Umweltaktivisten sehen das anders und versuchen heroische Argumente vorzutragen, dass alles schlecht steht und dass wir

229 Zhou, L.M. et al. 2001. *Variations in northern vegetation activity inferred from satellite data of vegetation index during 1981 to 1999.* Jour. Geophys. Res.106: 20,069-20,083

230 Kenny, Chris, 2015: *Media Watch's climate change obsession.* The Australian, 1.&2. August

231 http://judithcurry.com

232 http:// www.forbes.com/sites/jamesconca/2015/06/15/a-pause-in-global-warming-not-really/

233 http://nsidc.org/arcticseaicenews/

234 https://www.nasa.gov/content/goddard/antarctic-sea-ice-reaches-new-record-maximum/

235 https://www.arctic.moaa.gov/detect/ice-seaice.shtml

alle untergehen werden.

Ihre furchteinflößenden Vorhersagen fussen auf Modellen, nicht Vermessungen. Ich denke, das machte einen erheblichen Unterschied. Diejenigen, die sich mit Modellen befassen, sammeln die Primärdaten nicht selbst. Ihr nennenswerter Beitrag ist es, die von anderen gesammelten Daten zu verändern. Matthew England[236] vom Forschungszentrum für Klimawandel (UNSW) ist einer von diesen Leuten und fährt fort, uns zu unterhalten:

„*Was wir in diesen Modellen sehen ist, dass die Erwärmung am Ende der Unterbrechung schnell sein wird, egal wann diese Unterbrechung endet.*“

Vergessen Sie alle Beobachtungen und Messungen, und glauben sie blind an die Modelle. Angesichts der Tatsache, dass die Modelle sich als ungeeignet erwiesen haben, selbst die Messdaten der Vergangenheit zu reproduzieren und dass die Modelle sich als ungeeignet erwiesen haben, eine Unterbrechung der Erwärmung vorherzusagen, ist es bemerkenswert, dass diese schlauen Modelle nun vorhersagen können, wann die Unterbrechung der Temperaturveränderung enden wird. Glaubt besser alle daran: es wird schnell, schlimm und endgültig. Man kann dieses ganze Zeug nur glauben, wenn man den Weingott gerade fest umarmt hält. Wenn das alles ist, was wir von einem Klimainstitut hören, das mit Steuergeldern bezahlt wird, dann sollte es geschlossen werden.

Die Geschichte des Kohlendioxid

Kalkstein und Kalkgesteine enthalten Calcit ($CaCO_3$), ein Mineral das 44 Gewichtsprozent CO_2 enthält. Das Begraben von Kohlenstoffverbindungen verhindert ihre Umsetzung zu CO_2 und Methan, die in die Atmosphäre freigesetzt werden könnten.

236 Kenny, Chris, 2015: *Media Watch's climate change obsession.* The Australian, August 1-2, Seite 19

Vor etwa 400 Millionen Jahren beschleunigte sich das Begraben, die Versenkung der Kohlenstoffverbindungen, als die ersten Landpflanzen auf dem Planeten erschienen. Die Wälder wuchsen schnell, Kohlendioxid wurde aus der Atmosphäre entfernt und der Kohlenstoff wurde nicht zu atmosphärischen CO_2 recycelt, weil es in Form von Kohle, carbonhaltigee Sedimenten, Kalkgesteinen, und Kalkstein-Riffen begraben wurde.

Es gab Zeiten wie das Karbon, in denen das Leben auf der Erde explodierte. Das führte zu einer massiven Entfernung von Kohlendioxid aus der Atmosphäre, zur Bildung von Sauerstoff und zur Speicherung des recycelten Kohlenstoffs in der Kohle der nördlichen Hemisphäre. Die Entfernung des CO_2 aus der Atmosphäre fand unmittelbar vor der Perm-Carbon- Kaltzeit statt. Sie mag eine der Faktoren gewesen sein, die die Bühne für die Eiszeit vorbereitet haben. Zu dieser Zeit befand sich der Superkontinent Gondwana am Südpol und die Eisdecken in hohen Breitengraden.

Sollte die Perm-Karbon-Kaltzeit unter dem Einfluss des niedrigen atmosphärischen CO_2 gestanden haben, was ist dann mit der Kaltzeit, die wir heute genießen? Während des über fast 100 Millionen Jahre dauernden Auseinanderbrechens des Superkontinentes Gondwana driftete Indien nach Norden und kollidierte vor etwa 50 Millionen Jahren mit Asien. Australien trennte sich vor 100 Millionen Jahren von Neuseeland. Und das war auch gut so. Der Himalaya wurden nach oben gedrückt. Indien drückt immer noch gegen Asien und der Himalaya erhob sich. Jedes Mal wenn sich in Tibet, Nepal, Nordostpakistan, Nordindien und Südwestchina ein Erdbeben ereignet, geschieht das, weil der Himalaya weiterhin im Aufsteigen begriffen ist und dabei Felsen ausbricht.

Die Ansammlung von Schnee und Eis in großer Höhe führte zu vermehrter Reflektion von Sonnenenergie. Die Fläche der

Himalaya ist halb so groß. wie die der Vereinigten Staaten von Amerika und so ist der Feedback-Effekt reflektierter Solarenergie hoch. Die Größe und Höhe des tibetischen Plateaus veränderte globale Windmuster und erzeugte regionalen Klimawandel. Die große Temperaturdifferenz zwischen Winter und Sommer spaltet Felsen. Dieses bringt große Gesteinsbrocken mit großer Oberflächen hervor, die dem Angriff des Regens und der Mikroorganismen ausgesetzt sind. Das riesige tibetische Plateau heizt sich im Sommer auf. Die Luft darüber heizt sich auf und steigt auf und kühlere, feuchte Luft aus dem tropischen indischen Ozean wird zu dem Plateau hinaufgezogen. Dieses verursacht die Monsunregen, die durch Ersosion der Felsen Böden erzeugen, ein Vorgang der Wasser, Sauerstoff und Kohlendioxid aus der Atmosphäre zieht und Salze und Bicarbonate in die Ozeane einbringt.

Intensiver Regenfälle waschen Böden von den steilen Abhängen aus. Der Vorgang findet viele Male statt. Die dicke Lage Sedimente im Ganges-Delta in der Bucht von Bengalen zeigt, dass dieser Prozess der Entfernung von CO_2 aus der Atmosphäre etwa 50 Millionen Jahre vor sich gegangen ist. Etwa 15 Millionen Jahre nach Beginn dieses Vorgangs, erschien Eis in Antarktika.[237]

Es gibt eine Hypothese, dass der Aufstieg der Berge die Verwitterungsrate verändert und durch Entzug des CO_2 aus der Atmosphäre ein negativer Treibhaus-Effekt entsteht. Die Theorie ist, dass wenn ein Anstieg des atmosphärischen CO_2 globale Erwärmung hervorruft, dann auch eine Verringerung des atmosphärischen CO_2 eine Abkühlung hervorrufen sollte. Aber es gibt keine Verbindung zwischen dem Aufstieg der Berge und den Kaltzeiten und darum gibt es auch keine Wirkungsbeziehung

237 Raymo, M. E. and Ruddiman, W. F. 1992: Tectonic forcing of late Cenozoic climate. Nature 359: 117-122

zwischen dem atmosphärischen CO_2 und der globalen Temperatur. Aber das wussten wir schon.

Die vermehrte Bildung von Gebirgen vermehrt die Retention von CO_2. Es ist vorgeschlagen worden, dass der Aufstieg der Himalayas ein Auslöser der letzten Kaltzeit war.[238,239] Diese Schlussfolgerung ist heftig umstritten. Vermehrte Verwitterung führt den Ozeanen mehr Nährstoffe zu. So verursachte etwa der rasche Aufstieg des himalaya-tibetischen Plateaus zu einen Strom von Phosphor in die Ozeane. Dies führte zwischen 8 bis 4 Millionen Jahren vor der heutigen Zeit zu einer Blüte der Algen in den Ozeanen, die mit dem Monsunregenfällen in Indien und Asien zusammentraf. So führte nicht nur der Aufstieg der Gebirge zu einer direkten Retention des CO_2, sondern auch das Anwachsen der Algen-Population[240] verursachte eine weitere Verminderung des atmosphärischen CO_2.

Die kälter werdende Sonne

Die Sonne bestimmt alle Prozesse auf der Oberfläche der Erde, das schließt Wetter und Klima ein. Das Sonnenlicht betreibt die Photosynthese. Es ist die Photosynthese, die uns Kohle gab, Öl, Gas und das moderne Pflanzenleben. Ohne die Sonne gibt es kein Leben auf Erden (obwohl wenige Extremformen des Lebens in der Umgebung von Vulkanen entstehen könnten). Die Solarenergie heizt die Ozeane und die Ozeantemperatur bestimmt die atmosphärische Temperatur. Etwas wärmere Ozeane setzen mehr CO_2 in die Atmosphäre frei, als kältere Ozeane.

Die Sonne macht mehr als 99,86 % der Masse des

238 Ruddiman, W. F. and Kutzbach, J. E. 1991: Plateau uplift and climatic change. Scientific American, March 1991: 42-50

239 Raymo, M. E. and Ruddiman, W. F. 1992: Tectonic forcing of late Cenozoic climate. Nature 359: 117-122

240 Excess surface water nutrients or eutrophication, commonly by marine algae called coccolithophoridae.

Sonnensystems aus. Die Produktion der Sonne variiert. Seit dem Höhepunkt des Solarzyklus 14 im Februar 1906 hat es keinen Solarzyklus mit weniger Sonnenflecken gegeben.[241] Zurück in 1755 gab es nur wenige Sonnenzyklen, die eine geringere Zahl von Sonnenflecken während des Maximum ihrer Phase hatten. Der fortgesetzte abnehmende Trend in den Zyklen der Sonnenflecken begann vor zumindest 18 Jahren, als die Erde aufhörte, sich zu erwärmen. Wenn das für eine Reihe von Zyklen so weitergeht, dann ist es möglich, dass die Erde ein sogenanntes Großes Minimum (Grand Minimum) mit einer verlängerte Periode geringer Sonnenaktivität eintritt. Viele sagen nun, dass Ausbleiben der Erwärmung seit 1998 sei durch einen Mangel der Sonnenaktivität[242] verursacht und eine weitere Abschwächung der Sonnenaktivität könnte eine weitere Kleine Eiszeit verursachen.[243]

Aus der geologischen Perspektive ist die nächste Abkühlung wegen der Umlauf-Bahnstörungen der Erde und der variablen Aktivität der Sonne unvermeidlich. Aber es ist nicht bekannt, ob sie in Jahrzehnten, Jahrhunderten oder Jahrtausenden kommt. Wir können sicher sein, es wird am Donnerstag sein.

Ein wenig Vorsicht ist ratsam. In den 1970er Jahren verbreiteten dieselben Wissenschaftler, die uns jetzt gerade den Hitzetod prophezeien, die Erde sei auf dem Weg in eine neue Kleine Eiszeit.[244] Der *National Geographic*[245,246], *das Time Magazine*[247]

241 http://dailycaller.com/2015/04/30/the-sun-is-blank-as-solar-activity-comes-to-a-standstill/

242 http://www.eike-klima-energie.eu/climategate-anzeige/waermebilanz-der-erde-und-globale-temperaturaenderung/

243 http://dailycaller.com/2015/03/03/paper-global-warming-more-like-global-cooling/

244 Lowell Ponte, 1976: *The cooling.* Prentice Hall

245 N*ational Geographic,* November 1976

246 *National Geographic,* October 2010

247 *Time*, April 1977

und Newsweek[248] *verkündeten in Schlagzeilen, dass wir auf dem Weg in eine neue Eiszeit seien, weil die atmosphärische Temperatur im Fallen begriffen sei. Sie sagten uns nicht, das zu dem Zeitpunkt das atmosphärische Kohlendioxid gerade anstieg. 2015 veröffentlichte Newsweek* den Beitrag eines Atmosphärenwissenschaftlers, dass eine Kleine Eiszeit aufgrund veränderter Sonnenaktivität Unsinn sei. *National Geographic*[249], *Time Magazine*[250] *und Newsweek*[251] *titelten, dass wir in der Hitze umkommen werden.*

Heute machen uns die populären Medien weis, dass eine katastrophale globale Erwärmung vor der Tür stehe, weil die atmosphärische CO2 kämpfende Konzentration steigt. 1975 hat man uns gesagt[252]*:*

„*Die globale Abkühlung ist die wichtigste soziale, politische und attraktive Herausforderung mit der sich die Menschheit seit 110.000 Jahren auseinanderzusetzen hatte. Ihre Beteiligung bei den Entscheidungen, die wir in dieser Angelegenheit treffen ist von höchster Bedeutung: das Überleben Ihrer selbst, unserer Kinder, unserer Art.*"

Alles ziemlich furchteinflößendes Zeug. Setzen Sie einfach das Wort Erwärmung für Abkühlung ein und dann könnte diese Behauptung von jedem der heutigen grünlinken Umweltaktivisten gemacht worden sein. Es ist eindeutig, dass die Massenmedien von der Wissenschaft nichts verstehen und vor allem Schauergeschichten erzählen möchten.

Wenn Sie die Massenmedien lesen, dann sollten Sie das Zitat des Herzogs von Wellington im Kopf haben: „*Wenn Sie das glauben, glauben Sie auch irgendwas.*"

---

248 *Newsweek,* 28. April 1975
249 *National Geographic,* September 2004
250 *Time,* April 2006, April 2007, April 2008
251 *Newsweek,* 22. January 1996
252 *Newsweek,* 28. April 1975

Seit Ausgang der letzten Kaltzeit vor 12.000 Jahren erwärmte sich die Erde bis zu einem Höhepunkt vor etwa 6000 Jahren, den wir als das Holozän-Optimum bezeichnen. Während dieser 12.000-jährigen Warmperiode kam es zu einigen Abkühlungen (zum Beispiel in der Jüngeren Dryaszeit). Seit jenem Höhepunkt vor 6000 Jahren, der 2°C wärmer war als jetzt, haben wir eine allmähliche Abkühlung gesehen. Aber diese wird durch ein zyklisches Muster wärmerer Perioden, wie die römische Erwärmung, und Kälteperioden wie die Kleine Eiszeit interpunktiert. Der Zenith der kleinen Eiszeit war vor 350 Jahren. Seither hat es einen lang anhaltenden Trend der Erwärmung gegeben, in dem es wiederum Episoden der Abkühlung der Erwärmung gegeben hat, sowie auch Zeiten ohne Veränderungen. All dies steht in keiner Beziehung zu menschlichen Emissionen von CO_2.

Es mag sein, dass Klimavorhersagen nun gar nichts mit dem Klima oder der Wissenschaft zu tun haben. Weil jeden Tag Milliarden von Dollars in der sinnlosen Hoffnung ausgegeben werden, das Wetter zu ändern, kann es um Eigeninteressen gehen. Es kann sein, dass die Daten nicht ordentlich gesammelt, validiert, reproduziert und auch nicht unvoreingenommen interpretiert werden. Die Geschichte wird dies nicht freundlich beurteilen. In einer Zeit, in der 20% der Welt keine Elektrizität hat, gibt es einen Resonanzraum politisierter und bürokratisierter Wissenschaft, damit Politiker, der um kaempfte Raum grünlinker Umweltjournalisten, und Sozialisten die Antworten erhalten, die ihre Ideologien befriedigen. Als Ergebnis des Ganzen sind die Energiekosten gestiegen, die Armen haben immer größere Schwierigkeiten, sich Energie zu leisten, und die Methoden der Wissenschaft selbst sind kompromittiert.

Im Raum steht Folgendes: was passiert, wenn wir uns irren? Dieses ist eine Frage, die ich mich selbst oft gefragt habe in meiner wissenschaftlichen Karriere. Und ich habe mich geirrt. Und ich habe Arbeiten publiziert, die mein eigenes früheres Werk kritisierten. Wer fragt die einfachen Fragen während dieser ideologischen Flut von Übertreibung, wo Climategate, Berichtigung von Rohdaten, Betrug, Auswahl von Daten und Dämonisierung der abweichenden Meinung benutzt werden, um eine vom Menschen gemachte globale Erwärmung zu beweisen? Was passiert, wenn wir uns irren? Was geschieht, wenn die Oberfläche des Planeten sich abkühlt und nicht sich aufwärmt? Warum sollte die Erde nicht einfach in ihre nächste durch Umlaufbahn und Sonnenaktivität bedingte Abkühlperiode eintreten? Nur weil menschliche Aktivität etwas mehr CO_2 freisetzt? Abkühlung würde, wie in der Vergangenheit, eine Zunahme der Wüsten bedeuten, der Eisdecke, ein Schrumpfen der Wälder, eine Abnahme bebaubaren Landes, einen Verlust an Arten und eine Reduktion der Artenzahl.

Auch wenn die von westlichen Regierungen bezahlten Wissenschaftler, die wissenschaftlichen Fachgesellschaften, die medialen Netzwerke und einige Politiker behaupten, dass das Klima der Erde immer wärmer werden wird, so gibt es da doch ein kleines Problem mit den Fakten. All die Versuche, die Daten zu verändern, haben die Fakten nicht geändert. Es hat über die letzten 18 Jahre keine Erwärmung der Atmosphäre gegeben und welche Erklärung dafür auch immer angeboten wird, so bleiben doch die Fakten dieselben.

Fragen werden gestellt. Werden die Winter in der Nordhemisphäre kälter? Sind extreme kalte Wetter in der Nordhemisphäre wie zum Beispiel hohe Schneemassen und extrem kalte Perioden während der letzten fünf Jahre Hinweis auf eine Abkühlung? Indien und Nordost-Japan hatten kältere und schneereichere Winter als in den 1990ern. Die Winter werden in bestimmten Teilen der Nordhemisphäre kälter. Seit dem Jahre

2000 kann es zu einer Abkühlung um etwa 0,6°C gekommen sein und der Temperaturtrend zeigt in vielen Teilen der Welt nach unten.[253,254] Es ist klar, warum manche Organisationen sich bemüßigt sehen, diese nach unten zeigenden Trends zu berichtigen, die nicht mit ihrer Ideologie im Einklang stehen.

Es ist 172 Jahre her, seit wir gelernt haben, dass die Aktivität der Sonne über einen Zyklus von etwa 10-12 Jahren variiert.[255] Jeder Zyklus ist etwas anders. Anfänglich dachte man, die Ursache sei ein magnetischer Dynamo, der durch einen der tiefer sitzende Konvektionsflüssigkeit angetrieben würde. Eine neue und bessere Interpretation besteht darin, sich einen doppelten Dynamo vorzustellen.[256]

Die Sonne ist wie viele andere Sterne. Sie ist ein gigantischer Kernfusionsreaktor der Gamma-Strahlung, Sonnenstrahlung, Röntgenstrahlen, ultraviolettes Licht, sichtbares Licht Infrarotstrahlen, Mikrowellen und Radiowellen generiert. Sie hat ein mächtiges magnetisches Feld, ähnlich einem Dynamo, und erzeugt Solarpartikel, die die Erde bombardieren. Die gesamte Energieproduktion der Sonne hat in den letzten 400 Jahren nur etwa 0,15% variiert (das nennt man die Solarkonstante). Im Wesentlichen produziert die Sonne eine konstante Menge Hitze, aber mit veränderbaren magnetischen Feldern und variablen Sonnenflecken.

---

253 http://icecap.us/index.php/go/joes-blog

254 NOAA average temperature chart; http://www.ncdc.noaa.gov/cag/

255 1843 nach 17 Jahren der Beobachtung durch Samuel Heinrich Schwabe (1789-1875).

256 Zharkova et al. 2015: *Irregular heartbeat of the Sun by double dynamo* National Astronomy Meeting 2015 of the Royal Astronomical Society, July 2015, Llandudno, Wales

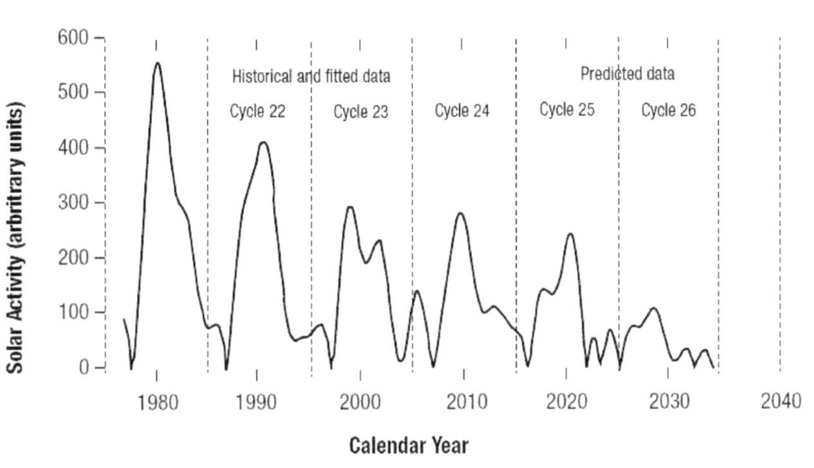

Abb. 2: Duale solare Dynamos nach Zharkova et al 2015

Die Magnet-Wellen der Sonne sind ein duales Dynamosystem, das auf zwei verschiedene Schichten im Inneren der Sonne zurückgeht. Es gibt auch den Vorschlag, dass es drei Sonnendynamos geben könnte[257], was aber nichts an der wesentlichen Folgerung ändert: es gibt einen engen Zusammenhang zwischen den Solarzyklen und dem Klima auf der Erde und dieses ist für Jahrzehnte bekannt.[258,259] Wir können spekulieren, ob die variable UV-Produktion oder der

257 Scafetta, N. 2012: Multi-scale harmonic model for solar and climate cyclical variation throughout the Holocene based on Jupiter-Saturn tidal frequencies plus the 11-year solar dynamo cycle. Jour. Atmos. Solar Terr. Physics doi:10.1016/j.jastp.2012.02.016

258 Friis-Christensen, E., and Lassen, K. 1991: Length of the solar cycle: An indicator of solar activity closely associated with climate. Science 254: 698-700

259 http://wattsupwiththat.com/2010/02/02solar-cycle-24-update/

magnetische Einfluss auf die oberen Atmosphärenschichten der Erde die Wolkenbedeckung beeinflussen und somit den Anteil der Energie den die Erde in den Raum zurück reflektiert. Wenn die Sonne die Wolkenbedeckung beeinflusst, dann wird sich die Oberflächentemperatur der Erde verändern, obwohl die Sonne eine fast gleichbleibende Energie ausstrahlt. Die Wissenschaft ist sicherlich nicht abgeschlossen.

Es wird immer populärer, ein anstehende Mini-Eiszeit vorherzusagen. Die Erde hat sich seit dem Maunder Minimum vor 350 Jahren erwärmt. Dies ist ohne Bezug zu menschlichen Emissionen und verbunden mit Änderungen in der Aktivität der Sonne. Ich weiß, ich weiß, es ist wirklich komisch vorzuschlagen, dass der große Hitzeball am Himmel irgendetwas mit der Temperatur auf der Oberfläche der Erde zu tun haben könnte. Und es ist wirklich furchteinflößend, dass die Sonne ein nuklearer Fusionsreaktor ist. Gibt es schon Gesetzgebung, die die grüne Linke einbringen könnte, um die Kapitalisten zu stoppen, aus der Nuklearfusion Profit zu schlagen? Um konsistent zu sein, müssen die grünlinken Umweltaktivisten jetzt gegen die Sonne demonstrieren.

Kohlendioxid fing erst im frühen 19. Jahrhundert an zu steigen. Ob dies auf menschliche Emissionen zurückgeht, kann bestritten werden. Die Geschwindigkeit des Anstiegs wuchs mit der Industrialisierung nach dem Zweiten Weltkrieg und dem Wachstum in China, Indien und Südostasien. Von daher kann irgendeine Erwärmung vor 1800 nicht auf menschliche Emissionen von CO_2 zurückzuführen sein. Und genau darum musste die Mittelalterliche Erwärmungsperiode aus der Geschichte gestrichen werden.

Es ist recht plausibel, dass die Oberfläche der Erde sich abkühlen wird. Auf der einen Skala sind wir in einer Eiszeit, in welcher wir eine 10.000-12.000 Jahre lange durch die

Umlaufbahn verursachte Zwischeneiszeit erleben dürfen, die nun zu einem Ende kommt. Insgesamt haben wir seit dem Holozän Optimum vor 6000 Jahren eine Abnahme der Temperatur erlebt. Nach der Zwischenzeit müssen wir einen 90.000 Jahre währende Kaltzeit erwarten, falls wir nicht ein dringliches internationales Abkommen über viele Trillionen Dollar erreichen können, um die Umlaufbahn der Erde zu ändern. Warten Sie nicht darauf.

Eine beträchtliche Menge wissenschaftlicher Daten zeigen, dass die Sonnenflecken mit der Verspätung eines Sonnenfleckenzyklus, also etwa 11 Jahre oder die Hälfte des Sonnenzyklus[260,261,262], für die Vorhersage der Oberflächentemperatur der Erde benutzt werden können. In Spitzenzeiten hat die Sonne viele Sonnenflecken und speit Sonnenflammen aus. Diese haben in der Vergangenheit Satelliten und Hochspannungsleitungen beeinträchtigt. Aber der 11-Jahres Zyklus kann nicht dafür benutzt werden, um akkurat das Verhalten der Sonne vorherzusagen, da es von Zeit zu Zeit erratisch sein kann. Diese Evidenz wird von den grünlinken Umweltaktivisten ignoriert.

Wenn die Erde sich abkühlt, so sind wir alle völlig unvorbereitet. Trillionen von Dollar sind für Fragen nach Menschen-gemachter globaler Erwärmung und Möglichkeiten ihrer Mitigierung ausgegeben worden. Die laute Propaganda hat uns blind gemacht und so haben wir nicht bedacht, dass sich die Erde auch abkühlen könnte. In der Vergangenheit waren Erwärmung oder Abkühlung das Ergebnis der Koinzidenz einer ganzen Reihe von natürlichen Ereignissen und Zyklen.

---

260 Balachandran, N. K. et al. 1999: *Effects of solar cycle variability on the lower stratosphere and troposphere*. Jour. Geophys. Res. 104: 27321-26339

261 Scherer, K. et al. 2007: *Interstellar-terrestrial variations; variable cosmic environments, the dynamic heliosphere and their imprints on terrestrial archives and climate.* Space Science Reviews 127: 327-465

262 Mörner, N.-A. et al. 2013: *General conclusions regarding the planetary-solar-terrestrial interaction.* Pattern Recogn. Physics 1: 205-206

Wissenschaftler von der Universität von Southampton sagen vorher, dass der Atlantische Ozean sich abkühlt. Es könnte über die nächsten Jahrzehnte um bis zu 0,5°C kälter werden. Ein kühler Atlantik würde Großbritannien kühlere, trockene Sommer bescheren und der Sahelzone 20-30 Jahre Dürre.[263]

Andere sagen eine Abkühlung aufgrund der Solarzyklen voraus, wodurch eine nächste Kleine Eiszeit verursacht würde.[264] Sie argumentieren, das Ausbleiben eines atmosphärischen Temperaturanstiegs seit 1998 könnte der Sonnenaktivität geschuldet sein.[265] Wir befinden uns sechs Jahre im Solarzyklus 24 und die niedrige Sonnenfleckenaktivität könnte das Ende des jüngsten Maximums des Sonnenstadiums anzeigen. Der Zyklus erreichte im April 2015 seinen Höhepunkt und der zweite der beiden kleinen Gipfel auf dem Zenith des Zyklus war der Stärkere.

Aufzeichnungen der Sonnenflecken gehen bis 1750 zurück. Ein stärkerer zweiter Gipfel der Sonnenflecken kommt nur dann vor, wenn die Sonnenaktivität sich in einer langfristig abnehmenden Periode befindet, gerade vor einer Kälteperiode. NASA und die Gemeinschaft der Solarphysiker stimmen überein, dass der Solarzyklus 24 der schwächste in 100 Jahren ist. Die Korporation für Raum und Wissenschaft stellt fest, dass die nächste Kälteperiode bereits begonnen hat.[266] Dies würde bestätigt, falls Solar Zyklen 25 und 26 schwächer sind und die projektierte kühlere Periode bis in die 2040er anhält.

Zwischen 1755 und heute hat es nur wenige Solarzyklen mit vermindertere Zahl von Sonnenflecken in der maximalen

263 http://www.southampton.ac.uk/news/2015/05/28-ocean-circulation-study
264 http://dailycaller.com/2015/03/03/paper-global-warming-more-like-global-cooling/
265 http:www.eike-klima-energie.eu/climategate-anzeige/waermerbilanz-der-erde-und-globale-temperaturaenderung/
266 http://www.spaceandscience.net/id74.html

Phase der Solarzyklus gegeben. Die Aktivität der Sonne nimmt ab, möglicherweise schneller als zu irgendeiner Zeit während der vergangenen 9300 Jahre. Der Direktor des russischen Raumfahrtlabors Habibullo Abdussamarov hat seit langem behauptet, dass eine Kleine Eiszeit im Anmarsch sei.[267] Vielleicht versuchen die brutalen Winter in der Nordhemisphäre 2013-2014, die arktische Abkühlung seit 2010, das Ausbleiben eines Temperaturanstiegs seit mehr als 18 Jahren und saisonale Verspätungen in der Pflanzung der Nutzpflanzen wegen nasser Frühlingszeiten in den Jahren 2013, 2014 und 2015 uns etwas zu sagen. Vielleicht gibt es jetzt keine globale Erwärmung mehr. Treten wir gerade in eine Abkühlungsphase ein? Die Zeit wird es zeigen.

Wäre die Atmosphäre ein paar Grad wärmer, würde mehr CO_2 aus den Ozeanen ausdampfen und die Pflanzen würden gedeihen. Nutzpflanzen, Wälder und Weideland würden schnell wachsen und über eine längere fruchtbare Saison auf größeren Teilen des Landes würden sie so mehr Wohnplatz, Tierwelt, Landwirtschaft und Menschen ernähren. Wenn aber der Planet durch Nachlassen der Sonnenaktivität wie im Dalton Minimum (1790-1830) oder im Maunder Minimum (1645-1715) abkühlen, dann würde die Landwirtschaft in Kanada, Nordeuropa und Russland wegen reduzierter Anbauzeiten und kälteren Wetters schrumpfen. Feuchtigkeit würde aus der Atmosphäre entfernt und wie in allen vorigen Kühlungsperioden nähmen die Wüsten zu. Es gäbe weniger Weizen zum Export auf den indischen Subkontinent, in den mittleren Osten und nach Nordafrika. Es könnte sogar sein, dass es gar kein überschüssiges Korn für den Export gibt. Es könnte sein, dass es nicht genug Korn für Bio-Treibstoffe gibt.

267 https://meteolcd.wordpress.com/2009/11/01/abdussamatov-the-sun-defines-the-climate/

Dieses würde unsere Fähigkeit, die wachsende Bevölkerung der Welt zu ernähren, einschränken. Doch selbst unter kälteren Bedingungen würden Dünger, Insektizide, Fungizide, genmanipulierte Nutzpflanzen und mechanisierte Landwirtschaft immer noch dafür sorgen, dass wir eine maximale Nahrungsmittelproduktion erzielen. Mehr Wälder würden zu Ackerland umgewandelt und mehr unvorhersehbare Stürme und Kälteeinbrüche während der fruchttragenden Zeit würden die Landwirtschaft anfälliger machen. Die Kleine Eiszeit (1350-1850) ist vielleicht eine Vorschau der nächsten Abkühlung. Während dieser Zeit gab es Ernteausfälle, Unterernährung, Hunger, Krankheit und Krieg in fast ganz Europa. Der Herr sei bei uns, wenn wir die nächste unvermeidliche Eiszeit erleben müssen. Kaltes Wetter bringt Menschen in viel größerer Zahl um, als warmes Wetter.

Einige Gruppen, wie etwa die Korporation für Raum und Wissenschaftsforschung[268], sagten im April 2015 vorher, dass das Wachstums in den USA und die globale landwirtschaftliche Produktion auf Jahrzehnte abnehmen würde, wenn die Sonne in die solare Hibernation geht (was sich alle 206 Jahre wiederholt). Diese Vorhersage würde durch den Umstand bedeutsamer, dass Regierung, Körperschaften und manche Landwirtschaftler sich derzeit auf eine globale Erwärmung vorbereiten und auf eine Abkühlung nicht vorbereitet sind. Abkühlung ist unvermeidlich. Es ist nur eine Frage wann. In den wärmeisolierten und gut beheizten Häusern der westlichen Länder können die Menschen schon jetzt auch in hohen Breitengraden sehr kaltes Winterwetter überleben. Kohlenstoffsteuern, erzwungene erneuerbare Energien, und subventionierte erneuerbare Energie haben die Kosten für Elektrizität und die Beheizung des Heims teurer gemacht. Wann immer Energie teuer wird oder rationiert ist,

268 http://www.spaceandscience.net

entlassen die Arbeitgeber Angestellte. Die hohen Kosten für Energie geben uns eine Idee von dem, was die Zukunft sein könnte. Arme Rentner im Vereinigten Königreich verbringen jetzt die meiste Zeit des Tages in Busen, Büchereien, Einkaufszentren und an anderen Plätzen, weil sie sich das Heizen zu Hause nicht leisten können. Dies ist Brennstoffarmut. In Deutschland, Griechenland und anderen Ländern haben die ansteigenden Energiekosten dazu geführt, dass einige Leute mit ihren Äxten in die Wälder gehen, um sich dort Holz zum Heizen und Kochen zu holen. Andere verbrennen Bücher in kleinen Kaminen, denn Bücher sind billiger als Holz oder Kohle.

Der Vatikan hat für Jahrhunderte ein astronomisches Observatorium, die *Specola Vaticana*, betrieben. Das tut er immer noch. Der Gregorianische Kalender von 1582 war eine Verbesserung des Julianischen Kalenders. Der Zeitpunkt für Ostern wird nach dem lunisolaren Kalender bestimmt und ereignet sich nicht zu einem bestimmten Datum des Kalenders, gleichgültig ob der Julianische oder Gregorianische Kalender benutzt wird. Ostern fällt in der westlichen Christenheit immer in einen Zeitraum von sieben Tagen rund um den astronomischen Vollmond des Gregorianischen Kalenders, während die östliche Christenheit den Julianischen Kalender verwendet und Ostern später fallen kann. Die Daten für das astronomische Ostern, Gregorianische Ostern, Julianische Ostern und das jüdische Pessahfest sind verschieden und in der Vergangenheit war das genaue Datum von Ostern ein Streitgegenstand. Der Vatikan bezog seinen Rat von Astronomen und Mathematikern, einschließlich jener der *Specola Vaticana*, um den Gregorianischen Kalender und das Osterdatum zu bestimmen.

Man hätte gedacht, dass der Papst angesichts der langfristigen Interessen des Vatikans an der Astronomie auch bezüglich der Effekte der Sonne auf das Erdenklima den Rat seiner eigenen Astronomen erfragt. Die Stiftung des vatikanischen Observatoriums ist sehr aktiv im Feld der Astronomie. Sie berichtet über die letzten astronomischen Funde wie etwa die NASA Erforschung des Pluto[269] und ist klar auf dem neuestem Stand mit den letzten wissenschaftlichen Entwicklungen. Vielleicht erwähnt die Enzyklika die Rolle der Sonne für das Klima der Erde nicht, weil die IPCC ihre Bedeutung leugnet.

Wenn ich als Wissenschaftler gefragt werde, ob sich die Erde nun abkühlen oder erwärmen wird so ist meine Antwort ja.

Meereis

Das Meereis ist viel für Klimaschauergeschichten benutzt worden. 2007 erzählten uns die Medien und die grünlinken Wissenschaftsaktivisten, dass die Arktis im Jahre 2013 eisfrei sein würde.[270] Es sehe so aus, dass frühere Projektionen die Vorgänge des Eisverlustes unterschätzt hatten und dass ein neues regionales Modell für den arktischen Ozean mit hoher Auflösung gekoppelt mit realistischen atmosphärischen Daten eine neue Schätzung ergeben.[271] Diese Schätzung wurde von anderen Wissenschaftlern wie etwa Peter Wadhams unterstützt, der sagte[272]:

„*Einige Modelle haben die physikalischen Prozesse, die sich abspielen, nicht voll berücksichtigt. Das Eis wird schneller dünner als es schrumpft und einige Modelle haben angenommen, dass das Eis eine recht dicke Schicht sei. Wieslaw's Modell ist effizienter, denn es arbeitet mit Daten und berücksichtigt auch Prozesse die sich innerhalb des Eises abspielen.*“

Da haben Sie es nun. Die Arktik ist zum Untergang verurteilt.

269 www.vofoundation.org

270 http://news.bbc.co.uk/2/hi/7139797.stm

271 Fall meeting 2007, American Geophysical Union; paper by Wieslaw Maslowski

272 http://news.bbc.co.uk/2/hi/7139797.stm

Wadham hat auch behauptet, drei britische Klimawissenschaftler seien von Klimasskeptikern ermordet worden und auch er stünde auf der Liste.[273] Diese arme Seele ist ein Berater von Papst Franziskus.

Das Jahr 2013 ist vorbei und so kann die obige Vorhersage evaluiert werden. Das Eis hat sich ausgedehnt. Das Problem ist nun, dass es in den letzten Jahren immer mehr Eis auf der Welt gibt, als zu Beginn der Satellitenaufzeichnungen 1979. Seine Dicke nimmt zu. Das Sommereis der Arktis, welches bis vor kurzem auf dem Rückzug war, hat nun wieder angefangen sich auszudehnen. Dies sind Messungen, keine Modelle. Und nur ganz nebenbei, falls sie sich Sorgen gemacht hatten: die Zahl der Eisbären nimmt zu und die Temperaturen in Grönland hat seit Jahrzehnten keinen Anstieg gezeigt.

Das Meereis und die kontinentalen Eisplatten geben uns Informationen darüber, wie Klima sich wandelt. Wenn man einen Eisblock anfasst, fühlt er sich kalt an. Das kommt daher, dass das Eis unserer Hand Energie entzieht, die das Eis schmelzen lässt. Wenn Meereis schmilzt, so kommt die Schmelz-Energie aus dem Ozean. In der Antarktis ist es zu einer raschen Ausdehnung des Meereises um etwa 20 Millionen km² gekommen. Ebenso hat sich das arktische Meeeis erholt.

Da die Wärmekapazität von Eis 80 cal/Gramm/Grad Celsius geringer ist als die von Wasser, entsteht bei der Formung von Eis aus Meerwasser Hitze, die an die Atmosphäre weitergeleitet wird. Da es nicht zu einem aufgezeichneten Anstieg der atmosphärischen Temperatur kam, als das Meereis sich vermehrte, muss die abgegebene Wärme einer sich abkühlenden Atmosphäre beim Kompensieren geholfen haben. Die Oberfläche des arktischen Meereises sollte zu der regelhaften 60 bis 70-

273 *The Times,* 28th September 2015

jährigen *Atlantischen Multidekadalen Oszillationen* (AMO)[274] im Bezug stehen, die ihren Höhepunkt im Warmzyklus 2012 hatte. Deswegen ist es möglich, dass wir nach 2012 einer größere Abnahme der globalen atmosphärischen Temperatur begegnen, als von der totalen Sonnenintensität alleine zu erwarten war.

Das US U-Boot Nautilus konnte 1956 durch das ausgedünnte Eis des Nordpols auftauchen. Während der vorigen Ausdünnung des Eises durch AMO gelang Amundsen 1906 die Segelfahrt durch die Nordwestpassage. Während beider Zeiten dünneren arktischen Meereises war die atmosphärische CO_2 Konzentration geringer als heute. Trillionen von Dollars werden für die Möglichkeit ausgegeben, dass globale, durch menschliche CO2-Emissionen verursachte Erwärmung ein Problem ist. Vielleicht sollten wir uns Sorgen machen über den nächsten Abkühlungszyklus, der für mehr als 100 Jahre andauern könnte.

Die *Pazifische Decadale Oszillation* (PDO) ist ein Schalter zwischen zwei Zirkulationsmustern der alle 30 Jahre umgelegt wird. Sie wurde ursprünglich 1997 im Zusammenhang mit der Lachszucht entdeckt. Die warme Phase der Oszillationen neigt dazu, die Landmassen der nördlichen Hemisphäre aufzuwärmen[275]. Die Datensätze der AMO und PDO sind einander unähnlich und können deshalb nicht addiert oder zur Bildung eines Mittelwertes herangezogen werden. In den 1930er Jahren trafen die Warmphasen von AMO und PDO zufällig zusammen. Dies war eine Zeit rekordhoher Temperaturen in den USA. Beide Kaltphasen trafen sich in den 1960er und 1970er Jahren, jener Zeit in der Schauergeschichten entstanden, dass der Planet in eine weitere Eiszeit eintrat.

---

274 Andronova, N. G. and Schlesinger, M. E. 2000: *Causes of global temperature changes during the 19th and 20th centuries*. Geophys. Res. Lett. doi: 10,1029/2000GL006109

275 http://www.droyspencer.com/global-warming-background-articles/the-pacific-decadal-oscillation/

Im Jahrzehnt seit der Mitte der 1990er koinzidierten die Warmphasen erneut und das war die letzte Beobachtung, dass die Erde sich erwärmte. Die PDO hat sich nun abgekühlt, die AMO hatte den Höhepunkt ihrer Warmphase und die Temperaturen steigen nicht, sinken aber auch nicht. Von etwa 2025 bis etw 2035 werden sowohl AMO als auch PDO in ihren kalten Phasen sein und der Planet Erde könnte sich ähnlich abkühlen, wie in den Jahren 1964-1979. Die Solaraktivität nimmt ebenso ab und einige Solarphysiker sagen ein Dalton Minimum oder sogar ein Maunder Minimum voraus. Es ist Zeit, sich ein paar warme Sachen zu kaufen.

Die Narrative der Klimakatastrophisten ist, dass der Planet sich aufgrund menschlicher Emissionen von CO_2 aufwärmt. Wenn dem so ist, sollte man es an den Polen zuerst vermerken. Wir alle wissen, dass wegen unserer sündigen Emissionen von CO_2 das Eis der Polkappen mit alarmierender Geschwindigkeit schmilzt und dass die Zahl der Eisbären zurückgeht. Ein guter Gaia-fürchtiger, dezenter grünlinker Umweltaktivist würde heroische Mühen auf sich nehmen, um zuerst an die Pole zu gelangen, um Evidenz aus erster Hand beizubringen. Das wäre dann der Beweis. Die verwirrten, dämonischen Leugner würden endlich zum gebracht. Solche Reisen haben versucht, das schwindende Polareis in Augenschein zu nehmen und haben ganz regelhaft Horrorgeschichten mit nach Hause gebracht. Diese Reisen waren so sorgfältig geplant, dass Ideologie alles war, was man brauchte. Es war nicht nötig, sich die Daten der Cryostat-Satelliten[276] und die Temperaturaufzeichnungen der polaren Wetterstationen anzusehen, denn das war ja die Art von Daten, die die Leugner benutzten.

Es ist uns weisgemacht worden, dass die Oberfläche des arktischen Meereises seit einigen Jahren zurückgeht. Wir sind alle

276 http://www.esa.int

verloren. Aber die europäische Raumfahrtagentur[277] berichtete, dass sich das arktische Meereseis zwischen 2013 und 2014 um erstaunliche 33% ausgedehnt hatte. Kanadische Forscher an Bord eines Eisbrechers in der Hudson Bay mussten ihre Aktivitäten einstellen, weil das Eis dicker war als in den letzten 20 Jahren. Wetterstationen im westlichen Grönland (Godthab Nuuk) und dem westlichen Grönland (Angmagssalik) haben seit 1900die Temperaturen aufgezeichnet. Diese Stationen sind auf den entgegengesetzten Seiten Grönlands und geben damit gute Informationen für die gesamte Insel. Die unberichtigten Temperaturdatensätze zeigen erwartungsgemäss, dass einige Jahre kälter und einige wärmer sind als andere. Aber es gab in Grönland während der 115-jährigen Aufzeichnungen der Messwerte weder eine bedeutsame Erwärmung noch Abkühlung. Diese öffentliche Aufzeichnung von GISS Daten ist über NASA und NOAA frei zugänglich.[278]

2008 erhielten Gordon Pugh und zwei Kollegen Unterstützung von einer Klimarisiko-Versicherungsunternehmung. Sie wurden auch von Al Gore, der BBC, und dem Prinzen von Wales unterstützt. Sie verließen Svalbard in Norwegen um gemütlich die 1200 km über den arktischen Ozean zum geographischen Nordpol zu paddeln. Die Absicht der Expedition war, durch elektronische Messung der Eisdicke zu zeigen, wie sehr sich das arktische Eis vermindert hatte. Die Ausrüstung fror nach wenigen Tagen ein und ein Zentimetermaß wurde verwendet. Nach ein paar Wochen mussten die mutigen Expeditionsteilnehmer mit dem Helikopter[279] auf ein Rettungsschiff zurückgeflogen werden,

277 http://www.esa.int/Our_Activities/Observing_the_Earth/Cryosat/Arctic/sea-ice-up-from-record-low

278 1900-2010: http://data.giss.nasa.gov/gistemp/station_data_v2/; 2011-2015: http://data.giss.nasa.gov/gistemp/station_data/

279 Apologies for not using a correct passive gerund, you know what helicoptered means anyway.

da das konstant sich bewegende Eis zu dick war. Die Expedition wurde 135 km entfernt von Svalbard aufgegeben. Pugh und seine furchtlosen, törichten Kollegen konnten keine Lücke im Eis finden, obwohl sie es viele Male versuchten. Hätte Pugh verfügbare Satellitendaten oder die Temperaturaufzeichnungen Grönlands rational studiert, dann hätte er diese zum Scheitern verurteilten Reise nie unternommen.

Offensichtlich schaut sich der Engländer Pugh kein gutes Britisches Fernsehen an. Dort hätte er 2007 sehen können, wie die *Top Gear* Mannschaft in neun Tagen mit einem Toyota Hilux von Resolute Bay (Nordkanada) über Meereis bis zum magnetischen Nordpol von 1996 fuhr (78° 35,7 Minuten Nord, 104° 11,9 Minuten West). Das Eis war so dick, dass die Fahrzeuge nicht auf dem Boden des arktischen Ozeans landeten.[280] Der magnetische Nordpol bewegt sich nach Norden und nach Westen und befindet sich derzeit etwa 1600 km vom geographischen Nordpol (90° Nord, 0 Grad Ost oder West).

Pugh hat Stil. Im Juli 2007, als das arktische Seeeis sein Minimum erreicht hatte, schwamm er ohne Schwimmsachen 1 km durch offenes Wasser am Nordpol, um so Aufmerksamkeit auf die Umwelt zu lenken. Das trat nicht ein, obwohl seine Aktionen vielleicht einige Psychiater hätten interessiert haben können. Er unternahm kurze Schwimmaktionen in den Sieben Meeren und den Malediven, um so auf Klimawandel und die Gesundheit der Ozeane aufmerksam zu machen. Es gelang nicht. 2010 schwamm Pugh durch einen Gletschersee nahe dem

280 Jeremy Clarkson was filmed driving and drinking gin and tonic. After complaints from temperance-type hand wringers, Clarkson claimed that he was over international waters and therefore sailing. The highest rating television show in the world showed that the Arctic sea ice was not thinning. Greenpeace complained that “Clarkson is a problem because he has represented some climate sceptic views.” That’s the true ecofascist face of Greenpeace, no one is allowed to have a different opinion.

Mount Everest, um zu zeigen, dass die Himalaya Gletscher im Schmelzen begriffen waren und dass der dadurch reduzierte Wasservorrat den Weltfrieden beeinträchtigen könnte. Die Himalaya Gletscher schmelzen ein bisschen im Sommer und wachsen ein bisschen im Winter.

Sommertourismus für Klimaalarmisten endete im Januar 2014 in einer Farce. Es könnte auch eine Tragödie mit vielen Toten geworden sein. Es wurde beworben als *„Expedition um Fragen zu beantworten wie Klimawandel im gefrorenen Kontinent möglicherweise schon jetzt die Wettermuster Australiens verändert*". Dabei wollte man den Spuren von Sir Douglas Mawson nachgehen, die dieser 100 Jahre zuvor hinterlassen hatte. Die Touristen auf dieser Expedition, die weitgehend vom Steuerzahler bezahlt wurde und 1,5 Millionen Dollar kostete, fanden keine Blumen auf den Wiesen um Mawson's Hütte in Antarktika. So konnten sie nicht als Helden mit dem Beweis zurückkehren dass Menschen gemachte globale Erwärmung das antarktische Meereis schmilzt.

Chris Turney, samt Frau und Kindern, musterte zahlende Touristen und eine sympathisierende umsonst reisende Mediagruppe von BBC, ABC, Guardian, und Fairfax Press für eine Tour mit der fossile Brennstoffe verbrennenden Akademik Shokalskiy an. Ziel war mit angehaltenem Atem die heroischen, Planeten rettendenen, Wissenschaftler zu beobachten, die mit den Elementen kämpfen, während sie das Dünnerwerden des Eises messen. Jenes Eis, das wie wir alle wissen dünner wird wegen menschlicher Emissionen von Kohlendioxid, die aus dem verbrennen fossiler Treibstoffe stammen und globale Erwärmung vorherhervorrufen und damit enden, dass die Polkappen abschmelzen. Die riesigen Mengen fossiler Rohstoffe, die verbrannt werden, um zu solchen Messungen in die Antarktis zu fahren, werden natürlich nicht erwähnt. Auch hier erfolgte der Transport nicht durch Wind oder Sonnenkraft. Die Wissenschaftsaktivisten ignorierten die weit einfacher aus Satelliten und Geschichte verfügbaren Daten, welche belegen, dass die antarktische Eisdecke derzeit in der Ausweitung begriffen ist. Wenn sie existierende Datensätze verwendet hätten oder vernünftig nachgedacht werden, dann hätten sie diesen zum Scheitern verurteilten Ausflug nie unternommen.

Nun hat die Natur einen Sinn für Humor. Das russische Boot wurde vom Eis eingeschlossen. Ein Fossilien verbrennender chinesischer Eisbrecher wurde zur Hilfe gesandt. Auch diese heroischen Abenteurer wurden vom Eis eingeschlossen und die wirkliche Forschung auf den Stützpunkten der Antarktis wurde unterbrochen, da ein australischer fossile Rohstoffe verbrennender Eisbrecher von seinem Weg umgeleitet wurde. Am Ende wurden die Klima-Touristen durch einen fossile Rohstoffe verbrennenden Helikopter in die Wärme eines mit fossilen Rohstoffen beheizten Schiffes fernab vom Eis geflogen. Die Amerikaner, Australier, und Chinesen trugen hohe Kosten um die Passagiere dieses Narrenschiffes zu retten. Man fand alle möglichen Sorten von Entschuldigung, um zu zeigen, dass die Klimawissenschaftsaktivisten auf dem Schiff nicht einfach nur schlecht vorbereitet, inkompetent, ignorant oder schlicht bezüglich der vergangenen Messungen vom Boden und von Satelliten uninformiert waren. Über ihr Scheitern befragt, wichen sie zu Verschleierung und Verstellung aus.

Die Klimaaktivistengemeinschaft schwieg. Die üblichen Verdächtigen in den Medien erfanden sehr kreative Ausreden (besonders jene, die an Bord gewesen waren) und das Journal *Nature* zeigte sich als Magazin des politischen Aktivismus, statt wissenschaftlicher Unabhängigkeit. Die Expedition hatte dem Ziel gedient, zu zeigen, dass diese Gegend jetzt wärmer war, als vor exakt vor 100 Jahren zum Zeitpunkt der Expedition von Sir

Douglas Mawson. Die Fahrt zeigte genau das Gegenteil. Mawson war es mit seinem Kohledampfer, der Aurora, gelungen, dem Land viel näher zu kommen, weil es kein Eis gab. Während zwei Jahren erlebte Mawson keine Erfrierungen, verhungerte nicht, musste seine Hunde nicht essen; auch starben seine Kameraden nicht. Er musste auch keine Hütten in sturmstarken Winden bauen. Für ein paar Wochen hatten alle viel Spaß, als das Schiff endlich im Eis eingeschlossen wurde und ein Spieleprogramm organisiert werden musste. Dutzende von Touristenschiffen besuchen heute die Antarktik, ohne im Eis eingeschlossen zu werden. Die Kapitäne sehen sich vorher auf Satelliten-Aufzeichnungen die Ausdehnung des Meereises an. Es scheint, dass die einzigen jemals vom Sommereis eingeschlossenen Touristen, jene den Klima-„Wissenschaftler" warer, die nachzuweisen versuchten, dass das Eis im Verschwinden sei.

Hätte Chris Turney nicht als Angestellter einer Universität gearbeitet und Forschungsförderung erhalten, so hätte man ihn wegen Unfähigkeit, der Verletzung von Sicherheitsregeln und eines irreführenden und täuschenden Verhaltens herausgeworfen. Der Steuerzahler bezahlt ihn immer noch. Aber die Öffentlichkeit ließ sich nicht Narren.

Beide Pole üben einen eigenartigen Effekt auf Klimaaktivisten aus. Da muss etwas in dem organischen Wasser[281] sein, das sie trinken und schon vergessen Sie die Messungen von Satelliten und Bodenstationen und verfallen ganz ihrer Ideologie. Sicherlich handelt es sich hier um das Verhalten religiöser Fundamentalisten und nicht um das vernünftiger Leute?

Eisdecken und Gletscher

Während der Papst einige wissenschaftliche Ungewissheiten in Rechnung stellt, so fährt er doch unter dem Volldampf

281 A pedantic joke for chemists

des depressiven Desaster-Dogmas wenn er behauptet, dass Veränderungen auf der Erde, am Leben, in den Ozeanen, in der Atmosphäre und der Eisbedeckung primär ein Ergebnis des menschlichen Konsums, der Emissionen von Kohlendioxid und der Verschwendung seien. Während etwa 80% ihrer Existenz gab es auf der Erde weder Eisschilder, noch Meereis. Während der letztens 34 Millionen Jahre hat sich die Erde in einer Kaltzeit befunden, in der sich die Eisschilder während der Kaltzeiten ausdehnen und während der Warmzeiten zurückziehen. Darüber hinaus dehnen sich die Eisdecken einen Polen aus und schrumpfen.[282] Dafür gibt es eine Vielzahl von Gründen. Die wichtigsten sind die Jahreszeiten, die Erdumlaufbahn, die durch Gravitation hervorgerufene Entstehung von Eisströmen, Schmelzwasserflüsse unter dem Eis, Veränderungen der Luft- und Meerestemperatur sowie Veränderungen der vulkanischen Aktivität. Die Erde befindet sich derzeit in einer Zwischeneiszeit, die durch die Erdumlaufbahn verursacht ist, und dieses wird an einem Donnerstag zu einem Ende kommen.

Es ist seit Jahrzehnten bekannt, dass der Fluss des Eises durch Kriechen und nicht Schmelzen des Eises entsteht.[283] Das Kriechen wird zum Teil durch Wasser an der Basis der Eisdecke erzeugt, das dort als Gleitmittel dient.[284] Die Eisschilder von Grönland und Antarktika liegen in Senkungen, d.h. die Ränder sind erhöht. Deshalb muss Wasser aufwärts fließen, bevor es dann nach unten in Gletscher abfließen kann, die schließlich ins Meer münden. Der einfache Prozess der Eisschmelze durch globale Erwärmung schließt Schmelzwasser in den Senkungen unter

282 Augustin, L., 2004: *Eight glacial cycles from Antarctic ice*. Nature 429: 623-628

283 Perutz, M. F. 1940: *Mechanism of glacier flow*. Proc. Phys. Soc. 52: 132-135

284 Stearns, L. A. et al. 2008: *Increased flow speed on a large East Antarctic outlet glacier caused by sub-glacial floods*. Nature Geoscience 1: 827-831

dem Eis ein. Die Prozesse der Ausdehnung und Schrumpfung des Eises sind sehr kompliziert.

Es ist seit langem bekannt, dass es unter dem westantarktischen Eisschild mindestens 20 Vulkane gibt[285,286] Auch unter dem Eis im Yukon und in Britisch-Kolumbien sind Vulkane gut dokumentiert.[287] Jüngste Daten zeigen, dass der Hitzefluss unter der Eisdecke wahrscheinlich unterschätzt worden ist.[288] Einige Areale unter dem Eisschild haben lokale vulkanische Hitzequellen und andere erfahren breiteren Einfluss großer Hitze aus der Tiefe der Erde. Dieses ist nicht ungewöhnlich und auch früher oft dagewesen.[289] Die Instabilität der Eisschilder könnte eher mit variablen Flüssen geothermaler Hitze unter dem Eis zusammenhängen, als mit Temperaturveränderungen von Meer oder Luft. Die Wissenschaft macht ständig neue und überraschende Entdeckungen. Die Benutzung dogmatischer Terme wie Konsens oder abgeschlossene Wissenschaft zeigt, dass der Umweltaktivismus des Papstes und anderer ohne Bezug zur Wissenschaft ist.

Wir leben in einer Eiszeit mit wechselnden Kaltzeiten und Zwischeneiszeiten. Wir wissen, wann das anfing. Wir wissen nicht, wann es zu einem Ende kommen wird. Diese Eiszeit hat eine lange Geschichte. Indien kollidierte vor 50 Millionen Jahren mit Asien. Das örtliche Klima änderte sich und Kohlendioxid aus der Atmosphäre wurde in Böden und Sedimenten gebunden,

---

285 LeMasurier, W. E. 1976: *Intraglacial volcanoes in Marie Byrd Land.* Antarctic Jour. U.S. 11: 269-270

286 Corr, H. F. J. and Vaughan, D. G. 2008: *A recent volcanic eruption beneath the West Antarctic ice sheet.* Nature Geoscience 1: 122-125

287 Plimer, Ian 2009: *Heaven and Earth. Global warming: The missing science.* Connor Court, p 279

288 Fisher, A. T. et al. 2015: *High geothermal heat flux measured below the West Antarctic Ice Sheet.* Sci. Adv. 1: e1500093, 9pp

289 Steig, E. J. et al. 2013: *Recent climate and ice-sheet changes in West Antarctica compared with the last 2,000 years.* Nature Geoscience 6: 372-375

während sich die Berge erhoben. Das Klima der Erde kühlt sich seit 50 Millionen Jahren ab.

Südamerika spaltete sich vor 37 Millionen Jahren von Antartika ab, ein Strom rund um den Pol isolierte Antarktika vom warmen Wasser und örtliche Eiskappen fingen vor 34 Millionen Jahren an, sich auf Antarktika zu einem einzelnen großen kontinentalen Eisschild zu vereinigen. Der antarktische Eisschild ist größer und auch wieder kleiner geworden. Derzeit nähern wir uns dem Ende einer Zwischeneiszeit und werden in die nächste unausweichliche Kaltzeit eintreten, wenn wir nicht die Umlaufbahnen von Sonne und Erde ändern.

Während sich der Planet abkühlte, begannen geringfügige zyklische Variationen der Erdumlaufbahn und des Abstandes von der Sonne einen profunden Einfluss auf das Klima zu nehmen. Und doch gab es einige kurze scharf begrenzte Perioden globaler Erwärmung, unabhängig von Kohlendioxid und Industrie (denn Menschen gab es damals noch nicht). Klimawandel hat die menschliche Evolution über die vergangenen 5 Millionen Jahre hinweg bestimmt. Im Südosten der USA war in der Zeit vor 5,2 bis 2,6 Millionen Jahren der atmosphärische CO_{2}-Gehalt höher als jetzt. Die globalen Temperaturen waren um 2-3°C höher und die Meerespiegel um 10-25 m. Dieses ging wahrscheinlich auf die regelhaften Veränderungen in der Umlaufbahn der Erde zurück.

Als sich vor 2,67 Millionen Jahren durch Vulkanaktivität in Panama die Verbindung zwischen dem atlantischen und pazifischen Ozean schloss, begann die Erde, sich abzukühlen. Zufällig ereignete sich gerade eine Supernova Eruption zur selben Zeit. Die kosmischen Strahlen dieser Supernova Eruption bombardierten die Erde und führten in niedriger Höhe zur Bildung von Wolken, welche die Oberfläche der Erde abkühlten. Diese zwei zufälligen Ereignisse beschleunigten die Abkühlung.

Als Ergebnis bildete sich die Eisdecke über Grönland.

Das Klima fluktuierte in Zyklen von 41.000 Jahren zwischen Warm- und Kaltperioden. Dies beruhte auf Veränderungen der Erdachse. Vor etwa 1 Million Jahren fing das Klima an, in Zyklen von 100.000 Jahren zwischen warm und kalt zu fluktuieren. Dies beruhte auf Veränderungen der Umlaufbahn von elliptischen zu kreisförmigen Mustern. Wir befinden uns derzeit in einer wärmeren Zwischeneiszeit einer grossen Eiszeit, die seit 34 Millionen Jahren anhält. Während der letzten Zwischeneiszeit war der Meeresspiegel 4-9 m und die Temperaturen waren 3-5°C höher als jetzt. Vor 6000 Jahren, während der jetzigen Zwischeneiszeit waren die Meerespiegel um 2 m höher als jetzt, und die Temperaturen um 2°C. Wir können der Tatsache nicht entrinnen, dass die jetzige Zwischeneiszeit zu einem Ende kommen wird und werden dann 90.000 Jahre einer Kaltzeit genießen. Frühere Eiszeiten erzeugten Kilometer dicke Eisschilder, die Kanada, den Norden der USA, fast das gesamte Vereinigte Königreich, dass Europa nördlich der Alpen, fast ganz Russland, ganz Skandinavien und die höher gelegenen Teile beider Hemisphären bedeckte. Fast die ganzen Anden, Neuseeland und Tasmanien lagen unter Eis. Es gibt keinen Grund zu der Annahme, dass die nächste, unvermeidliche Eiszeit wesentlich anders sein wird.

Alle höher gelegenen Landstriche, selbst in den Tropen, hatten Gletscher. In Gegenden ohne Eisschilder trieben kalte, trockene Winde den Sand umher und die Vegetation starb. Dünen bewegten sich über Australien, Asien, Nordafrika, den mittleren Osten und Nordamerika. Große, vom Wind abgelagerte Löss-Sedimente bedeckten die Mongolei, China und den Norden der USA. Wenn die Erde gegebenenfalls wieder eine Eiszeit erfährt, kommt es zu einer massiven Verminderung der Bevölkerung, zu einem Massensterben der Pflanzen, zu Dünen, zum Aussterben von Arten, zum Abfall der Meeresspiegel und zur Zerstörung der Korallenriffe. Das alles ist zuvor schon geschehen und wird wieder geschehen.

Das Aushängeschild der grünlinken Aktivisten, das Great Barrier Reef Australiens, verschwand über die letzten 3 Millionen Jahre mehr als 60 mal durch Kaltzeiten. Nach jedem dieser Ereignisse bildete es sich wieder. Das Great Barrier Reef bildete sich zuerst vor über 50 Millionen Jahren und hat Hunderte von Abkühlungen und Erwärmungen ebenso überlebt, wie massive Regenfälle, die Sedimente auf dem Riff deponierten. Der Abfall des Meeresspiegels und die niedrige Temperatur führt während Kaltzeiten zu einem Absterben der Korallenriffe in den höheren Breiten, während sie in die niedrigeren Breiten fortbestehen. Die Aufzeichnungen der Geologie zeigen, dass Korallenriffe es warm mögen, besonders wenn in der Atmosphäre mehr CO_2 ist. Während der Kälteperioden wandelt sich die tropische Vegetation vom Regenwald zum Grasland mit Baumgruppen, ähnlich den modernen trockenen Tropen landeinwärts vom Great Barrier Reef. Während der letzten Kaltzeit gab es am Amazonas keinen Regenwald.

Menschen haben sich daran angepasst, am Meer zu leben, in den Bergen, in Wüsten, auf Eisschildern, in den Tropen und sogar in der künstlichen Realität der Städte. Die Geschichte zeigt uns, dass die Menschen in warmen Zeiten gedeihen. Die schwierigsten Zeiten waren die Übergänge von den Warmzeiten zu den Kaltzeiten.

Die Geschichte zeigt uns, dass es eine Vielzahl von extremen Wetterereignissen gibt, wenn sich der Planet abkühlt, nicht wenn er sich aufwärmt. Wir befinden uns jetzt gerade in einer Zwischeneiszeit und gehen unausweichlich auf die nächste Kaltzeit zu. Die Menschheit hat in der Vergangenheit oft bewiesen, dass sie sich leicht an eine Erwärmung adaptieren kann. Wir haben in den Warmperioden der minoischen Zeit, der Römer, im Mittelalter und in der Moderne gesehen, dass das Leben in wärmeren Zeiten besser ist als in kälteren. Wir haben jetzt Technologie. Die macht es einfacher, sich anzupassen als dies in früheren Zeiten der Fall war. Wenn der Planet Erde sich aufwärmt, warum ist eine solche Erwärmung dann ein Problem und wie kann eine Steuer eine Erwärmung überhaupt verhindern?

Ich fürchte, der Papst ist seinen atheistischen, aktivistischen Ratgebern in die Falle gegangen. Sie geben eine vereinfachende Erklärung für ein komplexes Natur-Phänomen.[290] Die Wissenschaft ist alles andere als abgeschlossen. Wenn der Papst und seine Wissenschaftsaktivisten behaupten, es gebe einen Konsens und die Wissenschaft sei abgeschlossen[291], dann zeigt das ihren verengten Blickwinkel und dass der Papst schlechten Rat von Wissenschaftsaktivisten erhält.

Erwärmung

Man macht uns weis, dass eine leichte Erwärmung der Erdatmosphäre eine ganze Reihe von desaströsen Umweltproblemen hervorrufen wird. Die gängigen Schauermärchen sind extremes Wetter, Aussterben von Arten, Anstieg der Meerespiegel, Zerstörung der Korallenriffe und die Ansäuerung der Ozeane. Warten Sie ab – ich bin mir ganz sicher, dass neue Schauergeschichten gerade für uns zusammengereimt werden. Eine Erwärmung von 2-5°C brächte die Erde lediglich dahin zurück, wo sie während der Mittelalterlichen Warmzeit vor 1000 Jahren war, oder während der römischen

290 Misquote from H. L. Mencken in "The Divine Afflatus" (New York Evening Mail, 16th November 1917): For every complex problem there is a solution that is neat, simple and wrong.

291 *Laudato Si'*, Paragraphs 23, 164 and 165

Erwärmungsperiode vor 2000 Jahren, während der minoischen Erwärmungsperiode vor 3000 Jahren, oder der Erwärmung während des alten ägyptischen Königsreiches vor 4000 Jahren. Dasselbe gilt für andere Erwärmungsperioden einschließlich des Atlantikums (Holozaen Optimum), welches seinen Höhepunkt vor 6000 Jahren hatte.[292] Einige der zwischenzeitlichen kälteren Episoden waren kälter als die Kleine Eiszeit.

Extremes Wetter

Es gibt keine Korrelation zwischen extremem Wetter, ansteigendem Kohlendioxid und der Temperatur. Das Gegenteil ist der Fall. Dies lässt sich anhand der Aufzeichnungen der tropischen Zyklone etwa in Nordaustralien nachweisen.[293] Und auch auf der anderen Seite der Welt trifft dies zu. Zwischen 1860 und 1875 war es im nördlichen Dänemark extrem stürmisch. Seither haben die Stürme abgenommen. Dieses bestätigt, was wir in einer ganzen Reihe von Messstationen in Nordwest Europa gesehen haben.[294]

Jedes Mal, wenn es in den Vereinigten Staaten einen Wirbelsturm gibt, wird vermutet, dies sei durch die globale Erwärmung verursacht. Eine ganze Menge der großen Schäden in jüngster Zeit geht darauf zurück, dass die Amerikaner mehr Wohlstand erworben haben und Paläste entlang der Küste gebaut haben. Dazu kommt, dass einige Küstenstädte in der Setzung, d.h. im Absinken, begriffen sind, so wie auch etwa Venedig in Italien. Die Datensätze geben eine klare Botschaft. Zwischen 1900 und

292 Alley, R. B. 2000: The Younger Dryas cold interval as viewed from central Greenland. Quat. Sci. Rev. 19: 213-226

293 Dowdy, A. J. 2014: A three-decade history of Australian region tropical cyclones. Atmos. Sci. Lett. 15: 292-298

294 Clemmensen, L. B. et al. 2014: Storminess variation at Skagen, northern Denmark since AD 1860: Relation to climate change and implications for coastal dunes. Aeolian Res. 15: 101-112

2012 hat sich die Intensität der landfallenden Wirbelstürme nicht verändert. Wenn es überhaupt eine Änderung gibt, dann ist dies eine leichte Abnahme. Große Stürme haben das Land 1904, 1924, 1925 und 2012 erreicht.[295]

Das Aussterben von Arten

Seit Jahrhunderten hat der Mensch dazu beigetragen, dass Arten schneller ausstarben, als es der normalen Wechselrate der Arten entspräche. Es gibt apokryphe Prophezeiungen, dass die Erde in ein sechstes Massen-Aussterben vielfältigen Lebens eintrete.[296,297,298] Dieses ist irreführend, denn die Erde hat nicht nur fünf Phasen massenhafter Arten-Aussterbens erlebt, sondern auch viele Episoden kleineren Ausmaßes. Es gibt offensichtliche wissenschaftliche Probleme festzustellen, wie viele Arten zu einem bestimmten Zeitpunkt auf der Erde lebten. Nicht alle Spezies werden Fossilien und jeden Tag werden neue Fossile gefunden.

Etwa 60-70% aller Arten verschwanden beim Massenaussterben im Ordovizisch-Silurischen (450-440 Ma), 70% im späten Devon (375-360 Ma), 90-96% an der Perm-Trias-Grenze (251 Ma), 70-75% an der Trias-Jura-Grenze (201 Ma) und 75% an der Kreide-Tertiär-Grenze (65 Ma).[299]

Massenaussterbens geringeren Ausmasses ereignete sich zu folgenden Zeiten: 2400 Ma, 542 Ma, 517 Ma, 502 Ma, 488 Ma,

295 http://wattsupwiththat.com/2012/11/27/an-update-to-us-hurricane-intensity-1900-2012-no-recent-trend-with-hurricane-sandy/

296 Pimm, S. and Raven, P. 2000: Biodiversity: Extinction by numbers. Nature 403: 843-845

297 Barnosky, A. et al. 2011: Has the Earth's sixth mass extinction already arrived? Nature 471: 51-57

298 Ceballos, G. et al. 2015: Accelerated modern human-induced species losses: Entering the sixth mass extinction. Environ. Sci. 1: doi 10.1126/sciadv.1400253

299 Raup, David 1992: Extinction: Bad genes or bad luck? W.W Norton

428 Ma, 424 Ma, 420 Ma, 416 Ma, 305 Ma, 270 Ma, 232 Ma, 183 Ma, 145 Ma, 117 Ma, 33,9 Ma, 50,5 Ma, 2,0 Ma, 0,64 Ma, 0,074 Ma, und 0,0013 Ma. Wir müssen uns daran gewöhnen: das Aussterben von Arten ist normal und ereignet sich aus den verschiedensten Gründen. Keine Art, einschließlich des *Homo Sapiens*, ist für immer auf Erden. Wenn wir einmal nicht mehr da sein werden, dann räumen wir den Platz im Ökosystem für andere Arten, die dann gedeihen werden. Nicht ein einziges der früheren Ereignisse von Massenaussterben, groß oder klein, war durch globale Erwärmung verursacht. Wir sehen heutzutage sicherlich einen Verlust an Arten Dies mag auf den normalen Artenwechsel zurückzuführen sein, aber hat ganz sicherlich nicht das Ausmaß eines Massenaussterbens, weder großen noch kleinen Ausmaßes.

Ob es sich hier um das sechste große Massenaussterben handelt, eine kleineres Massenaussterben, oder einen beschleunigten Wechsel der Arten kann bestritten werden. Der Papst behauptet, dass Menschen für das Artensterben verantwortlich seien, verschuldet durch Landwirtschaft[300], die Bildung von Infrastruktur und den Verlust von natürlichen Lebensräumen[301], sowie globale Erwärmung.[302] Er kommentiert das Aussterben von Säugetieren und Vögeln.[303] Es ist gängige Meinung, dass das derzeitige Aussterben von Arten auf Verlust des Lebensraums und Klimawandel zurückzuführen sei. Einer der wichtigsten Gründe für den Verlust an Arten wird einfach ignoriert. Dies ist die Biologische Invasion[304] durch eindringende Arten. Der Papst erwähnt die Biologische Invasion nicht. In der Karibik kam es im 16. Jahrhundert zu Wellen von Artensterben, dann stieg

300 *Laudato Si'*, Paragraph 24
301 *Laudato Si'*, Paragraph 35
302 *Laudato Si'*, Paragraph 24
303 *Laudato Si'*, Paragraph 34
304 Matt Ridley, *The Times,* 22nd June 2015

die Arten-Verlustrate in der ersten Phase der Expansion und Exploration des 18. Jahrhundert an und schliesslich erneut zur Zeit des Britischen Imperiums nach 1850. Sie gipfelte zu Beginn des 20. Jahrhundert. Nun gibt es heute keine *terra incognita* mehr, die nicht von Forschern bereist worden wäre und so liegt das schlimmste Artensterben durch von uns eingeführte Feinde hinter uns.[305]

Praedatoren,ParasitenundSeuchenwurdendurchExpeditionen und von Siedlern eingeschleppt und hatten besonders auf Inseln oft einen schrecklichen und zerstörerischen Effekt. Wir wissen nicht, wie viele Arten heute auf der Erde existieren. Jeden Tag werden neue Arten gefunden. Derzeit sind 1,5 Millionen Arten entdeckt, beschrieben und klassifiziert worden. Tatsächlich mag es irgendetwas zwischen2 und 50 Millionen Arten auf der Erde geben, wobei eine Quelle sich auf 8,7 Millionen Arten festlegt.[306] Diese Aufstellung schließt Mikroorganismen nicht ein, die letztendlich die größte Biomasse auf Erden ausmachen. Im Gegensatz dazu gibt es nur 5026 Arten von Mineralien[307], die von der International Mineralogical Association IMA anerkannt werden.

305 http://wattsupwiththat.com/2013/07/07alexander-the-great-explains-the-drop-in-extinctions/
306 http://www.nature.com/news/2011/110823/full/news.2011.498.html
307Einschliesslich Plimerit.

Tabelle 1: Geschätzte Zahl der Tier- und Pflanzenspezies auf der Welt[308].

Gruppe	Zahl der Arten
Vertebraten	
Amphibien	6,199
Vögel	9,956
Fische	~30,000
Säugetiere	5,416
Reptilien	8,240
Zwischensumme	59,811
Invertebraten	
Insekten	~950,000[1]
Mollusken	~81,000
Krustazeen	~40,000
Korallen	2,175
Andere	~130,000
Zwischensumme	≥1,203,375
Pflanzen	
Moose	~15,000
Farne	13,025
Nacktsamige Pflanzen (Gymnospermae)	980
Zweikeimblättrige oder Dikotylen	199,350
Einkeimblättrige oder Monokotyledonen	~59,300
Grünalgen	3,715
Rotalgen	5,956
Zwischensumme	≥297,326
Andere	
Lichen	~10,000
Pilze	~16,000
Braunalgen	2,849
Zwischensumme	≥28,849
TOTAL	≥1,589,361

In den vergangenen 500 Jahren sind 77 der insgesamt mehr als 5000 Säugetier-Spezies ausgestorben, 34 von 6000 Amphibien-Spezies, und 140 von 10.000 Vogel-Spezies.[309] Es mag einige mehr oder andere geben, aber was hier zählt, ist die

308 http://www.factmonster.com/ipka/A0934288.html
309 International Union for Conservation of Nature; www.iucn.org

Größenordnung. In den vergangenen 500 Jahren hat Europa nur eine einzige Vogelspezies verloren.

Viele andere Arten befinden sich möglicherweise am Rande des Aussterbens und sitzen in einer Art Warteraum, wie zum Beispiel der südchinesische Tiger, der Sumatra-Elefant, der Amur Leopard, der Itajara Zackenbarsch, der Kalifornische Schweinswal, der Waldrapp, die Echte Karettschildkröte, das Spitzmaulnashorn, das Zwergfaultier, das Chinesische Schuppentier etc.). Artenschützer und zoologische Gärten machen große Anstrengungen, bedrohte Arten zu züchten und einige Arten, die man für ausgestorben gehalten hatte, werden später wieder entdeckt (Quastenflosser, Bermuda-Sturmvogel, Chaco-Pekari, Baumhummer, Chiloé-Beutelratte, Gallotia auaritae, Kubanischer Schlitzrüssler, Kronengecko, Pseudomys novaehollandiae, Driloleirus americanus, Großschnabel-Rohrsänger, Laotische Felsenratte, etc.). Es gibt sicherlich noch mehr Lazarus-Spezies zu entdecken.

Fast alle ausgestorbenen Spezies der Vögel und Säugetiere lebten auf Inseln. Nur 9 lebten auf einem Kontinent (den Inselkontinent Australien ausschließend).[310] In den letzten 500 Jahren sind unter anderem folgende Inselspezies verloren gegangen: Dodo, Stellers Seekuh, Falklandfuchs, Quagga, Taiwanischer Nebelparder, Atlasbär, Kaspischer Tiger und Kaplöwe. Berechnet man die Aussterberate pro Oberflächeneinheit, dann war der Artenverlust auf Inseln für Säugetiere 177mal höher und für Vögel 187mal höher als auf den Kontinenten. Die kontinentale Säugetier-Aussterberate war zwischen 0,89-7,4 mal höher als die erwartete Hintergrundrate, während dies auf den Inseln 82-702 mal höher war. Die Aussterberate von Vögeln lag 0,69-5,9mal höher als der erwartete Hintergrund. Auf Inseln war

310 Loehle, C. and Eschenbach, W. 2011: *Historical continental bird and mammal extinction rates.* Diversity Distrib. doi: 10.1111/j.1472-4642

dies 98-844mal höher. Fossile Ablagerungen zeigen nicht nur Inselverzwergung, sondern auch beschleunigten Artenverlust. Die erhöhte Aussterberate auf Inseln geht vor allen Dingen auf die Einschleppung von nicht natürlichen Feinden (Menschen eingeschlossen), Mikroben und Krankheiten zurück.

Die besorgniserregenden Kreaturen auf dem Kontinent sind Hirschziegenantilope, Algerische Gazelle, Omilteme-Baumwollschwanzkaninchen, Labradorente, Karolinasittich, Schlankschnabelgrackel, Wandertaube, Andentaucher und Atitlántaucher. Diese Aussterberate ist nicht apokalyptisch, wie uns die Weltuntergangspropheten glauben machen wollen. Es ist eine starke Übertreibung, dies ein Massenausterben zu nennen.

Als vor 12.000 Jahren die Jäger und Sammler mit ihren steinbewehrten Speeren über die Beringstraße nach Nordamerika eindrangen, führte das zum Aussterben vieler größerer Arten im Grasland. Einige bedrohte Arten werden derzeit wieder belebt. Erkunder und Siedler brachten Ratten, Schafe, Ziegen, Katzen, Hunde, Schweine, Moskitos und die Vogel- Malaria nach Hawaii, in die Karibik, auf die Inseln des Südatlantik, die Inseln des Indischen Ozeans und die Inseln des Pazifik. Die eingeschleppten Tiere fraßen junge Säugetiere, Vögel, Reptilien und Amphibien. Eine besondere Rolle spielten Ratten und Katzen. Seitdem Kapitän Cook 1779 bei seinem dritten Besuch Hawai's am Valentinstag getötet wurde, hat Hawaii etwa 70 Vogelarten verloren.

Wären die grünlinken Umweltaktivisten wirklich daran interessiert, Australien zu einem besseren Ort zu machen, dann würden sie die eingeschleppten räuberischen Tiere mit Gewehren, Fallen, Gift, Genmanipulation, organismen-spezifischen Viren und Pestizide ausrotten. In Australien töten verwilderte Katzen, Füchse und Ratten die einheimischen Vögel, Säugetiere, Amphibien und Reptilien. Verwilderte

Ziegen fressen einfach alles, was ihnen in die Quere kommt. Verwildete Hunde bilden marodierende Räuberbanden, die sogar Kinder umgebracht haben. Verwilderte Pferde zerstören in den Nationalparks die obere Berglandschaft. Aga-Kröten löschen heimische Tiere aus, Schweine verschmutzen und zerstören die Gewässer, Kamele töten die Vegetation in empfindlichen Wüstengegenden, eingeführte Fische ersetzen den natürlichen Fisch und eingeschleppte Pflanzen setzen sich gegen einige einheimische Pflanzen durch.

Die Zeit ist reif, unsere Ohren gegen den Lärm der grünlinken Umweltaktivisten zu verschließen. Wir sollten sie erst dabei sehen, dass sie die eingeschleppten Pflanzen und Tiere töten. Wo ist der Versuch der grünlinken Umweltaktivisten und ihrer Armeen im ländlichen Australien und dem dürren Hinterland einen Genozid durch eingeschleppte Arten zu stoppen? Es ist Zeit, den durch billigen Kohlestrom ermöglichten Komfort des Stadtlebens zu verlassen, und tatsächlich etwas zu tun, um die Welt zu verbessern. Aber halten sie nicht den Atem an: es ist leichter aus einem städtischen Medienstudio Kritik zu üben, als tatsächlich etwa Nützliches zu tun.

In den USA haben eingeschleppte Arten sowie etwa die Grauen Eichhörnchen, Nerz und Signalkrebs bereits die einheimischen roten Eichhörnchen, die Wasserwühlmäuse und native Krebspopulationen soweit vertrieben, dass sie am Rande des Aussterbens stehen. Die einheimischen Tierpopulationen Großbritanniens nehmen derzeit aufgrund eines Eschensterbens, und eingeschleppter Wandermuscheln, Harlekin-Marienkäfer, Chinesischer Wollhandkrabben, Neuseeland Strudelwürmern und Muntjaks ab.

Die Forderung, die wirtschaftliche Entwicklung solle reduziert oder gestopp werden, weil sie zu Artensterben führe, ist verfehlt. Ebenso fehlerhaft ist es, Milliarden für Klimawandel auszugeben, weil der Klimawandel zum Aussterben von Arten führen könnte. Eingeschleppte Organismen verursachen örtliche Artenverluste. Vor einigen Jahrzehnten fiel Wissenschaftlern auf, dass es in Zentralamerika zu einer Abnahme der Frosch- und Krötenpopulation kam. Ein gutes Beispiel ist die Goldkröte in Costa Rica die im Nebenwald lebt. Dies wurde als ganz offensichtliches Beispiel des Artensterbens durch Klimawandel verkündet. Nachdem die Hysterie verflogen war, wurde der wahre Grund gefunden. Es war die aus Afrika eingeschlepptes Chytridiomykose. Und wie gelangte sie nach Mittelamerika? Durch den afrikanische Krallenfrosch, der von Wissenschaftlern zu Laboratoriumsuntersuchungen verwendet wird.

Der Papst behauptet, dass wir die Erde geplündert hätten. Er schreibt, dieses:

„...wird auch in den Krankheitssymptomen deutlich, die wir im Boden, im Wasser, in der Luft und in den Lebewesen bemerken. Darum befindet sich unter den am meisten verwahrlost und misshandelten Armen diese unsere unterdrückte und verwüstete Erde...“[311]

Was für ein rührseliger Unsinn. Wo ist die Evidenz? Gleichwohl die Enzyklika viele theologische Referenzen enthält, so finden sich sicherlich keine validierten oder wissenschaftlichen Referenzen als Beweis zur Stützung einer solchen Aussage. Was eigentlich ist Krankheit des Bodens, der Luft, des Wassers und des Lebens? Dieses ist die Sprache eines wenig ausgewogenen atheistischen Umweltschützers. Die Fakten liegen anders.

Selbst in einem entwickelten Wüstenland wie Australien, wo dem Anschein nach die Erde „am meisten verwahrlosten und misshandelt“ ist, werden 55,8% des Landes für extensive Weidewirtschaft genutzt, 36,7% dienen der Erhaltung oder sind natürliche Umwelt, 3,5% werden für den Ackerbau benutzt,

311 *Laudato Si'*, Paragraph 2

1,8% für Waldwirtschaft. Nur etwa 0,4% der Landoberfläche werden intensiv genutzt, wie zum Beispiel durch Städte, Straßen, Eisenbahn-Verbindungen, Häuser, Verwaltungsgebäude, Fabriken, oder Bergbau und Stätten zur Produktion von Öl oder Gas[312]. Die intensive Nutzung des Landes ist sehr effizient. So stellt zum Beispiel der Mineralienrat in Victoria fest, dass Viehzucht und Minenindustrie beide etwa je 9 % zum Bruttosozialprodukt des Staates beitragen. Die Weidewirtschaft benötigt dafür 70% des Landes, während Bergbau nur etwa 0,07% der Landoberfläche in Anspruch nimmt.

In NSW werden gerade einmal 0,1% der Landoberfläche für Bergbau benötigt. Im Vergleich dazu werden 76% für Landwirtschaft, 7,6% zu Erhaltungszwecken und Nationalparks und 1,8% für Wohnungen und städtische Entwicklung genutzt. In NSW beschäftigt die Kohleindustrie direkt 34.000 Menschen und darüber hinaus 140.000 Menschen vom Mechaniker bis zum Gewerbe und vom Fremdenverkehr bis zum Medizinwesen[313]. Kohle produziert dort auch mehr als 80% der im Staat benötigten Elektrizität. Die Erde ernährt heute mehr Menschen auf weniger Ackerland als jemals in der Geschichte des Menschen.

Der Meeresspiegel

Seit dem Höhepunkt der letzten Kaltzeit vor etwa 20.000 Jahren sind die weltweiten Meerespiegel von 9000-6000 Jahren um 120m bis auf einen Höchstspiegel gestiegen, der als Holozän-Optimum bekannt ist. In der römischen Zeit waren die durchschnittlichen Meerespiegel 2m höher und die globale Temperatur 2°C wärmer als heute. Vor wenigen 1000 Jahren waren die Flughäfen von Sydney und Brisbane Mangrovenwälder im Gezeitenhub. Dieses war der Höhepunkt der Warmzeit, die

312ABARES, 2010

313 Stephen Galilee, New South Wales Minerals Council, 21st July 2015

wir heute genießen. Es ist gerade einmal 8000 Jahre her, dass es in der Arktis kein Sommereis gab. Die Geschwindigkeit der Veränderung des Meeresspiegels variiert sehr. Sie korreliert weder mit der Temperatur, noch dem atmosphärischen Kohlendioxid. Die wissenschaftliche Zeitschrift Nature Geoscience[314] berichtete kürzlich, dass seit 2002 die Geschwindigkeit des Anstieges des Meeresspiegels um 31% abgenommen hat.

Man muss den Bogen sehr weit spannen, um menschliche Emissionen von Kohlendioxid und eine angeblich durch sie hervorgerufene globale Erwärmung mit dem Schmelzen des Eises, der Ausdehnung des Meereswassers und ansteigendem Meeresspiegel zu bringen. Während des 20. Jahrhunderts, in dem die menschlichen Emissionen von CO_2 sehr gestiegen sind, gab es sowohl Perioden der Erwärmung, als auch der Abkühlung.

Küstenplanung basierend auf dem globalen Meeresspiegel ignoriert lokale geologische Faktoren wie Kompaktion, Sedimentierung, Hebung und Senkung. Nicht nur der Meeresspiegel, sondern auch das Land steigt und fällt unter dem Einfluss tektonischer Kräfte. Mancher Anstieg des Meeresspiegels ist ein örtliches Ereignis sowohl im Meer als auch an Land. Andere sind regional und wieder andere global. Die Vorhersagen der Entwicklung des Meeresspiegels basierend auf Computermodellen, die von der IPCC und einigen Regierungen veröffentlicht worden sind, haben sich bereits als falsch herausgestellt. Seitdem der IPCC Report 2007 erschien, haben Messdaten die Vorhersagen der durch Computermodelle berechneten Geschwindigkeit des Anstiegs der Meeresspiegel als 25% zu hoch erwiesen.

Landmassen, die während der letzten Kaltzeit (116.000-11.500 vor der jetzigen Zeit) von dicken Eisschildern bedeckt

314 Milne, G. A. et al. 2009: Identifying the causes of sea level change. *Nature Geoscience* 2: 471-478

waren, wurden durch das Gewicht des Eises nach unten gedrückt. Mit der Zeit sind auch Gesteine verformbar und geben nach. Mit dem Abtauen der Eismassen in der gegenwärtigen Warmzeit heben sich manche Länder (zum Beispiel Skandinavien, Schottland), während andere sinken (Südost-England, die Niederlande). Oulu (Finnland) hebt sich um 6,2 mm pro Jahr - dieser Anstieg wird als Korrekturfaktor für die Meeresspiegelveränderungen der IPCC benutzt. Pegelstandsmesser zeigen, dass Galveston (Texas) 6,6 mm im Jahr sinkt, was es so aussehen lässt, als ob der Meerespiegel um 6,6 mm pro Jahr stiege. Die IPCC führt für dieses Phänomen keine Korrekturen durch. Sie korrigiert allein für Hebungen des Landes, das zuvor vom Gewicht des Eises niedergedrückt worden war. Die selektive Korrektur der Messdaten lässt es dann so aussehen, als ob die Meerespiegel plötzlich schnell stiegen.

Die Geschichte lehrt uns, dass einige Hafenstädte, wie zum Beispiel Ephesus in der Türkei, nun im Inland liegen, während andere Städte wie Simena in der Türkei jetzt unter Wasser liegen. Diese beiden antiken Städte liegen nahe beieinander und sind aufgrund tektonischer Kräfte wie Erdbeben gestiegen und gefallen. Sowohl um die Malediven als auch in Ostaustralien ist der relative Meerespiegel gefallen. Die Malediven liegen nun 70 cm höher als in den 1970ern und aus Australien liegt 2m höher als vor 4000 Jahren[315]. In den vergangenen 2000 Jahren hat der Meeresspiegel oszilliert, wobei fünf Maxima um 0,6-1,2m über dem jetzigen Meeresspiegel lagen.

Es gibt eine Kommission für Meerespiegel und Küstenevolution, ein unabhängiges Institut ohne Bezug zur IPCC. Diese Gruppe beschäftigt sich damit, den Meeresspiegel tatsächlich zu messen, statt auf der Basis unvollständiger Informationen mit dem Computer Vorhersagen zu modellieren.

315 Axel-Morner, N. 2012: Sea level is not rising. SPPI Reprint Series

Die Kommission stellt fest, dass im Jahre 2100 der Meeresspiegel um 5 cm gestiegen sein wird – mit einer Genauigkeit von mehr oder weniger als 15 cm. Das heißt dass sie aufgrund ihrer umfassenden Expertenstudien nicht bestimmen können, ob der Meerespiegel ansteigt, fällt oder bis zum Ende des Jahrhunderts derselbe bleibt, weil die Ungewissheit der Messung weit größer ist, als das aktuelle Messergebnis.

Ohne genaue Kenntnis über die örtliche Hebung oder Senkung des Landes, Subsidenz, Erosion und Sedimentierung ist die Vorhersage weltweiter Meerespiegel zum Zwecke der Küstenplanung nur eine unsubstantiierte Mutmaßung. Meeresspiegel steigen und fallen auch während der El Niño/ La Niña Ereignisse. Und der Meerespiegel kann sich ändern, wenn etwa ein submariner Riesenvulkan sich als Masse am Meeresgrund erhebt oder seine Produktion auf denMeeresgrund läuft.

Die Ölindustrie[316] und Forscher[317] haben für die vergangenen 520 Millionen Jahre sehr detaillierte Kurven des Meeresspiegelverlaufes erstellt. Diese zeigen, dass der Meerespiegel um mehr als 400 m gestiegen und gefallen ist. Die Sequenz der Sedimentgesteine bewahrt die Information über die Veränderungen des Meeresspiegels.[318] Die Änderungen haben Bezug zum Klima und zu der Form der Ozeanbecken, die sich regelmäßig verändert. Diese Kurven werden dafür benutzt, herauszufinden, zu welchem Zeitpunkt steigendes Meereswasser

---

316 Vail, P. and Sangree, J. B. 1988: Global sea-level and the stratigraphic record. Sequence Stratigraphy Workbook, Townsville Workshop, 23-25 August 1988

317 Haq, B. U. et al. 1987: Chronology of fluctuating sea levels since the Triassic. Science 235: 1156-1167

318 Carter, R. M. 1998: Two models: global seas-level change and sequence stratigraphy architecture. Sed. Geol. 122: 23-36

Kontinente bedeckt hat[319] – ein Umstand, der bei der Suche nach Öl höchst bedeutsam ist. Gegenwärtig ist der Meerespiegel niedriger, als er je in den vorangegangenen 500 Millionen Jahren gewesen ist.

Regierungen mögen die einfache Frage stellen: wie viel müssen wir ausgeben, um mit dem Anstieg des Meeresspiegels zurechtzukommen? Diese Frage setzt voraus, dass der Meerespiegel in ihrer Gegend ansteigt, was recht häufig nicht der Fall ist. Zum Beispiel können wir fragen: wie viel sollten wir ausgeben um etwa 4 Milliarden Immobilienwerte in Florida vor einer Zerstörung in den nächsten 500 Jahren zu schützen? Die Antwort lautet 0,15 C, wenn wir eine Abschreibungsrate für die Zukunft von 6% pro Jahr zu Grunde legen. Die Wirtschaftstheorie lehrt uns, dass wir nicht kontrollieren können, was in den nächsten 500 Jahren passiert oder auch nicht passiert. Der gesunde Menschenverstand sagt uns: Warum uns damit beschäftigen? Die Geologie lehrt uns, dass es in der Tat zu einem Anstieg oder einem Abfall der Meeresspiegel kommen kann. Bei Betrachtung eines Zeitraums von 500 Jahren ist die Ungewissheit so hoch, dass wir genauso gut behaupten können, das Klima werde kälter und der Meeresspiegel sinke.

Die Oberfläche des Meeres ist nicht so glatt, wie man vermuten könnte. Meteorologische Systeme mit hohem und niedrigem Druck haben einen Effekt auf den Meerespiegel. Da gab es zum Beispiel im südpazifischen Ozean zwischen Oktober 2009 und Januar 2010 einen riesigen Buckel, der sich über eine Fläche größer als die Australiens erstreckte. Der Wind trieb das Wasser in eine Gegend ungewöhnlich stabilen hohen Luftdrucks. Vor der Küste Indiens ist der Meerespiegel beträchtlich niedriger, als das derzeitige globale Mittel, weil die Gravitationskraft in einer Gegend schwach ist. In der Nähe der

319 Marine transgression

Küste Grönlands und der Anden sind die Meerespiegel höher wegen der Gravitationskraft der Gebirge. Meereswasser bewegt sich in gigantischen langsamen Wellen zwischen der Westküste Afrikas und der Ostküste Amerikas, was zu einer Veränderung der lokalen Meerespiegel führt.

Die Küstengegenden sind für Veränderungen des Klimas und des Meeresspiegels sehr empfindlich. Während der letzten Warmzeit vor 20.000 Jahren gab es in Fairbridge Bluff auf Rottnest Island vor der Küste von Perth Westaustralien Fringe-Riffe aus Steinkorallen.[320] Der Meerespiegel war mindestens 3 m höher als gegenwärtig und das Meer war weit wärmer. Vor 125.000 Jahren gab es keine menschlichen industriellen Emissionen von Kohlendioxid. In der jetzigen Warmzeit wachsen keine solchen Korallenauf Rottnest Island und die nächsten Steinkorallen (Acropora cervicornis) finden sich 500 km nördlich in Houtman Abrolhos. Dies legt nahe, dass die jetzige Warmzeit kühler als die vorige ist. Diese Annahme wird auch von Proxymessungen der Temperatur in Eisbohrkernen unterstützt.

Es wird vermutet, dass der Meerespiegel an den Polen während der letzten Warmzeit 4-9m und die Temperaturen 3-5°C höher waren als jetzt. Die örtlichen Bedingungen sind so, dass man keine bestimmte Zahl nennen kann. Man kann aber sagen, dass der Meerespiegel höher war als jetzt und dass es wärmer war. In der Nähe von King Sound (Derby, Westaustralien) gibt es von Vegetation dicht bewachsene Sanddünen. Diese setzen sich als fossile Dünen unter dem Küstenwatt fort und zeigen, dass diese Dünen sich vor 20.000 Jahren auf dem Höhepunkt der letzten Kaltzeit bildeten. Nordwestaustralien war damals trocken, kühl und windig. Der Meeresspiegel war 100 m tiefer als jetzt und

320 Baker R. G. et al. 2005: An oscillating Holocene sea level. Revisiting Rottnest Island, Western Australia and the Fairbridge eustatic hypothesis. Jour. Coast. Res. 42: 3-14

es gab keine Vegetation auf den Wanderdünen. Seither ist das Klima tropisch geworden, der Meerespiegel ist gestiegen und Gezeitenwatt hat die einst baumlosen Dünen bedeckt.

Nicht jede Veränderung des Meeresspiegels geht auf das Klima zurück. Etwa 97% des Grundwassers, das wir für menschliche Nutzung fördern, fließt letztendlich in die Ozeane. Etwa 15% des beobachteten Anstiegs des Meeresspiegels resultiert aus dem von Menschen heraufgepumptem Grundwasser. Dieses Wasser fließt letztlich in die Ozeane.[321] Nicht alle Veränderungen der Landhöhe sind natürlich. Die Extraktion von Grundwasser, Öl und Gas führen zu einer Kompression der Sedimente und Sedimentgesteine und gehen häufig mit kleinen Erdbeben einher. Als Ergebnis menschlicher Aktivitäten sinken viele Orte derzeit ab (zum Beispiel Bangkok, Mexiko City, Venedig 1920-1970). Auch Vibration und Gewicht der Städte führen zu Subsidenz.

Man erzählt uns, der globale Meerespiegel sei im 20. Jahrhundert um 1,7mm pro Jahr gestiegen. Man macht uns glauben, dies sei eine Folge des Kohlendioxids, das wir in die Atmosphäre einbringen. Dieses wiederum, so sagt man uns, erwärme den Planeten, vergrößere das Volumen der Weltmeere, Schmelze die Polarkappen ab, und füge so Wasser zu den Weltmeeren. Aber seit der letzten Kaltzeit vor 11.500 Jahren sind die Meerespiegel mehrere Meter höher gestiegen als sie jetzt sind, um dann während der letzten 6000 Jahre allmählich zu fallen. Wir können nicht für uns in Anspruch nehmen, dass die geringe Erhöhung des Meeresspiegels in unserer eigenen Lebenszeit durch uns verursacht sei und nur der Rest natürlich war. Die unbeantwortete Frage ist diese: welcher Anteil des kürzlichen Meeresanstiegs resultiert aus menschlichen Aktivitäten und welcher Teil entspricht der erwarteten postglazialen Erhöhung

---

321 http://www.nature.com/news/source-found-for-missing-water-in-sea-level-rise-1.10676

des Meeresspiegels?

Vor 200 Jahren ritzten Gefangene in Tasmanien Flutpegelmarken in Gestein. Diese zeigen keine Änderung des Meeresspiegels seit dann an. Flutpegelstandsmeter in den USA messen seit 1930 die Meerespiegel und zeigen keine Veränderung in der Geschwindigkeit des Anstieges des Meeresspiegels. Die Messungen des Meeresspiegels durch Satelliten zeigen einen ansteigenden Trend. Das Problem mit den Satelliten ist, dass sie nicht tatsächlich den Meerespiegel messen. Sie messen die Gravitation und Computer nutzen dann die Messdaten der Gravitation um eine theoretisch glatte Oberfläche der Erde zu berechnen und darauf aufbauend berechnen Computer dann auf verschiedene Art und Weise den Meerespiegel. Sehr kleine Veränderungen im Computermodell, der Geologie des Seebodens und des Datensatzes können dazu führen, dass die Meerespiegel scheinbar steigen, fallen oder unverändert bleiben. Entsprechend berichteten die GRACE Gravitationsaufzeichnungssatelliten, dass der Meeresspiegel zwischen 2003 und 2008 fiel. Die ENVISAT hingegen schätzten, dass der Meerespiegel mit einer Geschwindigkeit von 3,3 cm pro Jahrhundert ansteigt.

Es gibt 159 Mareographen rund um die Erde, die NOOA zur Berechnung der Veränderung des Meeresspiegels heranzieht. Viele von diesen befinden sich in Gegenden, in denen als Folge sinkender Piers, Erschütterung und Verkehr Subsidenz beobachtet wird. Um verlässliche Messungen durchzuführen, müssen die Apparate regelmäßig einer Hochpräzisionskontrolle der Nadelposition unterzogen werden.

Port Adelaide ist ein gutes Beispiel. Die Überwachung hat über einen längeren Zeitraum gezeigt, dass die Station ,welche den Flutpegel misst, im Absinken begriffen ist.[322] Dieses wird als Anstieg des Meeresspiegels verbucht. Nur 68 der 159 Messstationen, die NOAA heranzieht, sind verlässlich. Diese verlässlichen Stationen zeigen einen Anstieg des Meeresspiegels in der Größenordnung von 1mm pro Jahr. Die Referenzstation zur Eichung ist der Hafen von Hongkong, welcher einen Anstieg des Meeresspiegels um 2,3 mm pro Jahr zeigt.

Dieses Messergebnis stimmt nicht mit den vier herumliegenden Messstationen über ein, was nahe legt, dass die Referenzstation im Absinken befindlich ist und als Referenz ausgewählt wurde, um den Anstieg des Meeresspiegels übertreiben zu können. Darüber hinaus gibt es elf Messstationen in Hongkong von denen vier durch das Hydrographische Amt der Marine, sechs durch das Hongkong Observatorium und eine die Flughafenverwaltung betrieben werden.[323] 2002 zeigten die sechs Messstationen des Hongkong Observatoriums einen jährlichen Anstieg des Meeresspiegels um 1,9±0,4mm pro Jahr.[324] NOOA hat sich dafür entschieden, den höchsten möglichen Anstieg des Meeresspiegels um 2,3mm pro Jahr auszuwählen, und damit wiederum Übertreibung möglich gemacht.

Über den Anstieg der Meerespiegel hat man einige recht furchteinflößendere Vorhersagen gemacht. 2006 stellte Australiens glorreicher Klimakommissar Tim Flannery fest:

„Stellen Sie sich ein achtstöckiges Gebäude am Strand vor, dann stellen Sie sich vor, wie Wellen sein Dach überspülen. Und so wird jeder mit einem Blick auf die Küste aus seinem Schlafzimmerfenster oder Küchenfenster wahrscheinlich sein

322 Belperio, A. P. 1993: *Land subsidence and sea level in the Port Adelaide estuary: implications for monitoring the green house effect.* Aust. Jour. Earth Sci. 40: 359-368

323 http://www.hko.gov.hk/tide.marine/hko.htm

324 Ding, X. L. et al. 2002: *Sea level change in Hong Kong from tide gauge records.* Jour. Geospatial Eng. 4: 41-49

Haus als Ergebnis dieser Veränderung verlieren.“

Als Flannery diese Vorhersage machte, hatte er ein Haus an der Küste in der ersten Reihe. Warum hat sich unser Klimakommissar nicht auf höheren Grund zurückgezogen? Liegt das daran, dass er nicht glaubt, was er da sagt? Erst wenn ich sehe, dass Flannery auf höheren Grund umzieht, aufhört in Kohlendioxid ausstossenden Flugzeugen und Fahrzeugen zu reisen, in Canberra[325] Sitzungen in bürokratischen Gebäuden ohne Zentralheizung zu halten, weder Licht noch Airconditioning benutzen, aufhört für Rundfunk-Sendungen Kohlestrom zu verwenden, erst wenn er in einer Höhle ohne Elektrizität lebt und so lebt wie er es predigt, erst dann werde ich ernsthaft anfangen, über seine vielfältigen schrecklichen Vorhersagen nachzudenken. Wenn Immobilieneigentum an der Küste Wert verliert und der Meerespiegel nicht ansteigt, kann dann Flannery dafür haftbar gemacht werden? Will Flannery uns veranlassen, unseren Lebensstandard zu senken, während er im Land des Luxus lebt? Oder geht es Flannery und seinen grünlinken Umweltaktivisten möglicherweise nur darum unser Leben zu kontrollieren? Wenn der große Vorhersager Flannery ein langes Leben leben will, so sollte er vorhersagen, dass sein frühzeitiges Ableben unmittelbar bevorsteht.

Wer hat da sonst noch ein Haus an der Küste in erster Reihe? Kevin Rudd? Ja. Al Gore? Ja. Die Klimaindustrie scheint bei der Heuchelei eine hohe Anleihe aufgenommen zu haben. Die Politiker der Grünen Partei fliegen Business Class in Flugzeugen herum, pumpen große Mengen Kohlendioxid in die Atmosphäre und erzählen uns dann, dass wir unsere Emissionen oder den Kohlenstoff-Fingerabdruck (Carbon Footprint) reduzieren sollen, was immer das auch sei. Die Befürworter einer

---

325 Ein altes Wort australischer Hinterwaelder für “place of unlimited entitlement.”, einen Ort unbegrenzten Anspruchs

„Kohlenstoffsteuer" und all jene in der Klimaindustrie, die zu internationalen Konferenzen und Weltuntergangstreffen reisen, sind nur zu schnell damit bei der Hand, eine Senkung unseres Lebensstandards zu empfehlen.

Die Korallenatolle

Eine Analyse der mehr als 600 Korallenriffinseln im Pazifik und im Indischen Ozean zeigen, dass einige unverändert (40%) oder gewachsen sind (40%). Nur bei 20% ist die Oberfläche zurückgegangen. Und doch wird in Umwelt-Kreisen weit herum angenommen, dass die Koralleninseln, Atolle und Riffe mit dcm Anstieg des Meeresspiegels verschwinden. Einige Inseln wuchsen in einem Jahrzehnt gar um 5,6 Hektar. Tuvalu's Hauptatoll, Funafuti, umfasst 33 Inseln am Rande einer Lagune und wuchs in den vergangenen 115 Jahren um 32 Hektar.[326]

Ganz entgegen der populären Schreckgeschichte der Medien, die von örtlichen Politikern und grünlinken Umweltschützern propagiert wird, verschwinden keine Inselatoll Staaten des pazifischen Ozeans aufgrund des Anstiegs des Meeresspiegels. Sie werden größer. Das ist keine neue Neuigkeit. Es ist seit etwa 200 Jahren bekannt, dass die Korallenatolle an Größe zunehmen, wenn der relative Meeresspiegel steigt[327]. Während des Zeitraums von 12.000-6000 Jahren vor heute und während eines postglazialen Anstiegs des Meeresspiegels um 130m, haben die Korallenriffe mit dem Anstieg des Meeresspiegels

---

326 Webb, A. P. and Kench, P. S. 2010: *The dynamic response of reef islands to sea-level rise: Evidence from multi-decadal analysis of island change in the Central Pacific.* Global Planet. Change 72: 234-246

327 Darwin, Charles 1842: *The structure and distribution of coral reefs.* Being the first part of the geology of the voyage of the Beagle under the command of Capt. Fitzroy, R.N. Smith, Elder and Co

mitgehalten.[328] Die Atollinseln aus Korallensand wurden nämlich durch die Zerstörung des Riffmaterials im Rahmen des Abfalls des Meeresspiegels um 2m seit dem Holozän-Optimum hervorgebracht. Korallen haben mit dem Anstieg des Meeresspiegels kein Problem, sie adaptieren sich an wärmeres Wasser und wachsen einfach schneller. Sie sterben ab, wenn der Meerespiegel fällt. Warum wussten die Wissenschaftler des Papstes hiervon nichts?

In Süd Tarawa, der von etwa 50.000 Menschen bewohnten Inselhauptstadt des 15 km² großen Kiribati, werden Quader aus Korallen dafür benutzt, Deiche und Flutungswege zwischen den Inseln zu bauen und neues Land zu gewinnen. Dies hat zu größerer Erosion durch Stürme geführt, und zu Veränderungen des Sedimentionsmusters. Während Sturmfluten kommt es häufiger zu Überschwemmungen. Die wahren Gefahren für die Korallenriffe und Atolle liegen in einem Abfall des Meeresspiegels und in menschlicher Aktivität, wie etwa die Entfernung von Korallensand zur Nutzung als Zement, zum Bau von Straßenbau und Startbahnen. Dies wird durch Extraktion des Grundwassers, Sprengung der Riffe zur Schaffung von Wasserstraßen und den Gebrauch von Quadern aus Riff oder Korallensand für Deiche weiter verschlimmert. Es hat Behauptungen gegeben, dass die Einwohner von Kiribati die ersten Klimaflüchtlinge der Welt werden könnten.

Im Juli 2015 hat der oberste Gerichtshof von Neuseeland einen Einspruch von Ioane Teitiota zurückgewiesen. Teitiota hatte die Entscheidung angefochten, dass man ihm keinen Flüchtlingsstatus zugesprochen hatte. Er behauptete ein

---

328 van Woesik, R. et al. 2015: *Keep up or drown: adjustment of western Pacific coral reefs to sea-level rise in the 21st century.* Roy. Soc. Open Sci. doi: 10.1098/rsos.150181

Klimaflüchtling zu sein.[329] Die Eingabe behauptete, dass Kiribati die am tiefsten liegende Nation der Welt sei und es dort aufgrund steigender Meeresspiegel nicht mehr sicher sei. Der Klägers Visum mit Arbeitserlaubnis war 2010 ausgelaufen und er behauptete, dass seine Familie passiver Verfolgung unterliege, wäre er gezwungen nach Kiribati zurückzukehren. Der Grund dafür sei, dass die Regierung ihn vor dem Anstieg des Meeresspiegels, welcher durch Klimawandel verursacht sei, nicht schützen könne. Der Gerichtshof lehnte dieser Eingabe nicht aufgrund von Logik oder Wissenschaft ab, sondern aufgrund des Umstandes, dass der Kläger nicht unter die Flüchtlingsdefinition der Internationalen Flüchtlingskonvention falle. Dies ersparte es dem Gericht, das Offensichtliche festzustellen.

Einige Umweltschützer und Amtsträger der Kirche mögen es bei dem Versuch den Inselbewohnern des Pazifik zu helfen nur gut meinen. Aber falsche Behauptungen und Halbwahrheiten mit dem Ziel, Schauermärchen zu verbreiten, richten mehr Schaden als Nutzen an und bieten keine Lösung. Die Berater des Papstes sollten ihn davon abgebracht haben, schlecht informierte Kommentare über den Anstieg des Meeresspiegels[330] und die angeblich konstante Rate des Anstiegs des Meeresspiegels zu machen.[331] Die Änderung der Höhe des Meeresspiegels ist keine Konstante und die Berater des Papstes haben ihm nicht gesagt, dass der Meerespiegel steigt und sinkt, so wie es auch die Landhöhe tut.

Riffe gibt es schon seit sehr langer Zeit. Vor 3500 Millionen Jahren entstanden die Mikrobialithen, kalkhaltige, organisch-sedimentäre, riff-ähnliche Strukturen. Sie enthalten Calcium

329 http://www.3news.co.nz/nznews/climate-change-refugees-case-heads-to-supreme-court-2015021117#axzz3ij7jeqfu
330 *Laudato Si'*, Paragraph 48
331 *Laudato Si'*, Paragraph 23

und Magnesiumskarbonat, wobei Calcium, Magnesium und Kohlendioxid aus dem Meerwasser entzogen worden. Während der nächsten 2500 Millionen Jahre erzeugten Photosynthese treibende blaugrüne Algen (Cyanobakterien), Stromatolithen, flache Riffe im Meer. Dieser Prozess hält an, so zum Beispiel in Lee Stocking Island, Bahamas Banks und Shark Bay, Westaustralien. Die Erdgeschichte lehrt uns, dass Stromatolithen-Riffe in warmen Zeiten gedeihen, besonders wenn gleichzeitig der CO_2-Gehalt der Atmosphäre hoch ist. Korallenriffgemeinschaften fingen vor 600 Millionen Jahren an, zu erscheinen; dem folgten vor 600-540 Millionen Jahren schwammartige Tiere (Archeocyathiden), Stromatolithen, Cyano-Bakterien und Algen. Dieses sind die wesentlichen Organismen in der Gemeinschaft des Riffs. Seit 540-350 Millionen Jahren vor der Gegenwart war der Hauptbestandteil der Riffe eine komplexe Assoziation von Algen, Schwämmen und Korallen. Einige der Korallen in diesen Sozietäten sind nun extinkt (zum Beispiel *rugosa*).

Vor 350-220 Millionen Jahren wurde die Zusammensetzung des Riffs noch komplexer. Seither dominierten Gemeinschaften von Algen, Moostierchen und Korallen mit geringerer Präsenz von Foraminiferen, Schwämmen, Stromatoporen, und Muscheln. In den letzten 220 Millionen Jahren bestanden die Riffe vor allem aus Steinkorallen. Die modernen Riffe stellen in der Geschichte des Planeten die komplexeste und am weitesten entwickelte Form der scleractinischen Riffe dar. Riffe sind meistens dann ausgestorben, wenn der Meeresspiegel sank oder weil von den Korallen umgebene Inseln und der Kontinentalsockel über den Meerespiegel angehoben wurden. Es ist ungewöhnlich, dass Korallenriffe eingehen, weil der Meeresspiegel steigt.

Veränderungen der Temperatur des Meereswassers[332], vor allem eine Abkühlung, aber auch Veränderungen des Salzgehaltes, gelöster Sauerstoff und die Stabilität gelöster Chemikalien können zum Tod von Riffen beitragen. Einige Riffe werden durch Versandung mit Sedimenten als Folge einer Flutung im Hinterland getötet.

In modernen Zeiten waren Touristen, das Fischen mit Cyanid und Dynamit, der Abbau der Korallen zum Straßenbau, zu anderen Bauzwecken wie Zementgewinnung, die Kanalbereinigung, die Einschleppung kompetierender nicht-nativer Arten, die Einleitung von Jauche, Nitraten und Phosphaten und eine gesteigerte natürliche und durch den Menschen verursachte Sedimentierungen die großen Bedrohungen für die Riffe.

Das Great Barrier Reef vor Australien ist 2300 km lang. Es umfasst 3000 Korallenriffe, 600 kontinentale Inseln und 300 kleine, flache Koralleninseln (Cays). Es gibt dort über 600 Arten weicher und harter Korallen und eine atemberaubende Bandbreite anderer Spezies[333]. Das Riff ist nach Osten und Norden gewandert und sogar verschwunden, als der Meerespiegel während der Kaltzeit sank. Vor 11500 Jahren war der Meerespiegel 130m tiefer und am Ende der letzten Kaltzeit gab es das Riff nicht mehr. Während der letzten Kaltzeit umfassten die Regenwälder, wie etwa im Amazonasbecken Baumgruppen und Grasland.

Seit 3500 Jahren gibt es Riffe in flacherem Meerwasser. Einige seltene isolierte Korallen leben heutzutage in tiefem, kälterem Wasser. Die Existenz der Riffe in wärmeren Zeiten mit höherem atmosphärischem Kohlendioxidgehalt beweist, dass moderne Korallenriffe nicht in Gefahr sind, wenn sich die Atmosphäre

---

332 The Global Coral Monitoring Network in 2000 reported that 16% of the world's coral reefs were "effectively lost" in 9 months during the 1997-1998 El Niño. The reefs recovered.

333 http://www.gbrmpa.gov.au/about-the-reef/facts-about-the-great-barrier-reef

erwärmt und ihr CO_2-Gehalt ansteigt. In der Tat verhält es sich ganz umgekehrt. Die Geschichte zeigt, dass Riffe, gleichwohl ob sie aus Algen oder Korallen bestehen, gedeihen, wenn das Wetter wärmer ist und die Atmosphäre einen höheren CO_2-Gehalt hat. Können die grünlinken Umweltaktivisten mir bitte erklären, warum es sich anders verhalten sollte, wo wir doch über 3500 Millionen Jahre von der Zeit in Stein geschriebene Beweise haben.

Die Ansäuerung (Azidifizierung) der Ozeane

Dies ist ein nacktes Gerücht. Die Verwendung des Begriffes „sauer“ im Bezug auf die Weltmeere ist betrügerisch. Die Weltmeere sind für Tausende von Millionen von Jahren alkalisch gewesen und das auch zu Zeiten, als es in der Atmosphäre weit mehr CO_2 gab als heute. Es gibt keinen Grund, dass die Löslichkeit von Kohlendioxid in Meerwasser plötzlich allen Regeln der Chemie widersprechen sollte, nur weil wir Spuren eines Spurengases in die Atmosphäre freisetzen.

Die Lösung von CO_2 in den Weltmeeren

Kohlendioxid löst sich in Meerwasser. Mehr als 70% der Oberfläche des Planeten ist von Wasser bedeckt. Die Löslichkeit von Kohlendioxid in Wasser ist vor allem eine Funktion der Temperatur, des Drucks und des Salzgehaltes.[334] Je kälter das Wasser ist, umso mehr CO_2 geht in Lösung.[335] Die langfristige globale mittlere Temperatur der Meeresoberfläche ist 15°C. Bei dieser Temperatur kann man in Meerwasser ein Volumen CO_2

---

334 Harned, H. S. and Davis, R. 1943: *The ionization constant of carbonic acid in water and the solubility of carbon dioxide in water and aqueous salt solutions from 0 to 50°C.* Jour. Amer. Chem. Soc. 65: 2030-2037

335 Dieses ist umgekehrte Löslichkeit. Bei vielen Substanzen, z.B. Zucker und Salz, löst sich umso mehr Substanz, je wärmer das Wasser ist.

pro Volumen Wasser lösen. Bei 10°C, löst sich 19% mehr CO_2 in Meerwasser als bei 15°C und bei 20°C Meerwassertemperatur löst sich 12% weniger als bei 15°C.[336] Nicht überraschend gibt es eine Korrelation zwischen der Temperatur der Meeresoberfläche und dem atmosphärischen CO_2-Gehalt. Je salziger das Wasser ist, umso mehr CO_2 lässt sich lösen. Umso höher der atmosphärische Gehalt an CO_2 ist, umso mehr CO_2 wird in Seewasser gelöst.

Die Ozeane entfernen ständig CO_2 aus der Atmosphäre. Dieses CO_2 wird von Organismen verwendet, um Schalen aus $CaCO_3$ in Form von Aragonit und Calcit zu machen. Wenn diese Organismen absterben, dann sammeln sich die Schalen auf dem Meeresgrund und werden später Kalkstein. Dieser Kalkstein enthält 40.000mal mehr CO_2 als die Atmosphäre. Böden enthalten organische Kohlenstoff-Verbindungen und Carbonate. Durch Erosion werden diese zum Meeressedimenten. Auch der Wind pumpt CO_2 in das Meerwasser.[337] Unter gewissen Umständen fällt $CaCO_3$ auf dem Meeresgrund aus.

An den Polen absorbiert die kalte Wasseroberfläche mehr CO_2 als in den Tropen. Dieses kühle, dichte und sehr salzige Polwasser sinkt und wird dann zu den niedrigen Breitengraden getragen, wo es wieder aufsteigt und CO_2 freisetzt, während sich das Wasser erwärmt. Etwa 70% des Gasaustrittes aus den Meeren ereignet sich durch diesen Prozess, eine Wärme-getriebene Löslichkeitspumpe. Die anderen 30% des Gasaustrittes beruhen auf dem Leben, der biologischen Pumpe.[338] Würde man diese biologischen Prozesse aussetzen, so würde der atmosphärische

---

336 Endersbee, L. 2008: *Carbon dioxide and the oceans.* Focus 151: 20-21

337 Smith, S. D. and Jones, E. P. 1985: *Evidence of wind-pumping of air-sea gas exchange based on direct measurements of CO2 fluxes.* Jour. Geophys. Res. 90: 869-875

338 Volk, T. and Liu, Z. 1988: *Controls of CO_2 sources and sinks in the Earth scale surface ocean: temperature and nutrients.* Global Biogeochem. Cycles 2: 73-89

CO_2-Gehalt auf den fünffachen Wert steigen.[339] Manche stellen sich vor, dass mit fortgesetzten Emissionen von CO_2 in die Atmosphäre der atmosphärische CO_2-Gehalt fortgesetzt und für immer ansteigen würde. Dieses ist nicht der Fall, da das atmosphärische CO_2 durch die Weltmeere ständig recycelt wird. Kleinste Veränderungen in der Zusammensetzung oder Menge der Organismen in den Weltmeeren würden weit größere Veränderungen des atmosphärischen CO_2 hervorrufen, als menschliche Immissionen.

In einer Tiefe von 10m kann Meerwasser zweimal sein eigenes Volumen in Form von CO_2 lösen. Die Menge an CO_2 die in Seewasser gelöst werden kann, steigt mit abnehmender Temperatur und zunehmendem Druck. Kalte und salzigere Meerwasser unter hohem Druck am Grunde der Ozeane enthalten riesige Mengen an CO_2. Wenn dieses Wasser an die Oberfläche aufsteigt, wird CO_2 freigesetzt. Denselben Vorgang sehen wir in Sprudelgetränken. Wenn der Druck weggenommen wird, d.h. durch Öffnen der Flasche oder Dose, dann bilden sich Blasen aus Kohlendioxid. Das Entstehen dieser Blasen setzt sich fort, während das Getränk sich auf Raumtemperatur aufwärmt.

Der Austausch des Kohlendioxid zwischen Atmosphäre und Ozean ist wohl bekannt.[340,341] Dies definiert eine Obergrenze, bis auf welchen Wert die CO_2 Konzentration in der Atmosphäre steigen würde, wenn alle verfügbaren fossilen Treibstoffe verbrannt würden. Um dauerhaft den atmosphärischen CO_2 Gehalt zu verdoppeln, während Ozean und Atmosphäre sich

---

339 Eriksson, E. 1963: *Possible fluctuations in atmospheric carbon dioxide due to changes in the properties of the sea.* Jour. Geophys. Res. 68: 3871-3876

340 Revelle, R. and Suess, H. E. 1957: *Carbon dioxide exchange between atmosphere and ocean and the question of an increase of atmospheric CO_2 during the past decades.* Tellus 9: 18-27

341 Skirrow, G. 1975: *The dissolved gases – carbon dioxide.* In: Chem. Ocean. Vol. 2, 2nd Ed. (Eds Riley, J. P. and Skirrow, G.), Academic Press, 192p

weiter im Gleichgewicht befinden, muss 51mal so viel CO_2 in die Atmosphäre eingebracht werden, wie sich derzeit dort befindet. Bei Verbrennung aller verfügbaren fossilen Treibstoffressourcen würden nur etwa elfmal so viel CO_2 in die Atmosphäre eingebracht, wie sich derzeit dort befindet.[342] Wenn wir die fundamentalen Gesetze der Chemie und die Eigenschaften der Ozeane nicht ändern, dann besitzen wir Menschen nicht genug fossile Treibstoffe auf der Erde um dauerhaft den atmosphärischen CO_2-Gehalt zu verdoppeln.

Wenn die Menschen in den nächsten 300 Jahren alle verfügbaren fossilen Treibstoffe verbrennen würden, dann würde dieses Kohlendioxid etwa 15mal aus der Gasphase (Atmosphäre) in die Wasserphase (Weltmeere) übergehen und alles zusätzliche CO_2 würde vom Leben im Ozean organifiziert und schließlich als Kalziumcarbonat in den Meeressedimenten deponiert[343]. Dieses lehrt uns die Chemie. Die Geologie lehrt uns dasselbe, denn dieses ist zuvor geschehen als der Planet in der Atmosphäre einen weit höheren CO_2 Gehalt hatte. Dieses ist das Kohärenzkriterium der Wissenschaft.

Das Verbrennen fossiler Rohstoffe trägt nur sehr wenig zum CO_2-Gehalt der Ozeane bei. Fossile Brennstoffe enthalten kein Kohlenstoff 14 Isotop, welches aus kosmischer Strahlung und Nuklearbomben stammt. Deshalb kann der Anstieg von C^{13} und C^{12} im Meerwasser dazu benutzt werden den Beitrag des CO_2 aus dem Verbrennen von Kohle und Öl zu berechnen.[344] Diese Berechnung ignoriert den Beitrag von Kohlendioxid anderer

---

342 Jaworowski, Z. et al. 1992: *Atmospheric CO_2 and global warming. A critical view,* Second Revised Edition. Norsk Polarinstitutt Meddelelser 119: 1-76

343 Abelson, P. H. 1990: *Uncertainties about global warming.* Science 247: 1529

344 Key, R. 2006: *The dangers of ocean acidification.* Scientific American March 2006, 58-65

Quellen wie etwa Bodenbakterien, Vulkane, flottierender Mikroorganismen, und das Verbrennen von Holz, Gras und Dung. Selbst wenn nur die Oberfläche des Ozeans CO_2 aus fossilen Brennstoffen enthielte, wäre der Beitrag des Kohlendioxid aus menschlichen Emissionen etwa 3%.[345]

Vulkane arbeiten unter den Wellen

Die meisten Vulkane der Erde befinden sich unter dem Meer und tragen etwa 75% der Hitze bei, die von geschmolzenen Gesteinen an die Oberfläche transferiert wird.[346] Das Material dieser Vulkane, einschließlich des Kohlendioxid, stammt vom Erdmantel. Geschmolzenes Gestein kann einen sehr hohen Gehalt an eingeschlossenen Gasen haben, wie etwa H_2O und CO_2.[347,348] Es gibt mehr als 3 Millionen unter dem Meer liegende Basaltvulkane und nur etwa 1800 Landvulkane, von denen die meisten andesitisch sind. Experimentelle Studien zur Löslichkeit von CO_2 in geschmolzenem Stein zeigen, dass sich in Basalt weit mehr CO_2 lösen lässt als in Andesit. Andesit ist der häufigste Gesteinstyp in terrestrischen Vulkanen. Wenn geschmolzenes Gestein aufsteigt und sich abkühlt, dann werden daraus monströse Mengen an CO_2 und anderen Gasen freigesetzt[349] und diese Gasfreisetzung war die Quelle des anfänglich hohen

---

345 Jaworowski, Z. et al. 1992: *Atmospheric CO_2 and global warming. A critical view,* Second Revised Edition. Norsk Polarinstitutt Meddelelser 119: 1-76

346 Crisp, J. A. 1984: *Rates of magma emplacement and volcanic output.* Jour. Volcan. Geotherm. Res. 20: 177-211

347 Stolper, E. and Holloway, J. R. 1988: *Experimental determination of the solubility of carbon dioxide in molten basalt at low pressure.* Earth Planet. Sci. Lett. 87: 397-408

348 Shilobreyeva, S. N. and Kadik, A. A. 1990: *Solubility of CO_2 in magmatic melts at high temperatures and pressures.* Geochem. Internat. 27: 31-41

349 Marty, B. and Zimmermann, L. 1999: *Volatiles (He, C, N, Ar) in mid-ocean ridge basalts: assessment of shallow-level fractionation and characterisation of source composition.* Geochim. Cosmochim. Acta 63: 3619-3633

CO_2-Gehaltes der Erdatmosphäre, bevor das pflanzliche Leben in Massen zutage trat.[350] Das meiste Gas wird freigesetzt, bevor es zu einem Ausbruch kommt. Nach dem Ausbruch entlassen Vulkane für eine sehr lange Zeit Gase. Terrestrische Vulkane explodieren, weil sie sehr plötzlich Gas freisetzen. Das Gewicht von zumeist 3 km Wasser verhindert, dass die Submarinen Vulkane explodieren. In gasreichen Vulkanen und Submarinen Vulkanen ist Kohlendioxid das am meisten vorkommende Gas. Das von Submarinen Vulkanen freigesetzte Kohlendioxid steigt von den Formationen des Mittelatlantischer Rückens nicht im Blasen auf, um die Atmosphäre zu erreichen.

Einige Submarine Vulkane und die damit verbundenen Brunnen haben Ansammlungen von flüssigem CO_2.[351] Die unter hohem Druck stehenden kalten Wassermassen am Grunde des Ozeans lösen alles vulkanische CO_2 und diese reichlich vorhandene Quelle des CO_2 geht in die Berechnungen der Klimawissenschaftler nie ein. Große Teile der Lava des Mittelatlantischen Rückens sind mit CO_2 übersättigt[352]. Sie setzen CO_2 in das Wasser am Meeresgrund im Rahmen eines normalen Verbreitung Vorgangs am Meeresgrund frei[353 354 355]. Die gesamte

---

350 Bottinga, Y. and Javoy, M. 1989: *MORB degassing: evolution of CO_2*. Earth Planet. Sci. Lett. 95: 215-225

351 http://news.nationalgeographic.com.news/2006/08/060830-carbon-lakes.html

352 Jendrzejewski, N. et al. 1997: *Carbon solubility in mid-ocean ridge basaltic melt at low pressures (250-1950 bar)*. Chem. Geol. 138: 81-92

353 Gerlach, T. M. 1989: *Degassing of carbon dioxide from basaltic magma at spreading centers, II. Mid-ocean ridge basalts.* Jour. Volcan. Geoth. Res. 39: 221-232

354 Jendrzejewski, N. et al. 1992: *Water and carbon contents and isotopic compositions in Indian Ocean MORB*. EOS 73: 352

355 Dixon, J. E. and Stolper, E. M. 1995: *An experimental study of water and carbon dioxide solubilities in mid-ocean ridge basaltic liquids, Part II. Applications to degassing*. Jour. Petrol. 36: 1633-1646

Länge der Mittelatlantischen Rücken in den Weltmeeren ist etwa 64.000 km und die freigesetzte Menge an CO_2 ist gewaltig.[356] Unter diesen Mittelatlantischen Rücken liegen riesige Volumina von geschmolzenem Gestein und eine Ansammlung von Gas, vor allem CO_2.[357]

Vulkangase, so wie auch CO_2, entweichen dem geschmolzenen Gestein vor der Eruption, während der Eruption, und nach der Eruption.[358] Wenn man nicht Messungen vor, während und nach der Eruption eines Submarinen Vulkans macht, dann kann die Menge an CO_2, die ins Meerwasser freigesetzt wird, nicht direkt gemessen werden. Wenn aber die Submarinen Vulkangesteine plötzlich zu Vulkanischem Glas gefrieren, dann schließen Sie das CO_2 im Glas ein.[359,360]

Auch wenn der geschmolzene Stein den meisten Teil seines CO_2 während Aufstieg und Abkühlung freigesetzt haben mag, so gibt doch das in Vulkanischem Glas gefangene CO_2 einen Minimalwert für den Gehalt von CO_2, welches am Meeresgrund in das Meerwasser freigesetzt wird.[361]

Nicht nur der Aufstieg und die Abkühlung des geschmolzenen Gesteins auf dem Niveau oder unterhalb des Meeresgrundes in

---

356 Pineau, F. and Javoy, M. 1994: *Strong degassing at ridge crests: the behaviour of dissolved carbon and water in basaltic glasses at 14°N (M.A.R.).* Earth Planet. Sci. Lett. 123: 179-198

357 Hauri, E. et al. 1993: *Evidence for hot-spot related carbonatite metasomatism in the oceanic upper mantle.* Nature 365: 221-227

358 Kingsley, R. H. and Schilling, J.-G. 1995: *Carbon in mid-Atlantic ridge basalt glasses from 28°N to 63°N: evidence for a carbon-enriched Azores mantle plume.* Earth Planet. Sci. Lett. 129: 31-53

359 Des Marais, D. J. and Moore, J. G. 1984: *Carbon and its isotopes in mid-oceanic basaltic glasses.* Earth Planet. Sci. Lett. 69: 43-57

360 Dixon, J. E. and Stolper, E. M. 1995: *An experimental study of water and carbon dioxide solubilities in mid-ocean ridge basaltic liquids.* Part II: Applications to degassing. Jour. Petrol. 36: 1633-1646

361 Marty, B. and Tolstikhin, I. N. 1998: CO_2 fluxes from mid-ocean ridges, arcs, and plumes. Chem. Geol. 145: 233-248

den Mittelatlantischen Rücken setzt gewaltige Mengen an CO_2 frei. Auch die heißen Quellen in den Mittelatlantischen Rücken setzen kleinere Mengen an CO_2 frei.[362] Wo sich heiße Quellen befinden, da kommt es zu einem leichten und örtlichen Anstieg der Azidität. Die hydrothermalen heißen Quellen der Tiefsee sind sauer. Dieses ist durch die Freisetzung von sowohl CO_2 als auch Schwefelsäure bedingt.[363] Heiße Quellen der Tiefsee haben einen hochgradig variablen CO_2-Gehalt[364] und Kohlendioxid kann von solchen heißen Quellen durch Ausfällung von Carbonat in Flüssiggesteins-Reaktionen entfernt werden. Die heißen Quellen der Mittelatlantischen Rücken tragen geschätzte 0,3-1,2% zur jährlichen Einfuhr von CO_2 in die Weltmeeren bei[365], während die Vulkane der Mittelatlantischen Rücken weit größere und unbekannte Mengen an CO_2 durch Gaseinströmung in das Ozeanwasser freisetzen. Vulkane führen weit mehr CO_2 in die Ozeane und die Atmosphäre ein, als Menschen das tun.

Auch Vulkane aus Subduktions-Gegenden, wo ein Stück der Erdkruste unter ein anderes Krustenstück geschoben wird, setzen durch Gasfreisetzung und heiße Quellen riesige Mengen an CO_2 frei.[366] Dieser Prozess des Recycling des Gesteins der

---

362 Resing, J. A., et al. 2004: *CO_2 and ^3He in hydrothermal plumes: implications for mid-ocean ridge CO_2 flux*. Earth Planet. Sci. Lett. 226: 449-464

363 Mottl, M. J. and McConachy, T. F. 1990: *Chemical processes in buoyant hydrothermal plumes on the East Pacific Rise near 21°N.* Geochim. Cosmochim. Acta 54: 1911-1927

364 Sansone, F. J. et al. 1998: *CO_2-depleted fluids from mid-ocean ridge-flank hydrothermal springs.* Geochim. Cosmochim. Acta 62: 2247-2252

365 LeQuéré, C. and Metzel, N. 2004: Chapter 12: *Natural processes regulation the ocean uptake of CO_2*. In: SCOPE 62, The global carbon cycle: Integrating humans, climate, and the natural world (Eds Field, C. B. and Raupach, M. R.). Island Press, 243-256

366 Hilton, D. R. et al. 2006: *Controls on the He-C systematics of the Izu-Bonin-Marianas (IBM) subduction zone.* Geochim. Cosmochim. Acta 70: doi:10.1016/j.gca.2006.06.507

Erde ereignet sich seit mindestens 2500 Millionen Jahren und hat in dieser Zeit der Erdatmosphäre variable und große Mengen an CO_2 zugesetzt.[367] Dieser letze Typ von Vulkan macht nur gerade 1% aller Vulkane auf der Erde aus und doch sind genau sie es, die den Datensatz hergeben, den die IPCC benutzt, um ihre Modelle bezüglich der Einfuhr von CO_2 durch Vulkane zu konstruieren. Hier geht es um die terrestrischen und Inselvokale, die wir sehen. Dieses sind explosive Vulkane und die Explosionen gehen auf eine plötzliche Ausdehnung von H_2O und CO_2 zurück.

Wenn ein Stück der Kruste unter ein anderes geschoben wird, dann wird nicht nur CO_2 aus geschmolzenen Gesteinen freigesetzt, sondern es wird auch während der Erhitzung der kalkhaltigen Sedimentgesteine freigesetzt.[368] Das Volumen an Kohlendioxid, das durch den Gasaustritt aus kalkhaltigen Sedimentgesteinen freigesetzt wird, ist Hunderte von Malen größer, als das, was aus geschmolzenen Gesteinen freigesetzt wird. Die plötzliche Ausgasung des CO_2 kann zur Bildung von Kratern von Tausenden von Metern Durchmesser führen.[369] Im arktischen Ozean haben riesige Tiefseevulkane große Krater geformt, die massive Mengen von Hitze und CO_2 in die Wasser der Arktis freigesetzt haben.[370]

In anderen Teilen des arktischen Ozeans gibt es in der Tiefsee vulkanische Aktivität und heiße Quellen.[371] Dieses wurde von der IPCC ignoriert und ist in keines ihrer Klimamodelle

---

367 Yamamoto, J. et al. 2001: *Helium and carbon isotopes in fluorites: implications for mantle carbon contribution in an ancient subduction zone.* Jour. Volcan. Geotherm. Res. 107: 19-26.

368 Schuiling, R. D. 2005: Our bubbling Earth. Elsevier

369 Fytikas, M. 1989: *Updating of the geological and geothermal research on Milos Island.* Geothermics 18: 485-496

370 Sohn, R. A. et al. 2008: *Explosive volcanism on the ultraslow-spreading Gakkal ridge, Arctic Ocean.* Nature 453: 1236-1238

371 Snow, J. et al. 2001: *Magmatic and hydrothermal activity in the Lena Trough, Arctic Ocean.* Trans. Amer. Geophys. Union 82: 193, 197-198

eingegangen.

Die Freisetzung von heißem CO_2 kann große Gesteinsvolumina aufheizen[372] und CO_2 aus dem Erdmantel kann sich dann unter der Kruste ansammeln, von wo es später in die Atmosphäre entkommt.[373] Wir wissen, dass heiße Quellen und Gasfontänen (gas vents) CO_2 in den Ozean und die Atmosphäre einbringen.

Der Amazonas führt große Mengen von Wasser mit niedrigem Salzgehalt, das sich nach einem Weg von 3000 km in den tropischen atlantischen Ozean ergießt. Man würde erwarten, dass bei Mischung mit dem Meerwasser CO_2 in die Atmosphäre freigesetzt würde. Doch zeigt uns neuere Forschung, dass erhebliche Mengen von CO_2 aus der Atmosphäre in dieses Wasser absorbiert werden. Stickstoff fixierende Bakterien, die die Nährstoffe im Amazonas nutzen, ändern das Gleichgewicht zwischen Meerwasser und Luft, sodass der Ozean CO_2 absorbiert, statt es freizusetzen.[374] Eine Region, von der man dachte, sie setze Kohlendioxid in die Atmosphäre frei, sequestriert in der Tat 15 Megatonnen Kohlenstoff pro Jahr. Die Natur hört nicht auf, uns immer wieder zu überraschen und deshalb ist die Wissenschaft nie abgeschlossen. Schwimmende Organismen benutzen das im Ozeanwasser gelöste CO_2 mit dem Sonnenlicht zur Photosynthese.[375] CO_2 ist nicht nur ein guter

---

372 Schuiling, R. D. 2004: *Thermal effects of massive CO_2 emissions associated with subducted volcanism.* Comptes Rendus Geosci. 336: 1053-1059

373 Schuiling, R. D. and Kreulen, R. 1979: *Are thermal domes heated by CO_2-rich fluids from the mantle?* Earth Planet. Sci. Lett. 43: 298-302

374 Cooley, S. R. et al. 2007: *Seasonal variations in the Amazon plume-related atmospheric carbon sink.* Global Biogeochem. Cycles doi:10.1029/2006Gboo2831

375 Arrigo, K. R. et al. 1999: *Phytoplankton community structure and the drawdown of nutrients and CO_2 in the Southern Ocean.* Science 283: 365-367

Nährstoff für die Pflanzen, es vergrößert auch die Zellen.[376] Die Organismen nutzen es, um Carbonat-Schalen zu machen. Wenn der Organismus stirbt, dann sinkt diese Schale zum Grund. Auf diesem Weg wird CO_2 ständig aus den Ozeanen Gewässern und Seen entfernt. Ein Anstieg des CO_2 und der Nährstoffe im Meerwasser sind die wichtigsten Faktoren die die Wachstumsrate der schwimmenden Organismen erhöhen. Veränderungen in der Oberflächentemperatur des Meeres beeinflussen die Menge an schwerem und leichtem Sauerstoff in den Muschelschalen.[377] Das Leben akkumuliert bevorzugt die leichte Form des Kohlenstoffs.[378,379] Die fossilen schwimmenden Organismen können dafür benutzt werden, die Meerestemperaturen als Proxy für Klimawandel zurückzuverfolgen. Man kann aus ihnen den CO_2-Gehalt der Atmosphäre früherer Zeiten berechnen.

Der kalte Ozean des Südens schluckt riesige Mengen CO_2 aus der Atmosphäre. Sogenannte Klima-'wissenschaftler' dachten, dieser Prozess habe aufgrund menschlicher Aktivität ein Ende gefunden. Demgegenüber stellten weitere Untersuchungen fest, dass die Menge an Kohlendioxid, die dort aufgenommen wird, tatsächlich im Ansteigen begriffen ist.[380] Je mehr wissenschaftliche Forschung sich mit den allgemein geglaubten Sicherheiten der Klimawissenschaft beschäftigt, umso

---

376 Burkhardt, S., et al. 1999: *Effect of growth rate, CO_2 concentration, and cell size on the stable carbon isotope fractionation in marine phytoplankton.* Geochim. Cosmochim. Acta 63: 3729-3741

377 Wolf-Gladrow, D. A., et al. 2002: *Direct effects of CO_2 concentration on growth and isotopic composition of marine plankton.* Tellus 51: 461-476

378 Peterson, B. J. and Fry, B. 1987: *Stable isotopes in ecosystems studies.* Ann. Rev. Ecol. System. 18: 293-320

379 Descolas-Gros, C. and Fontungne, M. 2006: *Stable carbon isotope fractionation by marine phytoplankton during photosynthesis.* Plant Cell Envir. 13: 207-218

380 Landschützer, P. et al. 2015: *The reinvigoration of the Southern Ocean carbon sink.* Science, doi:10.1126/science.aab2620

komplexer und weniger verstanden werden sie. Der Planet Erde ist kompliziert und voller Überraschungen.

Anämische Weltmeere

Die meisten Ozeane der Welt sind dann anämisch. Sie haben einen extrem niedrigen Eisengehalt, weil sie nicht sauer sind und gelösten Sauerstoff enthalten. Eisen ist ein Mikro- Nährstoff photosynthese-treibender Mikroorganismen. Während der Eiszeiten verwandeln sich Wälder und Wiesen in Wüsten und es wird windig. Der vermehrte Wind bläst dann eisenhaltigen roten Wüstensand in die Ozeane. Dies treibt die Mikroorganismen in den OzeanEN zur Blüte.

Das Gedeihen dieser photosynthetischen Organismen entzieht der Atmosphäre noch mehr CO_2.[381] Wäre Kohlendioxid hauptverantwortlich für das Klima, dann würde während einer Eiszeit der in die Ozeane geblasener roter Staub die Entfernung des CO_2 aus der Atmosphäre beschleunigen und die Erde könnte einer unaufhörlichen Eiszeit nicht entrinnen.

Der pH der Meere

Der Ausdruck pH, übersetzt mit *pondus Hydronium* oder Menge an Wasserstoff, ist ein numerisches Maß des Wasserstoffionengehaltes von extremer Säure bis zu extremer Base. Ozeane haben einen pH von 7,9-8,2. Dieses ist höher als der neutrale pH (pH=7,0), was gleichbedeutend mit der Tatsache ist, dass die Weltmeere basisch sind, also alkalisch. pH-Messungen gehen von 0-14, der pH 6ist zehnmal saurer als pH 7, und pH 5 ist hundertmal saurer als pH 7. Die Einheit des pH ist nicht linear, sondern logarithmisch. Darum brauchte man, um Meerwasser von einem pH von 8 zu einem pH von 6 zu bringen, eine ganz

381 de Baar, H. J. W. et al. 1999: *Importance of iron for plankton blooms and carbon dioxide drawdown in the Southern Ocean.* Nature 373: 412-415

außergewöhnlich große Menge von Säure. In Gegenwart von Säure werden Sedimente, Gesteine und Muscheln sehr reaktiv. Diese Reaktionen neutralisieren Säure und die Ozeane kehren in ihren normalen alkalischen Zustand zurück.

Die alkalischten Gewässer treten im Zentrum von Meeresströmungen (ocean circulation pattern), während wenige alkalische Wasser sich einstellen, wo Wasser tief aus dem Weltmeer zur Oberfläche gebracht wird. Tiefseewasser an diesen Auftriebsstellen hat einen höheren CO_2-Gehalt. Als Folge davon gedeihen die photosynthetischen Mikroorganismen und bilden den Anfang der Nahrungskette für das vielfältige Leben der Ozeane. Es ist kein Zufall, dass sich die großen Fischgründe der Welt an solchen Orten des ozeanischen Auftriebes befinden.

Zeit und pH

Wenn sich CO_2 in Meerwasser löst, dann sollten die Ozeane saurer werden[382], oder so sagt es die Theorie. Wenn die Ozeane sauer werden (pH kleiner sieben), dann, so wird behauptet, würden sich die Muschelschalen der Meeresorganismen auflösen. Diese Behauptung wird in den Massenmedien als potentielle Umweltkatastrophe viel übertrieben.[383] Die Geologie zeigt nichts davon, dass Muschelschalen sich auflösen, denn sonst gäbe es keine Small-Shelly-Fauna. Bis zu einer Tiefe von 4,8 km sind die Ozeane mit Calciumcarbonat gesättigt. Dies

382 $CO_2 + H_2O \Leftrightarrow H_2CO_3$; $H_2CO_3 \Leftrightarrow H^+ + HCO_3^-$; $HCO_3^- \Leftrightarrow 2H^+ + CO_3^{2-}$. In the oceans at pH 7.9 to 8.2, CO_2 exists as dissolved gas (1%), HCO^{3-} (93%) and CO_3^{2-} (8%). Calcium in seawater binds CO_2 into insoluble carbonates of calcium in shells, coral reefs and mineral precipitates ($Ca^{2+}_{[aq]} + CO_3^{2-}{}_{[aq]} \Leftrightarrow CaCO_3)\downarrow$). Furthermore, trapped seawater in sediments precipitates carbonate cement. By these processes CO_2 is removed from the atmosphere and stored in marine sediments as fossils, cement and rock. $CaCO_3$ plankton shells can dissolve back into seawater at a depth of >4.8 km.

383 Doney, S. C. 2006: *The dangers of ocean acidification.* Scientific American: March 2006, 58-65

bedeutet, dass bei jeder weiteren Anreicherung mit CO_2 das Calciumcarbonat ausfallen würde.[384] Festes Calciumcarbonat enthält 44 Gewichtsprozent CO_2. Die Pufferung des Meerwassers verhindert den Umschlag zur Säure.

Wenn im Wasser nur sehr wenig Kohlendioxid gelöst wäre, dann würde statt des Calciumcarbonates das auch als Gips bekannte Calciumssulfat-Dihydrat ausfallen.[385] Dieser Prozess ist in den Weltmeeren nicht beobachtet worden, ereignet sich aber in Süßwasser-Seen am Lande. Wenn der atmosphärische CO_2-Gehalt extrem hoch wäre, so würde das Calcium-Magnesium-Carbonat Dolomit mit aus den Ozeanen ausfallen.[386] Dies lässt sich sowohl experimentell beweisen, als auch von den Gesetzen der Thermodynamik und der Geologie ableiten. Dieses ist ein weiteres Beispiel für das Kohärenzkriterium der Wissenschaft.

Während des Präkambrium (vor 542 MA) war der atmosphärische CO_2-Gehalt größer als 1% und große Mengen Dolomit fielen aus. Dadurch wurde den Weltmeeren und letztlich der Atmosphäre CO_2 entzogen. Festes Dolomit enthält 48 Gewichtsprozent Kohlendioxid. All dies heißt, dass sich das Gleichgewicht zwischen CO_2 in den Ozeanen und der Atmosphäre, das wir es heute sehen, für Tausende von Millionen Jahren nicht verändert hat.[387] Dieses Gleichgewicht hat sich auch durch massive CO_2-Entladungen der Vulkane nicht geändert. Es gibt eine Korrelation zwischen vermehrter vulkanischer CO_2-Produktion und vermehrter Ablagerung von Calciumcarbonat in den Weltmeeren.[388] Auch hier sehen wir, dass der Planet Erde

---

384 Broeckner, W. S. et al. 1979: *The fate of fossil fuel carbon dioxide and the global carbon budget.* Science 206: 409-418

385 $CaSO_2.2H_2O$

386 $CaMg(CO_3)_2$

387 Holland, H. D. 1984: *The chemical evolution of the atmosphere and oceans*. Princeton University Press

388 Budyko, M. I. et al. 1987: *History of the Earth's atmosphere.* Springer

für Milliarden von Jahren beachtenswert stabil gewesen ist. Die geologischen Prozesse der Carbonat-Ausfällung in den Ozeanen, die seit Milliarden von Jahren stattfinden, sind in den Computer-Klimamodellen der IPCC schlichtum ignoriert worden.

Methan

In der Vergangenheit ist es in Zeiten hoher atmosphärischer CO_2-Konzentration zu einer Zunahme der Vegetation gekommen. In wärmerem Klima mit seinen vermehrt aktiven Mikroorganismen wird pflanzliches Material zu Methan zersetzt und die atmosphärische Methankonzentration steigt etwas. Die wichtigsten Kohleablagerungen entstanden zu einer Zeit hoher atmosphärischer Methan- und CO_2-Konzentrationen. Während Kälteperioden war die Zersetzung der Pflanzen langsam und so konnte während dieser Zeit – oder auch in den hohen Breitengraden – Pflanzenmaterial akkumulieren, das nicht einfach schnell verrotten würde.[389,390]

Während der Kaltzeit auf der Grenze von Carbon und Perm vor 360-260 Millionen Jahren haben die hohen atmosphärische Methan- und Kohlendioxid-Konzentrationen eindeutig keine globale Erwärmung verursacht. Dieses ist nur einer der vielen Nägel im Sarg für die Idee, dass ein hoher atmosphärischer CO_2-Gehalt globale Erwärmung erzeugt. Die Dekomposition biologischen Materials setzt Methan frei, das in der Atmosphäre rasch zu CO_2 und H_2O oxidiert. In kalten Meeren verbindet sich das Methangas in Sedimenten mit Wasser und bildet Methanhydrate. Eine Reihe von Ereignissen führen zu einer plötzlichen Freisetzung von Methanhydrat in die Atmosphäre, so etwa Erdbeben, die Aktivität von Tiefseevulkanen, Meteoriten-

389 Diessel, C. F. K. 1992: *Coal-bearing depositional systems*. Springer
390 Bartdorff, O. et al. 2008: *Phanerozoic evolution of atmospheric methane*. Global Biogeochem. Cycles 22: GB1008, doi: 10.1029/2007BG002985

und Kometen-Einschläge und submarine Schutt-Ströme. Eine langsame Freisetzung aus dem Sediment erfolgt bei Abfall des Meeresspiegels oder der Erwärmung des Meereswassers.

Methanhydrate in den Ozeanen

Eine gigantische künftige Energiequelle aus Methan ist Methanhydrat, gefrorenes mit Wasser verbundenes Methan, das in flachen Meerwassern auftritt. An den Polen kommt Methanhydrat in Sedimenten vor, die um oder unter dem Gefrierpunkt liegen. In niedrigeren Breitengraden kommt es in Sedimenten in 300-2000m Wassertiefe vor, wo die Wassertemperatur unter 2°C ist. Dieses bedeutet, dass Methandraht auf praktisch allen Kontinentalsockeln sowie in den flachen Meeresbecken vorkommt. Langfristig ist Methanhydrat eine riesige Energiequelle und die japanische Regierung-Behörde JOGMEG hat bereits damit angefangen, experimentelle Bohrungen zur Ausnutzung des Methanhydrats vorzunehmen.

Die Informationsbehörde der Vereinigten Staaten schätzt, dass Methanhydrat mehr Energie enthält, als alle anderen fossilen Brennstoffe zusammen. Es könnte sich um 10.000-100.000 Trillionen Kubikfuss Gas handeln. Im Gegensatz dazu wird das extrahierbare Schiefergas (shale gas) auf etwa 7000 Trillionen Kubikfuß geschätzt. Einige von uns machen sich über „peak oil" und „peak gas" keine Sorgen. „Peak oil" wurde auf der Basis erfolgreicher vertikaler Bohrquellen berechnet. Viele alte und erschöpfte Ölfelder werden nun horizontal angebohrt und das

Fracking dieser Felder produziert riesige neue Reserven. Das Konzept des „peak oil“ ist verschwunden.

Vor 55 Millionen Jahren gab es eine kurze Periode, etwa 10.000 Jahre, rascher Erwärmung.[391] Diese wurde durch plötzliche Freisetzung großer Mengen Methanhydrat vom Meeresgrund hervorgerufen. Methanhydrat oxidierte in der Atmosphäre zu CO_2 und Wasserdampf und die Ozeane wurden für eine kurze Zeit sauer.[392,393] Unser Verständnis dieser Periode der Erwärmung und der damit verbundenen Ansäuerung des Ozeans basiert auf Studien der Isotope von Sauerstoff und Kohlenstoff in Calciumcarbonat Muschelschalen.[394] Auch unter den Umständen eines katastrophalen, plötzlichen Wandels von Temperatur und Azidität haben sich diese Schalen nicht aufgelöst, sondern entwickelten sich.[395] Während der plötzlichen Erwärmungsperiode vor 55 Millionen Jahren verschob sich die Tiefe, bis zu welcher sich Calciumcarbonat im Ozean löst, von 4,8 auf 2,7 km. Eine riesige Menge Kohlendioxid war in den Ozeanen gelöst und wurde jetzt während einer Periode von 100.000 Jahren permanent durch Verwitterungsprozesse in der Tiefsee abgelagert.[396] Methanhydrat ist in die IPCC Modelle

391 Nunes, F. and Norris, R. D. 2006: *Abrupt reversal of ocean overturning during the Palaeocene/Eocene warm period.* Nature 439: doi:10.1038/nature04386

392 Pearson, P. N. and Palmer, M. R. 1999: *Middle Eocene seawater pH and atmospheric carbon dioxide concentrations.* Science 284: 1824-1826

393 Zachos, J. C. et al. 2005: *Rapid acidification of the ocean during the Paleocene-Eocene thermal maximum.* Science 308: 1611-1615

394 Pak, D. K. and Miller, K. G. 1992: *Paleocene to Eocene benthic foraminiferal isotopes and assemblages: implications for deepwater circulation.* Palaeocean. 7: 405-422

395 Kelly, D. C. et al. 1998: *Evolutionary consequences of the latest Paleocene thermal maximum from tropical planktonic foraminifera.* Palaeogeogr. Palaeoclimat. Palaeoecol. 141: 139-161

396 Zachos, J. C. et al. 2005: *Rapid acidification of the ocean during the Paleocene-Eocene thermal maximum.* Science 308: 1611-1615

nicht eingegangen. Warum nicht?

Dieses kurze Erwärmungs-Ereignis vor 55 Millionen Jahren sollte einen Anstieg der Meeresspiegel verursacht haben. Evidenz aus marinen Ablagerungen vom Küstensockel vor New Jersey, der Nordsee und Neuseeland zeigt, dass der Anstieg des Meeresspiegels dem Ereignis 200.000 Jahre zuvorging und während der Erwärmung seinen Höhepunkt fand. Dieser Anstieg des Meeresspiegels war wahrscheinlich das Resultat der Entstehung eines Supervulkans in der Tiefsee, der North Atlantic Igneus Province.[397] Dieser verdrängte viel Meerwasser. Es ist eindeutig, dass Erwärmungsereignisse und Veränderung des Meeresspicgcls nicht vollständig verstanden werden und sich deshalb nicht durch Computermodelle analysieren lassen. Dem entgegen behaupten viele grünlinke Umweltaktivisten dass, sollten wir Menschen fortfahren aus der Verbrennung fossiler Treibstoffe CO_2 freizusetzen, sich das Ereignis von vor 55 Millionen Jahren wiederholen wird. Die plötzliche Freisetzung von Methan, das als Treibhaus-Gas 23mal wirksamer ist als Kohlendioxid, ist aber etwas völlig anderes, als die langsame Freisetzung von Kohlendioxid aus der Verbrennung von Rohstoffen.

Der Einfluss des Regenwassers

Auch wenn Regenwasser leicht sauer ist (pH 5,6), so geht es doch bedeutsame chemische Reaktionen ein, wenn es auf die Mineralien in Boden und Gesteinen trifft und ist darum beim

397 Saunders A. D. et al. 1997: *The North Atlantic Igneous Province.* Amer. Geophy. Union Monograph 100, 43-91

Eintritt in die Ozeane alkalisch.[398,399,400] Wenn Regenwasser mit Steinen reagiert, so machen die freigesetzten Salze das Flusswasser alkalisch und etwas salzig.[401] Böden enthalten weit mehr CO_2, als die Atmosphäre. Durch Verwitterung setzen Böden riesige Mengen an CO_2 frei, die zunächst in die Fluss-Systeme gelangen.[402] Die Gesamtmenge des in den Fluss-Systemen gelösten CO_2 hängt von der Jahreszeit ab, der Position des Wassers im Fluss-System und davon, ob gelöster Kohlenstoff zu CO_2 konvertiert wurde.[403]

Dieser Prozess der Verwitterung hat seit Milliarden von Jahren CO_2 aus Atmosphäre und Böden entfernt und in

---

398 Velbel, M. A. 1993: *Temperature dependence of silicate weathering in nature: How strong a negative feedback on long-term accumulation of atmospheric CO_2 and global greenhouse warming?* Geology 21:1059-1061

399 Kump, L. R. et al. 2000: *Chemical weathering, atmospheric CO_2 and climate.* Ann. Rev. Earth Planet. Sci. 28: 611-667

400 Gaillardet, J. et al. 1999: *Global silicate weathering and CO_2 consumption rates deduced from the chemistry of large rivers.* Chem. Geol. 159: 3-30

401 Karim, A. and Veizer, J. 2000: *Weathering processes in the Indus River Basin: implications from riverine carbon, sulfur, oxygen, and strontium isotopes.* Chem. Geol. 170: 153-177

402 Telmer, K. and Veizer, J. 1999: *Carbon fluxes, pCO_2 and substrate weathering in a large northern river basin, Canada: carbon isotope perspectives.* Chem. Geol. 159: 61-86

403 Barth, J. A. C. and Veizer, J. 1999: *Carbon cycle in St. Lawrence aquatic ecosystems at Cornwall (Ontario), Canada: seasonal and spatial variations.* Chem. Geol. 159: 107-128

Gesteinen abgelagert.[404,405,406] Wenn, wie uns die grünlinken Umweltaktivisten erzählen wollen, eine Erhöhung des Kohlendioxidgehaltes der Atmosphäre globale Erwärmung hervorruft, dann sollte die Entfernung des CO_2 aus der Atmosphäre eine Abkühlung hervorrufen. Das tut sie nicht. Darum müssen wir die unsubstantiierte Meinung, dass atmosphärisches CO_2 Klimawandel hervorruft, zurückweisen. Umso höher Temperatur und Kohlendioxidgehalt, umso schneller erfolgt die Entfernen des CO_2 durch Ausfällung von Calciumcarbonat.[407] Über die Zeit hat sich zwischen CO_2-Aufnahme durch Böden, Gesteine, Wasser und Leben und der Freisetzung von CO_2 in die Atmosphäre ein Gleichgewicht eingestellt.[408] Dieses resultierte in der Langzeitstabilisierung der globalen atmosphärischen CO_2-Konzentration.

Regenwasser akkumuliert in Süßwasser-Seen, die immer etwas sauer sind, weil es ihnen an Pufferkapazität und organischem

404 Berner, R. A. et al. 1983: *The carbonate-silicate geochemical cycle and its effect on atmospheric carbon dioxide over the past 100 million years.* Amer. Jour. Sci. 283: 641-683

405 Raymo, M. E. and Ruddiman, W. F. 1992: *Tectonic forcing of late Cenozoic climate.* Nature 359: 117-122

406 $CO_2 + H_2O \Leftrightarrow H_2CO_3$; $H_2CO_3 \Leftrightarrow H^+ + HCO_3^-$; $2Ca^{2+} + 2HCO_3^- + KAl_2AlSi_3O_{10}(OH)_2 + 4H_2O \Leftrightarrow 3Al^{3+} + K^+ + 6SiO_2 + 12H_2O$; $2KAlSi_3O_8 + 2H^+ + H_2O \Leftrightarrow Al_2Si_2O_5(OH)_4 + 2K^+ + 4SiO_2$; $2NaAlSi_3O_8 + 2H^+ + H_2O \Leftrightarrow Al_2Si_2O_5(OH)_4 + 2Na^+ + 4SiO_2$; $CaAl_2Si_2O_8 + 2H^+ + H_2O \Leftrightarrow Al_2Si_2O_5(OH)_4 + Ca^{2+}$; $KAl_2AlSi_3O_{10}(OH)_2 + 3Si(OH)_4 + 10H^+ \Leftrightarrow 3Al^{3+} + K^+ + 6SiO_2 + 12H_2O$; $CO_2 + CaSiO_3 \Leftrightarrow CaCO_3 + SiO_2$; $CO_2 + FeSiO_3 \Leftrightarrow FeCO_3 + SiO_2$; $CO_2 + MgSiO_3 \Leftrightarrow MgCO_3 + SiO_2$

407 Walker, J. C. B. et al. 1981: *A negative feedback mechanism for the long term stabilization of the Earth's surface temperature.* Jour. Geophys. Res. 86: 9776-9782

408 Berner, R. A. 1980: *Global CO_2 degassing and the carbon cycle: comment on 'Cretaceous ocean crust at DSDP sites 417 and 418: carbon uptake from weathering vs loss by magmatic activity."* Geochim. Cosmochim. Acta 54: 2889

Material fehlt.[409,410,411] Doch Seen enthalten oft Muschelschalen flottierende Organismen und Makrofauna[412,413], besonders wenn die Seen alkalisch sind.[414] Wenn Seewasser sehr sauer wird, dann stirbt das Leben.[415] Süßwasser-Seen haben einen Überschuss an Calcium.[416] Einige Seen und Binnenmeere (zum Beispiel das Schwarze Meer) enthalten am Seegrund wenig Sauerstoff. Von wenigen kurzen, einschneidenden Ereignissen abgesehen[417] sind die Ozeane für Milliarden von Jahren alkalisch geblieben. Die Ozeane haben gelöstes Kohlendioxid durch Ausfällung von Calciumcarbonat-Mineralien in Muscheln, Korallenriffen und dem Zement beseitigt, der Mineralkörner zusammenbindet. Weil die Ozeane einen Überschuss an Calcium enthalten, wird mehr Calciumcarbonat praezipitiert, wenn man mehr CO_2 im Ozeanwasser löst. Solange die Ozeane einen Überschuss an Kalzium enthalten, können sie nicht sauer werden und bleiben

---

409 Schwartzman, D. W. and Volk, T. 1989: *Biotic enhancement of weathering and the habitability of Earth.* Nature 311: 45-47

410 Dermott, R. et al. 1986: *The benthic fauna of 41 acid sensitive headwater lakes in North Central Ontario.* Water Air Soil Poll. 28: 283-292

411 Harvey, H. H. and McArdle, J. M. 2004: *Composition of the benthos in relation to pH in the LaCloche lakes.* Water Air Soil Poll. 30: 529-536

412 ip, E. 1987: *Species richness of freshwater gastropod communities in central North America.* Malacol. Soc. Lond. 53: 163-170

413 Rintelen, T. von and Glaubrecht, M. 2003: *New discoveries in old lakes: Three new species of Tylomelania Sarasin & Sarasin, 1897 (Gastropoda: Cerithioidea: Pachychilidae) from the Malili Lake system on Sulawesi, Indonesia.* Malacol. Soc. Lond. 69: 3-17

414 Bennike, O. et al. 1998: *Fauna and flora in submarine early Holocene lake-marl deposits from the southwestern Baltic Sea.* The Holocene 8: 353-358

415 Nilssen, J. P. 1980: *Acidification of a small watershed in southern Norway and some characteristics of acidic aquatic environments.* Internat. Revue der Gesamten Hydrobiologie 65: 177-207

416 Bei der Verwitterung von Kalkstein, z.B., durch sauren Regen entsteht Calcium zur Einspeisung in Seen und Ozeane. $CO_2 + CaCO_3 + H_2O \Rightarrow 2(HCO_3)^- + 2Ca^{2+}$

417 Lowenstein, T. K. and Demicco, R. V. 2006: *Elevated Eocene atmospheric CO_2 and its subsequent decline.* Science 313: 1928

im Gleichgewicht. Calcium wird dem Meereswasser ständig zugeführt, da es in Flusswasser gelöst ist.

Aus heißen Quellen unter Wasser gelangt Säure ins Meerwasser und die Umgebung solcher heißen Quellen kann dementsprechend weniger alkalisch sein als anderswo. Dieses wird besonders dort beobachtet, wo sich die heißen Quellen in Küstennähe befinden und aus bevölkerten Küstengegenden Sedimentablagerungen, Schutz vor Wellen, Regenwasser Einströmung und menschliche Einflüsse (zum Beispiel Klärwasser) den pH verändern. In solchen Fällen führen kurze Perioden einer verminderten Alkalinität zu einer Dezimierung jener Tiere, die grüne Algen fressen und dementsprechend kommt es zu einem Anstieg grüner Algen.[418]

Puffer: warum die Ozeane nicht sauer werden

Am Grund der Ozeane gibt es eine Reaktion zwischen Meerwasser und Mineralien, die die Ozeane alkalisch hält.[419] Das nennt man Pufferung. Die Oberfläche des Meeresbodens besteht aus dem Vulkangestein Basalt. Dieses Gestein ist hochreaktiv, vor allem wenn es Glas ist.[420] Das Basaltgestein am Meeresgrund zerbricht und erlaubt so den Einstrom von Meereswasser. Auf diesen Oberflächen spielen sich dann die wohl bekannten Reaktionen ab, die die Ozeane alkalisch machen. Diese Reaktion hält den Einstrom von Säure aus heißen Quellen

418 Hall-Spencer, J. M. et al. 2008: *Volcanic carbon dioxide vents show ecosystem effects of ocean acidification.* Nature 453: doi:10.1038/nature07051

419 Zum Beispiel formt die Verwitterung von Silikaten wie Pyroxenen unter Verbrauch von CO_2 Carbonate. Dieselbe Reaktion findet bei Olivinen statt, einer weit reaktiveren Mineralfamilie als die Pyroxene: $CO_2 + CaSiO_3 \Leftrightarrow CaCO_3 + SiO_2$; $CO_2 + FeSiO_3 \Leftrightarrow FeCO_3 + SiO_2$; $CO_2 + MgSiO_3 \Leftrightarrow MgCO_3 + SiO_2$

420 Feldspate sind die verbreitestesten Mineralien in Erd- und Meeresfelsen und puffern die Azidität unter Bildung von Kaolinit. $2KAlSi_3O_8 + 2H^+ + H_2O \Leftrightarrow Al_2Si_2O_5(OH)_4 + 2K^+ + 4SiO_2$; $2NaAlSi_3O_8 + 2H^+ + H_2O \Leftrightarrow Al_2Si_2O_5(OH)_4 + 2Na^+ + 4SiO_2$; $CaAl_2Si_2O_8 + 2H^+ + H_2O \Leftrightarrow Al_2Si_2O_5(OH)_4 + Ca^{2+}$

und den Effekt der Zufuhr von CO_2 im Gleichgewicht. Die dem zugrunde liegenden Reaktionen kann man experimentell nachvollziehen, man kann sie thermodynamisch berechnen und man kann sie in den Ozeanen selbst beobachten. Und wieder einmal: dieses ist das Kohärenzkriterium der Wissenschaft. Über den Zeitverlauf haben die Reaktionen zwischen Basalt und Meerwasser Atmosphäre und Meerwasserchemie bestimmt.[421] Wenn Meerwasser mit dem Gestein am Ozeangrund in Kontakt kommt, besonders mit dem Basalt, dann wird durch durch Bildung von Carbonat Kohlendioxid aus dem Meerwasser entfernt.[422] Ein weiteres feines Gleichgewicht in den Ozeanen stellt sich ein, da Mikroorganismen CO_2 als pflanzliche Nahrung konsumieren. Dieses macht das Meerwasser alkalischer, während die Dekomposition der Organismen es wiederum saurer macht. Je mehr CO_2 in der Atmosphäre ist, umso besser gedeihen die Mikroorganismen in den Weltmeeren.

Diese mineralogischen und biologischen Prozesse laufen seit Milliarden von Jahren ab. Untersuchungen an jüngeren und älteren Basalten des Meeresgrundes zeigen, dass die Ozeane eine Ansäuerung des Ozeans verhindert haben, selbst als die CO_2-Konzentration der Atmosphäre 25mal höher war als heute. Trotz riesiger Veränderungen des atmosphärischen CO_2 in den letzten paar 100 Millionen Jahren hat sich die durchschnittliche globale Temperatur nicht um mehr als ±3,5°C verändert, die Ozeane sind nicht sauer geworden und es hat auch keinen unaufhaltsamen Treibhauseffekt gegeben.[423] Wir leben auf einem

---

421 Arvidson, R. S. et al. 2005: *The control of Phanerozoic atmosphere and seawater composition by basalt-seawater exchange reactions.* Jour. Geochem. Explor. 88: 412-415

422 $Ca^{2+} + H_2O + CO_2 \Leftrightarrow CaCO_3 + 2H^+$; $H^+ + (OH)^- \Leftrightarrow H_2O$

423 Royer, D. L., Berner, R. A. and Park, J. 2007: *Climate sensitivity constrained by CO_2 concentrations over the past 420 million years.* Nature 446: 530-532

bemerkenswert stabilen Planeten wo alles im Gleichgewicht ist. Fossile Muscheln, Algenriffe und Korallenriffe in alten Felsen beweisen, dass die Ozeane zu einer Zeit, in der atmosphärisches CO_2 und Temperatur weit höher waren als heute, unmöglich sauer gewesen sein können. Auch die Pflanzen gediehen zu jenen Zeiten.[424]

Tatsächlich war es in der Vergangenheit umso einfacher Muschelschalen zu formen, je höher der atmosphärische CO_2-Gehalt war. Wären die Weltmeere sauer gewesen, so hätten sich die Muscheln aufgelöst und die Ozeane würden wieder alkalisch. Darüber hinaus sind über die Zeit hohe Temperatur und hoher Kohlendioxidgehalt der Atmosphäre ohne Korrelation.[425,426] Die geologische Geschichte zeigt uns, dass, damit Ozeane und Pflanzen am Lande atmosphärisches CO_2 effizient binden und als Gestein ablagern, die atmosphärische CO_2 Konzentration viel höher sein muss als heute.

Der Salzgehalt des Meereswassers

Der Salzgehalt der Ozeane ist seit Milliarden von Jahren nahezu gleich geblieben.[427] Die frühesten Ozeane mögen geringfügig wärmer und salziger als die modernen Ozeane

---

424 Bice, K. L. et al. 2003: *Extreme polar warmth during the Cretaceous greenhouse? Paradox of Turonian $\partial^{18}O$ record at Deep Sea Drilling Project Site 511.* Palaeoceanography 18:1-11

425 Veizer, J. et al. 2000: *Evidence for decoupling of atmospheric CO2 and global climate during the Phanerozoic eon.* Nature 408: 698-701

426 Donnadieu, Y. et al. 2006: *Cretaceous climate decoupled from CO2 evolution.* Earth Planet. Sci. Lett. 248: 426-437

427 Hay, W. W. et al. 2001: *Evolution of sediment fluxes and ocean salinity.* In: Geologic modeling and simulation: sedimentary systems (eds Merriam, D. F. and Davis, J. C.), Kluwer, 163-167

gewesen sein.[428] Der saure Regen leckt das Salz aus den Felsen am Land. Diese Salze werden von Flüssen transportiert und sammeln sich in den Ozeanen. Sie werden ständig recycelt.[429] In den Weltmeeren reagiert Meerwasser chemisch mit dem Basalt und dieses fügt dem Wasser weitere Salze zu. Dieselben chemischen Reaktionen zwischen Wasser und Gestein, welche die Ozeane salzig gehalten haben, hielten sie auch alkalisch. Wenn die Weltmeere saurer würden, dann würden sie also auch weniger salzig werden. Dieses beobachten wir nicht.

An einigen Orten ist das Meerwasser in isolierten Becken gefangen. So war zum Beispiel die Straße von Gibraltar in ihrer Geschichte zweimal geschlossen. Während dieser Zeit war die Verdampfungsrate des Mittelmeers höher als der Zustrom von Flusswasser. Das Meer evaporierte und dieser Vorgang hinterließ große Salzablagerungen am Meeresgrund. Diese Salzablagerungen sind immer noch dort. Das letzte Mal als das Mittelmeer verdunstete, war vor 5,96-5.33 Ma Jahren. Als die Straße von Gibraltar sich wieder öffnete, wurde das Mittelmeer von Wasser geflutet, das aus dem Atlantischen Ozean einströmte.[430]

Veränderungen im Meerwasser im Verlauf der Zeit

Seewasser entwickelt sich im Verlauf der Zeit. Diesen Vorgang kann man durch exakte Bestimmung der Isotope[431] in Muschelschalen bekannten Alters messen. Obwohl während der

---

428 Knauth, L. P. 2005: *Temperature and salinity history of the Precambrian ocean: implications for the course of microbial evolution.* Palaeogeog. Palaeoclim. Palaeoecology 219: 53-69

429 Rogers, J. J. W. 1996: *A history of the continents in the past three billion years.* Jour. Geol. 104: 91-107

430 Gargarni, J. and Rigollet, C. 2007: *Mediterranean sea level variations during the Messinian Salinity Crisis*. Geophys. Res. Lett. 34: L10405

431 $\partial^{13}C$, $\partial^{18}O$ and $^{87}Sr/^{86}Sr$

meisten geologischen Zeit die Erdatmosphäre wärmer war als jetzt[432], können Veränderungen der Chemie der Isotope doch von einer zunehmenden Tiefe der Ozeane während der letzten 500 Millionen Jahre beeinflusst sein.[433] Die Evolution des Meereswassers kann man anhand des Verlaufs der Sauerstoff- und Strontiumsisotope verfolgen, die aus tektonischen Plattenbewegungen und der Evolution der Kontinente stammen. Einen weiteren Beitrag liefert der Verlauf von Kohlenstoff und Schwefel, die von biologischen und chemischen Zyklen beeinflusst werden.

Während der letzten 550 Millionen Jahre ist die Entwicklung des Meerwassers durch das atmosphärische CO_2 nicht beeinträchtigt worden, obwohl seine Konzentration in der Vergangenheit ebenso wie die Temperatur weit höher war[434]. Es gibt keinen Grund, dass diese tektonischen, biogeochemischen und geochemischen Zyklen sich ändern sollten, nur weil wir Menschen jetzt auf der Erde leben.

Wendepunkte („tipping points“)

Eine unter Katastrophisten verbreitete Ansicht ist, dass sich immer weniger Kohlendioxid in den Ozeanen lösen wird, während sich das Klima erwärmt. Dadurch soll dann ein Wendepunkt, „*tipping point*“, erreicht werden, an dem die Erde unumkehrbar ein Treibhausklima entwickelt. Ein weiterer vorgeschlagener Wendepunkt soll darin liegen, dass die Ozeane saurer werden. Und zwar dauerhaft. In der Wissenschaft gibt es so etwas wie einen Wendepunkt oder „*tipping point*“ nicht. Die Benutzung dieser Worte in den

---

432 Ausser in Grossen Kaltzeiten.

433 Kasting, J. F. et al. 2006: P*aleoclimates, ocean depth, and the oxygen isotopic composition of seawater.* Earth Planet. Sci. Lett. 252: 82-93

434 Veizer, J. *et al.* 1999: *$^{86}Sr/^{87}Sr$, $\partial^{13}C$ and $\partial^{18}O$ evolution of Phanerozoic seawater. Chem. Geol.* 161: 59-88

Massenmedien und durch die grünlinken Umweltaktivisten erlaubt die unmittelbare Diagnose, dass es sich hier um nicht wissenschaftliche Meinungen handelt. Diese Meinungen ignorieren die geologische Geschichte, den natürlichen Zyklus des Kohlendioxid, die Sequestrierung von CO_2 in Muscheln und Gesteinen und die logarithmische Beziehung zwischen CO_2 und Temperatur. Korallenriffe werden als Aushängeschilder für Schauergeschichten von der Ozean-Ansäuerung verwendet. Korallenriffe bilden sich durch Kalkablagerung. Der harte Teil des Korallenskeletts ist Calciumcarbonat. Calciumcarbonat enthält 44 Gewichtsprozent Kohlendioxid. Der Prozess der Kalkablagerung ist energieaufwendig und die Menge der dafür benötigten Energie steigt bei niedrigem pH an. Meereslebewesen lagern mehr Calciumcarbonat ab, wenn mehr CO_2 zur Verfügung steht.[435,436] In vergangenen geologischen Zeiten, als es in der Atmosphäre weit mehr CO_2 gab als heute, waren die Ozeane nicht sauer. Es gab keinen Wendepunkt. Die Ozeane sind ein komplexes System und haben ihr eigenes Puffersystem aus Bor-Komplexen, alkalischen Erdelementen. Hinzu tritt die externe Pufferung durch die Zirkulation von Meerwasser, durch die Sedimente am Boden des Ozeans und die dort befindlichen Gesteine. Viele Süßwasser-Seen werden durch Humusmaterial sauer und haben eine Molluskenpopulation mit Carbonat-Schalen. Pflanzen und Korallenwachstum in einem Aquarium werden durch Einströmung von CO_2 gefördert. Ungefähr 40% aller primären Produktion im Seewasser stammt aus Kieselalgen.

---

435 Kleypas, J. A. et al. 2011: *Coral reefs modify their seawater carbon chemistry – case study from a barrier reef (Moorea, French Polynesia).* Global Change Biology 10.1011/j.1365-2486.2100.02530.x

436 Thomsen, J. et al. 2013: *Food availability outweighs ocean acidification effects in juvenile Mytilus edulis: laboratory and field experiments.* Global Change Biology 19: 1017-1027

Experimente zeigen[437], dass Kieselalgen wachsen, wenn mehr CO_2 zur Verfügung steht.

Experimente zur „Azidität" der Weltmeere

Computersimulationen erzählen eine andere Geschichte und zeigen an, dass die Ozeane sauer werden.[438,439] Experimente mit Meerwasser sind dadurch beeinträchtigt, dass sie in Laboratorien stattfinden, wo das Meerwasser vom Gestein des Ozeangrundes, von Sedimenten und vom Flusswasser abgeschnitten ist. Diese genau bestimmen die Prozesse, die die Ozeane über Milliarden von Jahren alkalisch gehalten haben. Laborexperimente müssen in kurzer Zeit durchgeführt werden, um dann in wissenschaftlichen Zeitschriften veröffentlicht zu werden. Vorgänge, die sich in der Dimension geologischer Zeit abspielen, können nicht so einfach repliziert werden.

Diese durch die speziellen Bedingungen limitierten Experimente zeigen nun, dass Meerwasser sauer wird und Muschelschalen auflöst, wenn wir zunehmende Mengen Kohlendioxid ins Meerwasser einleiten. Hätte man eine handvoll Kies, Sediment und Lehm vom Meeresgrund sowie etwas flottierendes photosynthetisches Leben zugefügt, um tatsächliche Bedingungen zu simulieren, so wäre das Resultat gänzlich anders ausgefallen. Computersimulationen, die die Beobachtungen natürlicher Prozesse ignorieren, die sich seit Milliarden von Jahren abspielen, werden Ergebnisse produzieren, die in keiner Beziehung zur Realität stehen. Die Realität ist im Gestein aufgeschrieben, nicht in Modellen, die

---

437 Wu, Y. et al. 2014: *Ocean acidification enhances the growth rate of larger diatoms.* Limn. Ocean. 59: 1027-1034

438 Caldeira, K. and Wickett, M. 2003: *Anthropogenic carbon and ocean pH.* Nature 425: 365

439 Orr, J. C. et al. 2005: *Anthropogenic ocean acidification over the twenty-first century and its impact on calcifying organisms.* Nature 437: 681-686

auf unvollständigen Informationen basieren.

Kürzliche Kommentare[440,441] betonen, dass Jahrzehnte von Experimenten zur Untersuchung des Effektes eines erhöhten atmosphärischen Kohlendioxidgehalts auf das Marineleben gescheitert sind: an schlechter Experimentenplanung, fehlerhaftem Bericht der Daten, dem Unvermögen, die Komplexität der Ozeanchemie zu verstehen und fundamentalen Fehlern in der Chemie, besonders bezüglich der Löslichkeit von Carbonat. Solch armselige Wissenschaft wird vom Druck zu publizieren angetrieben. Vor ein paar Jahren haben mich ein paar Zoologen konsultiert, da sie Experimente zum Effekt des ansteigenden atmosphärischen CO_2 auf das Marineleben planen wollten. Ihr Experimentalansatz war ein Aquarium von Meerwasser, in das Kohlendioxid eingeblasen wurde. Sie wogen die im Wasser flottierenden Muschelschalen während des Experimentes.

Sie hatten keine Antwort, als ich sie fragte, wie das Experiment gepuffert sei, wie sie die Einfuhr der Flüsse simulierten und wie sie das Gleichgewicht zwischen Mikroorganismen und Carbonat-Fällung replizieren würden. Als ich die Forscher fragte, warum die Ozeane nicht sauer geworden sind, als in der Vergangenheit das atmosphärische CO_2 bis zu 1000mal höher war als heute, wechselte ihr Ausdruck von überrascht zu feindlich. Als ich sie fragte, warum tote Muschelschalen benutzt wurden, anstatt lebende Tiere, deren Schalen CO_2 aus dem Meerwasser extrahieren würden, während sie wachsen, war die Antwort, dass es darum in dem Experiment nicht ginge. Der ganze Zweck der Angelegenheit war die Einwerbung von Förderungsgeldern,

440 http://www.nature.com/news/crucial-ocean-acidification-models-come-up-short-1.18124

441 Cornwall, C. E. and Hurd, C. L. 2015: *Experimental design in ocean acidification research: problems and solutions.* ICES Jour. Mar. Sci. 118: doi: 10.1093/icesjms/fsv118

nicht Wissenschaft.

Das Wissen um die Vergangenheit entledigt uns der Angst um die Ansäuerung der Weltmeere. Es ist ein Problem, das es nicht gibt, alarmierend vorgetragen von Leuten, die daraus Profit schlagen wollen. Die UN jedoch hebt beide Hände und erschreckt sich, dass die Ansäuerung der Ozeane als Folgen von Verlusten in Fischfang und Tourismus 1 Trillion Dollar pro Jahr kosten könne. Als Beispiel wurden Verluste in der Austernzüchtung angeführt. Es bleibt zu erwähnen, dass Verluste der Austernfarmer normalerweise auf Viren, Bakterien oder Schwermetall-Kontaminierung zurückgehen. Ich bin mir ganz sicher, dass dieses Problem gelöst werden kann, wenn nur die westlichen Länder der UN und IPCC große Förderungssummen zur Verfügung stellen.

FEHLINFORMATION

Australien ist der größte Umweltverschmutzer *per capita*

Grünlinke Umweltaktivisten und die unkritischen Medien behaupten oft, Australien sei der größte *per capita* Umweltverschmutzer der Welt. Vermutlich geht es hier um „Kohlenstoff"-Verschmutzung (d.h. Emissionen von Kohlendioxid aus Haushalt und Industrie).

Die Benutzung des Wortes „Kohlenstoff"-Verschmutzung durch Politiker, Medien und Aktivisten ist wissentlich irreführend. Doch muss wiederum gesagt werden, dass Täuschung der rote Faden ist, der all jene verbindet, die die Idee von der menschengemachten globalen Erwärmung propagieren.

Die Zahlen zeigen eine andere Wirklichkeit. Die 23 Millionen Einwohner Australiens erzeugen jährlich 1,5% der weltweiten menschlichen CO_2-Emissionen. Auch wenn Australien nur 0,33%

der Weltbevölkerung stellt, so stoßen doch die USA 14mal und China 26mal mehr CO_2 pro Kopf aus, als Australien. Australiens hoher Lebensstandard, eine Landmasse von Millionen 7.692.024 km² mit wenig Bevölkerung im Landesinneren, der Transport von Vieh, Nahrungsmitteln und Minenprodukten über lange Abstände bis hin zu Städten und Häfen, sowie der Export von Metallen führt zu einer hohen CO_2-Emission aus Lastkraftwagen und Zügen.

Australien stellt einen signifikanten Teil am globalen Export von veredeltem Aluminium, Zink, Blei und Kupfer. Dadurch wird es in der Energierechnung für Länder in Anspruch genommen, die diese Rohstoffe importieren, weil das Schmelzen und Raffinieren der Metalle in Australien CO_2-Emissionen produziert. Die berichteten jährlichen Emissionen für CO_2 liegen in der Größenordnung von 20 Tonnen pro Person, aber dies ist völlig irreführend. Was hier nicht eingeht, ist die überwältigende natürliche Sequestrierung von CO_2 aus der Atmosphäre in Vegetation und Marineleben in Australien. Berechnungen zeigen, dass es für jeden Australier 30 Hektar Wald und 74 Hektar Grasland gibt. Jeder Hektar sequestriert eine Tonne Kohlendioxid im Jahr. Folglich sequestriert die kontinentale australische Landmasse für die Australier durch natürliche Sequestrierung 3mal mehr CO_2,als sie emittieren. Australiens Nettobeitrag zur atmosphärischen CO_2 Konzentration ist negativ. Dieses wird durch die netto CO_2-Flussschätzungen des CO_2-Datensatzes des IBUKI-Satelliten bestätigt.[442] Gibt es eine Sorte von Medaille, die die UN für jeden Australier prägen lassen könnte? Können die Australier jetzt von der UN einen ganzen Haufen Geld fordern, weil sie solche phantastischen Weltbürger sind?

Australiens Kontinentalsockel hat eine Oberfläche von

442 http://wattsupwiththat.com/2014/07/05/the-revenge-of-the-climate-reparations/

27.450.000 Millionen Quadratkilometern. Kohlendioxid löst sich in Meerwasser. Je kühler das Wasser ist, umso mehr CO_2 löst sich. Australien hat eine riesige Küste mit Strömungen, die warmes Wasser vom Norden in das kühlere Wasser des Südens einbringen (der ostaustralische Strom, der Leeuwin Strom). Dazu trägt auch die Grosse Australische Bucht bei (Zeehan Strömung). Lebende Organismen extrahieren gelöstes CO_2 aus dem Meerwasser und bilden daraus Korallen und Muscheln. Diese natürliche Sequestrierung führt zu einem weiteren Ausschluss der australischen CO_2-Emissionen.

Wenn Emissionen von CO_2 also die Sorge der Aktivisten sind, dann tut Australien sicherlich mehr als andere Länder, um den CO_2 Gehalt in der Atmosphäre zu reduzieren. Haben die grünlinken Umweltaktivisten davon jemals etwas gehört? Alles was wir hören, sind fortgesetzte Geschichten vom Weltuntergang. Darüber hinaus liegt die Hauptbevölkerungszone von Australien im Südosten und die Wälder und Grasländer in Südostaustralien fixieren etwa 30% aller australischen CO_2-Emissionen. Auch hier ist es wieder das ländliche Australien, das die dicht bevölkerten Zonen mit durchträgt.

Mediennetzwerke sind nur allzu glücklich, auszustrahlen, dass Australien der schlimmste Umweltverschmutzer in der Welt sei. Aber sie erwähnen nichts davon, dass CO_2 keine Umweltverschmutzung ist. Selbst wenn ein wissenschaftlich schlecht beratender aktivistischer Rechtsanwalt CO_2 zur Umweltverschmutzung erklärt, zum“*pollutant*“, wie es die EPA in den USA getan hat. Tatsächlich absorbiert und fixiert Australien die sogenannte CO_2 Umweltverschmutzung aus anderen Teilen des Planeten. Aber natürlich liefert die Erfindung vom „schlimmsten Umweltverschmutzer“ eine große Schlagzeile, während die Fakten langweilig sind. Für alle, die daran glauben, dass die menschlichen CO_2-Emissionen die Hauptursache des

Klimawandels sind, sollte Australien ein Held und kein Schurke sein.

Oft gießen Fakten kaltes Wasser auf hitzköpfige Hysterie.

Ungewissheiten

Grünlinke Umweltaktivisten behaupten, Sicherheit zu haben, dass der globale CO_2-Gehalt aufgrund der Aktivitäten des Menschen ansteige. Ist das wirklich so? Es gibt eine einfache Frage, die man jeden grünlinken Umweltaktivisten fragen könnte: Können Sie mir beweisen, dass menschliche Emissionen von CO_2 den Klimawandel hervorrufen? Man ist gestorben und begraben, bevor man eine zusammenhängende Antwort erhält. Wenn man dann versucht, Sie mit „Wissenschaft" ruhig zu stellen, so können Sie fragen: „Was ist das Molekulargewicht von Kohlendioxid?" Diese Fragen werden Ihnen helfen, zu erkennen, ob ihr grünlinker Umweltaktivist vom Standpunkt der Wissenschaft oder der Ideologie argumentiert.

Rigorose Wissenschaftler sind zur Skepsis erzogen und müssen Fragen zum Meßprozess stellen, bevor irgendwelche Schlussfolgerungen aus solchen Messungen überhaupt besprochen werden können. Als Wissenschaftler würde ich folgende Fragen zum Kohlendioxid stellen: Wann ist gemessen worden? Wer hat gemessen? Wie wurde gemessen? Welche

Messungen wurden in den Datensatz nicht aufgenommen? Warum wurden manche Messergebnisse ausgeschlossen und andere eingeschlossen? Wurden die Daten berichtigt oder modifiziert? Wie wurde der durchschnittliche globale CO_2-Gehalt berechnet? Sind die Messungen wiederholt worden? Wurden sie unabhängig validiert? Sind die Messungen im Einklang mit früheren validierten Messungen?

Die Internationale Energieagentur IAEA verkündete, dass die menschlichen Emissionen von CO_2 zwischen 2013 und 2014 nicht anstiegen.[443] Wenn dies der Fall ist, dann muss der angeblich ständige Anstieg des atmosphärischen CO_2 aus natürlichen Quellen stammen, so wie etwa der Ausgasung der Ozeane, Vulkanen unter dem Meer, aus Ausgasen von Böden oder einem Anstieg der Temperatur. Die Oberfläche der Erde hat sich während der letzten 350 Jahre seit der kleinen Eiszeit (Maunder Minimum) erwärmt, und besonders in den Tropen wäre eine erhöhte ozeanische Ausgasung von CO_2 keine Überraschung. Wie sich aus historischen[444], Eiskern-[445] und geologischen[446] Bestimmungen des atmosphärischen CO_2 zeigen lässt, gibt es keine kausale Beziehung zwischen atmosphärischem CO_2 und Klima.

So zeigt zum Beispiel die statistische Analyse von Temperatur und atmosphärischem CO_2, dass eine Änderung der Temperatur der entsprechenden Änderung des atmosphärischen CO_2-

443 www.thegwpf.com/iea-global-co2-emissions-have-stopped-rising/

444 Beck, E.-G. 2008: *50 years of continuous measurement of CO_2 on Mauna Loa.* Energy and Environment 19: 1017-1028

445 Caillon et al. N. 2003: *Timing of atmospheric CO_2 and Antarctic temperature changes across Termination III.* Science 299: 1728-1731

446 Berner, R. A. and Kothavala, Z. 2001: *Geocarb III: A revised model of atmospheric CO_2 over Phanerozoic time.* Amer. Jour. Sci. 301: 182-204

Spiegels vorausgeht.[447] Dies ist genau das, was zu erwarten ist, da CO_2 in wärmerem Wasser weniger lösbar ist. Es scheint dass die Gewässer gleich südlich des Äquators eine erhebliche Quelle von CO_2-Emissionen sind. Der Auftrieb von tiefem kalten mit CO_2 gesättigtem Wasser setzt gelöstes CO_2 in die Atmosphäre frei. Dieses steht im Einklang mit anderen Studien [448].

Was ist der durchschnittliche globale CO_2-Gehalt und wie wird er berechnet?

Die direkte Messung des atmosphärischen CO_2

Es gibt einen Datensatz über 150 Jahre kontinuierlichen Datensatz direkter Messungen des CO_2 Gehaltes der Atmosphäre unter Nutzung derselben Methode.[449] Zwischen 1812 und 1961 wurden mehr als 90.000 Messungen mit einer Genauigkeit von 1-3% gemacht. Diese Genauigkeit entspricht der von modernen Satellitenmessungen[450] des atmosphärischen CO_2-Gehalts. Es gab Spitzen im atmosphärischen CO_2-Gehalt in den Jahren 1825, 1857 und 1942. 1942 war der atmosphärische CO_2-Gehalt höher als heute.[451] Für die längste Zeit des 19. Jahrhunderts sowie von 1935-1950 war der atmosphärische CO_2-Gehalt höher als jetzt und variierte beträchtlich.

Und doch zeigt man uns eine berichtigte Graphik, die Keeling Kurve, die einen stetigen Anstieg des atmosphärischen CO_2 mit der Zeit zeigt. Dieses alarmiert jeden, der wissenschaftliche Messungen unternommen hat, da Variabilität die Norm ist.

---

447 Humlum, O. et al. 2013: *The phase relation between atmospheric carbon dioxide and global temperature.* Glob. Planet. Change 100: 51-69

448 Gaudry, A. *et al.* 1987: *The 1982-1983 El Niño: a 6 billion ton CO_2 release. Tellus* 39B: 209-213

449 Pettenkofer Methode

450 http://www.jcsda.noaa.gov/documents/seminardocs/CrispOCO20080319.pdf

451 Beck, E. 2007: *180 years of atmospheric CO_2 gas analysis by chemical methods. Energy and Environment* 18: 259-282

Diese Kurve ist eine Hybridisierung von atmosphärischen CO_2-Messungen mit einer Methode seit 1959 und Messungen in Eisbohrungen durch eine andere Methode. Die 90.000 Messungen vor 1959 wurden ignoriert. Vielleicht gibt es also gute Gründe für die Vermutung, dass die zur Erzeugung von Zahlen verwendeten Techniken nicht akkurat oder bedeutungslos sind?

1959 wurde die Messmethode zur Infrarotspektroskopie gewechselt und die Mauna Loa Messstation auf Hawaii durch C. D. Keeling etabliert. Es ist erheblich, dass C. B. Keeling schrieb, dass es sein Ziel sei, den Anstieg der atmosphärischen CO_2-Konzentration aus der Verbrennung fossiler Brennstoffe zu berichten.[452,453] Es wäre möglicherweise wissenschaftlich geradliniger gewesen, den CO_2-Gehalt aus Neugierde zu messen, anstatt einfach nur eine vorgefasste Meinung bestätigen zu wollen. Mauna Loa wird jetzt von C. D. Keelings Sohn betrieben. Wie Beck anmerkt, „*besitzt er das globale Monopol zur Kalibrierung aller CO_2-Messungen*". Er ist Co-Autor des IPCC Reports, welcher sich auf die Daten von Mauna Loa stützt, wobei alle anderen Messergebnisse gegen diesen „Goldstandard" für globale CO_2-Spiegel kalibriert sind.

Die IPCC und Keeling kontrollieren effektiv alle Messungen zum CO_2, die die Theorie untermauern sollen, dass menschliche Emissionen von CO_2 den Klimawandel hervorrufen. Angesichts von so viel Macht in der Hand so weniger Menschen ist es kein Wunder, dass einige von uns die Unabhängigkeit und Echtheit der Rohdaten infrage stellen, besonders, wenn diesen entgegenstehende historische Daten ohne guten Grund ausgelassen werden. Wie Aldous Huxley sagte: „*Fakten hören*

---

452 Keeling, C. D. 1960: *The concentration and isotopic abundances of carbon dioxide in the atmosphere.* Tellus 12: 200-203

453 Keeling, C. D. 1973: *Industrial production of carbon dioxide from fossil fuels and limestone.* Tellus 25: 174-198

nicht auf zu existieren, weil man sie ignoriert."

Die Infrarotmethode wurde ausgewählt, weil sie im Verhältnis zu der seit 1812 benutzen nassen chemischen Methode schnell und billig ist. Aber die beiden Methoden sind nie gegeneinander kalibriert worden, obwohl es überlappende Messzeitpunkte für die Zeit von 1959 bis 1961 gibt. Dies bedeutet, dass ein Vergleich der nach 1961 erhobenen Daten mit denen von vor 1961 nicht aussagekräftig ist. Immerhin wurden die Messungen gegen einen Gasstandard kalibriert. Die Rohdaten aus Mauna Loa werden durch einen Techniker „editiert", der Daten ausschließt, die er für schlecht hält.

Es gibt keinen Zweifel, dass einige Daten von schlechter Qualität sind, weil die Vulkane Hawai's Kohlendioxid ausstoßen und der Aufstieg von Luft aus bewohnten Gegenden CO_2 zu den Bergen trägt, wo sich die Messstation befindet. Etwa 82% der gesammelten Rohdaten werden ausgeschlossen. Die verbleibenden 18% werden für die statistische Analyse genutzt.[454,455] Bei solchem wilden Editieren der Rohdaten kann man jeden Trend nachweisen, den man nachweisen möchte.

Die Messmethode Pettenkofers zeigte, dass der CO_2-Gehalt in Nordwest-Europa zwischen 270 und 380 ppm variierte, mit Jahresmitteln zwischen 315 und 331 ppm. An keiner der Messstationen gab es über den Zeitraum von 120 Jahren eine Tendenz für steigende oder fallende CO_2-Spiegel. Diese Messungen wurden in industrialisierten Gegenden in der Zeit des Wiederaufbaus nach dem Zweiten Weltkrieg gemacht und man könnte eine erhöhte atmosphärische CO_2 Konzentration erwartet haben. Während man diese Messungen in Nordwest-

---

454 Pales, J. C. and Keeling, C. D. 1965: *The concentration of atmospheric carbon dioxide in Hawaii.* Jour. Geophys. Res. 70: 6053-6076.

455 Backastow, R. et al. 1985: *Seasonal amplitude increase in atmospheric concentration at Mauna Loa, Hawaii, 1959-1982*. Jour. Geophys. Res. 90: 10529-10540

Europa unternahm, wurde eine Messstation auf dem Mauna Loa etabliert, um von CO_2 ausstossenden Bevölkerungen und industriellen Gegenden weit entfernt zu sein. Der Vulkan Mauna Loa immitiert große Mengen an CO_2, so wie es auch andere Vulkane in Hawaii, basaltische und ozeanische Vulkane tun.[456]

Während eines Vulkanausbruchs wurde das Observatorium für einige Monate evakuiert und so gab es eine Lücke im Datensatz in dieser Zeit ohne Messungen. Heute gibt es diese Lücke im Mauna Loa Datensatz nicht mehr.[457]

Kein Wunder also, dass einige von uns sehr skeptisch über diese Daten und ihre Halter nachdenken. Man kann sich fragen, wie viel grünlinker Umweltaktivismus in die Halter der Daten eingedrungen ist.

NOAA behauptet, dass der globale atmosphärische CO_2-Spiegel zwischen Januar 2014 und Januar 2015 von 397,42 ppm auf 400,14 ppm gestiegen sei.[458] Dieser Anstieg von 2,72 ppm hat eine Standardabweichung von 0,57 ppm. Und doch ist nicht alles, was es scheint. Es ist seit langem bekannt, dass der CO_2 Gehalt 1m oberhalb von Nutzpflanzen im täglichen Verlauf um bis zu 170 ppm variiert, mit Höchstwerten zwischen Mitternacht und 6:00 Uhr morgens.[459] Der Umstand ist aus der Chemie seit langem bekannt.[460]

Welche Zahl zwischen < 300 ppm CO_2 (6:00 Uhr abends)

---

456 Ryan, S. 1995: *Quiescent outgassing of Mauna Loa Volcano 1958-1994.* In: Mauna Loa revealed: structure, composition, history and hazards (Eds Rhodes, J. M. and Lockwood, J. P.), American Geophysical Union Monograph 92: 92-115

457 Jaworowski, Z. et al. 1992: *Atmospheric CO_2 and global warming: a critical review*; 2nd Revised Edition. Norsk Polarinstitutt Meddelelser 119

458 http://www.esri.noaa.gov/gmd/ccgg/trends/global.html

459 Yu Huning, 1993: F*ield carbon dioxide flux density.* Jour. Envir. Sciences 5: 470-480

460 Fergusson, J. E. 1985: *Inorganic chemistry and the Earth, chemical resources, their extraction, use and environmental impact.* Pergamon Press

und >450 ppm CO_2 (6:00 Uhr morgens) ist für die Berechnung des örtlichen Mittels herangezogen worden? Dieses örtliche Mittel wird dann dazu dienen, ein globales Mittel zu errechnen. Es gibt mathematische Methoden, um die zu jedem Zeitpunkt erhaltenen Messwerte zu integrieren, aber diese sind nicht verwendet worden. Wie ist es dann möglich, einen globalen mittleren atmosphärischen CO_2-Gehalt zu berechnen? Wie ist es möglich, eine statistisch signifikante Schätzung des jährlichen Anstieges des atmosphärischen CO_2-Gehaltes abzugeben?

Die atmosphärischen CO_2-Messungen in Maunar Loa ändern sich täglich und saisonal. Sowohl die Daten aus Mauna Loa (Hawai) und Point Barrow (Alaska) zeigen eine große saisonale Variabilität. Berücksichtigt man die globale durchschnittliche CO_2 Konzentration, die in Hundersteln eines ppm berechnet wird, solche Variationen? Nachts findet kaum CO_2-Aufnahme durch die Pflanzen statt, weil es kaum Photosynthese gibt. Deshalb steigt die Konzentration des CO_2. Während der Sonnenstunden führt Photosynthese zu einer Aufnahme von CO_2. Diese Prozesse beeinflussen die atmosphärische CO_2-Konzentration fortgesetzt und deshalb ist die Zeit der Messung während des Tages bedeutsam. Wird die globale durchschnittliche CO_2 Messung für eine spezifische Zeit des Tages angegeben? Dabei müssen wir berücksichtigen, dass zu jedweder Zeit rund um die Welt einige Messstationen Tageslicht haben, während andere in der Dunkelheit liegen. Auch Verkehr und Industrie emittieren CO_2 und auch diese Immissionen variieren während des Tages.

Fallwinde transportieren CO_2 entfernter Vulkane und erhöhen den CO_2-Gehalt. Steigwinde während der Nachmittagsstunden führen zu Niedrigwerten für das Kohlendioxid aufgrund der photosynthetischen Retention des CO_2 in den Zuckerrohrfeldern und Wäldern Hawais. Die Rohdaten ergeben sich aus einem Durchschnitt von vier Datenpunkten pro Stunde. 2004 gab es 8784 mögliche Messungen. Aufgrund von Instrumentenversagen haben 1102 Zeitpunkte keine Daten, 1085 Datenpunkte wurden wegen Steigwinden nicht benutzt, 655 hatten eine große Variabilität innerhalb 1 Stunde, wurden aber trotzdem in offiziellen Zahlen verwendet und 866 hatten eine große Stunde-zu-Stunde Variabilität und wurden nicht verwendet.[461] Was also wurde tatsächlich gemessen und inwiefern waren 5076 von 8784 Messpunkten annehmbar? Wenn dieses meine Wissenschaft wäre, so würde ich meinen Resultaten nicht trauen.

Die Mauna Loa CO_2-Messungen zeigen Variationen mit Frequenzen von weniger als einem Jahr. Diese sind assoziiert mit Variationen in Kohlenstoffquellen, Kohlenstoffdioxidsenken und atmosphärischem Transport.[462] Luft der Periode von April bis Juni hat eine geringere CO_2-Konzentration. Saisonale Änderungen beruhen auf den Laubpflanzen der Nordhemisphäre, die in Frühling und Sommer CO_2 aufnehmen, das in Herbst und Winter durch die Verrottung des toten pflanzlichen Materials wieder freigesetzt wird. Jeden April zeigt sich in der Reduktion des atmosphärischen CO_2 in der Nordhemisphäre, welch große Mengen von CO_2 in kurzer Zeit aus der Atmosphäre entfernt werden können. Seit Jahrtausenden nennen Landwirte dies die Zeit des Wachstums. Die Beobachtung zeigt auch noch einmal, dass das CO_2-Molekül in der Atmosphäre eine kurze Verweilzeit hat.

Sowohl bei der Gewinnung der Proben als auch bei den

---

461 ftp://ftp.cmdl.noaa.gov/ccg/co2/in-situ

462 Litner, B. R. *et al.* 2006: *Seasonal circulation and Mauna Loa CO_2 variability. Jour. Geophys. Res.* 111, d13104, 10.1029/2005JD006535

analytischen Prozeduren gibt es Fehlerquellen.[463] Messstationen sind jetzt über die ganze Welt verteilt. Sie befinden sich auch in isolierten Küstenarealen oder auf Inseln, um dort Kohlendioxid in der Luft ohne die Kontamination durch das Leben oder durch industrielle Aktivität zu messen und so die Hintergrundkonzentration in der Atmosphäre zu bestimmen. Das Problem mit diesen Messungen ist, dass vom Lande stammende Luft, die über das Meer geblasen wird, auf dem Weg etwa 10 ppm an CO_2 verliert, da sich CO_2 im Ozean löst. Wenn das Wasser kalt ist, wird mehr CO_2 gebunden, da CO_2 in kaltem Wasser besser löslich ist.

Ein erhebliches methodologisches Problem liegt in der Tatsache, dass das Infrarot-Absorptionsspektrum von CO_2 mit dem von Wasserdampf, Ozon, Methan, N_2O und Kohlenwasserstoffverbindungen überlappt.[464] Manche Infrarotmesser haben eine Kältefalle, um Wasserdampf zu entfernen. Aber CO_2 löst sich in kaltem Wasser und damit wird auch manches CO_2 aus der Luft entfernt. Die überlappenden Gase werden als CO_2 entdeckt und gemessen. Gase wie etwa die Kohlenwasserstoffverbindungen haben eine so hohe Infrarotabsorption, dass sie in der Größenordnung von parts per *million* CO_2 detektiert werden, obwohl ihre wahre Konzentration nur in parts per *billion* liegt. Wenn man also diese anderen atmosphärischen Gase nicht zur selben Zeit wie das CO_2 misst, dann müssen die durch Infrarot-Techniken erhaltenen Messergebnisse mit großer Vorsicht behandelt werden.

Würden wir auch heute noch die Pettenkofer Methode gleichzeitig mit Infrarotmessungen zur Validierung benutzen,

---

463 Jaworowski, Z. *et al.* 1992: *Atmospheric CO_2 and global warming: a critical review*; 2nd Revised Edition. *Norsk Polarinstitutt Meddelelser* 119

464 Briegleb, B. P. 1992: *Longwave band model for thermal radiation in climate studies. Jour. Geophys. Res.* 97: 11475-11485

dann könnten wir den mit Infrarotmessungen erhaltenen Daten mehr vertrauen. Die Infrarotmessungen von heute sind auf dem Niveau der CO_2-Konzentrationen die vor 50 Jahren mit der Pettenkofer Methode gemessen wurden. Haben wir wirklich absolute Beweise, dass die CO_2-Konzentration in den letzten 50 Jahren gestiegen ist?

Der dritte IPCC Bericht 2001 behauptete, dass man allein auf Infrarotmessungen des CO_2 zählen könne und frühere Messungen nicht berücksichtigt werden sollten.[465] Die Ergebnisse sind unangenehm und so entschied sich die kluge IPCC, diese ihrer Glaubensüberzeugung zuwiderlaufenden Daten einfach zu ignorieren. Der Papst legt in seiner Enzyklika großes Vertrauen in die IPCC. Die atmosphärische CO_2-Messung seit 1812 zeigte keinen stetigen Anstieg wie die Mauna Loa Daten. Die IPCC hat sich entschieden, 90.000 exakte CO_2-Messungen zu ignorieren, obwohl es eine Zeit der Überlappung gibt, in der Daten, die mit der Pettenkofer Methode erzeugt wurden und jenen Infrarotmessungen auf Mauna Loa. Wenn eine große Menge validierter historischer Daten einfach ignoriert werden soll, dann muss man gute Gründe dafür nennen. Aber es gab keine Erklärung. Dies hat mit Wissenschaft nichts zu tun.

Die für 1959 berichtete mittlere jährliche CO_2-Konzentration in Mauna Loa war 315,93 ppm. Dieses war 15 ppm tiefer als die für dasselbe Jahr erhaltenen Messungen aus den Messstationen Nordwest-Europas, die die Pettenkofer Methode verwendeten. Indem man mit einer niedrigen Zahl anfängt, kann der Anstieg des atmosphärischen CO_2 übertrieben werden. Das in Mauna Loa gemessene CO_2 stieg bis 1989 kontinuierlich auf 351,45

465 IPCC, 2001: *Climate Change 2001. The scientific basis. Contributions of working group 1 to the Third Assessment Report of the Intergovernmental Panel on Climate Change* (eds Houghton, J. et al.), Cambridge University Press

ppm an.[466]

Der für 1989 in Mauna Loa erhaltene Wert ist derselbe, der 35 Jahre zuvor in Europa mit der Pettenkofer Methode gemessen worden war. Dies legt nahe, dass es Probleme sowohl mit der Messmethode als auch mit der statistischen Behandlung der Daten gab. In der Tat gibt es keine Korrelation, wenn man die historischen chemischen Messungen mit spektroskopischen Messungen von Luft vergleicht. Dies gilt für in Eis gefangene Luft ebenso wie für atmosphärische Luft. Darüber hinaus erfolgte die CO_2-Bestimmung in Mauna Loa durch Infrarotanalyse[467,468], während die CO_2-Bestimmung der Luft aus Eiskernen zum Teil durch Gaschromatographie[469] durchgeführt wurde. Auch hier gibt es Probleme mit dem direkten Datenvergleich.

Eine der IPCC vorauslaufende Veröffentlichung verwendete sorgfältig selektionierte Daten, die mit der Pettenkofer Methode gemessen worden waren. Alle Werte, die mehr als 10 % oberhalb oder unterhalb einer Grundlinie von 270 ppm lagen, wurden ausgeschlossen.[470] Die ausgeschlossenen Daten beinhalteten eine große Zahl von hohen Werten, die durch diese chemische Methode bestimmt worden waren. Waren die Werte nicht real oder passten sie einfach nicht in die Geschichte? Die niedrigste Zahl, die seit

---

466 Keeling, C. D. *et al.* 1989: *A three-dimensional model of atmospheric CO_2 transport based on observed winds. 1: Analysis of observational data.* In: Aspects of climate variability in the Pacific and the Western Americas (Ed. Peterson, D. H.) *American Geophysical Union Monograph* 55: 165-236

467 Keeling, R. F. *et al.* 1996: Global and hemispheric sinks deduced from changes in atmospheric O_2 concentration. *Nature* 381: 218-221

468 Keeling, C. D. and Whorf, T. P. 2005: Atmospheric CO_2 records from sites in the SIO air sampling network. In: *Trends: A compendium of data on global change.* Carbon Dioxide Analysis Center, Oak Ridge National Laboratory, TN

469 MacFarling Meure, C. *et al.* 2006: Law Dome CO_2, CH_4 and N_2O ice core records extended to 2000 years BP. *Geophys. Res. Letts* 33: L14810

470 Callender, G. S. 1938: The artificial production of carbon dioxide and its influence on temperature. *Quart. Jour. Royal Met. Soc.* 66: 395-400

1812 gemessen worden war (270 ppm), wurde als Messlatte der prä-industriellen Zeit definiert. Die IPCC widerspricht sich hier selbst. Sie sind bereit, das niedrigste mit der Pettenkofer Methode gemessene Ergebnis als Messlatte anzunehmen, und weisen doch die Ergebnisse der Pettenkofer Methode ab 1812 zurück, als die atmosphärische CO_2-Konzentration weit höher war als jetzt.

Das Mauna Loa Observatorium hält die längsten kontinuierlichen Messungen des atmosphärischen CO_2, die an irgendeinem Ort durch Infrarotspektroskopie gewonnen wurden. Es wird als präzises Maß des mittleren troposphärischen CO_2 angesehen, wegen des minimalen Einflusses des Menschen oder der Vegetation, oder des Vulkanismus und darüber hinaus, weil es hier Messwerte gibt, die seit fast 50 Jahren mit derselben Technik erzeugt wurden.[471] Der Bericht aus Mauna Loa zeigt einen Anstieg der mittleren jährlichen Konzentration des CO_2 in trockener Luft von 315,98 ppm 1959 auf 370,38 ppm im Jahre 2004 und schließlich 401,39 ppm im Juli 2015.

Die größte sprunghafte Erhöhung um 2,780 ppm ereignete sich im El Niño Jahr 1997-1998, in Übereinstimmung mit anderen Anstiegen, die bei El Niños beobachtet werden.[472] So setzte zum Beispiel der 1982-1983 El Niño 6 Milliarden Tonnen CO_2 in die Atmosphäre frei.[473] Dieses bringt eine unangenehme Frage für die grünlinken Umweltaktivisten mit sich: könnte es sein, dass der angebliche Anstieg im atmosphärischen CO_2 auf natürliche Prozesse zurückgeht? Diese Frage verschwindet einfach nicht und kann auch nicht von der Ideologie niedergeschrien werden.

471 Keeling, C. D. et al. 1976: Atmospheric carbon dioxide variations at Mauna Loa Observatory, Hawaii. Tellus 28, 538-551

472 Bacastow, R. B. *et al.* 1980: Atmospheric carbon dioxide, the Southern Oscillation, and the weak 1975 El Niño. *Science* 210, 66-68

473 Gaudry, A. *et al.* 1987: The 1982-1983 El Niño: a 6 billion ton CO_2 release. *Tellus* 39B: 209-313

Wenn Ozeane eine so große Menge CO_2 während eines El Niño Ereignisses emittieren, werden dann die Regierungen der Welt einen Weg finden, solche Emissionen zu besteuern?

Der NOOA ist bekannt, dass es Variationen im CO_2-Gehalt der Atmosphäre gibt. Es gibt einen Gradienten mit höheren KonzentrationenandenPolenundniedrigerenKonzentrationenam Äquator. In einem Versuch, genaue Messdaten herbeizuschaffen, die diesen Gradienten eingeschränkt genau (1-2 ppm) messen können, und um die saisonale Variation des atmosphärischen CO_2 in der Nordhemisphäre besser quantifizieren zu können, sammelt ein Satelliten-basiertes, erdumlaufendes Carbon-Observatorium OCO Daten. Es misst das (fast) Infrarot-Spektrum von CO_2 und O_2 in reflektiertem Sonnenlicht und validiert die Messdaten gegen Erdoberflächenstationen sowie in Hawaii auf örtlichen Skalierungen in monatlichen Intervallen.[474,475] In hohen Breitengraden werden keine Messungen durchgeführt und die NASA behauptet, dass sie in der Lage sei, die Interferenz der Spektren von H_2O und CO_2 aufzulösen. Daten aus Satelliten und Flugzeugen zeigen, dass die globale atmosphärische CO_2-Konzentration sowohl lateral als auch vertikal sehr variiert.

Dieses führt zu einer weiteren Frage: wie berechnet man eine durchschnittliche globale CO_2 Konzentration der Atmosphäre, wenn es laterale, vertikale und zeitliche Variationen gibt? Die Genauigkeit der Messung aus dem Raum liegt im Bereich von einigen ppm, während die der Messungen landständiger Messinstrumente bei einem Hundertstel eines ppm liegt.

Es ist bedeutsam, dass die Daten der OCO NASA Satellitenplattform zeigen, dass der Anstieg des atmosphärischen CO_2 im Großen und Ganzen nicht auf westliche industrielle Aktivität

474 http://www.jcsda.noaa.gov/documents/seminardocs/CrispOCO20080319.pdf

475 http://disc.sci.gsfc.nasa.gov/

zurückzuführen ist. Es scheint, dass das von dem Satelliten gemessene atmosphärische CO_2 vor allen Dingen aus Reisfeldern und Regenwäldern in der Dritten Welt stammt. Damit ist klar, dass wir CO_2-Variationen in der Atmosphäre nicht wirklich verstehen und dass jede dogmatische Behauptung, dass ein Anstieg des atmosphärischen CO_2 auf menschliche industrielle Aktivität zurückgehe ohne Bezug zu den Daten ist.

Die Freisetzung von mehr Wasserdampf und CO_2 in die Atmosphäre mag zu einer Erwärmung im späten 20. Jahrhundert beigetragen haben. Hinzu treten Erwärmung durch vermehrte Sonnenenergie und Variationen im elektromagnetischen und Gravitationsfeld der Sonne. Aber nach allem bleibt ein fundamentales Problem: wie kann man einen globalen durchschnittlichen CO_2 berechnen, wenn es auf allen Zeitachsen so viel Variation gibt. Wie kann eine kleine Veränderung statistisch mit Konfidenz bestimmt werden? Genau dasselbe Problem treffen wir auch bei der Bestimmung der durchschnittlichen globalen Temperatur.[476]

---

476 Clark, Roy 2011: *The dynamic greenhouse effect and the climate averaging paradox.* Ventura Photonics

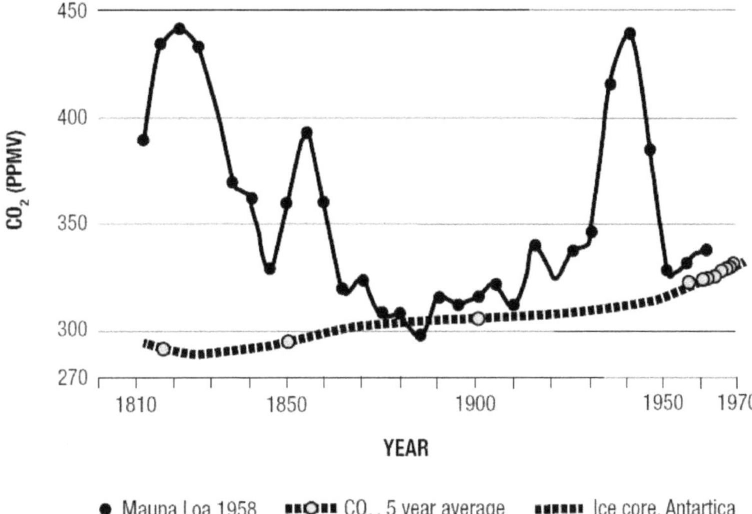

Abb. 3: Bestimmungen des atmosphärischen CO_2 durch die Pettenkofer Methode (durchgezogene Linie mit Durchschnittswerten von fünf Jahresintervallen) zwischen 1812 und 1961, Deduktion der atmosphärischen CO_2-Konzentration aus antarktischen Eiskernen (Gaschromatographie) und editierte Messungen des atmosphärischen CO_2 aus Mauna Loa (Infrarot-Spektroskopie, 1958 folgende).[477] Eine Methode der Messung zeigt eine große Variabilität des CO_2 in der Atmosphäre, während eine andere Methode dies nicht tut. Die hohen Werte des CO_2 in der Pettenkofer Methode sind von der IPCC ausgeschlossen worden, doch der niedrigste Wert wird von ihr benutzt um als Basislinie für den Wert des CO_2 der prä-industriellen Epoche zu dienen.

Die Temperatur der Meeresoberfläche

Die Wärme in den Weltmeeren gibt Wärme an die Atmosphäre ab. Die Wärmekapazität von Wasser ist weit höher

477 Beck, E. 2007: *180 years of atmospheric gas analysis by chemical methods. Energy Envir.* 18: 259-282

als die der Atmosphäre und deshalb enthalten im Wesentlichen die Weltmeere die Oberflächenwärme der Erde. Und dennoch behaupten sogenannte Klimawissenschaftler und die Medienpropaganda, dass es die Atmosphäre sei, die das gesamte Klimasystem bestimme. Aufgrund der Zeitverzögerung im Austausch zwischen Temperatur der Meeresoberfläche und jener der Atmosphäre kann die Oberflächentemperatur des Meeres benutzt werden, um zu verstehen, welche Klimaereignisse unmittelbar bevorstehen. Wenn wir aber Temperaturmessungen der Meeresoberfläche verwenden wollen, dann müssen sie verlässlich sein und nicht „berichtigt". Früher massen Schiffe dic Temperatur der Meeresoberfläche auf den großen Schifffahrtsrouten. Bis vor kurzem wurde die Meerestemperatur in einem Eimer voller Meerwasser mit einem Thermometer gemessen. Diese Messungen hatten eine Genauigkeit von ±0,5°C, was solche Messungen sehr ungenau machte. Dann führte der Wechsel von hölzernen Eimern zu solchen aus Leinwand zu einer Diskontinuität der Temperaturmessungen und erheblichen Irrtümern. Auch Strömungen wurden durch grobe Methoden gemessen. Erst in den letzten 30 Jahren gab es genauere und verbreitete Messungen der Temperatur der Meeresoberfläche und der Meeresströmung.

Seit 1980 zeichnen Treib-Bojen als schwimmende Instrumententräger die Temperatur des Ozeans in einer Tiefe von 50 cm auf. Dieses ist jetzt kombiniert worden mit der Temperatur des von Schiffen als Kühlwasser eingezogenen Meereswassers, das dem erheblich kühleren Wasser einer Tiefe von etwa 10m entstammt. Die Schätzung der historischen Oberflächentemperatur des Meeres durch eine Kombination von Messungen aus Eimern, rotierenden Bojen, und dem Kühlwasser ist nicht aussagekräftig. Und doch wird dieser Datensatz benutzt, um Änderungen der historischen Meeresoberflächentemperatur zu berechnen. Sowohl die jetzigen, als auch die mehr als 30 Jahre alten Meeresoberflächentemperaturen sind nur grobe Messungen. Sie können in Klimamodellen nicht benutzt werden. Doch sie werden.

Über die Erwärmung der Ozeane besteht große Ungewissheit, und Veränderungen werden erst seit den fünfziger Jahren betrachtet. Die verschiedenen Messmethoden bringen sehr diskrepante Ergebnisse hervor.[478] Da Messungen mit expandierenden Bathythermographen den größten Teil des Datensatzes stellen, führt dieser Bias zu einem signifikanten Erwärmung Artefakt der Welt Ozeane. Wird dieser Bias korrigiert, dann reduziert das die seit 1950 festgestellte Veränderung der Ozean-Wärme um einen Faktor 0,62.[479,480]

Die fast 3000 wissenschaftlichen Roboter auf den Weltmeeren haben einen Abfall der Temperatur der Meeresoberfläche gezeigt. Die oberste Schicht der Ozeane akkumulierte zwischen 1955 und 2003 Wärme. Dann kam es zwischen 2003 und 2005 zu einem dramatischen Abfall des mittleren Wärmegehalts der oberen Ozeanschichten.[481,482] Dieses ist ein deutlicher Warnruf an die Computer-Klimamodelle. Es mag sein, dass sich die nordatlantischen Wasser derzeit abkühlen, weil die mittlere jährliche Hitzeeinfuhr durch die Sonne in den mittleren und hohen nördlichen Breitengraden während der letzten 11.000

---

478 Expendable bathythermographs (XBT), bottle and CTD data. Most data is XBT and this XBT data is positively biased.

479 Gouretski, V. and Koltermann, K. P. 2007: *How much is the ocean really warming? Geophys. Res. Lett.* 34, L01610, doi: 10.1029/2006GL027834

480 Anstieg der Ozeanwärme (0-3,000m) zwischen 1957-1966 und 1986-1996 geschätzt auf 12.8± >8 x 10^{22} Joule.

481 Lyman, J. M. *et al.* 2006: *Recent cooling of the upper ocean. Geophys. Res. Lett.* 33: L18604, doi:10.1029/2006GL027033

482 Dies entspricht einer globalen radiative Imbalance von -1.0 ± 0.3 Watt/m^2.

Jahre abgenommen hat.[483] Diese Spiegel sind nun auf dem Niveau des Letzteiszeitlichen Maximums. Vielleicht vermeldet die Abkühlung der atlantischen Gewässer in der Neuzeit die nächste unvermeidliche Vereisungsperiode.[484] Auch wenn das Klima der letzten 11.000 Jahre gewöhnlich als warm oder als warm und stabil beschrieben wird, so hat es doch erhebliche große (zum Beispiel jüngeres Dryas) und kleinere Variationen (zum Beispiel Mittelalterliche Warmzeit, Kleine Eiszeit) gegeben. Die Abkühlung der Wasser westlich der Vereinigten Staaten und Kanada um 4-10°C im Holozän ging wahrscheinlich auf eine abnehmende Hitzeproduktion der Sonne zurück, auf zunehmende Konvektion in der Labradorsee und die Verlagerung des Golfstroms in Richtung auf den Äquator.

Eine der verlässlicheren Methoden zur Bestimmung der Meeresoberflächentemperaturen liegt in der Benutzung von Bojen. Sowohl die Satellitenmessungen der Temperaturen der unteren Troposphäre als auch die Messungen der ARGO Bathythermographie der Meeresoberflächentemperaturen zeigen keine Erwärmung über mindestens die letzten elf Jahre. Das ARGO System ist das Beste in einem ganzen Bündel schlechter Messmethoden zur Bestimmung der Temperatur der Meeroberfläche. Nach allem hat es nicht gezeigt, dass die Ozeane sich aufwärmen und dass wir alle den Hitzetod sterben werden.

Die Lösung war einfach: Man legt die Temperatur der Meeresoberfläche willkürlich fest, um die von Schiffen erhaltenen Messungen mit denen der nächtlichen Schätzungen der Oberflächentemperaturen der Meere in Einklang zu

---

483 Seager, R. *et al.* 2002: *Is the Gulf Stream responsible for Europe's mild winters? Quart. Jour. Royal Met. Soc.* 128: 2563-2586

484 Sachs, J. P. 2007: *Cooling of Northwest Atlantic slope waters during the Holocene. Geophys. Res. Lett.* 34: 10.1029/2006GL028495

bringen, obwohl diese mit allen anderen Messungen der Meeresoberflächentemperatur unvereinbar sind.[485,486] Beide Daten sind bezüglich ihrer Verlässlichkeit sehr problematisch. Elf nicht weiter begründete Veränderungen wurden am Datensatz der Meeresoberflächentemperaturen vorgenommen, 0,12°C wurden zu den Messungen der Bojen hinzugefügt, um sie mit den Messdaten der Schiffe in Einklang zu bringen. Die meisten Veränderungen wurden an den Datensätzen höchster Qualität gemacht, d.h. an nach 1998 gesammelten Daten. Die willkürliche Auswahl des Beginns sowie des Endes jeglicher Reihe von Messungen über einen Zeitverlauf kann die gewünschte Antwort ergeben, speziell wenn dabei Höchstwerte oder Tiefstwerte gewählt werden. Diese Art von Statistik-Spielchen sind für ein ganzes Jahrzehnt gespielt worden[487] und die Klimawissenschaftler benutzen solche Techniken die ganze Zeit. Karl et al. beginnen ihre Trendschätzungen 1998 und 2000. 1998 war ein El Niño Jahr. Der von Karl et al. zwischen 1998 und 2014 ermittelte Trend (0,106±0,058°C pro Jahrzehnt) ist niedriger als der 2000-2014 Trend (0,116±0,067°C pro Jahrzehnt). So muss man das erwarten, wenn die Trendbetrachtung zu einem Zeitpunkt begonnen wird, als die Meeresoberflächentemperatur kälter war, so wie das 2000 der Fall war. Was er hier erneut sehen, ist der rote Faden der Täuschung und Irreführung, der in das meiste der „Wissenschaft" von Klima-„Wissenschaftlern" eingewoben ist. Der verlässlichere Datensatz der Argo-Bojen wurde nicht benutzt, sondern stattdessen nur unverlässliche historische Aufzeichnungen

485 Karl, T. R. *et al.* 2015: *Possible artifacts of data bases in the recent global warming surface hiatus*. *Scienceexpress*, 4th June, 2015
486 http://www.rossmckitrick,com/uploads/4/8/0/4808045/mckitrick_comments_on_karl2015.pdf
487 Darrell Huff 1954: *How to lie with statistics*. Norton

von Eimermessungen und Kühlwassereintrittstemperatur.[488] Die verlässlicheren Satellitendaten wurden nicht benutzt.[489,490] Und denken Sie jetzt, dass es Berichtigungen abwärts oder nach oben gegeben hat? Das Endresultat war, dass man das Stagnieren der Erwärmung nun für inexistent erklärt hat. Die Stagnation verschwand einfach und d.h. es gibt keine Stagnation. Einfach. Ändern Sie einfach die Temperaturen um 0,12 °C nach oben. Und was sind 0,12 °C wirklich schon?

Das Erste was ein Schulkind über die Wissenschaft lernt, ist die Bedeutung der Genauigkeit. Ein Temperaturanstieg um 0,12 °C ist unter Angabe der Genauigkeit der Bestimmung tatsächlich ein Temperaturanstieg um 0,12±1,7°C.[491] Von daher sind alle Schlussfolgerungen ohne jede Aussagekraft. Die Üblichen Verdächtigen liebten das Ergebnis, denn es befriedigte ihre Ideologie. Sie riefen gar danach, dass das hochspekulative Papier von Karl et al. die Diskussion über die *„sogenannte Pause, die es von Anfang an nie gab*" beenden solle.[492] Ein anderer Slogan: *„US-Wissenschaftler: Die Pause der globalen Erwärmung gibt es nicht mehr.*"[493] Die sogenannten Umweltkorrespondenten der „Fangruppe globale Erwärmung" zeigten, dass sie absolut nichts von Messungen in der Wissenschaft verstehen und nichts über statistische Techniken zur Bereinigung von zufälligem Hintergrund. Sie ignorieren das Faktum, dass die beobachteten Variationen eine Größenordnung kleiner sind als

---

488 Kent, E. C. et al. 2010: *Effects of instrumentation changes on sea surface temperature measured in situ.* Climate Change 1: 718-728

489 http://nsstc.uah.edu/climate/index.html

490 http:///.remss.com/research/climate

491 Kennedy, J. J. *et al.* 2011: *Reassessing biases and other uncertainties in sea-surface temperature observations measured in situ since 1850, part 2: biases and homogenisation. Geophys. Res. Lett.* 116 (D4), doi 10.1029/2010JD015218

492 http://www.theguardian.com/environment/climate-consensus-97-per-cent/2015/jun/04/new-research-suggests-global-warming-is-accelerating

493 http://www.bbc.com/news/science-environment-33006179

die Messgenauigkeit.

Machen Sie das Experiment selbst. Nehmen Sie sich irgendeine Temperaturaufzeichnung. Suchen Sie sich ein ungewöhnlich kaltes Jahr aus (sagen wir das Jahr 2000) und stellen Sie es an den Anfang ihrer Grafik. Wählen Sie ein warmes Jahr für das Ende (etwa 2014), denken sie nicht einmal über die Standardabweichung nach, fügen Sie einfach nur die Punkte ein und behaupten sie dann, die Welt erwärme sich. Oh...und benutzen Sie auf jeden Fall die Worte „signifikanter Trend". Es ist einfach. Die Klimawissenschaftler können das, also können Sie das auch. Wenn sie aber töricht genug sind, die letzten 2000 Jahre Temperaturen aus Messungen und Proxies zusammenzutragen, dann sieht alles anders aus. Und es kann auch nicht viel darüber geschrieben werden, weil es nicht sensationell ist. Karl et al. (2015) stehen nicht allein. Seit dem Ausbleiben der Erwärmung sind dafür mindestens 30 verschiedene kreative Erklärungen gefunden worden. Zum Beispiel: Es erscheint nun so, dass die Variabilität des Klimas im 20. Jahrhundert, in Zeiträumen zwischen Jahren oder vielen Jahrzehnten, darauf zurückgeht, dass sich die Ozean-Strömungen verändern.[494] Das Problem ist, das es keine Daten gibt, die diese Beziehung in einem längeren Zeitraum prüfen. Es ist trotzdem interessant zu beobachten, dass Karl, der über Jahrzehnte den durch CO_2 verursachten Klimawandel propagiert hat, sich nun in einer schwierigen Situation befindet und der Welt erzählt, dass die Weltmeere hauptverantwortlich für den Klimawandel seien. Aber solange die Forschungsgelder einkommen, spielt das – so vermute ich – alles keine Rolle.

Bohrkerne aus Eis

Die Messungen des CO_2 in Eiskernen haben weiteren Grund

494 Trenberth, K. E. 2015: *Has there been a hiatus? Science* 349: 691-692

zur Beunruhigung gegeben. Eingeschlossenes Gas diffundiert unter dem Druck des auf ihm lastenden Gewichtes des Eises nach oben. Die absolute Messung des CO_2 in Eis entspricht deshalb nicht dem CO_2-Gehalt der Atmosphäre, die in dem fallenden Schnee eingeschlossen wurde. Das Verhältnis der C^{12}/C^{13} Isotope des CO_2 ist temperaturabhängig, wenn sich das System im Gleichgewicht befindet. Darum geht es. Das Gleichgewicht zwischen dem CO_2 in der Atmosphäre und dem CO_2 in den Ozean stellt sich schnell ein.[495] Werden die Daten aus Eiskernen[496] auf das Gleichgewicht rückberechnet, dann war die durchschnittliche Oberflächentemperatur des Ozeans 1860 13°C, während sie 2010 nur noch 2°C war.[497]

Das ist ganz offensichtlich falsch. Ganz offensichtlich waren die aus dem Eiskern gewonnenen Daten nicht gültig. Dies bestätigt, was wir seit langem wussten: Eiskerndaten können vergangene Temperaturen und atmosphärische CO_2-Gehalte nicht zuverlässig widerspiegeln[498] und können deshalb nicht zwecks Vorstellung vom historischen Verlauf des atmosphärischen CO_2 mit Daten integriert werden, die durch moderne Messungen entstehen.

Die Ozeane und das CO_2

Die Aufnahme von CO_2 in die Ozean erfolgt aus der Atmosphäre, dem Zufluss von in Flusswasser gelöstem CO_2, der Auflösung absinkender Carbonat-Muschelschalen in Tiefen von

495 Rohde, H. 1992: *Modeling biogeochemical cycles.* In: Butcher, S. S. *et al.* (eds). *Global Geochemical Cycles.* Academic Press, 55-72

496 Hellevang, H. and Aagaard, P. 2015: Kort oppholdstid for karbon I atmosfaren – bevis mot menneskeskapte utslipp. httpgeoforsking.no/ressurser/klimadebatten/944-kprt-oppholdstid (pers. comm. T. Segelstad)

497 Pers. comm., carbon isotope geochemist T. V. Segelstad, 20.7.2015

498 Jaworoski, Z. *et al.* 1992: *Do glaciers tell a true atmospheric CO_2 story? Sci. Total Environ.* 114: 227-294

mehr als 3,8 km und aus den Tiefseevulkanen. Der Gasaustritt aus den Ozeanen ist eine Hauptquelle des atmosphärischen CO_2. Kaltes Oberflächenwasser löst CO_2, wenn das Meereswasser dann die Tropen erreicht,setzt es CO_2 frei. Nur das Oberflächenwasser setzt CO_2 frei. Der Gasaustritt aus den Ozeanen findet vor allen Dingen in den tropischen Wassern rund um Hawai statt und unterliegt saisonalen Variationen, wie auch solchen von Jahr zu Jahr, abhängig von den El Niño-Zyklen.[499] Das Tiefseewasser der Ozeane ist mit CO_2 gesättigt, und Ansammlungen von flüssigem CO_2 liegen auf dem Ozeangrund. Das tiefe Wasser der Ozeane hat riesige Mengen CO_2 aus submarinen Vulkanen und Quellen gelöst.[500] Die Wasser des tiefen und oberflächlichen Ozeans mischen sich wenig. Wenn das kalte Ozeanwasser atmosphärisches CO_2 oder vulkanisches CO_2 in den Tiefen der Ozeane löst, dann wird dieses CO_2 für Jahrtausende nicht freigesetzt. Wenn also das atmosphärische CO_2 in den letzten 150 Jahren angestiegen ist, dann müssen wir die Verzögerung und alle weiteren Prozesse der Freisetzung von CO_2 in die Atmosphäre kritisch untersuchen. Kaltes, CO_2-reiches Wasser wird von tiefen Strömungen in die Tropen befördert. Wenn dieses Wasser auftreibt und in den Tropen erhitzt wird, dann setzt es CO_2 frei. Die Freisetzung von CO_2 aus dem Ozean in die Atmosphäre, berichtet uns über Vorgänge, die Tausende von Jahren her sind und liefert keine Informationen über Prozesse der Jetztzeit.

Erhöhte Sonnenaktivität erwärmt die Oberfläche der Ozeane, speziell in den Tropen. Dieses vermehrt die Menge an Wasserdampf und CO_2 in der Atmosphäre und vermindert die

---

499 Landschützer, P. *et al.* 2014: *Recent variability of the global ocean carbon sink. Global Biogeochem. Cycles* 24: 927-949

500 de Beer, D. *et al.* 2013: *Saturated CO_2 inhibits microbial processes in CO_2-vented deep-sea sediments. Biogeosciences* 10: 5639-5649

Aufnahme von CO_2 in den tropischen Ozeanen. Als Ergebnis hiervon ist einiges des Kohlendioxid, das man menschlicher Aktivität zugeschrieben hat, ursprünglich solarer Herkunft.[501,502] Wird die Oberfläche der Ozeane mit Eisen angereichert, so werden flottierende Organismen gedüngt und die Extraktion des CO_2 aus der Atmosphäre beschleunigt.[503] Solche Düngung findet zum Beispiel statt, wenn Stürme roten, eisenreichen Staub vom Land ins Meer tragen.

Ozeanische Prozesse finden in riesigen Systemen statt, unter Beitrag der Sonne, des Lebens, der Atmosphäre, der Flüsse und der Kontinente. Es ist eine starke Vereinfachung , wie die IPCC zu behaupten, dass wir ein Verständnis von den ozeanischen Prozessen haben. Wir wissen mehr über den Mond, als über die Ozeane.

Das Leben eines CO_2 Moleküls

Wenn das CO_2 Molekül in der Atmosphäre nur eine kurze Verweilzeit hat, dann heißt dass das CO_2 Moleküle schnell aus der Atmosphäre entfernt werden, um in einem anderen Reservoir absorbiert zu werden. Aber wie schnell? Wegen des Ansteigens der atmosphärischen CO_2-Konzentration ist behauptet worden, das CO_2 sei nicht im Meerwasser gelöst und müsse eine atmosphärische Lebenszeit von mehreren 100 Jahren haben.[504]

---

501 Scafetta, N. and West, B. J. 2006a: *Phenomenological solar signature in 400 years of reconstructed Northern Hemisphere temperature record. Geophys. Res, Letts* 33: L17718 doi:10.1029/2006GL027142

502 Scafetta, N. and West, B. L. 2006b: Phenomenological solar contribution to the 1900-2000 global surface warming. *Geophys. Res. Letts* 33: L05708 doi:10.1029/2005GL025539

503 www1.whoi.edu/contacts/steeringcommittee.html

504 Rodhe, H. 1992: Modeling biogeochemical cycles. In: *Global biogeochemical cycles* (eds Butcher, S. S. *et al.)* 55-72, Academic Press

Die IPCC schlägt vor, seine Lebenszeit dort seien 50-200 Jahre.[505] Dieses ist kritisiert worden, weil der Term „Lebenszeit" nicht definiert ist[506] und weil die IPCC viele bekannte Verweilstätten des CO_2 nicht berücksichtigt hat.[507,508]

Die atmosphärische Verweilzeit des CO_2 kann durch Messung der Kohlenstoffisotope C^{12}, C^{13} und C^{14} berechnet werden.[509] Dieses kann durch Messung der Menge an inertem, aber radioaktivem Radongas (Rn^{222}), die Löslichkeit von CO_2 und durch verschiedene komplizierte auf Carbonisotopen beruhende Berechnungen gegengeprüft werden. Berechnungen[510] der Verweilzeit des atmosphärischen CO_2 basierend auf der Verweilzeit des natürlichen C14 Isotops ergeben Werte zwischen 3 und 25 Jahren (18 verschiedene Studien). Die Verdünnung des atmosphärischen C^{14} aus der Verbrennung fossiler Treibstoffe ergibt eine Verweilzeit von 2-7 Jahren (2 verschiedene Studien). Die Verweilzeit des C^{14} aus Atombomben ergibt einen Wert von zwei und nicht mehr als zehn Jahren (12 verschiedene Studien).

---

505 Houghton, J. T. *et al.* (Eds) 1990: Climate Change. The IPCC Assessment. Intergovernmental Panel on Climate Change. Cambridge University Press

506 O'Neill, B. C. *et al.* 1994: Reservoir timescales for anthropogenic CO_2 in the atmosphere. *Tellus* 46B: 378-389

507 Jaworowski, Z. *et al.* 1992: Atmospheric CO_2 and global warming: a critical review; 2nd Revised Edition. *Norsk Polarinstitutt Meddelelser* 119

508 Segalstad, T. V. 1996: The distribution of CO_2 between atmosphere, hydrosphere and lithosphere; minimal influence from anthropogenic CO_2 on the global "Greenhouse Effect". *The Global Warming Debate. The Report of the European Science and Environment Forum.* (ed. Emsley, J.), 41-50, Bourne Press

509 Essenhigh, R. H. 2009: Potential dependence of global warming on the residence time (RT) in the atmosphere of anthropogenically sourced carbon dioxide. *Energy and Fuels* 23: 2773-2784

510 Sundquist, E. T. 1985: Geological perspectives on carbon dioxide and the carbon cycle. In: *The carbon cycle and atmospheric CO_2: natural variations Archean to present* (eds Sundquist, E. T. and Broecker, W. S.). American Geophysical Union Monograph 32: 5-59

Messungen des Rn^{222} ergeben eine atmosphärische Verweilzeit des CO_2 von 7,8-13,2 Jahren (3 verschiedene Studien).

Die Löslichkeit des CO_2 ergibt eine Verweilzeit von 5,4 Jahren[511] und Massenverhältnisse von C^{12} zu C^{13} ergeben eine Verweilzeit von 5,4 Jahren.[512] Es gibt kaum Uneinigkeit, denn die Größenordnung ist hier überall dieselbe.

Die Verweilzeit des CO_2 in der Atmosphäre ist etwa fünf Jahre, eine Zahl, die der frühere IPCC Vorsitzende Bert Bolin anerkannt hat.[513] Diese kurze atmosphärische Verweilzeit des CO_2 bedeutet, dass etwa 18% des atmosphärischen CO_2-Pools jedes Jahr ausgetauscht wird. Jene, die behaupten, der in Mauna Loa gemessene Anstieg des atmosphärischen CO_2 sei ein Ergebnis der Verbrennung fossiler Treibstoffe haben dabei eine Verweilzeit des CO_2 in der Atmosphäre von etwa 50-200 Jahren angenommen.[514] Falsch. Entgegen allgemeiner Auffassung bleibt das CO_2 nicht in der Atmosphäre, nachdem es in die Atmosphäre emittiert worden ist. Es geht schnell in einen natürlichen Kreislauf ein.

Es gibt erhebliche Unterschiede in der angenommenen CO_2-Verweilzeit zwischen 37 unabhängigen Messungen,

---

511 Murray, J. W. 1992: The oceans. In: *Global Biogeochemical Cycles* (eds Butcher, S. S., Charlson, R. J., Orians, G. H. and Wolfe, G. V.), 175-211, Academic Press

512 Segelstad, T. V. 1992: The amount of non-fossil-fuel CO_2 in the atmosphere. *American Geophysical Union*, Chapman Conference on Climate, Volcanism and Global Change, March 23-27, 1992, Hilo, Hawaii, Abstracts 25

513 Bolin, B. and Eriksson, E. 1959: Changes in the carbon dioxide content in the atmosphere and sea due to fossil fuel combustion. In: *The atmosphere and sea in motion. Scientific contributions to the Rossby Memorial Volume.* The Rockefeller Institute Press: 130-142

514 IPCC, 2001: Climate Change 2001. The scientific basis. Contributions of working group 1 to the Third Assessment Report of the Intergovernmental Panel on Climate Change (eds Houghton, J. T., Jenkins, G. J. and Ephraums, J. J.), Cambridge University Press

Berechnungen durch 6 verschiedene Modelle und dem IPCC Computermodell. Diese Diskrepanz ist durch die IPCC nicht erklärt worden. Warum ist dies wichtig? Wenn die atmosphärische Verweilzeit des CO_2 fünf Jahre ist, dann ist die Menge des totalen atmosphärischen CO_2 das aus der Verbrennung fossiler Rohstoffe stammt 1,2%[515] und nicht 21%, wie die IPCC annimmt. Um die tatsächlichen Messungen der Verweilzeit des atmosphärischen CO_2 mit den Annahmen der IPCC zur Deckung zu bringen, wäre es notwendig, alles CO_2, das jemals aus der globalen Verbrennung fossiler Treibstoffe entstanden ist, mit einem anderen CO_2-Reservoir zu mischen, dass fünfmal größer ist als die Atmosphäre.[516] Es hat Versuche gegeben, diese Diskrepanz zu erklären. Diese schließen Spekulationen über ein nicht gemessenes Verhalten der Kohlenstoff Isotope ein[517] und missachten chemische Experimente sowie Experimente mit Isotopen, die zeigen, dass sich zwischen CO_2 und Wasser innerhalb weniger Stunden ein Equilibrium einstellt.[518,519] Darüber hinaus ist der Anteil der im atmosphärischen CO_2 gemessenen Isotope C^{12} und C^{13} substantiell anders als jene, die dem IPCC

---

515 Revelle, R. and Suess, H. 1957: Carbon dioxide exchange between atmosphere and ocean and the question of an increase in atmospheric CO_2 during past decades. *Tellus* 9: 18-27

516 Broecker, W. S. *et al.* 1979: Fate of fossil fuel carbon dioxide and the global carbon balance. *Science* 206: 409-418

517 Oeschger, H. and Siegenthaler, U. 1978: The dynamics of the carbon cycle as revealed by isotope studies. In: *Carbon dioxide, climate and society* (ed. Williams, J.), 45-61, Pergamon Press

518 Inoue, H. and Sugimura, Y. 1985: Carbon isotopic fractionation during the CO_2 exchange process between air and seawater under equilibrium and kinetic conditions. *Geochim. Cosmochim. Acta* 49: 2453-2460

519 Dreybrodt, W. *et al.* 1996: The kinetics of the reaction $CO_2 + H_2O$ Ù$H^+ + HCO_3^-$ as one of the rate limiting steps in the system H_2O-CO_2-$CaCO_3$. *Geochim. Cosmochim. Acta* 60: 3375-3381

Modell zugrunde gelegt werden.[520] Das Modell der IPCC, wie lange CO_2 in der Atmosphäre verbleibt und wie viel CO_2 aus der Verbrennung fossiler Treibstoffe sich in der Atmosphäre befindet, werden durch die Evidenz der radioaktiven oder stabilen Kohlenstoffisotope nicht bestätigt. Die Basisannahmen des IPCC Modells sind nicht korrekt.

Vielleicht resultiert der Erklärungsnotstand der IPCC daraus, dass Eiskerne keine verlässlichen Daten über die Atmosphäre der Vergangenheit liefern, einschließlich der Atmosphäre vor der industriellen Revolution. Vielleicht rührt er auch aus dem Faktum, dass Messungen der jüngsten atmosphärischen CO_2 Konzentration durch eine nicht validierte Messmethode erfolgten[521], deren Ergebnisse dann visuell ausgewählt und „herausgegeben“ wurden, und die damit von den nicht selektierten Messungen des CO_2-Spiegels durch eine hoch akkurate nasse chemische Methode in 19 Stationen über ganz Europa abweicht.[522]

Der Beitrag der aus fossilen Brennstoffen stammenden Emissionen von CO2 zur Atmosphäre und die Verweilzeit dieses CO_2 aus der fossilen Rohstoffquelle sind Säulen der *raison d'être* der IPCC. Es gibt keine *raison d'être*. Denn der atmosphärische CO_2-Haushalt, seine Absorption in den Meeren, dass von dort erfolgende Austreten des Gases, CO_2-Import aus geologischen Quellen (Gasaustritt aus Vulkanen, Metamorphismus, die Erhebung von Bergen, Faltung), CO_2-Verlust durch Verwitterung

---

520 Keeling, C. D. *et al.* 1989: A three-dimensional model of atmospheric CO_2 transport based on observed winds: 1. Analysis of observational data. In: *Aspects of climate variability in the Pacific and the Western Americas* (ed. Peterson, D. H.). American Geophysical Union Monograph 55: 165-236

521 Jaworowski, Z. *et al.* 1992: Atmospheric CO_2 and global warming: a critical review; 2nd Revised Edition. *Norsk Polarinstitutt Meddelelser* 119

522 Bischof, W. 1960: Periodical variations of the atmospheric CO_2-content in Scandinavia. *Tellus* 12: 216-226

und CO_2-Absorption durch Mikroorganismen müssen von weit größerem Ausmaß sein, als die IPCC annimmt. Der Gesamtanteil des durch Verbrennen fossiler Treibstoffe in die Atmosphäre eingebrachten CO_2 sowie der Freisetzung aus biologischen Freisetzungen (insgesamt etwa 4% des atmosphärischen CO_2) ist weit geringer als die 21% des atmosphärischen CO_2, von denen die IPCC ausgeht.

Geologie und die Atmosphäre

Der CO_2-Gehalt der Atmosphäre wird letztendlich durch geologische Prozesse bestimmt. Während der letzten 4,567 Millionen Jahren hat die Erde etwa die Hälfte ihres geschätzten gesamten CO_2-Bestandes durch geologische Prozesse ausgegast.[523] Kohlenstoff hat Oxidationszustände von -4 bis +4 und so geht er mit mehr als 80 der 92 natürlichen Elemente auf Erden chemische Verbindungen ein. Bis zu 97% des Kohlenstoffs der Erde ist tief im Inneren des Planeten verborgen.[524]

Selbst einige Meteoriten aus dem weiten Weltraum haben einen hohen Kohlenstoff-Gehalt, wie zum Beispiel Kohligen Chondrit. Tief in der Erde gibt es eine ganze Reihe von kohlenstofftragenden Mineralien (Graphit, Diamant, Carbonate, Carbide, Carbon-Silikate, Carbon-Verbindungen). Kohlenstoff und Kohlenstoff enthaltende Gase sind in geschmolzenen Gesteinen gelöst, Gase (CO_2, CH_4 und höhere Kohlenwasserstoffe) sowie Flüssigkeiten (CO_2, Hydrokarbone, Bikarbonat enthaltendes Wasser) sind andere Formen, in denen Kohlenstoff vorkommt.[525] Es ist lang bekannt, dass der Erdmantel Carbonate enthält. Magma des

523 Holland, H. 1984: *The chemical evolution of the atmosphere and oceans*. Princeton University Press

524 Javoy, M. 1997: The major volatile elements of the Earth: Their origin, behaviour and fate. *Geophys. Res. Lett*. 24: 177-180

525 Hazen, R. M. *et al*. 2012: Carbon in the Earth's interior: Storage, cycling and life. *EOS Trans Amer. Geophys. Union* 93: 17-18

Mantels in der Tiefe von 125 km enthält bis zu 8% gelöstes CO_2 und setzt CO_2 während des Aufstiegs frei.[526,527] Einige Schmelzen bestehen vollständig aus Carbonat. Dieses CO_2 lötet Gesteinsschmelzen bei hoher Temperatur und hohem Druck. Wenn das geschmolzene Gestein an der Oberfläche eruptiert[528], enthält es nur etwa 0,01% -0,001% CO_2, was belegt, welch riesige Mengen an CO_2 vor, während und nach einem Vulkanausbruch freigesetzt werden. Darüber hinaus sind Schmelzvorgänge des Mantels vor allen Dingen am Meeresgrund zu finden. Dort ist das CO_2 ist in den tiefen Wassern am Ozeangrund gelöst und wird deshalb nicht als ein Auftreten von Blasen an der Oberfläche gesehen.

Durch diesen der Aufmerksamkeit entzogenen Prozess, der seit Tausenden von Millionen von Jahren vor sich geht, wird CO_2 aus dem Erdmantel freigesetzt. Weil die aus dem Erdmantel stammenden Vulkangesteine des Ozeanbodens seit Tausenden von Millionen von Jahren recycelt wurden, kann nur für die letzten 200 Millionen Jahre berechnet werden, welches die Minimalmenge von als Gas ausgetretenem CO_2 ist. Hier gibt es ein paar wichtige Fakten. Es ist schwierig, einen Eimer vor, während und nach einem Ausbruch über einen Vulkan zu stülpen, um so das freigesetzte CO_2 quantitativ zu erfassen. Wir müssen also unsere Berechnungen der vulkanischen CO_2-Emissionen auf Experimenten aufbauen, die uns zeigen, wie viel CO_2 in

---

526 Katsura, T. and Ito, E. 1990: Melting and sub-solidus phase relations in the $MgSiO_3$-$MgCO_3$ system at high-pressures – implications to evolution of the Earth's atmosphere. *Earth Phys. Sci. Lett.* 99: 110-117

527 Eggler, D. H. 1978: The effect of CO_2 upon melting in the system Na_2O-CaO-Al_2O_3-MgO-SiO_2-CO_2 to 35 kb, with and analysis of melting in a peridotite-H_2O-CO_2 system. *Amer, Jour. Sci.* 278: 305-343

528 Harris, D. M. and Anderson, A. T. 1983: Concentrations, sources and losses of H_2O, CO_2 and S in Kilauean basalt. *Geochim. Cosmochim. Acta* 47: 1139-1150

heißem, geschmolzenen Gestein unter hohem Druck in der Tiefe enthalten ist und welches wiederum die Menge an CO_2 in der ausgeworfenen Lava ist. Die Differenz ist dann die Menge an CO_2, die im Zuge dieser Emission Eruption freigesetzt wird.

Diese Berechnung führt uns zu der kleinstmöglichen Menge, weil sie nicht die Mengen an CO_2 berücksichtigen kann, die in Löchern und Brüchen gefangen ist, die als Carbonate vorkommt oder in Wasser und Dampf gelöst ist. Ein paar wenige Beispiele werden das verdeutlichen. Als der isländische Vulkan Eldgjá 934 ausbrach, setzte er 15mal mehr CO_2 frei, als jährlich aus der Verbrennung fossiler Rohstoffe freigesetzt wird. Dieser Eruption folgte keine globale Erwärmung. Während des sechs Monate andauernden Ausbruchs des Laki in Island 1783-1784, wurde zwölfmal so viel CO_2 emittiert, wie wir jährlich produzieren. Auch hier folgte dem Ausbruch keine globale Erwärmung. Vielmehr kam es zu einer Abkühlung aufgrund des Vorkommens vulkanischer Aerosole in der Atmosphäre. Oft sehen wir Zeichnungen des Carbonzyklus, die sich ausschließlich mit dem atmosphärischen und Oberflächen-Kohlenstoff beschäftigen. Da gibt es einen anderen Carbonzyklus, über den wir nur wenig wissen: den tiefen Carbonzyklus.[529] Die IPCC und die grünlinken Umweltaktivisten ignorieren kohlenstoffhaltige Mineralien und Flüssigkeiten tief in der Erde. Vielleicht haben Sie noch nie über die Herkunft des ersten, primordealen CO_2 in der Atmosphäre der Erde nachgedacht, oder seine Herkunft auf Mond und anderen Planeten. Aber so ist das, die Neugierde geht verloren, wenn man dem Konsens folgt. Es ist die Geologie, die den Katastrophismus von der globalen Erwärmung zu seinem Ende bringt (ebenso den Kreationismus). Einige Gruppen wollen daher, dass die Geologie vor der Öffentlichkeit versteckt wird.

---

529 Dasgupta, R. 2103: Ingassing, storage and outgassing of terrestrial carbon through geologic time. *Rev. Mineral. Geochem.* 75: 183-229

Als zum Beispiel die die IPCC unterstützende Klimapolitik-Agentur CICERO Informationen über Kohlendioxid in einer Site des Naturkundemuseums der Universität von Oslo sah[530], da verlangten sie, dass es von der Webseite entfernt würde. Der Autor Professor Tom Segelstadt ist in der geologischen Gemeinschaft so gut bekannt, dass Zensur nicht funktionierte und die Information verbreitete sich weit herum. Wir haben für Jahrzehnte über den Beitrag an CO_2 aus dem Erdmantel gewusst, und deshalb ist es schwierig, Wissen zu zensieren, das zum Körper der Basisgeologie gehört.

Dieses ausgegaste CO_2 und Methan (CH_4, später oxidiert zu CO_2 und H_2O) aus der Tiefe der Erde geht nicht im All verloren. Es wird in Gesteinen gespeichert (Kalkstein, Sedimente, fossile Treibstoffe), löst sich in Wasser und wird Teil des Lebens. Die Balance zwischen dem Gasaustritt von CO_2 aus dem Inneren der Erde und der Verwitterung im System von Atmosphäre-Biosphäre-Hydrosphäre-Lithosphäre, die Sedimentation von Carbonat und von biologischem Kohlenstoff bestimmen den atmosphärischen CO_2-Gehalt. Die Alkalinität des Meereswassers wird durch CO_2 Aufnahme im Rahmen der Verwitterung, der organischen und biologischen Carbonatdeposition bestimmt. Die Ozeane sind große CO_2-Lager.

Diese Speicher haben die Ozeane über Milliarden Jahre alkalisch gehalten und werden das auch weiter tun. Wenn uns auf Erden die Steine ausgehen, erst dann gibt es eine knappe Chance, dass die Ozeane sauer werden. Wärmeres Klima beschleunigt die Verwitterung und beschleunigt damit die Aufnahme von atmosphärischen CO_2. Der atmosphärische CO_2-Gehalt wird von der Temperatur bestimmt und es ist unwahrscheinlich,

530 http://www.nhm.uio.no/nyheter/2010/vulcanutbrudd.html

dass das atmosphärische CO2 das Klima bestimmt.[531] Aber das wussten wir schon von der Tatsache, dass ein Anstieg des CO_2 der Temperatur mit 800 Jahren Verzögerung folgt, wie sich in Eiskernen zeigen lässt.[532]

Die Schlüsselbehauptung der Theorie der globalen Erwärmung ist, dass das CO_2 in den letzten 150 Jahren etwa 35 % zugenommen habe. Diese Behauptung ist in Frage gestellt. Die Freisetzung von CO_2 beim Abkühlen der Gesteinsschmelzen ist enorm (z.B. Kamtschatka), die Freisetzung von CO_2 aus der größten Biomasse des Planeten Erde (i.e. Bakterien in den ersten 4 km der Erdkruste) ist unbekannt, die Freisetzung von CO_2 aus der Erhebung der Gebirge und Alpen ist unbekannt und die Freisetzung von CO_2 aus Submarinen Vulkanen ist unbekannt. Darüber hinaus wissen wir auch nicht, wie viel CO_2 aus dem Ozeanwasser als Gas austritt, wenn das Wasser aus der Tiefe nach oben steigt.

Was sagt die IPCC über Kohlendioxid? Es gibt viele Veröffentlichungen, die denselben Datensatz benutzen, wie die IPCC und zu anderen Schlussfolgerungen kommen. So kamen zum Beispiel Studien in China zu der Schlussfolgerung, globale Erwärmung sei nicht allein dem Kohlendioxid geschuldet und der Effekt des CO_2 auf die Temperatur sei grob übertrieben.[533] Eine Schlüsselbehauptung der IPCC ist, dass die globale atmosphärische Temperatur seit 1850 um 0,7°C gestiegen sei. Das meiste dieses globalen Temperaturanstieges fand vor der massiven Industrialisierung (1850-1940) statt. Während des

---

531 Kondratyev, K. Y. 1988: *Climate shocks: natural and anthropogenic.* John Wiley

532 Petit, J. R. *et al.* 1999: Climate and atmospheric history of the past 420,000 years from the Vostok ice core, Antarctica. *Nature* 399: 429-426

533 Zhen-Shan, L. and Xian, S. 2007: Multi-scale analysis of global temperature changes and trend of a drop in temperature in the next 20 years. *Meteor. Atmos. Phys.* 95: 115-121

wirtschaftlichen Booms, der dem Zweiten Weltkrieg folgte, nahm die Temperatur ab, obwohl gleichzeitig die industriellen Emissionen von CO_2 sehr anstiegen. Von 1976-1998 stieg die Temperatur und die CO_2-Emissionen stiegen auch. Seit 1998 hat sich die Temperatur nicht verändert, dies nunmehr während einer Periode, in der die menschlichen CO_2-Emissionen durch Industrialisierung in Asien und Indien am größten waren.

Darüber hinaus gibt es Ungewissheiten in den Messungen mittels Thermometer und diese Messungen sind nicht im Einklang mit den Temperaturmessungen durch Ballons und Satelliten. Darüber hinaus stiegen die Temperaturen aus natürlichen Gründen seit der bitteren Kälte des Maunder Minimums vor 350 Jahren. Die Anschuldigung heißt, dass der Temperaturanstieg auf menschliche Aktivität zurückgehe. Der Temperatursanstieg vor 1850 kann nicht auf irgendwelche Industrialisierung zurückgeführt werden und muss also mit natürlichen Putzessen zu tun haben. Dauern diese Prozesse bis heute an und haben gar nichts mit der CO_2-Emission zu tun? Der seit 1940 beobachtete Anstieg des CO_2 in der Atmosphäre mag Folge der Freisetzung von CO_2 aus den Ozeanen sein, die mit Verzug der durch die Sonne bewirkten Aufheizung von 1850-1940 folgt, oder sogar der mittelalterlichen oder römischen Erwärmungsperiode.

Eine weitere Schlüsselbehauptung der IPCC ist, dass CO_2 ein Treibhausgas sei. Diese Behauptung nimmt nicht zur Kenntnis, dass H_2O das zentrale Treibhausgas ist, dass CO_2 aus menschlicher Aktivität allenfalls 0.1% der globalen Erwärmung verursacht und dass es einen oberen Schwellenwert der CO_2-Konzentration gibt, jenseits dessen ein weiterer Anstieg von CO_2 sehr wenig Effekt auf die Erwärmung der Atmosphäre hat.[534] Der gegenwärtige CO_2-Gehalt der Atmosphäre ist niedriger, als er während Tausenden von Millionen von Jahren gewesen

534 http://www.geocraft.com/WVFossils/greenhouse_data.html

ist und das Leben, einschließlich des menschlichen Lebens, ist zu Zeiten als das CO_2 wesentlich höher war immer schon gut gediehen.[535]

Der IPCC Report von 2007 behauptet, dass der Strahlungsantrieb (radiative forcing) des CO_2 in den letzten zehn Jahren um 20% angestiegen sei. Strahlungsantrieb quantifiziert den Anstieg der Strahlungsenergie in der Atmosphäre und darum der Temperatur. 1995 befanden sich 360 ppm CO_2 in der Atmosphäre, während es 2015 400 ppm waren, etwa 11% mehr. Doch führt jedes zusätzliche Molekül des CO_2 in der Atmosphäre zu einem kleineren Anstieg der Strahlungsenergie als sein Vorgänger und der tatsächliche Anstieg des Strahlungsantrieb war 1%. Die IPCC hat diesen Effekt des CO_2 20fach übertrieben. Wir gewöhnen uns an die Täuschungen des IPCC.

Während der Eiszeiten, so wie etwa vor 140.000 Jahren, war der CO_2-Gehalt der Atmosphäre höher als der Wert, der für die Zeit vor der industriellen Revolution mit 270 ppm gesetzt worden ist[536]. Es ist klar, dass CO_2 nicht der einzige Faktor ist, der die Lufttemperatur kontrolliert. Ansonsten könnte keine Eiszeit gleichzeitig mit der Bedingung eines hohen atmosphärischen CO_2-Gehalts stattfinden. Lassen Sie uns einfach den einen oder anderen heretischen Gedanken haben. Könnte es nicht sein, dass sehr große Hitzeball im Himmel, den wir die Sonne nennen, einen größeren Effekt auf die Oberflächentemperatur und den Wandel des Klimas hat, als ein Spurengas in der Atmosphäre? Dieser Gedanke weiche von uns. Könnte es sein, dass dieses furchtbare Umweltverschmutzungs-Gas CO_2 das Gas des Lebens ist? Der Gedanke weiche von uns.

---

535 deFreitas, C. R. 2002: Are observed changes in the concentration of carbon dioxide in the atmosphere really dangerous? *Bull. Canad. Petrol. Geol.* 50: 297-327

536 Lorius, C. *et al.* 1990: The ice-core record: climate sensitivity and future greenhouse warming. *Nature* 347: 139-145

Der Übergang einer globalen Eiszeit zu globaler Erwärmung vor etwa 250 Millionen Jahren war durch gewaltige Erhöhungen (bis zu 2000 ppm) und gewaltige Senkungen (bis zu 280 ppm) des atmosphärischen CO_2-Gehaltes gekennzeichnet.[537] Während dieser Zeit gediehen Pflanzen und Tiere. Wenn CO_2 nicht recycelt würde und wenn die Menschen alle bekannten fossilen Treibstoffe auf Erden verbrennen würden, dann wäre der atmosphärische CO_2-Gehalt etwa 2000 ppm. Das wäre perfekt für Pflanzen und Tiere, da sie keine Probleme dabei haben, mit 2000 ppm zu leben und der Planet muss dann auch nicht notwendigerweise ein Treibhaus sein. In der geologischen Zeit zeigt sich, durch Korrelation zwischen CO_2 und Temperatur in groben (Skalierung in 10 Millionen Jahren Einheiten) und feinen (1 Million Jahr Einheiten) Auflösungen, dass CO_2 zusammen mit vielen anderen Faktoren einschließlich der Lichtproduktion durch die Sonne, der Tektonik und der Palaeogeographie seinen Einfluss ausübt. Es wird vermutet, dass alle 500 proxy-Aufzeichnungen des CO_2 über die vergangenen 500 Millionen Jahre anzeigen, dass kalte Zeiten mit CO_2-Spiegeln unter 1000 ppm einhergehen. Wenn aber die CO_2-Konzentration weniger als 500 ppm misst, dann ist das ein Rezept für eine Eiszeit.[538] Geht man mehr ins Detail, so ist diese Verallgemeinerung nicht mehr wahr und es gibt keine enge Korrelation mehr.

Dieses ist konträr zu anderen Studien, die zeigen, dass das atmosphärische CO_2 in früheren Kaltzeiten bisweilen mehr als 4000 ppm erreichte, zum Beispiel in der Ordovizisch-Silurischen Kaltzeit vor 450 bis 420 Millionen Jahren und etwa 2000 ppm in der Jura-Kreide Kaltzeit vor 151-132 Millionen Jahren.[539] Was

537 Montanez, I. P. *et al.* 2007: CO_2-forced climate and vegetation instability during Late Paleozoic deglaciation. *Science* 315: 87-91

538 Royer, D. L. 2006: CO_2-forced climate thresholds during the Phanerozoic. *Geochim. Cosmochem. Acta* 70: 5665-5675

539 Berner, R. A. and Kothavala, Z. 2001: Geocarb III: A revised model of atmospheric CO_2 over Phanerozoic time. *Amer. Jour. Science* 301: 182-204

auch immer die Zahl sei, sechs von sechs Eiszeiten des Planeten Erde begannen, als die atmosphärische CO_2-Konzentration höher war als heute. Von daher treibt ein hoher atmosphärische CO_2-Spiegel nicht notwendigerweise Erwärmung an. Jede Eiszeit hatte vielfache Abkühlung und Warmzeiten. Und doch erzählen uns die grünlinken Umweltaktivisten und die wissenschaftlich ignoranten Medien, dass wir den Hitzetod sterben werden, wenn die atmosphärische CO_2-Konzentration auch nur geringfügig ansteigt.

Kürzlich wurde behauptet, dass die gegenwärtige Vereisung Grönlands durch einen niedrigen atmosphärischen CO_2-Gehalt verursacht wurde.[540] Dabei wurden verschiedene Triggermechanismen der Vereisung unter Verwendung von Modell-Software getestet (Umlaufbahn, Verschluss des Seewegs von Panama, permanenter El Niño, der Aufstieg des Himalaya).[541] Es handelt sich dabei um dieselben Rechnerprogramme, die versuchen, künftigen Klimawandel auf der Basis vorherzusagen, dass Kohlendioxid das Klima bestimmt. Das Resultat ist nicht überraschend, weil das Modell darauf programmiert ist, ein solches Resultat zu produzieren. Was dort nicht diskutiert wird, ist, wie es zum Abfall des atmosphärischen CO_2 kam. Ebenso wenig wird die Bedeutung von extra-terrestrischen Faktoren und der Sonnenaktivität diskutiert.

Der derzeitige Atmosphärengehalt an CO_2 ist etwa 400 ppm. Dieses ist in Übereinstimmung mit einem oszillierenden Klima, bestehend aus 90.000 Jahren Kaltzeit und 10.000 Jahren Warmzeit. Die Variation des CO_2 zeigt, dass eine Klimasensitivität von nicht mehr als ±3,5 °C möglicherweise einer der stabilsten Faktoren des Klimasystems der Erde über die

---

540 Lunt, D. J. *et al.* 2008: Late Pliocene Greenland glaciation controlled by a decline in atmospheric CO_2 levels. *Nature* 454: 1102-1105

541 HadCM3

letzten 420 Millionen Jahre gewesen ist.[542] Während der langen Geschichte des Planeten Erde sind die Ozeane nicht zum Kochen gekommen, sie sind auch nicht von oben bis unten eingefroren, das Volumen der Weltmeere war fast konstant, der pH der Meere und ihr Salzgehalt haben sich kaum verändert und CO_2 befand sich in Atmosphäre und Ozeanen seit dem Anfang der Zeiten. Wir haben in der Tat viel Glück, dass wir auf einem sehr stabilen Planeten leben. Doch die grünlinken Umweltaktivisten erzählen uns, dass dieser Planet instabil ist, dass die Welt vor dem Untergang steht und dass das alles unsere Schuld ist.

Als Ergebnis höherer Temperaturen gast mehr CO_2 aus den Ozeanen aus. Das Problem ist kompliziert und die Gleichgewichtsberechnungen sind schwierig, da eine größere Menge unbekannter Faktoren eingehen. So zum Beispiel bringen bei niedrigen Temperaturen während der Kaltzeit die starken Winde mehr Staub in die Ozeanbecken ein. Dieser Staub enthält Eisen und andere Elemente, welche wiederum die biologische Aktivität erhöhen, besonders in jenen Teilen des Ozeans, deren Nährstoffe limitiert sind. Die entstehende Biomasse entfernt dann CO_2 aus der Atmosphäre, und doch ist es noch nie zu einer unaufhaltsamen Vereisung gekommen. Im Großen und Ganzen spielt das CO_2 im globalen Klima die zweite Geige. Die Photosynthese ist ein schneller Prozess und es gibt jährliche Zyklen in denen mehr CO_2 in warmen sonnigen Sommermonaten konsumiert wird, als im Winter. Dann sind da die Verzögerungen der Rückkehr des CO_2 in die Atmosphäre, wenn das organische Material aus der Photosynthese in Sedimenten, Torf oder Kalkgesteinen begraben wird.

Die Diskrepanzen der Messergebnisse von CO_2 durch verschiedene Methoden sind ungelöst. Die Verweilzeit von CO_2 in der Atmosphäre ist weit kürzer, als von der IPCC angenommen.

542 Royer, D. L. *et al.* 2007: Climate sensitivity constrained by CO_2 concentrations over the past 420 million years. *Nature* 446: 530-532

Dieser Umstand hat größten Effekt auf die Schätzung der Menge an CO_2, die durch die Menschen hervorgebracht wird. Die IPCC berücksichtigt weder alle Quellen noch alle Ablagerungsformen des CO_2. Die Berechnung des Transfers zwischen CO_2 in der Atmosphäre und den Ozeanen benutzt einen inkompletten Datensatz. Durch Nutzung allgemeiner Zirkulationsmodelle kommen die einen Computermodelle ganz wundersam zu denselben Ergebnissen wie andere Computermodelle, die den selben Datensatz und dieselbe Methodik benutzen.[543]

Es gibt über CO_2 ganz offensichtlich noch eine ganze Menge mehr zu lernen.

Gelöste Ungewissheiten

Fassen wir nun die Antworten auf die am Eingang des Anschnitts gestellen Fragen zusammen:

i) *Wann wurden die CO_2 Messung durchgeführt?* An verschiedenen Zeiten des Tages, zu verschiedenen Jahreszeiten und an verschiedenen Plätzen, wohl wissend, dass das atmosphärische CO_2 vertikal, horizontal und über die Zeit variiert. Zusammenfassend ist der Datensatz von geringer Qualität.

ii) *Wer führte die Messungen durch?* Recht unterschiedliche Menschen, wobei einige unvoreingenommen Daten gesammelt haben und andere mit Umweltaktivismus und dem Erjagen von Forschungsförderungsgeldern beschäftigt waren.

iii) *Wie wurden die Messungen durchgeführt?* Mit mindestens drei verschiedenen Methoden ohne Eichung der einen Methoden gegen die anderen und ohne Sorge um Gleichgewichte

iv) *Welche Messergebnisse wurden ausgeschlossen und in den Datensatz nicht eingebracht?* Eine Riesenmenge.

v) *Warum wurden manche Messergebnisse ausgeschlossen*

543 Le Quere, C. *et al.* 2003: Two decades of ocean CO_2 sink and variability. *Tellus* B 55: 649-656

und andere akzeptiert? Das müssten Sie mir erklären.

vi) *Wurden die Daten angepasst oder verändert?* Die Kalibrierung von Satellitendaten durch Messergebnisse von Landstationen baut auf Modifikation der Daten auf.

vii) *Wie wurde der durchschnittliche globale CO_2-Gehalt berechnet?* Unter größten Schwierigkeiten. Wie könnte jemand mit statistischer Signifikanz den Anstieg des CO_2 in der Atmosphäre auf Bruchteile eines ppm berechnen, wenn die Variation zwischen Nacht und Tag mehr als 170 ppm betragen kann? Außerdem kann eine Statistik am Ende nicht besser sein, als die Originaldaten. Diese tragen Irrtümer in sich selbst. Die Daten stimmen nicht mit durch andere Methoden gesammelte Daten überein und haben eine hohe Variabilität.

viii) *Sind die Messergebnisse reproduziert und unabhängig validiert worden?* Nein.

ix) *Sind die Messergebnisse im Einklang mit früheren validierten Messergebnissen?* Nein.

Die Kohlenstoffisotop-Messungen des atmosphärischen CO_2 sind sehr wahrscheinlich nicht repräsentativ für die Verbrennung fossiler Treibstoffe, stammen zum Teil aus der Vegetation und sind auch nicht repräsentativ für das globale CO_2 im Gleichgewicht mit dem Meerwasser. Alles was wir haben, sind nicht validierte Messungen des atmosphärischen CO_2, die richtig sein mögen oder auch nicht. Diese Messdaten belegen wahrscheinlich nicht einen scheinbaren Anstieg menschlicher Emissionen von CO_2.[544] Darüber hinaus steht CO_2, egal in welcher Größenordnung von Zeit wir das Problem betrachten, in keinem Bezug zum Klimawandel.

Schuldigen Sie das CO_2 nicht an, es ist nur eine unschuldige Pflanzennahrung! Veränderungen des atmosphärischen CO_2 um

544 Segelstad, T. V. 2008: Carbon isotope mass balance modeling of atmospheric vs. oceanic CO_2. *33rd International Geological Congress*, Oslo, Norway, Aug. 2008 www.cprm.gov.br/33IGC/1345952.html

wenige ppm sind ein Hinweis für einen dynamischen Planeten, aber sicher nicht gefährlich.[545] Wir werden konstant mit Schauergeschichten belegt, wie sehr der globale mittlere CO_2-Gehalt zunimmt. Die unmittelbare Antwort darauf heißt: Gut. Mehr Pflanzennahrung kann uns allen nur gut tun. Und wenn ein Spurengas in der Atmosphäre ein wenig ansteigt, wen sollte das stören? Und wenn sich die Atmosphäre ein kleines bisschen erwärmt, wen kümmert das?

Wohin fahren die meisten Leute speziell aus der nördlichen Hemisphäre in den Sommerurlaub? In ein wärmeres Klima. Wir Menschen entstanden in einem warmen Klima im Afrikanischen Graben und sind später in kühlere Klimazonen ausgewandert. Wir Menschen sollten ob unserer Unbedeutsamkeit demütig sein. Nehmen wir an, dass die 24-Stunden Uhr der Geschichte des Planeten um Mitternacht anfing zu ticken, dann haben wir Menschen gerade erst für die letzten 2 Sekunden auf Erden gelebt.

Die Computermodelle gekoppelter Ozean-atmosphärischer Zirkulationsmodelle werden oft als Beweis dafür zitiert, dass der gemessene Anstieg des atmosphärischen CO_2 der Grund erhöhter globaler Temperaturen sei. Die Ergebnisse der Computermodelle sind keine Beobachtungen oder Messdaten. Sie sind numerische Theorien, die auf zweifelhaften Annahmen aufbauen. Die Stagnation der globalen Erwärmung während der letzten 18 Jahre belegt, dass solche Modelle nichts mit der Realität zu tun haben und für Vorhersagen nicht herangezogen werden können.

All dies beweist, dass es keine wissenschaftliche Basis für die Einführung einer Kohlenstoffsteuer, von Emissionshandel oder anderer Euphemismen gibt. Die Pause der globalen Erwärmung

545 deFreitas, C. R. 2002: Are observed changes in the concentration of carbon dioxide in the atmosphere really dangerous? *Bull. Canad. Petrol. Geol.* 50: 297-327

mag sich fortsetzen, es mag zu weiterer Erwärmung kommen oder es könnte zu einer Abnahme der Erwärmung kommen. Der stetige Anstieg des CO_2, wie er von den Messstationen berichtet wird, mag aufhören oder sich eben umkehren. Die beste politische Entscheidung, nach tiefen Bedenken und unabhängiger Analyse der Daten, ist entweder nichts zu tun, oder sich für die nächste unausweichliche Kaltzeit vorzubereiten.

Der durchschnittliche Arme in Afrika sorgt sich sehr um seine nächste Mahlzeit und wenig um CO_2. Wenn ich über die Klimakrise lese oder höre, dann denke ich: welche Krise? Wir warten nun schon 30 Jahre auf eine Klimakrise und die Messungen der Temperatur zeigen, dass es keine Krise gibt. Aber ganz sicher gibt es eine andere Krise. Wenn Modelle zeigen, dass die Temperatur für immer steigen wird und immer weiter und immer weiter, wie die Diagramme zeigen, dann ist das eine Krise. Es gibt keine Krise der Temperatur, denn Messungen durch Ballons und Satelliten zeigen, dass es in den letzten 35 Jahren sehr wenig Variation gegeben hat. Die Krise liegt darin, dass leichtgläubige Menschen, grünlinke Umweltaktivisten und die wissenschaftlich kenntnislosen Medien alle dogmatisch verkünden, dass die Modelle korrekt sind. Das ist die Krise. Eine Bildungskrise.

Die andere Krise ist eine Krise der Wissenschaft. Die Modelle werden als richtig betrachtet und die Messungen als unrichtig. Wenn es eine Wahl gibt zwischen einem Modell auf, der einen Seite, das leicht modifiziert werden kann, um die gerforderten übertriebenen Antworten zu erzeugen und auf der anderen Seite Messergebnissen, dann weiß ich, worauf ich mich verlassen würde. Und es geht nicht darum, dass nur ein Modell übertreibt. Ein Durchschnitt von 102 IPCC CIP-5 Klimamodellen zeigt, dass es seit 1995 keine Korrelation zwischen den Vorhersagen der Modelle und den Messwerten mehr gibt. Die Modelle haben vorhergesagt, was sich ereignen sollte. Aber das ist nicht eingetroffen. Und dennoch verlangt man weiter von uns, dass wir an das Modell vom menschenverschuldeten Untergang durch globale Erwärmung glauben, die uns alle in 100 Jahren umbringen wird, selbst wenn diese Modelle über eine Zeit von 20 Jahren hoffnungslos falsch gelegen haben. Dieser Einwand wurde von Doktor John Christy (Universität von Alabama in Huntsville) sehr klar formuliert.[546] Wenn nicht eindeutig bewiesen werden kann, dass menschliche Emissionen von CO_2 das Klima gefährlich verändern, dann sollte man die ganze Krise am Besten archivieren und anfangen, sich über die nächste Krise aufzuregen.

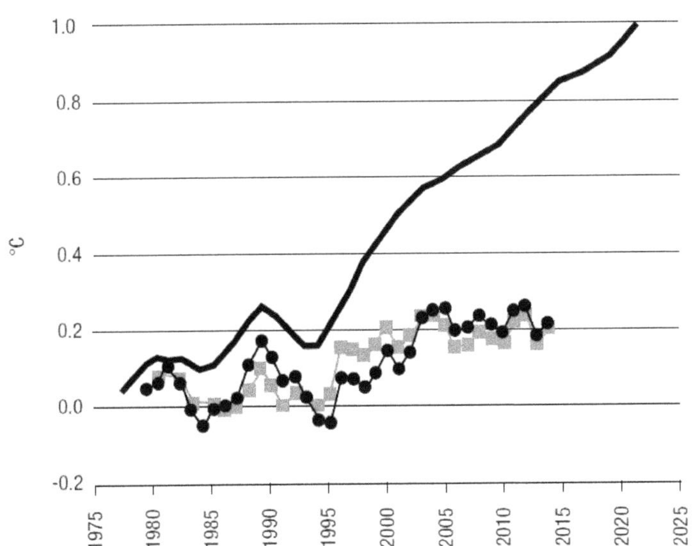

251658240 Abbildung 4: Durchschnitt aus 102 IPCC Modellen (rcp4.5; dicke Linie) und Temperaturmessungen der letzten 30 Jahre (Kreise sind Mittelwerte von 4 Balloon-Datensätzen und Quadrate sind Mittelwerte aus 2 Satelliten-Datensätzen).[547]

546 http://medi.al.com/news/huntsville/index.ssf/2015/03/climate_expert_john_christy_on.html

547 James Hansen, Congressional testimony

Der Papst sollte von einem nur wahrgenommenen Problem Abstand nehmen, um Perspektive zu gewinnen. Die Menge des industriellen CO_2 dass wir dem Ozean-atmosphärischen System seit Beginn der Industriellen Revolution hinzugefügt haben (320 Gigatonnen), ist nur ein kleiner Teil des Gesamtgehaltes der Atmosphäre an CO_2 (32.000 Gigatonnen[548]). Die Atmosphäre ist für ausgehende langwellige Strahlung fast komplett undurchlässig und Ballonstudien haben gezeigt, dass ein konvektives Hitzetransfermodell der niederen Atmosphäre mit den Ballon-Daten besser übereinstimmt, als das Strahlungs-Hitze-Transport Modell der IPCC. Sehr kleine Veränderungen in der mittleren globalen Temperatur und atmosphärischem CO_2-Gehalt zeigen an, dass Temperaturanstiege den Anstiegen des atmosphärischen CO_2 vorausgehen, und zwar mit einer Latenz von etwa zehn Monaten.[549]

Und warum beschäftige ich mich so intensiv mit den Problemen von Messungen und der CO_2-Chemie? Weil der Papst Chemie studierte und als Chemiker arbeitete, bevor er das Priesterseminar wählte.[550] Ihm sollten die Ungewissheiten von Messungen und die Basis der CO_2-Chemie bekannt sein.

Klima, Katastrophismus und Kreationismus

Troll Trawling

Es amüsiert mich, wenn Internet-Kobolde behaupten, dass jene, die den menschengemachten Klimawandel in Frage stellen, sich in nichts von den dinosaurierhaften modernen Kreationisten unterscheiden. Nun, hier etwas Hintergrund-Lektüre für die

---

548 IPCC Third Assessment Report

549 Humlum *et al.* 2012: The phase relation between atmospheric carbon dioxide and global temperature. *Glob. Planet. Change* 100: 51-69

550 http://ncronline.org/blogs/ncr-today/does-pope-francis-have -masters-degree-chemistry

Kobolde. Möchte irgendein Leser eine Wette abschließen, ob Kobolde eigentlich Bücher lesen?

Vergleich des Kreationismus und des Klimakatastrophismus

Für einige Jahrzehnte war ich daran beteiligt, Anti-Wissenschaft in Frage zu stellen, vor allen Dingen jene der „Wissenschaftler der Schöpfung" (Creation Scientists). Dieses bedingte viel öffentliche Aktivität, Rechtsstreit, und ein Buch.[551] Ich danke den Kreationisten, mich mit einem guten Sensor ausgerüstet haben für das Thema der Anti-Wissenschaft, wissenschaftlichen Betrug und irreführendes und täuschendes Verhalten.

Die meisten Wissenschaftler konzentrieren sich auf ihre Wissenschaft. Einige lehren Wissenschaft. Einige wenige propagieren Wissenschaft in der weiteren Gemeinschaft. Wissenschaft wird nicht gemacht, indem man die Arbeit anderer inspiziert, sowie Cook et al. das getan haben, um dann atemberaubende, vorgefasste Schlüsse zu ziehen. Nur sehr wenige aktive Wissenschaftler beschäftigen sich mit dem Einmarsch der Anti-Wissenschaft in die Schulen und die Gemeinschaft. Wenn Rechtsstreitigkeiten, Rundfunksendungen, Veröffentlichungen und öffentliche Vorlesungen ein Maßstab sind, dann gehöre ich zu den wenigen Wissenschaftlern, die Anti-Wissenschaft bekämpfen. Und ich bin mehr als irgendein anderer Wissenschaftlet in Australien zum Beispiel dazu qualifiziert, Kommentare zum Kreationismus abzugeben.

Kreationisten halten als eine Form des Glaubens an der Überzeugung fest, dass der Planet Erde lediglich 6000 Jahre alt ist, dass alle Sedimentgesteine und Fossilien vor 4000 Jahren in einer großen Flut gebildet wurden und dass es keine Evolution gibt. Kreationisten nennen ihre Priester "Wissenschaftler der

551 Plimer, Ian 1994: *Telling lies for God.* Random House

Schöpfung". Einige dieser Schöpfungs-Wissenschaftler haben basale wissenschaftliche Qualifikation und wenige haben einen Hochschulabschluss. Diejenigen unter ihnen, die tatsächlich als Wissenschaftler gearbeitet oder Wissenschaft publiziert haben, kann man an der Hand eine Säge-Müllers abzählen. Klimaaktivisten erfanden die Klima-„Wissenschaft" und viele in den unzählbaren Klimainstituten haben weder wissenschaftliche Qualifikationen, noch haben sie je Wissenschaft gemacht. Die "Wissenschaft" der Kreationisten wird mit der Autorität heiliger Schriften vorgetragen und mit Moralität vermischt. Dasselbe trifft für die grünlinken Umweltaktivisten zu, die versucht haben, sich moralisch über den Rest der Welt zu stellen.

Kreationisten haben versucht, durchzusetzen, dass ihre enge, fundamentalistische Sicht der Welt im Wissenschafts-Curriculum der Schulen gelehrt wird. Sie haben erheblichen politischen Druck ausgeübt, damit es ihnen erlaubt würde, jedes Schulkind in der pluralistischen Gesellschaft ihre Alternative zur Evolution zu lehren. Weil viele linksgrüne Umweltaktivisten Lehrer oder Lektoren an Universitäten sind, ist es Ihnen möglich gewesen, den jungen Leuten ihre Sicht des Planeten ungehindert beizubringen.

Es gibt eine offensichtliche Ähnlichkeit zwischen Kreationisten und der Klimaindustrie. Genauso wie die Kreationisten die „Kreations-Wissenschaft" erfunden haben, so erfand die Klimaindustrie „Klima-Wissenschaft"; die Verbände der Kreationisten sind ein gutes Geschäft. Die Klimaindustrie ist ein weit besseres Geschäft, denn der Geldfluss der Regierung scheint unerschöpflich. Bis das einmal nicht mehr so ist, wie verschiedene Windindustriegruppen derzeit im Vereinigten Königreich erfahren. Das Businessmodell ist dasselbe: verängstige die Leute so, dass sie nicht mehr richtig nachdenken können, versprich ewige Rettung und lass die Leichtgläubigen zahlen.

Sowohl die Kreationisten als auch die Klimakatastrophisten kommen von einer sehr engen wissenschaftlichen Perspektive zu einer Weltanschauung, die sich auf alle Bereiche des Lebens erstreckt. Beide Gruppen haben ihre Propheten (z.B. Duane Gish und Al Gore), ein paar prominente Anführer (z.B. Karl Wieland, Tim Flannery) und eine Armee von treuen Arbeitsbienen (Z. B. Phil Jones, Michael Mann, Andrew Snelling, Ken Ham). Beide Gruppen haben ein heiliges Buch (die Bibel, der letzte IPCC Bericht), aber nur sehr wenige der treuen Schafe haben diese Bücher tatsächlich gelesen oder verstanden. Die treue Herde glaubt einfach nur. Fragen Sie einfach ihren durchschnittlichen grünlinken Umweltaktivisten nach den ersten Prinzipien, wie CO_2 das Klima verändert. Das können sie nicht. Sie glauben einfach. Sowohl die Kreationisten als auch die Klimakatastrophisten haben einen blinden, unkritischen Glauben und sind in diese Position ohne kritische Analyse, Logik oder Wissen eingetreten. Kein Ausmaß an kritischer Analyse, Logik oder Wissen wird ihren Glauben ändern. Dieser Glauben ist ihr Lebensinhalt und wenn man den Glauben entfernt, dann hat ihr Leben keinen Sinn mehr.

Beide Gruppen publizieren ihr eigenes Werk in ihren eigenen Journalen, die sie strengstens als Herausgeber kontrollieren. Die Getreuen, seien sie Schöpfungswissenschaftler oder grünlinke Umweltaktivisten, beschäftigen sich vornehmlich mit der Arbeit anderer. Sie unternehmen selbst keine kreative neue Forschung. Kein Beitrag, der das vorgefasste Dogma in Frage stellt, wird in ihren Zeitschriften jemals gedruckt werden.

In beiden Gruppen gibt es eine starke Unterströmung von Prinzipien des Christentums. Bei den Kreationisten kann die Erlösung mit Spenden erkauft werden, durch Erwerb von Literatur und elektronischen Medien. Beide, Kreationisten und Anhänger der globalen Erwärmung, sehen in der Welt die Katastrophe. Beide Ideologien inkorporieren Aspekte von Katastrophenszenarien, die schon seit Tausenden von Jahren propagiert werden. Eine negative Vorstellung der Zukunft herrscht vor. Aber, noch ist nicht alles verloren. Rettung kann gekauft werden (zum Beispiel Kohlenstoffsteuern, Emissionshandel) und wenn der Ablass erst gekauft ist, dann werden Planet und Seele gerettet sein.

Kreationisten sind damit zufrieden, nur die kreationistische Literatur zu lesen, die von ihren Herren kontrolliert wird. Klima-"Wissenschaftler" sind zufrieden damit, allein die Klimaliteratur zu lesen, die von dem streng kontrollierten Klimakatastrophenclub herausgegeben wird, um den Konsens zu erhalten und die Forschungsgelder weiter strömen zu lassen. Zeitschriften, die Boards der Herausgeber und die Fachbegutachtung werden von Klima-„Wissenschaftlern" kontrolliert. Beide Gruppen haben kein breites Wissen, haben keine breit Belesenen und hoch Begabten und müssen sich an ihre in Gruppendenken erarbeitete Botschaft halten. Dies trifft besonders für die Mediennetzwerke zu, die sich in der Sicherheit und Ignoranz des Gruppendenkens verstecken. Das wird nicht dadurch besser, das die Handelnden keine Kenntnisse in der Wissenschaft haben.

Zu den seltenen Gelegenheiten einer öffentlichen Debatte drücken beide Gruppen Glauben und Moralität aus, malen Szenarien vom Weltuntergang an die Wand und sind nicht in der Lage, die Grundzüge der Wissenschaft vorzustellen, die ihr Dogma stützten soll. Die Argumente beider Gruppen versagen, wenn sie mit Geologie, Evolution, der Artenfolge und dem Wechsel der Meeresspiegel konfrontiert werden, welche dieses Buch alle behandelt. Es ist die Zeit, dass man den Irrtum der Klimaindustrie und der Kreationisten gleichermaßen offen legt. Kreationisten betrügen, um zu zeigen, dass die radioaktiven Daten eines Gesteins beweisen, dass der Planet Erde nur ein paar 1000 Jahre und nicht 4500 Millionen Jahre alt ist.

Klimakatastrophisten ignorieren die Zeit ebenso. Die Geologie wird von den Klimadebatten ausgeschlossen, da sie zeigt, dass in der Vergangenheit Klimawandel von größerem und schnellerem Ausmaß vorgekommen ist, als das heute passiert und dass er nichts mit dem atmosphärischen CO_2 zu tun hat. Klimakatastrophisten konzentrieren sich ganz auf die letzten 20 Jahre, um daraus vorherzusagen, was in Hunderten von Jahren in der Zukunft passieren wird.

Klimakatastrophisten und Kreationisten sammeln selbst keine Rohdaten. Sie manipulieren die Daten anderer und, benutzen, im Falle der Klimakatastrophisten, komplizierte Computermodelle, bei dem Versuch ihre Herde zu beeindrucken. Unpassende Messergebnisse werden einfach ignoriert. So zum Beispiel ignoriert die Mehrzahl der grünlinken Umweltaktivisten die Daten, die beweisen, dass es in den letzten 18 Jahren keinen Anstieg in der globalen Erwärmung gegeben hat. An Gerichtshöfen ist es üblich, Informationen für unzulässig zu erklären. Das führt nicht selten zu rechtlichen Entscheidungen, die für die Personen, denen die Gerichte angeblich dienen, kaum zu verstehen sind. Wissenschaft kennt keinen solchen Mechanismus. Kreationisten ignorieren die geologischen Daten, während die Klimazentren (z.B. Hadley) große Daten-Körper einfach ignorieren (etwa die russischen Temperaturdaten, das Paläoklima, die geologische Geschichte des CO_2). Andere, wie zum Beispiel die CRU, halten ihre Datensätze in so chaotischer Unordnung, dass nichts nachgeprüft werden kann. Botschaften von Gott sind überall. Jede Änderung eines natürlichen Prozesses in den letzten 100 Jahren ist, natürlich, den Handlungen des Menschen oder Gottes geschuldet, abhängig davon, ob der Sprechende ein Klimakatastrophist oder Kreationist ist.

Selbst, nachdem nachgewiesen ist, dass sie sich wissenschaftlich im Irrtum befinden, so werden doch beide Gruppen an ihren liebgewonnenen Theorien festhalten. Kreationisten und

Anhänger der Klimaindustrie besuchen Vorlesungen, öffentliche Treffen und Konferenzen, die geschlossene Veranstaltungen sind. Niemand, der ihre Ansichten in Gegenwart der anderen in Frage stellen könnte, wird eingeladen oder könnte anwesend sein. So war das auch bei der Vorbereitung der päpstlichen Enzyklika.

Beide Gruppen brauchen etwas, wovor sie sich fürchten können und verfallen in katatone Starre, wenn jemand versucht, ihnen ihre Furcht zu nehmen. Dabei spielt es keine Rolle, wie irrational das Motiv der Furcht ist. Beide ignorieren die Geschichte. Bezüglich der Klimaindustrie zeigt die Geschichte, dass frühere Erwärmungen länger und intensiver waren als jene leichte Erwärmung des 20. Jahrhunderts, und dass dennoch keinerlei katastrophale Folgen eingetreten sind. Die vergangenen Warmperioden können unter keinen Umständen durch massive Freisetzung von CO_2 durch die Industrie verursacht worden sein. Es sei denn, alle Geschichte ist falsch, hat es nämlich in den vergangenen Zeiten der Erwärmung wie etwa in der minoischen Epoche, der römischen Epoche und während der Mittelalterlichen Warmzeit keine Schwerindustrie gegeben.

Die Geschichte ist genauso grausam mit den Kreationisten, denn es ist offensichtlich, dass es Imperien, Städte und Dörfer auf dem Planeten Erde gab, schon lange bevor die Erde erschaffen wurde. Viele Gesellschaften wurden offensichtlich nicht von der großen globalen Flut ausgelöscht und nicht alle Sedimentgesteine und Fossile können möglicherweise in dieser Flut entstanden sein. Aber Klimakatastrophisten und Kreationisten nehmen die Geschichte einfach nicht an, sondern versuchen, sie zu ändern. Die Kreationisten versuchen, die Datenpunkte zu verändern, so dass die Geschichte am Ende mit ihrer Sicht der Welt übereinstimmt. Ganz ähnlich wurden von Michael Mann, der IPCC und den grünlinken Umweltaktivisten die Mittelalterliche Warmzeit aus den Büchern der Geschichte und den Aufzeichnungen einfach gestrichen.

Für beide Gruppen verursacht das Kohlenstoffisotop 14 (C^{14}) größte Probleme. Die Kreationisten sind ein bisschen fortgeschrittener als die Klimaindustrie und bestreiten die Genauigkeit der C^{14}-Datierungsmethode, um so ihre Sicht der Geschichte gültig werden zu lassen. Sie haben sich durch die wissenschaftliche Literatur durchgearbeitet, und haben herausgefunden, dass gelegentlich ein Datenpunkt, der durch C^{14} Radioaktivität bestimmt wurde falsch ist. Auf dieser Basis haben sie dann die Methodik der Altersbestimmung durch Radioaktivität angegriffen. Die Klimaindustrie ignoriert ganz einfach die Beweise, die sich aus der Wissenschaft vom Kohlenstoffisotop 14 ergeben, namentlich Erkenntnisse zur Sonnenaktivität und zur kosmischen Strahlung, welche in einer vermehrten Wolkenbedeckung und Abkühlung resultierten.

Das Dogma sowohl der Klimakatastrophisten als auch der Kreationisten kann man einfach durch einen Querschnitt durch eine dicke Ablagerung von Sedimentgesteinen widerlegen. Diese zeigt nämlich, dass der Planet Erde alt ist, dass der Meeresspiegel sich ständig ändert, dass sich das Klima rasch von eisigen zu warmen Konditionen wandelt, dass das Klima nie statisch ist, dass der Planet Erde für die längste Zeit wärmer gewesen ist als heute und dass das Leben diese großen Veränderungen überlebt. Daran ist nichts Neues. Diese Erkenntnisse wurden bereits im 18. Jahrhundert gewonnen und sind Tausende von Malen validiert worden. Aber warum sollte ein Mitglied dieser Gruppen empirische Evidenz zur Kenntnis nehmen, wenn das wenn das doch alles nur eine Frage des Glaubens ist? Natürlich ist dies alles pure Zeitverschwendung. Es spielt keine Rolle, wie oft die Lehrsätze der Klimakatastrophisten und Kreationisten widerlegt werden, denn genau diese Lehrsätze, ihr Glaube, ihre finanziellen Interessen und Karriereaussichten machen es ihnen unmöglich, eine lieb gewonnene und lukrative Theorie fallen zu lassen.

Mit einer gewissen Zurückhaltung behaupte ich, dass ich ein Experte für die Arche Noah bin. Das ist eine zweifelhafte Ehre, aber irgendjemand muss ja diese große Last tragen. Die Behauptung meines Expertentums beruht auf verschiedenen Schriften, Radiosendungen, Fernsehsendungen am Berg Ararat (ABC) und den hohen Bergen des Atlas (BBC) und Rechtsstreitigkeiten bezüglich der Arche Noah. Die Botschaft der Arche ist es, dass Gott das meiste Leben auf Erden zerstörte, indem er eine riesige Flut sandte. Der Grund dafür war, dass wir uns daneben benommen hatten. Die guten Kerle oder ein paar Spezies, die auf die Arche geflohen waren, überlebten, weil sie einsichtig genug gewesen waren, Gott zu fürchten und auf ihn zu hören. Die Sünder und fast alles Leben starben.

Wir finden den selben moralistischen Gedanken unter den Klimakatastrophisten. Wir Menschen sind böse. Gaia sendet Botschaften in die Atmosphäre, ans Leben und in die Ozeane. Wir müssen anders werden und anders handeln – sonst ist es mit uns vorbei. Auch hier sind Furcht und Schuld die Waffen, die man benutzt, um uns zu einem Wandel unseres Verhaltens zu veranlassen. Und wenn wir dem nicht folgen und unser Leben nicht ändern, dann werden wir den Hitzetod sterben, die Meerespiegel werden steigen und es wird zum Massenaussterben des Lebens kommen. Es mag vielleicht gerade noch Platz für uns geben auf dem Planet Arche, aber eine Kajüte wird ordentlich kosten. Dieses Bruchstück der Religion Noahs liegt vielem der grünlinken umweltatheistischen Bewegung zu Grunde. Es ist von jenen Wissenschaftlern begrüßt worden, die von der Agenda des katastrophalen Klimawandels profitieren. Die Arche ist das religiöse Symbol der Umweltschützer für Biodiversität.

Beide Gruppen definieren Wissenschaft neu, zeichnen sich durch sehr selektiven Gebrauch von Daten aus, sind nicht in der Lage, ihre lieb gewonnenen Theorien kritisch zu betrachten und werden aggressiv, wenn ihre Meinungen mit gegenläufiger

Beweiskraft in Frage gestellt werden. Beide Gruppen teilen eine ständige Aura der Unsicherheit. Sie glauben, dass die Erde einstmals vollkommen war und statisch, entweder im Garten Eden oder in der prä-industriellen Zeit. Beide Gruppen glauben, dass die Menschen die Erde durch Sünde zerstört haben.

Man erkennt, dass beide Gruppen essenziell anti-menschlich sind. Beide Bewegungen haben alle Kennzeichen eines humorlosen, fundamentalistischen, westlichen Kultes. Sie vermischen ihre Theologie mit einer hochgradig von Moral angereicherten Weltanschauung. Beide behaupten, dass Wissenschaft ihre Weltanschauung unterstütze. Kreationisten haben wenig Interesse an der Theologie, genauso wie die Klimaindustrie wenig Interesse an der Umwelt hat. Es geht um Macht. Dieses Machtspiel besteht in sich gegenseitig unterstützenden Gruppen, dem Ausschluss der Dissidenten, der Drohung vollständiger Zerstörung an Apostaten, wobei Zerstörung hier die Ewigkeit in der Hölle oder die Zerstörung einer Karriere bedeuten. Klimaindustrie wie Kreationismus ignorieren Daten, erschaffen Daten *ex nihilo*, „bereinigen" Daten, benutzten Daten selektiv und fälschen die Bücher, wenn auch in verschiedenen Arten und Weisen. Dieser rote Faden der Täuschung verbindet die beiden Gruppen. Warum halten beide Gruppen es für notwendig, Roh- und Primärdaten zu „berichtigen"?

Als ich die Kreationisten öffentlich herausgeforderte, war ich der Liebling der Linken. Denn sie glaubten fälschlicherweise, ich griffe das Christentum an. Das tat ich nicht. Ich griff Fundamentalisten an, die das Christentum für die Behauptung missbrauchten, dass Wissenschaft ihre wissenschaftlich unzutreffenden Weltanschauung begründet. Ich griff die Kreationisten an, weil ihre wissenschaftliche Methode irrig, täuschend und betrügerisch war. Alle großen christlichen Konfessionen unterstützten mich, einschließlich vieler

Priester und Laien in der katholischen Kirche. Das katholische Bildungsamt von Sydney sah die Gefahr des Kreationismus und hat meine Aktivitäten gegen die Anti-Wissenschaft sehr unterstützt.[552]

Ich greife die Klimaindustrie an, weil ihre wissenschaftliche Methode irrig, täuschend und betrügerisch ist. Ebenso greife ich die Klimaindustrie an, weil sie des Menschen Verlangen nach Spiritualität durch die Behauptung missbraucht, Wissenschaft begründe ihre wissenschaftlich unzutreffende Weltanschauung. Jetzt greift die Linke mich an, denn ihr nicht-wissenschaftliches Verständnis der Welt ist gegen die Industrie und gegen den Menschen gerichtet. Es ist interessant, dass der Moderator der ABC Wissenschaftsschau Robyn Williams meine Angriffe auf den Kreationismus sehr unterstützt hat, wie auch Erzbischof Peter Hollingworth, der ein Vorwort zu meinem Buch *Telling Lies for God* schrieb. Williams stimmte mit meiner Ansicht überein, dass die wissenschaftliche Methodik des Kreationismus irrig, täuschend und betrügerisch sei. Herr Williams greift mich heute an, weil ich behaupte, dass sie wissenschaftliche Methoden der grünlinken Umweltaktivisten irrig, täuschend und betrügerisch sind. Ich greife sowohl die Kreationisten, als auch die Klimaindustrie an, weil sie die Wissenschaft missbrauchen.

Die Bewegung der Klimakatastrophisten ist von weiten Teilen der Gesellschaft aufgenommen worden, weil sie entweder keine wissenschaftliche Ausbildung haben oder das Bedürfnis, an etwas zu glauben. D.h. nicht, dass sie nicht klug sind. Die Bewegung der Klimakatastrophisten ist die neue fundamentalistische Religion des Westens, die das Christentum ersetzt hat. Sie enthält viele Elemente der durch sie ersetzten Religion, wie Sünde, Ablass, Rettung, den Dienst an einer höheren Autorität. Doch

552 Price, Barry 1987: *The bumbling, stumbling theory of creation science.* Catholic Education Office

ist diese neue Umwelt-Religion atheistisch, menschenfeindlich, sinnentleert und säkular, ohne Musik, Geschichte, Literatur, Mitleid, Nächstenliebe, Schulen, kohärente Philosophie oder tiefe Gedanken. Es kann nur Erstaunen, dass der Papst über diese neue Religion, die Armut verbreitet und die Umwelt zerstört, nicht gut genug beraten wurde.

Sie müssen nur an der Oberfläche des Kreationisten oder des Klima-Katastrophisten kratzen, dann stehen sie einer sehr wütenden Person gegenüber. Kratzen Sie an der Oberfläche eines grünen Parteipolitikers – sie finden dasselbe. Wenn Sie das nicht glauben, dann sehen Sie sich die diversen Eingaben der grünlinken Umweltaktivisten in den sozialen Medien an, wie etwa in Tweets, Blogs, Facebook Notizen und Radiosendungen. Da gibt es eine ganze Armee von vulgären, schlecht ausgebildeten, wütenden Menschen, die kein logisches Argument von 140 Schriftzeichen vortragen können und jeden anders Denkenden einfach nur beschimpfen. Damit beendet man jede Debatte. Dann muss man nicht denken, analysieren, kritisieren oder gar über Wissen verfügen. Die Debatte wird dann durch die lauteste und vulgärste Beschimpfung angeblich gewonnen. Aber es handelt sich nicht um Menschen, die debattieren, sondern um solche, die hassen. Die grünlinken Umweltaktivisten propagieren Intoleranz, Totalitarismus und den Verlust der Freiheit. Sind dies die Leute, mit denen sich der Papst identifiziert?

Ich sehe zwischen Kreationisten und Klimakatastrophisten wenig Unterschied. Dabei könnten wir unser spirituelles Bedürfen mit Musik, Geschichte, Literatur, dem Denken selbst und einer kohärenten spirituellen Philosophie erfüllen, statt mit einer sinnlosen, totalitären, intoleranten quasi-Religion von der Umwelt, mit der wir angeblich die Welt retten.

In unserer freien, demokratischen Gesellschaft bin ich nicht tolerant gegenüber der Intoleranz.

DAS MORALISCHE ARGUMENT

Die guten alten Tage

Lotteriegewinn

Der Papst sehnt sich nach den alten Zeiten[553], in denen angeblich alles besser war. Das war es nicht. Ich bin alt genug, mich daran zu erinnern, wie es war, in jener Zeit zu leben, von der die jungen Leute heute denken, es seien die guten alten Zeiten gewesen. Ich kann mich nicht daran erinnern, Blumen gepflückt zu haben, in den Feldern getanzt zu haben, Arm in Arm mit anderen zu singen und mit der Natur einfach nur glücklich in Einheit gewesen zu sein. Es ist wahr, ich pflückte gerne Früchte von den Bäumen und aß sie gleich an Ort und Stelle. Und das lag daran, dass sie von den Fruchtbäumen der Nachbarn gestohlen waren und die Beweise dafür so schnell wie möglich zerstört werden mussten. Aber ich erinnere mich auch an magere Zeiten. Ich erinnere mich an meine Großeltern, meine Verwandten und die Freunde der Familie, die für mich sehr alt zu sein schienen, aber die erst in ihren sechzigern oder siebzigern waren und alle medizinische Probleme hatten, denen man heute gut und leicht abhelfen könnte. Ich bin heute schon älter als viele dieser Menschen zum Zeitpunkt ihres Todes.

Die meisten dieser Menschen hatten keinen Schulabschluss und ich gehörte zur ersten Generation in meiner Familie, die die Schule zu Ende machte, einen Universitäts-Abschluss erwarb, danach einen Titel an der Universität erlangte, und mein Hirn mehr nutzte, als meine Hände. Eine Wirtschaftskrise, einen Weltkrieg

553 *Laudato Si'*, Paragraphen 46, 47 und 175

oder Hunger habe ich nicht kennen lernen müssen. Doch ich lernte Kühlschränke, Waschmaschinen, Gasöfen, Airconditioning, Fernsehen, Supermärkte, häufiges Reisen auf nationalem und internationalem Niveau, mit einer großen Fülle frischer Nahrungsmittel von hoher Qualität und hervorragenden lokalen und unmittelbaren weltweiten Kommunikationsmöglichkeiten kennen. Heute muss ich einen internationalen Telefonanruf nicht mehr Tage im Voraus buchen. Ich rufe einfach an. Meinen Großeltern und ihren Kindern standen all diese Dinge nicht zur Verfügung.

Der Papst ist besorgt über „*...Düngemittel, Insektizide, Fungizide, Herbizide und Agrotoxide allgemein....*[554]“. Doch sind es diese Chemikalien, zusammen mit atmosphärischer Pflanzennahrung, die uns in den Stand versetzt haben, mehr als 7 Milliarden Menschen zu ernähren. Als Ergebnis hocheffizienter Landwirtschaft erhöht sich der Vegetationsgrad der Erde und nimmt nicht ab.

Vor recht kurzer Zeit waren auch in der westlichen Welt hochgradig kontaminiertes Wasser und Abwasser noch dasselbe wie Trinkwasser. Daran sterben die Leute wie die Fliegen, besonders Frauen und Kinder. Und nur Gott konnte einem helfen, wenn man eine Infektion, einen Kratzer oder eine Wunde hatte. Die mittlere Lebenserwartung war weniger als 30 Jahre. Es war die Trennung der Trinkwasser- und Abwassersysteme, die mehr Leben rettete, als irgendein Papst, eine Politikleitlinie oder ein Politiker. Im Bericht der UN zu „*Millennium Development Goals*“ aus dem Jahre 2014[555] heißt es: „*während der letzten 20 Jahre ist für 2,3 Milliarden Menschen Zugang zu verbessertem Trinkwasser eine Realität geworden*“ und weiter:

---

554 *Laudato Si'*, Paragraph 20

555 http://www.un.org/millenniumgoals/2014%20MDG%20report/MDG%202014%20English%20web.pdf

„die Zielvorgabe zur Reduktion der Zahl von Menschen ohne Zugang zu verbessertem Trinkwasser wurde 2010 erreicht, fünf Jahre vor der gesetzten Zeit“.

Es sterben immer noch Menschen an Giften, an Pathogenen und Fekalverunreinigungen im Wasser; und doch ist es nicht zutreffend, wenn der Papst behauptet, dass *„die Qualität des verfügbaren Wassers ständig schlechter wird*“.[556] Studien der UN und der Weltbank zeigen das genaue Gegenteil. Es hätte vielleicht mehr Sinn gemacht, wenn der Papst gesagt hätte, dass es große Fortschritte gegeben hat, aber dass noch viel Arbeit vor uns liegt.

Erzählen Sie mir nichts von den guten alten Zeiten. Es gab sie nicht. Ich habe die Lotterie des Lebens gewonnen: ich wurde im Australien der Zeit nach dem Zweiten Weltkrieg geboren. Viele Bürger Neuseelands, Kanadas und Amerikaner meines Alters würden genauso fühlen. Ich wurde in eine rasch wachsende Wirtschaft hineingeboren, in der die Bevölkerung über fünf Jahrzehnte Vermögen bildete, die Sicherheit stieg und die Ernährungsbedingungen gut waren. Dieses wurde durch harte Arbeit, Freiheit, freien Handel, Bildung, Kreativität, Flexibilität, Eigentumsrechte, die Abwesenheit von Unterdrückung, die Abwesenheit erstickender Regulation und den sorgsamen Umgang mit natürlichen Ressourcen erreicht.

Wir sind nicht durch exzessive Verschuldung, Entwicklungshilfe, Faulheit, Anspruchshaltung, Drogen, Überregulation und eine über das Ziel hinaus schießende Wohlfahrtsgesellschaft die reichen Australier der heutigen Tage geworden. Wir haben das alles aus fast Nichts aufgebaut und mit Hilfe der Einwanderer. Niemand anders hat das für uns getan. Der Papst würde der Welt einen besseren Dienst erweisen, wenn er die Beispiele des Wachstums in den demokratischen Ländern

---

556 *Laudato Si'*, Paragraph 30

der Neuen Welt mit ihren freien Märkten dafür benutzte, um den Entwicklungsländern den Weg aus der Armut zu zeigen. Dieses wäre ein besserer Dienst, als die Politik der Abhängigkeit und die Prinzipien des Sozialismus zu umarmen.

Beweis für das alles ist jener Ring der Menschheit, der versucht, illegal in die Länder der Neuen Welt einzudringen, sowie etwa längs der Südgrenze der USA. Warum wollen Menschen aus Mittel und Südamerika illegal in die USA einreisen? Weil dort alles weit besser ist als in ihren Heimatländern. Es mag sein, dass der Papst diesen armen Menschen durch Propagation der Wohltaten freier Märkte, des Kapitalismus, der Demokratie und der Freiheit mehr helfen würde, als durch Anpreisung des Sozialismus. Individuen und Länder werden nicht plötzlich reich – es sei denn man ist ein russischer Oligarch, afrikanischer Despot oder Gewerkschaftsführer. Während Jahrzehnten und Jahrhunderten bauten die Wirtschaften der neuen Welt auf Marktwirtschaft, machten die menschliche Kreativität nützlich und brachten damit ständig innovative Lösungen hervor, die ständig die Welt veränderten. Genau das geschieht gerade in Asien und auf dem Indischen Subkontinent.

Prophezeiungen des Weltuntergangs

Die Enzyklika ist ein deprimierendes Dokument der Angst vor dem Weltuntergang und dem Vortrag scheinbar unlösbarer Probleme. Sie argumentiert in einem geschichtsfreien Raum. Was wir auch messen, das Leben ist heute besser, als es je gewesen ist. Die Lebenserwartung ist höher, die Kindersterblichkeit ist geringer, die tägliche Kalorienzufuhr ist höher und mehr Menschen haben Zugang zu Bildung, sauberem Wasser, Elektrizität und Wohnung. Vielleicht das beste Maß, wie gut es uns zur Zeit geht, ist die Lebenserwartung.

Verglichen zur Dritten Welt geht es uns allen in der westlichen Welt gut und wir leiden am Fluch des Wohlstands.

Im Jahre 1800 war die durchschnittliche mittlere Lebenserwartung auf der Welt etwa 24 Jahre, und es gab nur etwa 1 Milliarde Menschen auf Erden. Die Weltbevölkerung hatte sich bis 1927 verdoppelt und die Menschen konnten edann darauf hoffen, etwa doppelt so lange zu leben. Derzeit gibt es mehr als 7 Milliarden Menschen auf Erden und die mittlere Lebenserwartung beträgt 69 Jahre. Die Lebenserwartung in den ärmsten Ländern ist heute weit besser und höher als sie vor 150 Jahren in den reichen Nationen war. Die mittlere Lebenserwartung eines heute in der westlichen Welt geborenen Kindes ist mehr als doppelt so lang, als zu Zeiten meiner Großeltern, also vor etwas mehr als einem Jahrhundert.

In der Dritten Welt ist die Geschichte dieselbe. So war zum Beispiel die Lebenserwartung in Bangladesch 1906 noch 21,5 Jahre. Das durchschnittliche heute in Bangladesch geborene Kind kann erwarten, 70 Jahre alt zu werden. Dieser Fortschritt wurde erreicht, in dem man genau das Gegenteil dessen tat, wofür der Papst jetzt eintritt. Und doch propagiert er die irrationale Furcht, dass wir am Vorabend des Niedergangs leben.

Der Papst schreibt:

„*Die verhängnisvollen Prognosen dürfen nicht mehr mit Geringschätzung und Ironie betrachtet werden.*“[557]

und

„*Es gibt Regionen, die bereits in besonderer Gefahr sind, und abgesehen von jeglicher Katastrophenprognose ist sicher, dass das gegenwärtige weltweite System unter verschiedenen Gesichtspunkten unhaltbar ist*“.[558]

Prophezeiungen vom Weltuntergang gibt es seit Tausenden von Jahren. Nicht eine ist eingetroffen. Hätte sich auch nur eines der

---

557 *Laudato Si'*, Paragraph 161

558 *Laudato Si'*, Paragraph 61

Abermillionen Szenarien vom Ende der Welt tatsächlich ereignet, dann wären wir heute nicht hier. Komplexe mathematische Vorhersagesysteme funktionieren weit besser als die teuren Computer-Klimamodelle der IPCC. Aber eine solche nüchterne Weltsicht findet in den sensationslüsternen Massenmedien keine Öffentlichkeit.[559] Wissenschaftler, Religionsführer, ihr eigenartiger Nachbar, und sogar Haustiere haben Vorhersagen über nahende Katastrophen gemacht.[560] Die Umweltler haben eine Domäne für sich erobert, die einst schillernden Charakteren vorbehalten war.[561] Die globale Erwärmung ist nur eine Variante der Tausende von Weltuntergangszenarien der Umwelt, die alle auf zweifelhaften wissenschaftlichen Behauptungen, zweifelhafter Mathematik und zweifelhafter Statistik aufgebaut sind.

Moderner Umweltschutz

Wir alle sind Umweltschützer. Niemand möchte, dass Atmosphäre, Böden und Wasser verschmutzt sind. Wir können alle etwas gegen Umweltverschmutzung tun und die vermögende westliche Welt hat in den vergangenen 50 Jahren eine Menge getan, um sauber zu werden. Dieses ist eine Folge von Wohlstand und Kultur. Vor einigen Jahrzehnten noch waren manche der Mittelmeerländer voll von Müll (zum Beispiel Spanien, Italien, Griechenland). Heute sind sie viel Umweltbewusster aber immer noch dabei, die Wegwerf-Kultur zu verändern. Viele

559 Green, K. C. and Armstrong, J. S. 2007: Global warming forecasts by scientists versus scientific forecasts. *Energy and Environment* 18: 997-1021

560 Randi, James 1995: *An encyclopedia of claims, frauds and hoaxes of the occult and supernatural.* St Martin's Press

561 On the basis of biblical interpretations, Harold Camping publicly predicted the end of the world 12 times, the last date was 21st October 2011. His end of the world came on 15th December 2013. His critics had been right in stressing Matthew 24:36 ("of that day and hour knoweth no man").

Entwicklungsländer haben die Kultur, Müll einfach fallen zu lassen. Sie müssen erst noch zu größerem Wohlstand kommen und ihre Kultur ändern, bevor sie im Umweltschutz mit dem Westen vergleichbar werden.

Die Erweckung der modernen Umwelt-Furcht-Bewegung und Wiederbelebung des Malthusianismus kann Fairfield Osborn zugeschrieben werden.[562] Ganz auf dieser Linie war er ein Befürworter der Eugenik und für arische Theorien begeistert. Die Umweltbewegung des 20. Jahrhunderts hat ihren Ausgang in der Eugenik, in malthusischen Weltuntergangsszenarien, der Nazibewegung, und dem Totalitarismus.[563] Sie enthält auch heute noch einige dieser Elemente. Paul Ehrlich[564] erlangte grosse Berühmtheit durch den Versuch, uns mit der Behauptung zu verängstigen, „*dass die Schlacht, die Menschheit zu ernähren vorbei ist*" und dass „*Hunderte von Millionen von Menschen verhungern werden*". Ehrlich war ein Anhänger des enthusiastischen Eugenikers William Vogt[565] und sein Vorschlag zur Abwendung einer angeblichen Überbevölkerungsproblematik war die Beimischung von Chemikalien zur Nahrung, um so Sterilität herbeizuführen. Die Bücher Paul Ehrlichs leiten sich von malthusischen Ideen ab, von den Bewegungen der Eugenik und dem Kommunismus (welche noch heute der modernen grünlinken Umweltbewegung unterliegen), und vom Ansatz einer zentralisierten Kontrolle aller Aspekte des Lebens.

Ehrlich behauptete, der Welt gingen die Ressourcen aus. Im Gegensatz dazu wies Julian Simon[566] darauf hin, dass durch eine Zunahme an Wohlstand und Technologie mehr Ressourcen

---

562 Osborn, Fairfield 1948: *Our plundered planet.* Faber and Faber

563 Ray, Dixy Lee 1993: *Environmental overkill: Whatever happened to common sense?* Regnery Gateway

564 Ehrlich, Paul 1968: *The population bomb.* Sierra Club/Ballantine Books

565 Vogt, William 1948: *The road to survival.* William Sloan Associates

566 Simon, Julian 1981: *The ultimate resource.* Princeton University Press

verfügbar werden. Er behauptete, eine Zunahme der Bevölkerung sei die Lösung für manche Ressourcenverknappung und Umweltprobleme, da Menschen kreativ sind und freie Märkte Kreativität erlauben. Die Geschichte zeigt uns, dass sich genau dies abgespielt hat. Simon hatte recht, der Weltuntergangs-Prophet Ehrlich hatte Unrecht. 1980 schlossen Simon und Ehrlich eine Wette ab. Ehrlich wettete, dass die Preise für Kupfer, Chrom, Nickel, Zinn und Tungsten von 1980-1990 steigen würden, da während dieser Zeit die Weltbevölkerung um 800 Millionen steigen würde und sich infolgedessen die Rohmaterialien verknappen würden. Der Preis aller fünf Rohstoffe viel, Ehrlich verlor die Wette und zahlte. Ehrlich war im Unrecht gewesen.

Wenn Weltuntergangszenarien genauer untersucht werden, dann stellt sich heraus, dass sie vollständig falsch sind, zu falschen Politik-Entscheidungen führen und eine Menge Geld kosten, das man besser für tatsächliche Probleme, statt für betrügerische, hypothetische oder übertriebene Probleme ausgegeben hätte. An Ehrlichs gescheiterte Vorhersagen hat man sich schon gewöhnt. Seine Anhänger seien durch den Umstand beruhigt, dass sie einen Messias haben und sich deshalb nicht mit solchen Trivia aufzuhalten brauchen, wie dem Studium der Geschichte, dem Verständnis der Wissenschaften oder dem kritischen und unabhängigen Denken. Ich habe Neuigkeiten für Paul Ehrlich und seine Anhänger. Wie vielfach nachgewiesen wurde[567,568], ist die Welt weit sauberer, gesünder und reicher als 1968. Ehrlich hatte wieder einmal Unrecht. Aber wie so viele grünlinke Aktivisten kann er nicht damit umgehen, nachweisbar Unrecht gehabt zu haben. Ich weiß nicht, in welcher Höhle

567 Lomberg, Bjorn 2001: *The skeptical environmentalist.* Cambridge University Press

568 Booker, Christopher and North, Richard, 2007: *Scared to death. From BSE to global warming. Why scares are costing us the earth.* Continuum

sich Ehrlich für die letzten Jahrzehnte versteckt hatte, aber 2009 behauptete er, der größte Fehler seines Buches sei der, zu optimistisch gewesen zu sein!

Der Club of Rome, ein globaler Think Tank des Weltuntergangs der Grünen Linken, gab ein Buch in Auftrag[569], welches vorhersagte, dass der Welt in den achtziger und neunziger Jahren des 20. Jahrhunderts verschiedene, nicht erneuerbare, Ressourcen ausgehen würden - gefolgt vom Zusammenbruch der Umwelt, der Wirtschaft und der Gesellschaft. Die Computervorhersagen basierten unter Nutzung von nur fünf Variablen auf einem exponentiellen Wachstum der Wirtschaft und der Bevölkerung. Der Welt sind die Ressourcen nicht ausgegangen, aber manchen kam wohl der gesunde Menschenverstand abhanden. An den Computervorhersagen hat sich nichts geändert. Der Club of Rome irrte sich. Etwa 30 Jahre später brachten die Autoren eine modernisierte Version heraus[570]. Und zu unserer großen Überraschung haben sich auch die auf neuesten Stand gebrachten Vorhersagen des Weltuntergangs als falsch erwiesen.

Einige Vorhersagen des Weltuntergangs erfüllen sich aus den falschen Gründen. Rachel Carson[571] war 1972 für die Verbannung des DDT zur Malariakontrolle hauptverantwortlich. Sie begründete diesen Schritt damit, dass DDT Vögel töte und eine Krebsepidemie auslösen könne. Diese beiden unbelegten Behauptungen erwiesen sich später als falsch. Im Zweiten Weltkrieg verringerte der Einsatz von DDT im Pazifik sowie Südostasien den Verlust alliierter Truppen und trug so zur Kampfkraft bei. 2006 hob die Weltgesundheitsorganisation den Bann des DDT auf. Zwischen 1972 und 2006 starben

569 Meadows, D. H., Meadows, D.L. and Randers, J. 1972: *Limits to growth.* Universe Books, 1972

570 Meadows, D. H., Randers, J. and Meadows, D. 2004: *Limits to growth: The 30-year update.* Chelsea Green Publishing

571 Carson, Rachel 1962: *Silent spring.* Houghton Miffin

mindestens 50 Millionen Menschen unnötigerweise an der Malaria. Die meisten Todesfälle ereigneten sich in Ländern der Dritten Welt und hier unter Kindern. Dieses ist die Erfolgsbilanz des Umweltschutzes. Carson hat Blut an den Händen und die Größenordnung des Tötens stellt sie mit Mao Tsetung, Stalin und Pol Pot auf eine Stufe.

Carson behauptete auch, dass Saurer Regen die deutschen Wälder zerstöre. Dieses Mantra wurde von den deutschen Grünen in den 80er Jahren des 20. Jahrhunderts *ad nauseam* wiederholt. Den deutschen Wäldern ging es so schlecht, dass sie sich ausgedehnt haben! Al Gore behauptete, das Ozonloch führe zur Erblindung von Kaninchen und Lachs. Natürlich traf dies nicht ein.

2013 verhängte die EU einen Bann über Neonicotinoid-Insektizide, weil ihre Population an Honigbienen in der Abnahme begriffen war. Diese Entscheidung beruhte auf fehlerhafter Wissenschaft, denn die Population der Honigbienen nahm nicht ab, es gab 900.000 zusätzliche Bienenstöcke in Europa und die wilden Bienen, für die der Kontakt mit Neonicotinoiden am wahrscheinlichsten ist, gediehen gut. Als Ergebnis dieses Banns ging die Rapsölproduktion um 7-20% zurück. Nicht das precautionäre Prinzip war hier am Werk, sondern Hysterie, die auf fehlerhafter Wissenschaft beruhte.[572]

Grünlinke Umweltaktivisten haben erfolgreich den Anbau von Goldenem Reis verhindert. Es handelt sich hierbei um einen genetisch modifizierten Reis, in dem durch Einführung von Mais-Elementen Vitamin A angereichert wird. Dieser Reis war speziell dafür entwickelt worden, dem Problem des Vitamin A Mangels in vielen armen Ländern entgegenzuwirken. Jedes Jahr sterben Tausende von Kindern an Vitamin A Mangel. Seit Jahren steht

572 *The Wall Street Journal, Europe*, 23rd July 2015, http://93.114.44.238/viewtopic.php?f=19&t=1192145

Goldener Reis bereit, um Leben zu retten, aber jeder Schritt wird von Greenpeace verhindert. In Bangladesch riskieren Bauern ihr Leben und sprühen bis zu 140mal pro Saison Insektizide auf die Auberginen, weil Umweltschützer die Nutzung der insekten-resistenten genmanipulierten Variante der Pflanze vehement verhindern. Nach 20 Jahren und Milliarden von Mahlzeiten gibt es keine Hinweise dafür, dass genmanipulierte Nahrungsmittel die menschliche Gesundheit schädigen. In denselben 20 Jahren hat man aber fortlaufend das Gegenteil beobachtet: genmanipulierte Pflanzen retten Leben und haben positive Auswirkungen auf die Umwelt.

Die Umweltbewegung hat den Menschen immer wieder den Zugang zu sichereren und billigeren Technologien verwehrt und sie dazu gezwungen, bei schmutzigeren, riskanteren und schädlicheren Technologien zu verharren. Die Bewegung missbraucht die Ängste der Menschen und hat die Gefahren des Klimawandels übertrieben. Es ist gezeigt worden, dass diese Behauptungen falsch sind.

Das Wort Glauben oder Überzeugung (belief) wird in Religion und Politik benutzt. Es gehört nicht zum Vokabular der Wissenschaft. Während der letzten 30 Jahre ist es von Umweltschützern immer dann verwendet worden, wenn sie behaupten, es gebe eine wissenschaftliche Basis für ihre Überzeugungen. Es ist vorgetragen worden, dass Menschen ihre Überzeugungen aus Gefühlen und Empfindungen bilden und dass die rationalen Rechtfertigungen der Überzeugungen konstruiert werden, nachdem die Überzeugung selbst von vornherein akzeptiert wurde.[573] Die wissenschaftliche Evidenz für durch Menschen hervorgerufene globale Erwärmung durch CO_2 ist unglaublich schwach und die Grundlagen eines Glaubens

573 Pareto, Vilfredo 1968:*The rise and fall of elites: An application of theoretical sociology.* Transaction Publishers (Translation of 1901 original)

an globale Erwärmung sind emotionaler Natur. Das emotionale Herzstück des Glaubens an globale Erwärmung ist die Furcht vor moderner Technologie. An vielen Stellen der Enzyklika zeigt der Papst, dass er sich vor moderner Technologie und Wandel fürchtet.[574]

Wenn Einwände gegen Prophezeiungen vom Weltuntergang und das grünlinke Mantra von der globalen Erwärmung erhoben werden, dann wird das nicht mit dem Versuch beantwortet, diesen Einwänden wissenschaftliche Argumente entgegenzustellen. Man greift die Kritiker an und stellt sie in die Ecke, und zeigt dadurch, dass der Glaube an die globale Erwärmung emotionaler Natur ist. Eine ehrliche Debatte ist im Bereich der Umweltagenda eine Seltenheit. Der Versuch eine solche Debatte zu führen, wird mit Verleumdung, Hysterie und der Behauptung einer „abgeschlossenen" Wissenschaft beantwortet. Es wird jeder Versuch unternommen, die Debatte zu beenden. Die Wissenschaft hinter der Schauergeschichte von der globalen Erwärmung ist so schwach, dass sie, egal wie man es betrachtet, zurückgewiesen werden sollte. Wird diese Umweltschauergeschichte in die Leitlinien der Politik umgesetzt, dann folgen aus ihr Arbeitslosigkeit, vorzeitiger Tod, Armut, ein Verlust an Freiheit, riesige, vergebliche Ausgaben der Regierung und ein erzwungener Wandel zu teuren Energiequellen. Diese verzerren und stören die Wirtschaft, vergrößern den Schuldenberg und beschädigen das Wirtschaftswachstum. Das nennt man ein Ergebnis.

Eine bessere menschliche Umwelt

Die Kindersterblichkeit ist durch bessere Medizin,

574 *Laudato Si'*, Paragraphen 9, 16, 20, 54, 60, 102, 106, 107, 108, 109, 110, 112, 114, 131, 132, 136, 165 und 172

Gesundheitsversorgung und Ernährung gefallen. Im späten 19. Jahrhundert lag die Kindersterblichkeit bis zum fünften Lebensjahr bei 40%. Jetzt liegt sie noch bei 6% und fällt weiter. Die Sterblichkeitsraten sind in den westlichen Ländern sehr niedrig. Die Enzyklika des Papstes macht den Vorschlag, dass wir zu jenen Tagen und Zeiten zurückkehren, in denen überall noch heilbare, tödliche Krankheiten um sich griffen. Die Verminderung der Sterblichkeits-Ziffern sind Kernfaktoren der Bevölkerungszunahme und der Zunahme der Lebenserwartung. Ein anderer Faktor ist die Ernährung. Der Ertrag der Nutzpflanzen pro Hektar und der Nahrungsmittelkonsum *per capita* sind über das letzte Jahrhundert angestiegen und sind trotz des Anwachsens der Bevölkerung nie höher gewesen. Es werden heute genug Nahrungsmittel hergestellt, damit sich jeder Erdenbürger 3500 kcal pro Tag zuführen kann und es ist nicht notwendig, dass irgendjemand verhungert. Darüber hinaus wird diese Nahrung auf weit weniger Land als noch vor Jahrzehnten hergestellt. Dies geht auf die Verwendung von Düngern, Herbiziden, Insektiziden und genetisch modifizierten Nutzpflanzen zurück. Dies wiederum hat zu einem globalen Anstieg der bewaldeten Flächen auf der Erde geführt. Hunger wird heute durch Kriege, Dürren, politische Unruhen, Inkompetenz, Tribalismus, unzuverlässige Transportsysteme und Despoten verursacht.

Und doch will der Papst, dass wir zu den Zeiten einfacher Landwirtschaft zurückkehren, mit kleinen Landparzellen[575], ohne Dünger[576] und unter allgemeiner Vermeidung genetisch modifizierte Nutzpflanzen und Baumwolle.[577] Dieses kann nur zu massiver sozialer Störung, zu Hungersnöten, zu Bevölkerungsverlust führen und wird Milliarden von Menschen

575 *Laudato Si'*, Paragraph 67
576 *Laudato Si'*, Paragraph 20
577 *Laudato Si'*, Paragraphen 131, 132, 133 und 134

in die Armut stürzen. Wir kennen sie von früher – es ist nicht schön anzusehen.

Evaluationen der Folgen der globalen Erwärmung wenden den positiven Folgen der Erwärmung, ganz gleich ob diese nun auf menschliche Aktivitäten oder natürliche Ursachen zurückgeht, wenig Aufmerksamkeit zu. Die Mortalitätsdaten vieler Länder[578,579], Regionen[580] und Städte[581] mit kalten, moderaten[582], subtropischen[583], tropischen[584,585] und trockenen[586] Klimabedingungen zeigen, dass die Mortalität in kalten Monaten erheblich höher ist, als während der warmen Zeit. Der Frost und Gevatter Tod sind gute Freunde. Das Einzige, was an kaltem Wetter gut ist, ist, dass es die Politiker zwingt, ihre Hände in die eigenen Taschen zu stecken. In vielen Teilen der Welt ziehen die Pensionäre in ein wärmeres Klima (zum Beispiel in den Sun Belt der Vereinigten Staaten, oder auch der Umzug britischer

578 Guo , Y. *et al.* 2014: Global variation in the effects of ambient temperature on mortality: A systematic evaluation. *Epidemiology* 25: 781-789

579 Vardoulakis, S. *et al.* 2014: Comparative assessment of the effects of climate change on heat- and cold-related mortality in the United Kingdom and Australia. *Environ. Health. Perspect.* doi: 10.1289/eph.1307524

580 Falagas, M. E. *et al.* 2009: Seasonality of mortality: the September phenomenon in Mediterranean countries. *Canad. Med. Assoc. Jour*. 181: 484-486

581 Yi, W. and Chan, A. P. 2014: Effects of temperature on mortality in Hong Kong: a time series analysis. *Internat. Jour. Biomet.* 58: 1-10

582 Berko, J. *et al.* 2014: Deaths attributed to heat, cold, and other weather events in the United States, 2006-2010. *National Health Statistics Reports* 76: 1-16

583 Wu, W. *et al.* 2013: Temperature-mortality relationship in four subtropical Chinese cities: A time series study using a distributed lag non-linear mode. *Sci. Tot. Envir.* 449: 355-362

584 Burkart, K. *et al.* 2011: Seasonal variations of all-cause and cause-specific mortality by age, gender, and socioeconomic condition in urban and rural areas of Bangladesh. *Int. Jour. Equity Health* 10: 32

585 Egondi, T. *et al.* 2012: Time-series analysis of weather and mortality patterns in Nairobi's informal settlements. *Glob. Health Action* 5. Doi 10.3402/gha.v5i0

586 Douglas, A. S. *et al.* 1991: Seasonality of disease in Kuwait. *Lancet* 337: 1393-1397

Pensionäre in den Süden Frankreichs oder nach Spanien). Dieses sind gute Hinweise. Wärmeres Wetter führt nicht zu einem Anstieg der Mortalitätsziffern. Jedenfalls nicht, wenn man nicht töricht genug ist, den Modellen der sogenannten Klima-„Wissenschaftler“ zu glauben.

Nicht nur Lebenserwartung, Überlebensrate der Kinder und Gesundheit sind angestiegen, wir haben auch mehr in der Tasche. Der Anstieg des *per capita* Einkommens ist größer als das Bevölkerungswachstum. In den letzten zwei Jahrhunderten ist die Welt-Bevölkerung um einen Faktor sieben gewachsen, während sich das Pro-Kopf-Einkommen um einen Faktor 90 von 100 US Dollar auf 9000 US Dollar gesteigert hat. Auch wenn es kürzlich einige kurzzeitige Ausnahmen gibt, wie etwa Russland und Griechenland, so wachsen die Wirtschaften doch, die Produktivität steigt, die Armut sinkt, die Umweltverschmutzung sinkt und politische Freiheit verbreitet sich. Es ist der menschlichen Rasse noch nie so gut gegangen wie heute – wir sind gesegnet, dass wir auf der Erde von heute leben dürfen, statt auf der von vor Hunderten oder Tausenden von Jahren.

Es wird uns erzählt, dass die Menschheit bedroht ist, wenn die menschlichen Emissionen von CO_2 nicht schleunigst reduziert werden. Die grünlinke Umweltaktivisten-Gruppe *350.org* fordert, dass der gegenwärtige CO_2 Spiegel von 400 ppm auf den Spiegel von 1988, d.h. auf 350 ppm reduziert werden solle. Seit 1988 ist das weltweite Bruttosozialprodukt um 60% gestiegen, die Kindersterblichkeit um 48% gesunken; die Lebenserwartung stieg um 5,5 Jahre und der Anteil der Menschen, die in Armut leben müssen, ist von 43 auf 17% gesunken, obwohl die Bevölkerung um 40% angestiegen ist.[587] Die Vergangenheit war nicht sehr schön und der Welt ist es nie besser gegangen. Dies lässt sich an Ernteerträgen, Nahrungsmittelproduktion,

587 http://databank.worldbank.org/data/databases.aspx

verminderten Hunger, Zugang zu sauberem Wasser, biologischer Produktivität, Lebenserwartung und Lebensstandard zeigen.[588] Es scheint, dass die Klimakatastrophisten das Faktum ignorieren, dass menschliches Genie die meisten Probleme lösen kann und die Welt erheblich verbessert hat.

All dies sind große Fortschritte, die wir für den Planeten vor allen Dingen durch Kohle erkauft haben. Der Papst möchte die alten Zeiten zurückbringen, indem er das Wachstum limitiert *„bevor es zu spät ist“*, und fordert auf, mit dem *„modernen Mythos vom unbegrenzten materiellen Fortschritt Schluss zu machen“*(Paragraph 78), indem wir die Mechanisierung verlangsamen, die Heizung abdrehen und uns wärmere Kleidung anziehen.[589] Die 4 Milliarden armer Menschen auf dem Planeten Erde haben andere Ansichten. Sie wollen die billigsten Formen im Netz verfügbarer Elektrizität zum Kochen, Heizen, Airconditioning und zum Arbeiten. Diese Energie kommt aus der Kohlekraft. Genau das haben wir im Westen getan, um aus der Armut in unseren gegenwärtigen vermögenden Zustand zu gelangen. Der Papst tritt nun dafür ein, dass wir den größten Teil der Welt in bedrückender Armut belassen und dass wir im Westen uns mit Ihnen in dieser Armut vereinigen.

Im frühen 19. Jahrhundert befreite die Industrielle Revolution die Menschen aus der bedrückenden Armut der Bauernklasse. Die Mittelklassen entstanden. All dies beruhte auf Wissenschaft, die Technologien ermöglichte. Die Nutzung dieser Technologie war profitorientiert, ein Umstand, der die Geduld des Papstes herausfordert.[590] Der Vormarsch von Technologie, der allgemeine Fortschritt und Wirtschaftswachstum sollten das Lob des Papstes

588 Matt Ridley, 2010: *The rational optimist. How prosperity evolves.* Harper Collins

589 *Laudato Si'*, Paragraph 211

590 *Laudato Si'*, Paragraphen 9, 16, 20, 54, 60, 102, 106, 107, 108, 109, 110, 112, 114, 131, 132, 136, 165 und 172

erhalten, denn es hat Menschen von der Armut befreit und Hoffnung gegeben. Es brachte Bildung und Wohlstand mit dem Vermögen zusammen, unser Erdenleben zu verbessern.

Diese Verbesserung sowohl der Länge, als auch der Qualität unseres Lebens verdanken wir der Technologie, Insektiziden, Herbiziden, Kanalisationssystemen, freiem Handel. Fossile Treibstoffe ermöglichen Transport, Kühlung, Airconditioning, Heizung, ein Elektrizitätsnetz und Medizin. Trotz allem müssen wir die Luftverschmutzung in Rechnung stellen. Fast die Hälfte aller durch Luftverschmutzung hervorgerufenen Todesfälle werden durch qualmende Feuer in Wohnungen der armen Länder hervorgerufen. Billige, durch das Stromnetz verteilte Elektrizität aus Kohlekraftwerken würde dieses Problem lösen, so wie es das auch in westlichen Ländern getan hat. Südafrika bereitet derzeit gegen den Druck westlicher grünlinker Umweltaktivisten den Bau von etwa einem Dutzend Kohlekraftwerken vor. Warum beugen sich die Bewohner des subsaharischen Afrika dem westlichen Druck nicht?

Weil sie ein besseres Leben wollen. Südafrika, Botswana, Malawi, Mozambique, Namibia, Zambia, Simbabwe und Tanzania sind alle an hochqualitativer Kohle mit niedrigem Gehalt an Schwefel und geringer Asche reich. Die Kohlereserven Südafrikas umfassen mindestens 32 Milliarden Tonnen wirtschaftlich abbaubarer Kohle und es kann geschätzt werden, dass derzeit nicht nachgewiesene Ressourcen eine Größenordnung höher sind. Zwei riesige 4800 MW Kohlekraftwerke sind im Bau befindlich und es gibt Vorschläge, viele kleinere Kraftwerke mit Produktionen in der Größenordnung von 300 MW zu bauen.[591] Südafrika braucht billige Elektrizität. Es muss von seinen großen Kohleressourcen profitieren und wird durch Bau von

591 South African Development Community, www.sadc.int

Kohlekraftwerken prosperieren.[592] Dieses ist der erste Schritt heraus aus der dort weit verbreiteten Armut.

Das rings umher von Landgrenzen eingeschlossene Botswana muss sich aus der ökonomischen Abhängigkeit von Diamanten und Tourismus diversifizieren und aus seinen riesigen Kohlevorkommen Wohlstand hervorbringen. Der Abbau der Kohlelager erfordert Kapital und Infrastruktur. Tansania generiert 1000 MW, braucht 2000 MW und das Bruttosozialprodukt steigt um 7% pro Jahr. Also wird ein großer Anstieg der Produktion von Elektrizität benötigt. Wie an jedem anderen Ort der Welt steigt der Bedarf an Elektrizität mit dem Einkommen. Tanzania arbeitet daran, seine Elektrizität aus einem Mix von 30% Gas, 30% Wasserkraft und 30% Kohle zu erzeugen.

Ohne billige Elektrizität bleibt Prosperität ein Traum. Fast 730 Millionen Afrikaner sind zum Kochen und Heizen auf Holz, Zweige, Blätter und Dung angewiesen. 620 Millionen haben keinen Zugang zu elektrischem Licht. Dies sind zwei Drittel der Bevölkerung Afrikas. Im subsaharischen Afrika haben 40% der Menschen in den Städten und 85% der Menschen auf dem Lande keine Elektrizität. Weltweit haben 1,3 Milliarden Menschen keinen Zugang zu Elektrizität. 2,7 Milliarden Menschen sind für das Kochen und Heizen auf Holz, Zweige, Blätter und Dung angewiesen. Diese verursachen schädliche Luftverschmutzung in den Wohnungen. Ohne billige Elektrizität kann die Produktion nicht gesteigert werden, es können keine Güter für den Markt erzeugt werden, Impfstoffe können nicht gekühlt werden und Hunderte von Millionen junger Menschen können nicht lernen, nachdem die Sonne untergegangen ist.

Ohne Bildung, Gesundheit und billige, Arbeitsplätze-erzeugende Energie können die Afrikaner der Armut nicht entkommen. Die päpstliche Enzyklika beschäftigt sich an

---

592 *The National, Business*, 25th April 2015

vielen Stellen mit Bildung, Gesundheit und Armut. Doch sie beschäftigt sich nicht damit, dass billige Energie die Lösung für solche allfälligen Probleme ist. Will der Papst die Afrikaner arm halten? Was haben des Papstes afrikanische Bischöfe zu einer päpstlichen Enzyklika zu sagen, die fast 1 Milliarde Menschen in ihren eigenen Völkern zu ewiger Armut verdammt? Die Internationale Energieagentur IEA[593] schreibt, dass *„ein gesteigerter Zugang zu modernen Formen von Energie wesentlich ist, um schnelleres Wirtschaftswachstum und soziale Entwicklung im subsaharischen Afrika anzustoßen*“. Die Grünen wollen die Afrikaner davon abhalten, die billigste Form der Energie zu benutzen: die Kohle. Die Grünen halten ganze Völker wissentlich in Armut und bringen so Menschen um.

Die meisten von uns teilen den Wunsch des Papstes, die Armut zu verringern. Die in der Enzyklika vorgetragenen Leitgedanken zur Umwelt und Energiepolitik werden den gegenteiligen Effekt haben. Es gibt zahlreiche Beispiele in der Geschichte der letzten 200 Jahre, die diese Schlussfolgerung stützen.

In einer selbst-ironischen Orwell‘schen Wendung der Sprache wollen jene, die sich „progressiv“ nennen, uns in Zeiten zurückbringen, in denen wir wie die Fliegen an Krankheit und Hunger gestorben sind.

Der menschliche Fingerabdruck

Aus Bohrkernen der Eisdecken lässt sich nachweisen, wann die Römer in Spanien Blei geschmolzen haben, wann in großem Umfang Land für den Ackerbau geklärt wurde, wann Wälder brannten, wann durch die Industrielle Revolution Spurenelemente in die Atmosphäre eingebracht wurden und wann in der heutigen Zeit Radioisotope freigesetzt wurden.

Der künftige geologische Fund wird eine spezifische

593 Africa Energy Outlook, International Energy Agency 2014

Sedimentlage aufweisen, die definiert, wann der moderne Mensch lebte. Diese Lage wird zeigen, dass die Sedimente im flachen Wasser und an den Kontinentalsockeln zugenommen haben und dass diese Lage einen zunehmenden Gehalt an Staub aufweist, der vom Wind zugetragen wurde. Diese Lage wird chemisch durch komplexe synthetische organische Moleküle wie Plastik, polyzyklische Aromaten, polychlorinierte Biphenyle, Insektizide, Fungizide und Herbizide charakterisiert sein. Der Gehalt an Spurenelementen wird durch einen Anstieg an Schwefel und Metallen aus Schmelzen, einen hohen Gehalt an Phosphor, Stickstoff, Quecksilber, Arsen und seltenen Erdelementen charakterisiert sein. Es werden sich synthetische Isotopen aus Atombomben nachweisen lassen. Diese Lage wird dünn sein und in den Sedimenten des tiefen Ozeans am besten konserviert sein.

Dieses Maß der globalen Verschmutzung wird im Wesentlichen aufzeichnen, wann es in Entwicklungsländern eine wachsende Industrie gab. Wenn die Länder ein Höchstmaß an Entwicklung erreichen, erhöht sich das Spektrum des chemischen Fingerabdrucks. In Zeit und Raum geologischer Prozesse betrachtet, ist dieser menschliche Fingerabdruck eine kleinere Sonderbarkeit neben den großen Fingerabdrücken der Vulkane, der Asteroideneinschläge, des Klimawandels und der evolutionären Veränderungen der Erdkruste, die die Aufzeichnungen dominieren werden.

Gewöhnen wir uns daran. Wir Menschen sind dabei bedeutungslos.

Zahlen lügen nicht

Was ist Energie?

Es ist Zeit, dass ich sie gehörig langweile. Der Erste Hauptsatz der Thermodynamik besagt, dass der totale Energiegehalt eines isolierten Systems eine Konstante ist und dass Energie aus einer Form in eine andere überführt werden kann, aber nicht verloren geht. Das Erste Gesetz der Thermodynamik behandelt die Quantität der Energie. Der Zweite Hauptsatz der Thermodynamik behandelt die Qualität der Energie. Im wesentlichen sagt es aus, dass Energie bei der Überführung zwischen verschiedenen Formen schrittweise verloren geht und dass es also in jedem isolierten System eine natürliche Tendenz gibt, in einen Zustand geringerer Ordnung überzugehen. Das Altern ist ein gutes Beispiel für das Zweite Gesetz der Thermodynamik. Im wesentlichen sind uns diese Gesetze seit 200 Jahren bekannt. Auf der Erde kommen im wesentlichen drei Quellen der Energie vor. Was wir Menschen tun, ist es, eine Form der Energie in eine andere zu überführen. Die erste Form der Energie ist vom tiefen Innern der Erde und entstammt dem Erdkern und der Radioaktivität. Der Kern einiger Körper außerhalb der Erde hat sich von flüssig zu fest und gefroren gewandelt, so etwa bei Mars oder Mond, während der Erdkern immer noch geschmolzen ist und seine Hitze zurückgehalten hat. Diese Hitze wird durch den Erdmantel und die Erdkruste durch Konvektion in fast festem Gestein transferiert. Säulen von Konvektions-Material bewegen die Kontinente und schmelzen besonders die Gesteine des oberen Erdmantels. Diese Schmelzen kochen und heizen die Erdkruste.

Karten der Wärmestromdichte zeigen, dass der größte Anteil tiefer Hitze des Mantels sich in einem 40.000 km langen Ring von Feuer in einem Gürtel vom Mittelmeer bis nach Asien und in den mittelozeanischen Rücken befindet. Ein kleiner Teil dieser Hitze wird von Geothermalen Kraftwerken in Neuseeland, den Philippinen, Italien und Island genutzt. Etwa 0,1% der globalen Elektrizität wird aus Geothermalsystemen gewonnen.

Der Zerfall der Isotope Kalium 40 (K^{40}) Uran 238 (U^{238}),

Uran 235 (U^{235}) und Thorium 232 (Th^{232}) setzt über einen außergewöhnlich langen Zeitraums Hitze frei. Diese Hitze ist es, die den Erdmantel über geologische Zeiten heiß erhält. Wenn solche radioaktiven Mineralien durch geologische Prozesse nahe der Erdoberfläche konzentriert werden können, dann kann man sie abbauen.

Natürliche Uranerze enthalten 99,284 % U^{238} und 0,711 % U^{235}. Dieses Erz wird zu einem je gelben Kuchen[594] veredelt, welcher von der Mine verkauft wird und dann andernorts zu einem Produkt angereichert wird, das etwa 20% U^{235} für die Nutzung in Reaktoren enthält. Die Beschleunigung des Zerfalls von U^{235} in einem Kernreaktor erzeugt eine Reihe von Produkten einschließlich der Tochter-Isotope leichterer Elemente, Partikel und Hitze. Die Hitze des Reaktors wird benutzt, um Turbinen anzutreiben, welche Magneten zur Rotation bringen, um so Elektrizität herzustellen.

Die Tochter-Isotope können zum Zwecke weiterer Hitzegewinnung wieder aufbereitet werden. Mechanische Schilde rund um den Reaktor halten Partikel im Reaktorraum zurück. Etwa 5,1% der Elektrizität des Planeten wird aus Kernkraft gewonnen.

Die zweite Hauptquelle der Energie ist in kohlenstoffhaltigen Materialien in den obersten 1000 m der Erdkruste gelagert. Diese Energie ist eine Form gespeicherter Sonnenenergie, die die Form verbrennbarer Kohlenwasserstoffe wie Kohle, Öl, Gas, Teersand und Öl-Schiefer angenommen hat. Diese Energie entstammt dem Sonnenlicht, wird durch das Leben gespeichert und durch Kompression in Gas, Öl oder Stein verwandelt. Der chemische

594 Uranyl Hydroxide, Triuranium Octoxide, Uranium Dioxide, Uranium Trioxide, Uranyl Sulphate, Sodium-Para Uranate, Uranium Peroxide, Ammonium Diuranate oder Sodium Diuranite werden geläufig als "yellow cake" bezeichnet. Verschiedene Verfahren stellen verschiedene Kuchen her.

Prozess der Oxidation konvertiert Kohlenstoffverbindungen in CO_2 und Wasser. Dieses erzeugt Hitze, an die zum Antrieb einer Turbine mit Dampf verwendet werden kann oder zum Antrieb einer Maschine mit Kurbelwellen. Dieser Prozess der Verbrennung von Kohlenwasserstoffen versorgt die Welt mit der Elektrizität, dem Transport und den Chemikalien für das tägliche Leben.

Die dritte Hauptquelle der Energie hier auf Erden ist extraterrestrisch. Sonnenstrahlung kann direkt zur Stromerzeugung genutzt werden. Die Atmosphäre und Ozeane verwandeln die Strahlungsenergie der Sonne zu Hitze. Wasser verdunstet aus den Meeren und Ozeanen und fällt als Regen nieder. Die durch den Mondzyklus hervorgerufene Ebbe und Flut und der durch Gravitation hervorgerufene Fluss des Regenwassers aus höher gelegenen Landstrichen können beide zur Stromerzeugung genutzt werden. Der Transfer atmosphärischer Hitze erzeugt Winde und Stürme. Man kann am Wind Energie abgreifen, um Elektrizität zu erzeugen; aber die dadurch erzeugte Abnahme der Windgeschwindigkeit, kann hinter den Turbinen Regenschatten erzeugen. Sonne und Regen stimulieren das Wachstum der Pflanzen und das Anwachsen der Biomasse. Letztere kann benutzt werden um Hitze zu erzeugen, die mittels Wasserdampf Elektrizität hervorbringt. Ohne die Sonne gibt es kein Leben auf der Erde - mit Ausnahme einiger sonderbarer Bakterien. Die dritte Quelle der Energie wird häufig grüne Energie genannt. Sie ist aber nicht so grün. Diese Art der Energieerzeugung reduziert den Nachschub an Nahrungsmitteln, Wasser und verfügbarer Energie zum Leben auf der Erde, tötet die natürliche Fauna und erfordert große Mengen fossiler Treibstoffe zur Herstellung, Konstruktion, Instandhaltung sowie als Reservekapazität.

Wenn die Grünen sich wirklich um den Planeten sorgten, dann würden sie die Nutzung fossiler Brennstoffe befürworten, da die pro erzeugte Energieeinheit benutzte Einheit an Oberfläche klein ist, wenn man sie mit Sonnenkraft, Windkraft, Wasserkraft oder Biomasse vergleicht. Der Verbrennungsprozess fossiler Treibstoffe und von Biomasse ist derselbe. Aus der Verbrennung entstehen dieselben Zutaten des Lebens, CO_2 und H_2O. Das Verbrennen fossiler Treibstoffe tötet keine wilden Tiere. Wenn die Grünen wirklich über die Inanspruchnahme des Landes, Emissionen und Schaden an der Natur besorgt wären, dann wären sie auch große Befürworter der Kernenergie.

U^{235} hat die höchste Energie-Dichte aller zur Stromerzeugung verwendeten Stoffe. Wenn alle Energie, die man für sein kurzes Leben braucht, aus U^{235} stammte, dann würde man am Ende seines Lebens eine halbe Tasse Treibstoff verbraucht haben. Um 1000 kWh Strom zu erzeugen braucht man 0,03 g reines U^{235},265 l Öl, 379 kg Schwarzkohle, 1000 Solarpaneele von 1 m^2 Oberfläche oder eine 600 kW Windturbine die für 1,5 Stunden voll durchläuft.

Energiegebrauch

2013 zeigte der BP Statistik Report über die Weltenergie,dass 87% der weltweit verbrauchten Energie aus fossilen Treibstoffen stammten, wobei für den Verkehr Öl, fürs Heizen Gas und für Elektrizität und Schmelzvorgänge Kohle im Vordergrund standen.[595] Dies war dieselbe Verteilung wie 2003. In den westlichen Ländern hat es eine vom Markt abhängige Decarbonisierung gegeben, und der Anteil des Gases ist gestiegen. Das Verbrennen von Gas setzt weniger CO_2 frei, als das von Kohle. Die geringe Decarbonisierung wurde nicht durch Wind oder Sonnenkraft verursacht. 2003 machte die Nuklearenergie 6% aller verbrauchten Energie aus. Jetzt sind es

595 http://www.bp.com/content/dam/bp/pdf/Energy-economics/statistical-review-2014/BP-statistical -review-of-world-energy-2014-primary-energy-section.pdf

5% und das US-Amt für Energieinformation EIA[596] sagt voraus, dass dieser Anteil bis 2025 auf 6,7% ansteigen wird.

Energiegeschichte

Bis zum 17. Jahrhundert wurden Torf und Holz zur Energieerzeugung genutzt. Ein kleiner Beitrag kam vom Wasser. Die Menschen und die Tiere starben wie die Fliegen; die Wälder waren weit herum abgeholzt, um Energie für die Herstellung von Eisen und Glas zu gewinnen. Im 18. Jahrhundert war Holz die Hauptquelle der Energie und die Wälder wurden rapide zerstört. Tatsächlich ist die Oberfläche der Wälder heute weit größer als im 18. Jahrhundert. Im 19. Jahrhundert war Kohle die Hauptform der Energie. Dies brachte eine Periode großer Erneuerung hervor. Es ist die hohe Energiedichte der Kohle gewesen, die Innovation und Industrielle Revolution angetrieben hat. Im 20. Jahrhundert wurde diese Rolle vom Öl übernommen, mit einer Ausweitung von Transport und Handel. Kohle wurde vor allen Dingen für Hochöfen und Kohlekraftwerke verwendet.

Sobald es im 20. Jahrhundert reichlich billige aus Kohlekraft gewonnene Elektrizität gab, beschleunigte sich das Wirtschaftswachstum. Elektrizität vervielfältigt ökonomisches Wachstum. Das 21. Jahrhundert ist das Jahrhundert des Gases. Industrie, die Beheizung von Wohnungen, das Kochen, der Transport, die Energieerzeugung und einige Formen des Schmelzens benutzen Gas. Was werden künftige Jahrhunderte bringen? Die Vorräte an Gas, wie etwa Methanhydrate, sind riesig. Billigere Methoden der Herstellung von Wasserstoff werden ständig erfunden und es mag sein, dass wir endlich ein Zeitalter der Kernspaltung und vielleicht der Kernfusion erleben. Während meines gesamten Lebens war die Kernfusion immer 20 Jahre in der Zukunft. Dort ist sie immer noch.

596 http://www.ela.gov/

Energie in Australien

In Australien wird Elektrizität aus verschiedenen Quellen hergestellt, so etwa Kohle (73%), Naturgas (13%), Wasserkraft (7%), Windkraft (4%), Solar Energie (2%) und Bio-Energie (1%).[597] 2013 erzeugte Australien 247 Terawattstunden (TWh) Elektrizität, wovon 234 TWh an die Kunden verkauft wurden.[598] Die verbleibenden 15 TWh wurden von den Kraftwerken selbst verbraucht und 12,6 TWh gingen auf dem Transport verloren, so dass dem Endverbraucher 209 TWh zur Verfügung standen.[599] In Victoria variierte die Nachfrage zwischen 3900-10000 MW und in New South Wales zwischen 5800-15000 MW.

---

597 www.originenergy.com.au

598 http://www.world-nuclear.org/info/Country-Profiles/Countries-A-F/Appendices/Australia-s-Electricity/

599 http://www.world-nuclear.org/info/Country-Profiles/Countries175-A-F/Appendices/Australia-s-Electricity/435

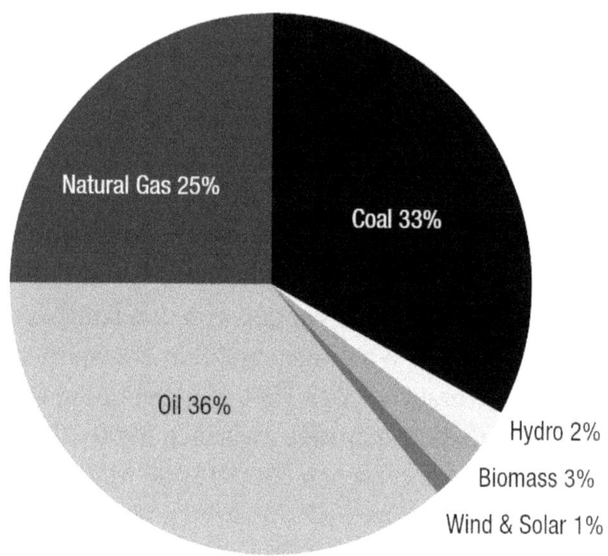

Abb. 5: Australiens primärer Energieverbrauch im Jahre 2011.[600]

Die grünlinken Umweltaktivisten und fehlgeleitete Politiker produzieren viel heiße Luft über die Steigerung des Beitrags erneuerbarer Energien. Die großen Mengen erneuerbarer Energien, die benötigt würden, um Leute beschäftigt zu halten und die Wohnungen und Häuser am laufen, können nicht effizient gespeichert werden. Je mehr erneuerbare Energie man in ein Stromnetz einspeist, umso mehr Ersatzkapazität auf der Basis von Kohle und Gas wird benötigt. Kohlekraftwerke sollten nicht geschlossen werden, sondern weiter betrieben werden und/oder durch modernere Kohlekraftwerke ersetzt werden, weil Windkraft unzuverlässig ist und nur zwischenzeitlich zur Verfügung steht. Der Wind entscheidet sich einfach nicht dafür, genau dann zu wehen, wenn am meisten Strom benötigt wird.

2011 trugen in Australien fossile Brennstoffe 86% zum totalen Energiemix bei. Haben die grünlinken Umweltaktivisten

600 EIA International Energy Statistics

einen besseren Energiemix? Wie würde die Nahrung von den Bauernhöfen in die Stadt befördert, benutzte man keine fossilen Brennstoffe um die Lastkraftwagen zu betreiben? Derzeit stellen Windkraft und Solarenergie in Australien nur einen kleinen Teil der primären Energieerzeugung. Die Kapitalkosten, die laufenden Kosten[601] und der Umweltschaden, die durch Ausweitung dieses Sektors entstehen, sind horrende.[602]

Australien ist zur Erzeugung von Elektrizität massiv von der Kohle abhängig; drei Viertel der Elektrizität Australiens stammt aus Kohlekraftwerken. Historisch und gemessen am Rest der Welt wird die Elektrizität Australiens billig erzeugt. Das ist der Grund, warum in Tasmanien, Victoria, NSW und Queensland Aluminiumhütten gebaut wurden. Von 2008-2009 wurden *per capita* etwa 11.000 kWh benutzt, eingeschlossen des Verbrauchs der in Exporte als „Graue Energie" inkorporiert ist.

Das Wachstum hat aufgrund von Preissteigerungen, Netzwerkkosten und Solarproduktion in Eigenheimen stagniert. 2013-2014 führten auf Dächern angebrachte Solaranlagen zu einer Reduktion von 2,9% im nationalen Netz. Natürliches Gas wird zunehmend zur Elektrizitätserzeugung eingesetzt, besonders in Westaustralien und Südaustralien. Die Erzeugung von Strom macht etwa 44% von Australiens primärer Energieerzeugung aus und zum gesamten Energieverbrauch trägt Elektrizität 24% bei. Es hat wenig neue Investitionen in der Grundlastelektrizität in Australien gegeben und man wird neue Erzeugungsstätten bauen müssen.

Australien ist ein wichtiger Exporteur von Uran, Kohle und verflüssigtem natürlichen Gas. Die exportierte Energie wird Übersee zur Stromerzeugung verwendet. Keine der australischen

601 Moran, A. 2014: Submission to the Renewable Energy Target Review Panel, 2014

602 Plimer, Ian 2014: *Not for greens*. Connor Court

Uranminen wird zur Stromerzeugung in Australien verwendet. Dreimal mehr Kohle wird aus Australien exportiert als benutzt und eine große Menge grauer Energie wird in geschmolzenen und raffinierten Metallen exportiert. Dazu gehört Aluminium (27 TWh *per annum*, das sind 10% von Australiens Brutto-Elektrizitätsproduktion) sowie Zink, Blei, Kupfer und Nickel (14 TWh *per annum*).

Mehr als die Hälfte des gesamten Energie Verbrauchs der Industrie von 80 TWh wurde 2012 als Energiegehalt veredelter Metalle, also sog. Graue Energie, exportiert. Das meiste Wachstum in der wertschöpfenden, verarbeitenden Industrie wurde in den letzten 20 Jahren in energieintensiven und besonders in elektrizitätsintensiven Sparten beobachtet.

In der Vergangenheit erlebte Australien wegen der recht niedrigen Elektrizitätspreise in Kopplung mit stabilem Angebot und der Proximität natürlicher Ressourcen gutes Wachstum. Zu diesen natürlichen Ressourcen zählen Bauxit (NT, WA und Queensland), sowie Erze des Zink (Macarthur River, N.T.; Century and Mount Isa, Qld; Broken Hill, and Cobar, NSW; Rosebery, Tas.), Blei (Macarthur River, NT; Mount Isa and Century, Qld; Broken Hill and Cobar, NSW; Rosebery, Tas), Kupfer (Mount Isa, Qld; Cobar and Parkes, NSW; Olympic Dam and Prominent Hill, SA; Rosebery, Tas) und Nickel (Kambalda, Forrestania, Mount Keith, Leinster and Murrin Murrin, WA).

Dieses geht darauf zurück, dass in Australien die Regierung nicht mit der Kanone gewählt wird. Es gibt eine stabile, demokratische, politische Verwaltung, die große und langfristige kapitalintensive Investitionen erlaubt, wie sie für Hütten und Raffinerien gebraucht werden. Doch sind Eingriffe der Jurisdiktion in politische Entscheidungen bezüglich der Umwelt und regulatischer Angelegenheiten der wahrgenommenen Stabilität ebenso abträglich, wie eine politisierte Bürokratie, zunehmend uneffektive Politiker, anarchistische Gewerkschaften und grünlinke umweltaktivistische Bewegungen.

Eine Lösung für die fossilen Brennstoffe

Wenn die totale Elektrizitätsproduktion aus fossilen Brennstoffen – wie es der nationale Oppositionsführer in Australien Bill Shorten will – von 86% auf 50% sinken soll, dann wird Energiegewinnung aus Windkraft, Sonnenenergie und Biomasse von 7% auf 50% steigen müssen. Herr Shorten sagte:

„*Wenn wir nicht ernst machen mit der Bekämpfung des Klimawandels, wenn mir nicht ernst machen mit Investitionen in erneuerbare Energien, dann können wir auch nicht sagen, dass wir ernsthaft von einer Wirtschaftsreform sprechen.*"

Weder Herr Shorten noch irgendjemand anders hat nachgewiesen, dass menschliche Emissionen globale Erwärmung erzeugen und deshalb ist die Not zur Wende für erneuerbare Energien auch nicht not-wendig. Der Mythos von der erneuerbaren Energie beruht auf der Unwahrheit, dass erneuerbare Energie CO_2-Emissionen verringert und dass ausgestoßenes CO_2 einen Klimawandel herbeiführt. Darüber hinaus zeigt das vorige Zitat, dass Wirtschaftsreform nicht ernst gemeint wird. Eine Investition in erneuerbare Energien bedeutet Subventionen für ineffiziente, unzuverlässige Energien.

Paul Kelly (The Australian) fragte:

„*Wie könnten sie es als Finanzminister der Opposition dem Oppositionsführer erlaubt haben, die Partei auf eine Zielvorgabe von 50% erneuerbarer Energien festzulegen, ohne dass es selbst das Rahmenwerk einer Analyse gibt, ohne dass die Auswirkungen eines solchen Eingriffs analysiert wurden, ohne Kenntnis der Kosten oder schlechthin irgend eine Analyse?*"

Darauf antwortete der Finanzminister der in der Opposition

befindlichen Labour Partei: „*Ganz einfach, weil ich an erneuerbare Energien glaube.*" Diese hingeworfene Bemerkung ist ein Zugeständnis, dass die ganze eigennützige Agenda der globalen Erwärmung sich um einen religiösen Glauben dreht. Gott helfe den steuerzahlenden Arbeitern Australiens wenn diese Partei eine Regierung formt und wieder damit anfängt, populistische Politik im Eilverfahren zu machen. Ohne Gewinn für das Klima Arbeitsplätze zu opfern und die Kosten für die Familien in die Höhe zu treiben, ist keine gute Politik.

Wenn ein einflussreicher australischer Politiker sich für den Anstieg erneuerbarer Energien einsetzt, so ignoriert das wichtige Grundsätze. Australiens Immissionen machen kaum 1% der globalen Emissionen aus, und doch will die australische Labour-Partei erneuerbare Energie, die zweimal mehr kostet als jene, die die führenden CO_2-Produzenten der Welt anstreben. Das Mandat für erneuerbare Energien sorgt dafür, dass die teuerste Kapazität erhalten bleibt, während die Billigste vor dem Auslaufen stillgelegt wird. 2014 machten erneuerbare Energien 98% der insgesamt zusätzlich geschaffenen Kapazität von 1100 MW aus.

Demgegenüber hat 2014 Kohlestrom 90% der 4500 MW stillgelegter Kapazität oder solcher mit angekündigter Stilllegung ausgemacht. Durch die von der Labour-Partei geforderte Verdoppelung der erneuerbaren Energien werden die Kosten für Elektrizität um 86 Milliarden Dollar steigen, was der mit 1600 Dollar *per annum* bereits hohen Elektrizitätsrechnung der durchschnittlichen Familie weitere 600 Dollar pro Jahr hinzufügen wird. Dieses wird zu Schließungen in der Industrie führen und noch mehr Arbeitsplätze aus Australien vertreiben. Das Haushaltsdefizit Australiens für 2014/2015 ist weniger als die Hälfte jener 86 Milliarden, die die Strategie der erneuerbaren Energien kosten wird.

Die Kosten für den Bau von Windkraft und Sonnenkraftanlagen sind horrende. Die Anlagen beschädigen die Umwelt und vergrößern die CO_2-Emissionen. Wird man diese Märchenpläne aus einem weiteren Anstieg der Besteuerung oder einer Erhöhung der Strompreise bezahlen – oder wird man einfach Schulden aufnehmen und so ein Problem für die künftigen Generationen hinterlassen? Alles schön und gut zu behaupten, man sei besorgt über die künftige Umwelt, die unsere Enkelkinder erben werden. Was ist mit den Schulden, die sie als Folge unserer überhöhten Ausgaben für ruhmreiche, wundervolle, ideologische, ineffiziente Luftschlösser wie Entsalzungsanlagen, Windkraftanlagen und Solarkraftanlagen erben werden? Mit 50% erneuerbaren Energien im Mix wird das Endergebnis ein Anstieg der Strompreise sein, verbunden mit unzuverlässiger Stromversorgung. Die Industrie, die Arbeitsplätze schafft, wird abwandern.

All dies trifft die Armen am schwersten. Die politischen Leitlinien jener politischen Partei, die behauptet, die Arbeiterpartei zu sein, werden die Arbeitslosigkeit in die Höhe treiben. Es ist klar, dass der Labour Oppositionsführer auf ein populistisches Votum in der anstehenden Wahl blickt, aber die Folgen einer Umstellung Australiens auf 50% Energiemix nicht durchdacht hat. Es zeigt auch, dass ihn die sozialen Folgen, der Arbeitsmarkt, die persönlichen und wirtschaftlichen Lasten wenig kümmern. Was immer es braucht.

Wie werden die grünlinken Umweltaktivisten dafür sorgen, dass die Lichter anbleiben und die Leute weiter Arbeit haben, gäbe es eine große Verminderung der Nutzung von Kohle, Öl und Gas? Bevor man Subventionen zahlen kann, muss es zunächst einmal eine produktive Wirtschaft geben. Kein Unternehmen für alternative Energien und kein Investor betreibt sein Geschäft, um die Welt zu retten. Diese Unternehmungen sind da, um Geld zu verdienen, eine Realität, die für die grünlinken Umweltaktivisten ein Anathema ist.

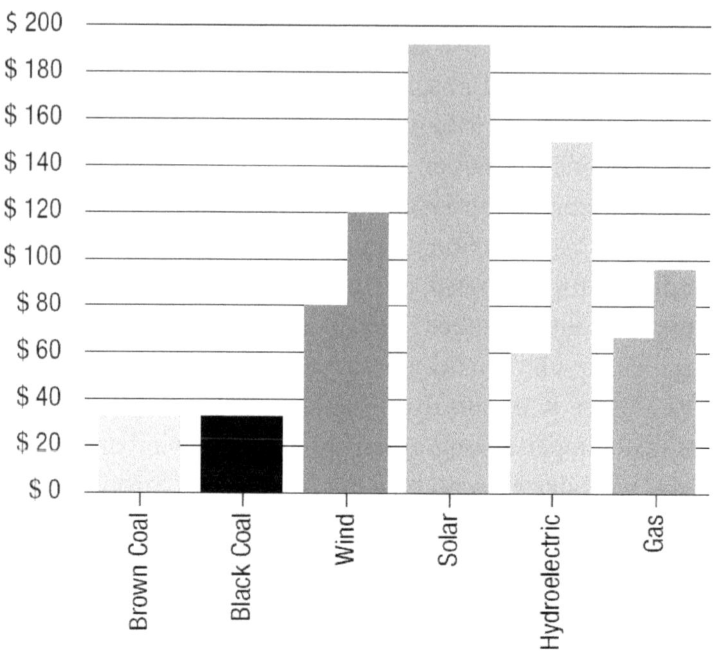

Abbildung 6: Australische Energiekosten pro Megawattstunde MWh (hoch und tief).[603] Kohlestrom kostet etwa 4c pro KWh, während Solarenergie fast 20c pro KWh kostet.

Hydroelektrizität

Der Anteil erneuerbarer Energien in Australien könnte durch neue Wasserkraftwerke erhöht werden. Die Chancen, dass die grünlinken Umweltaktivisten und Politiker den Bau einer neuen Wasserkraftanlage mit Aufstau von Flüssen erlauben ist null, obwohl es für ein solches Vorhaben eine Vielzahl günstiger Stellen gäbe. In Ländern mit niedrigem Regenfall wie Australien sind nur die küstennahen Gebirge für die Erzeugung von Wasserkraft

603 Moran, A. 2014: Submission to the Renewable Energy Target Review Panel, IPA

geeignet. Im Norden Australien gibt es Gebirgsgegenden, die in der nassen Jahreszeit hohe Regenfälle erleben. Nirgendwo sonst gibt es die Flüsse und die topographischen Höhenunterschiede, die man zur Wasserkrafterzeugung benötigt.

Kernenergie

Wenn Australien beabsichtigt, weiter zu wachsen und in großem Umfang wertschöpfende Elektrizität für Verhüttung, Raffinerie und allgemeine Industrie zur Verfügung zu stellen, dann muss es entweder fortfahren, Kohle zu benutzen oder auf Nuklearenergie ausweichen. Bereits in den dreißiger Jahren des 19. Jahrhunderts wurden ein paar 100 kg Uran in Südaustralien produziert (Mount Painter und Radium Hill). Uran wurde seit langem in Australien abgebaut: von 1954-1971 in Rum Jungle (NT), Mary Kathleen (Queensland) und Radium Hill (Südaustralien), Mary Kathleen (Qld) (1976 to 1982) mit Nabarlek (NT) (1979 to 1980), Ranger (NT) (1981 bis heute), Olympic Dam (SA)(1988 bis heute), Beverley (SA) (2000 bis heute) und Honeymoon (SA) (2011 to 2013).

In den letzten Jahrzehnten sind zahlreiche weitere Entdeckungen gemacht worden (zum Beispiel Mulga Rock und Lake Way, Westaustralien). Australien hat die größten Uranressourcen in der Welt (31%) und ist der drittgrößte Produzent an Uran (etwa 8000 Tonnen Uran in gelben Kuchen (Yellowcakes) entsprechend 12% des globalen Verbrauchs) nach Kasachstan und Kanada. Australien beschickt keine Brennstäbe mit gelbem Kuchen und hat keine Kapazität, Brennstäbe aufzubereiten. Etwa 35% aller Energie, die aus Australien exportiert wird, ist gelber Kuchen. Die Exporte gehen nach Europa (37,8%, vor allem Belgien, Finnland, Frankreich, Deutschland, Spanien, Schweden und Großbritannien), USA (33,6%) und Asien (28,6%; vor allem Japan, Südkorea, China und Taiwan). Die USA erzeugen etwa

30% der globalen Kernkraft.

Weltweit sind 438 Kernkraftwerke in 30 Ländern am Netz. Weitere 67 Reaktoren sind in 15 Ländern im Bau.[604] Wenn die CO_2-Emissionen tatsächlich eine Sorge der grünlinken Umweltaktivisten Australiens wären, dann würden sie ein langfristiges Programm zum Bau von Kernreaktoren begrüßen. Dieses würde Australiens CO_2-Emissionen sehr reduzieren. Die langfristigen Baustellen und der Bedarf an spezialisierten Arbeitern, die zur Betreibung der Reaktoren benötigt werden, würden Arbeitsplätze für Generationen schaffen. Dasselbe würde auch die zusätzlich erzeugte Elektrizität tun.

Wenn man daran glaubt, dass CO_2-Emissionen aus Kohlekraftwerken schädlich sind oder wenn die Besteuerung von Kohlenstoffemissionen teuer wird, dann ist Kernenergie die billigste erwiesene Technologie mit niedrigen Emissionen, welche die benötigte Wertschöpfungselektrizität bereitstellen kann.

Australien ist ein trockenes Land, etwa 400 Gigaliter Wasser werden jedes Jahr durch Verdunstung der Kühltürme der Kohlekraftwerke verloren. Von daher wäre Meerwasser die beste Option für die Kühlung von Kernreaktoren. Dadurch würde Süßwasser für andere Zwecke freigesetzt.

Australien ist mit Uranminen wohl gesegnet und es gibt ein unbewohntes Hinterland, in dem Wiederaufbereitung fern ab von der Zivilisation betrieben werden könnte. Doch müssten Gesetzgebungen des Bundes und der Länder widerrufen werden müssen, sollte Australien auf Kernkraft setzen.[605] Von 1958 und

604 http://www.nei.org

605 Federal Acts: ARPANS Act 1998, Section 10, Prohibition on certain nuclear installations and the EPBC Act 1999, Section 140A. State Acts: Victoria Nuclear Facilities (Prohibitions) Act 1986, Queensland Nuclear Facilities Prohibition Act 2006, NSW Uranium Mining and Nuclear Facilities (Prohibition) Act 1986.

2007 war der 10 MW australische Hochflussreaktor (HIFAR) in Lucas Heights (NSW) im Betrieb. Er wurde für Materialien der Forschung, die Produktion medizinischer Isotope und die Bestrahlung von Silikon für die Computerindustrie benutzt. 2006 wurde er durch den 20 MW Open Pool Australian Light Reactor (OPAL) ersetzt. Dieser zählt zum Besten unter weltweit 240 Forschungsreaktoren. Dieser Reaktor wird bald 25% der globalen Produktion eines medizinisch bedeutsamen Isotops produzieren.[606]

Wollte der Papst wirklich geringere Emissionen, dann würde er für Kernkraft werben.

Umweltbelastungen durch Sonnenkraft

Der Einfluss von Ra

Während der meisten Zeit in der menschlichen Geschichte wurde der Sonne gehuldigt. Wir haben seit sehr langem gewusst, dass es ohne Sonne kein Leben auf der Erde gibt.

Vor 2000 Jahren bereits träumte Archimedes, dass man Sonnenenergie nutzen könne. Träumer, Sonnenverehrer, Hippies, die mental nicht Gesunden und Politiker, die auf die Stimmen der grünlinken Umweltaktivisten aus sind, denken, dass Sonnenkraft die für eine moderne industrielle Gesellschaft benötigte Energie produzieren könnte. Solarzellen (Fotovoltaikzellen) wurden 1839 erfunden. Man sollte denken, dass 175 Jahre Verfeinerungen und Verbesserungen lang genug sein sollten, um dieses zu einer guten und effizienten Methode auszureifen, wenn man annehmen will, dass Solarzellen der Menschheit tatsächlich als billige, effiziente, kompetitive und energiedichte Systeme helfen könnten. Anscheinend ist dem nicht so. Immerhin hat diese Zeit gereicht um die Dampfmaschine effizient zu machen. Wir benutzen sie heute zu Erzeugung von Energie aus Kohle

---

606 Mo^{99} precursor to Tc^{99}

und Kernspaltung. In diesem Zeitraum wurde auch die moderne Verbrennungsmaschine erfunden und in den letzten 120 Jahren entscheidend verbessert. Dahin gehört auch die Hypereffizienz moderner, turbogeladener Dieselmotoren.

Man sagt uns, Sonnenkraft sei sauber, umsonst, erneuerbar und für immer verfügbar. Das stimmt auch, bis man sich die unangenehmen fundamentalen Wirklichkeiten einschließlich der Umweltbelastung und finanziellen Belastungen anschaut. Sonnenenergie existiert allein aufgrund von Subventionen und dem irregeleiteten Glauben, dass sie CO_2 Emissionen reduziere. Das tut sie nicht. Solarkraft sowie Windkraft erfordern die Erzeugung von Infrastruktur, die tatsächlich zur Erhöhung menschlicher Emissionen von CO_2 beiträgt.

Solarzellen

1839 war eine auf Silikon basierende Solarzelle 10% Energie-effizient. Diese Zahl schließt die Reflexion des Lichtes und Stromverluste aus. Dem ist immer noch so. Warum? Eine silikonbasierte Solarzelle generiert keine Energie, sie konvertiert nur eine Wellenlänge des gesamten Spektrums der Solarenergie zu elektrischer Energie, während der Rest des Spektrums Hitze erzeugt. Nur eine spezifische Wellenlänge im Infrarotspektrum (1130 nm) regt ein Elektron an, auf ein höheres Energieniveau zu springen. Wenn dieses Elektron auf seinen alten Platz zurückspringt, gibt es dabei nur eine kleine Menge Elektrizität ab (1,1 eV).

Solarzellen erzeugen keine Energie, es sei denn die Gesetze der Thermodynamik können durch Ideologie verändert werden. Sie konvertieren Licht in Elektrizität. Das ist der Grund, warum selbst die besten Solarzellen nur eine Effizienz von kaum über 10% haben und warum wir auch nicht auf große Verbesserung der Effizienz hoffen sollten. In der Realität ist die Effizienz von Solarzellen deutlich kleiner als dieser Wert, wenn man Lichtreflexion und Leckstrom einrichnet.

Technologische Verbesserungen

Wenn grünlinke Umweltaktivisten wollen, dass die Solar-Energie effizienter wird, dann würden sie am besten ein paar neue physikalische Gesetze einführen und die Elektronen davon überzeugen, auf ein größeres Spektrum von Wellenlängen hin einen Wechsel ihres Energiestatus vorzunehmen, statt nur auf eine spezifische Wellenlänge im Infrarotspektrum zu reagieren. Aber warten Sie nicht darauf. Der einzige Grund, warum die westlichen Länder Sonnenstrom haben, liegt in den Subventionen. In abgelegenen Gegenden mit kleinem Energiebedarf wo Betreibungskosten prohibitiv teuer sind, wird Solarenergie für Beleuchtung, Telekommunikation, Navigation, Aufzeichnungsgeräte, Seebojen, elektrische Zäune, Pumpen an Bohnen und Satelliten verwendet. Hier spricht der Markt. Landwirte, mit denen ich spreche, erzählen mir darüber hinaus, dass die Solarpaneele für Zäune, Staudämme und Brunnen nach etwa fünf Jahren ersetzt werden müssen.

Die US Energiebehörde ist zu dem Schluss gekommen, dass auf Solarenergie basierte Systeme den Energiebedarf einer städtischen Gemeinschaft oder der Industrie nicht decken können. Großflächige Solaranlagen, ob sie nun photovoltaisch oder solar-thermo-elektrisch funktionieren, sind viel zu unzuverlässig, teuer und ökologisch schädlich.

Solarenergie kann zur Deckung des nationalen Energiebedarfs nur einen geringen Beitrag leisten. Solarenergie ist nicht sehr effizient und die beste Zahl für die einfallende Sonnenstrahlung beträgt 10 W/m^2 mit einer gesamten Energie-Systemeffizienz von nur 5%.

Andere Faktoren beeinflussen die Effizienz der

Sonneneinstrahlung, wie etwa der Breitengrad, die Jahreszeit, die Tageszeit, die Lichtreflexion, Kriechströme und Aerosole. Hinzu kommen langfristige Wetterfluktuationen durch Änderungen der Wolkenbedeckung, die die Energieeffizienz um bis zu 4% verändern können. Aerosole können die Effizienz um fast 30% reduzieren. In entlegenen Gegenden kann das Versäumen regelmäßiger Entfernung von Staub und Pflanzensporen auf der Glasoberfläche über den photovoltaischen Zellen zu einer Reduktion der Effizienz um bis zu 50% führen.

Einige grünlinke Umweltaktivisten behaupten, wir sollten in die Sonnenenergie investieren, da Durchbrüche vor der Tür stünden. Welche Durchbrüche? Es gibt immer noch keine kosteneffektiven Batterien, um Solarenergie zu speichern, um sie so für die Nacht nutzbar zu machen. Wir haben auf solche Durchbrüche ein ganzes Jahrhundert gewartet. Der einzige vernünftige Vorschlag ist es, Solarenergie dafür zu benutzen, Wasser in Staudämmen nach oben zu pumpen, um dann Elektrizität zu erzeugen, wenn sie zu Zeiten hohen Verbrauches benötigt wird. Aber Staudämme stehen für grünlinke Umweltaktivisten nicht auf dem Programm.

Aber sicherlich gibt es neue Entwicklungen mit Metallen, Metalloiden und Suprakonduktoren, die schon vor der Tür stehen. Sicher kann man diese dafür benutzen, Solarzellen effizienter zu machen? Schon… Ja und nein. Solarzellen höherer Effizienz bedürfen der Nutzung von exotischen, raren und giftigen Elementen wie etwa Germanium, Gallium, Indium und Kadmium. Es gibt aber keine Minen für Germanium, Gallium, Indium und Kadmium auf der Welt und diese Metalle sind Abfallprodukte der Verhüttung von Zink, Aluminium und Zinn, sowie der Raffinerien.

Für die Produktion von 1% des Strombedarfs der Vereinigten Staaten durch Solarzellen unter Gebrauch von Germanium oder Gallium würde die dreifache derzeit weltweit produzierte Menge an Germanium und 20mal die weltweite Produktion von Gallium benötigt. Die großen Vorkommen von Zink (für Germanium) und Aluminium (zu Erzeugung von Gallium) müssten erst noch entdeckt werden. Wenn sie entdeckt würde, wäre es nicht wirtschaftlich, Massen von Zink oder Aluminium zu produzieren nur um an kleine Mengen von Germanium und Gallium zu gelangen. Zink und Aluminium zählen zu den Metallen mit dem höchsten eingeschlossenen Energiegehalt. Man bräuchte also astronomische Mengen konventioneller wertschöpfender Energie, um kleine Mengen billiger Solarzellen zu erschaffen.

Zur Herstellung von 1 Kilogramm Aluminium werden 15 kWh Elektrizität benötigt. So sind etwa 10% des australischen Stroms in dem in Australien hergestellten und exportierten Aluminium (27 TWh[607]) enthalten. Die australische Industrie verbrauchte 2012 43 Terawattstunden der gesamt verbrauchten 80 TWh zur Verhüttung und Raffinerie von nicht-Eisen Metallen. Wollte man Australien zum Produzenten von Germanium und Gallium machen, dann bräuchte es eine weit größere Energiekapazität. Elektrizität müsste verlässlich und billig sein. Dies kann durch Solar oder Windindustrien nicht geleistet werden.

Wollte man mehr Gallium für Solarzellen herstellen, so müsste die schon jetzt marginale Aluminiumsindustrie ihre Produktion sehr steigern, den Markt mit massiven Mengen nicht gebrauchten Aluminiums überschwemmen und dabei ungeheure Mengen Elektrizität verbrauchen. Außerdem sind diese Elemente weit teurer in der Herstellung, als Silikon, das zweithäufigste Element der Erde. In den USA würde die Produktion von Gallium oder Germanium Solarzellen 17% der jährlichen Zementproduktion verschlingen. Um Zement zu machen, muss man Kalkstein verbrennen, und dabei wird CO_2 in die Atmosphäre eingebracht.

607 1 TWh = 1 Milliarde kWh

Energieeffizienz

Effizienz ist ein Wort, das aus dem Lexikon der grünlinken Umweltaktivisten gestrichen worden ist. Aber da wenige dieser Leute überhaupt Bücher lesen, kann ich hier sicher fortfahren. Wenn ein Solar-Panel möglichst viel Elektrizität liefern soll, so müssen die Konditionen ideal sein (d.h. um die Mitte des Tages, wolkenloser Himmel, niedriger Breitengrad). Die maximale inzidente Sonnenstrahlung beträgt 1000 W/m^2. Es wird angegeben, dass verkäufliche Solarzellen 110W/m2 liefern. Dies ist eine Effizienz von nur 11%. Solarzellen können flach sein oder konzentrierende Kollektoren und Sonnentracker benutzen, um die maximal verfügbare Sonnenstrahlung für eine längere Zeit zu nutzen. Wenn es windig ist, dann müssen diese konzentrierenden Kollektoren und Tracker abgeschaltet werden. Langzeitmessungen zeigen, dass die durchschnittlich einfallende Sonnenstrahlung 125-375 W/m^2 beträgt.

Wenn man eine generöse, optimistische Effizienz von 15% für ein durchschnittliches Solarpanel annimmt, dann würden durchschnittlich 19-56 W/m^2 nur etwa 0,46-1,35 kWh/ m^2 pro Tag produzieren. Die Glasscheibe, die die Solarzellen schützt reduziert die Effizienz um 13% und weitere Systemverluste von 7% entstehen aus lokalen Bedingungen und der Konversion eines direkten Stroms in alternierenden Strom, so wie wir ihn in unserem Haushalt benutzen.

Die US Energiebehörde hat berechnet, dass Solarpaneele eine Effizienz von 10,27% haben, entsprechend einer Leistung von 4,25 kWh/m^2 und Tag. Fürsprecher der Solarkraft zitieren einen maximalen Strahlungswert von 1000 W m^2 und kümmern sich wenig um diese trivialen kleinen Ineffizienzen. Aber in der Tat dreht sich die ganze Welt der grünlinken Umweltaktivisten um Ineffizienz, deren Kosten auf den Verbraucher abgewälzt werden.

Sonnenenergie hat einen niedrigen Nutzungsgrad. In Deutschland zum Beispiel sind das gerade 10%. Aus diesem Grund braucht man 10.000 MW Sonnenenergie Kapazität, um dieselbe Menge Strom herzustellen, wie ein 1000 MW Kohlekraftwerk oder der entsprechende Kernreaktor. Darüber hinaus kann das Stromnetz der Energiemenge nicht standhalten, wenn ein 10.000 MW Sonnenenergiegenerator seine maximalen 10.000 MW produziert. Aus diesem Grund werden Energiespeichersysteme benötigt, die erst noch erfunden werden müssen, oder die Sonnenkraft-Werke müssen abgeschaltet werden. Nun das nenne ich Effizienz!

Damit die grünlinken Umweltaktivisten effizientere Solarzellen bekämen, müsste man Giftstoffe in einem Maßstab herstellen, den die Welt zuvor nicht gesehen hat. Und zu welchem Zweck? Um ein ineffizientes Solarpanel zu haben.

Ist es das, was der Papst will? Freie Märkte unterliegen strengem Wettbewerb. Wenn es einen besseren Weg gäbe, ein Solarpanel herzustellen, dann würde ein Mitbewerber diese Lücke füllen. Aber nun scheint der Papst gegen freie Märkte, Marktkräfte und den Kapitalismus zu sein.[608] All diese haben aber eine bessere Welt geschaffen, was sie von den zentral regulierten, gescheiterten sozialistischen Systemen unterscheidet. Der Papst bietet keine Lösung für die globalen Energieprobleme.

Kosten

Kosten, Effizienz und Produktivität sind für die grünlinken Umweltaktivisten schmutzige Worte. So wollen wir für eine Weile leise sprechen.

Ein Solarmodul von $1m^2$ kostet 750 australische Dollar. Die Installation verdoppelt diese Kosten. Damit eine 1000 MW

608 *Laudato Si'*, Paragraphen 30, 51, 55, 56, 94, 109, 123, 129, 190, 190, 195, 203, 209, 210 und 215

Solaranlage auch im Winter Elektrizität erzeugt, braucht man 3.230.000 Solarmodule zum Sonderangebotspreis von 4,83 Milliarden australischer Dollar. Und dieses reicht nur für die Spitzenproduktion von 1000 MW zur besten Zeit des Tages. Sollte eine Solarkraftanlage mit einem konventionellen Kohlekraftwerk in Wettbewerb treten, das bei einem Nutzungsgrad von 70% 1000 MW konstant erbringt, so berechnen sich die Kapitalkosten für eine Sonnenkraftanlage in der Größenordnung von 100 Milliarden Australischen Dollar. Das jüngste in Australien gebaute 1000 MW Kohlekraftwerk kostete etwa 1 Milliarde Dollar und hat in 20 Jahren Funktion Kohle für etwa 2 Milliarden Dollar verbraucht. Die frühere Rechnung legt zugrunde, dass die Solaranlage 20 Jahre mit maximaler Effizienz läuft. Aber ein Optimist würde ihr höchstens 5-10 Jahre zugestehen, weil die Wafers (Silikon-Oblaten) sich schnell dekonstituieren und dadurch weniger effizient werden.

Es gibt Behauptungen, dass Solarmodule billiger und billiger würden. Das mag zutreffen, ändert aber die Fakten nicht. Solarkraft bleibt zu teuer, zu unzuverlässig und zu umweltschädlich. Wie viel die Solarmodule auch immer kosten mögen: Sonnenkraft ist ohne massive Subventionen nicht wettbewerbsfähig. Eine kürzliche Studie in Deutschland wies nach, dass Sonnenenergie viermal teurer ist, als Strom aus einem Prototypen eines Kernreaktors, der in Finnland gebaut wird und ein besonders teures Design hat.

Angesichts der Tatsache, dass Windenergie und Solarstrom sich also wenig ökonomisch erweisen, warum sollte es dann ausgerechnet eine Zielvorgabe für „erneuerbare“ Energien geben? Wenn CO_2 offensichtlich keine globale Erwärmung hervorruft, warum sollten wir dann der Arbeitsplätze-schaffenden Industrie, die Pflanzenfutter emittiert, Kosten und Restriktionen auflegen?

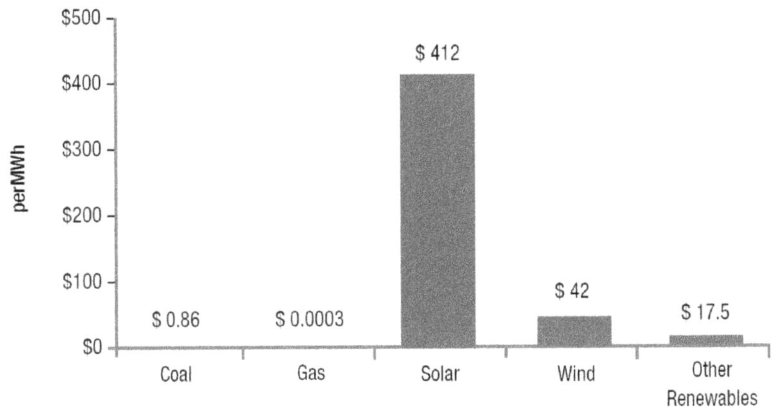

Abbildung 7: staatliche Subventionen für die Stromproduktion in Australien dargestellt für die Energiequellen 2013-2014[609]

Aus welchem Winkel auch immer man es betrachtet, Solarstrom ist zu teuer, zu umweltschädlich und kann darüber hinaus Energie im großen Ausmaß für ein Stromversorgungsnetz nicht zur Verfügung stellen. Die Grünen hoffen, dass es entgegen derzeitiger Kenntnis in Kürze eine Methode geben wird, die es ermöglicht, bei niedrigen Kosten in großem Umfang Elektrizität für Tage, Monate oder Jahre zu speichern. Eine solche Technologie gibt es nicht und sie ist auch am Horizont nicht auszumachen. Wie sollte sich ein Dritte Welt Land ineffizienten, unverlässlichen, teuren Solarstrom leisten?

In Großbritannien produzieren Solarmodule kaum 1% des gesamten Stroms und nutzen nur etwa 10% ihrer Kapazität von 6,5 GW. Als am 11. April 2015 die Solarstromeinspeisung von 0 auf 3,7 GW anstieg, bevor sie innerhalb weniger Stunden auf nichts zurückging, musste das nationale Stromnetz dafür

609 http://www.minerals.org.au/file_upload/files/media_releases/Electricity_production_subsidies_in_Australia_FINAL.pdf

500.000 £ bezahlen. Der meiste Teil dieser Kosten entstand aus Kompensationen für Windkraftanlagen, in denen 2,5 GW Windkraft abgeschaltet wurden. Und wer bezahlte das am Ende? Der Verbraucher. Eine frühzeitige Beendigung der Subventionen für Sonnenkraft würde Großbritannien zwischen 2020 und 2021 zwischen 40 und 100 Millionen £ sparen.[610]

Die üblichen Verdächtigen wie etwa „Friends of the Earth" und gut subventionierte Anbieter von Solarkraft wie „Good Energy" jammern. Auch in den westlichen Ländern kommt es während des Winters durch Energiearmut zu vielen unnötigen Todesfällen älterer Mitbürger. Es sterben viel mehr Leute an der Kälte des Winters, als an der Hitze des Sommers. Energiearmut ist durch Umweltpolitik verschlimmert worden, da sie zu massiven Anstiegen der Energiekosten geführt hat, mit denen Subventionen für unverlässliche, unwirtschaftliche und nur beizeiten produktive Stromquellen wie Windkraft und Solarenergie finanziert werden.

Das Ministerium für Energie und Klimawandel in Großbritannien publiziert erschreckende Statistiken über Energiearmut in diesem Land.[611] 2011 zeigte eine Regierungsumfrage, dass bis zu 24% der Haushalte in Großbritannien an Energiearmut leiden. Eine Umfrage von *confused.com* deckte auf, dass 82% der Bevölkerung des Vereinigten Königreiches darüber besorgt sind, dass sie vielleicht ihre Strom- und Heizkostenrechnungen während des Winters nicht würden bezahlen können. So etwas sollte es in einem entwickelten Land einfach nicht geben. Dies ist das Endergebnis einer schlechten Energiepolitik, derselben Politik,

---

610 https://www.goc.uk.government/upload/systems/upload/attachment_data/file/447323/Solar-PV-within-the-RO-consultation_-_Impact-Assessment.pdf

611 https://www.gov.uk/government/collections/fuel-poverty-statistics

für die der Papst eintritt. Die Aktivisten gegen den Gebrauch fossiler Treibstoffe haben Blut an ihren Händen. Es ist keine Tugend, erneuerbare Energien zu unterstützen, wenn es die Menschen ärmer macht und das Ableben der Schwächsten in der Gesellschaft beschleunigt.

Wen diese Art von Verhalten nicht abstößt, der ist moralisch bankrott. Der Papst, eine führende Persönlichkeit in Fragen der Moralität, sollte sich auch abgestoßen gefühlt haben und darüber in seiner Enzyklika geschrieben haben. Aber es scheint, dass seine grünlinken umweltaktivistischen Ratgeber Moralität für weniger wichtig hielten.

Die Zerstörung der Umwelt

Eine 1000 MW Reaktor oder Kohlestromanlage benötigt eine Oberfläche von etwa 30-60 Hektar. Eine 1000 MW Sonnenkraftanlage müsste genug Energie für einen Achtstundentag mit reduzierter Energieproduktion für die verbleibenden 16 Stunden produzieren. Die dafür benötigte Oberfläche ist 55,5 km². Bei einer Effizienz von 10,27%, würde angesichts der Größe der Solarmodule und dem zur Vermeidung von Schattenwurf und Instandhaltung erforderlichen Raum insgesamt eine Oberfläche von 128 km² benötigt. Dafür müssten alle Pflanzen und folglich auch Tiere aus diesem 128 km² Kilometer großen Areal entfernt werden. Und all das, um ideologischen, ineffizienten, unverlässlichen Strom herzustellen. Das ist grünlinker Umweltaktivismus feinster Sorte.

Um eine 1000 MW Sonnenkraftanlage zu bauen, braucht man nicht nur Solarmodule. Man braucht auch eine Rahmenstruktur, Betonfundamente, Transmissionssysteme, Zufahrtsstraßen und eine Oberfläche von Kollektoren und Transformatoren. Der Materialbedarf ist riesig. Darüber hinaus müssen beim Bau der Anlage massive Erdarbeiten unter Ausstoß von Kohlendioxid durch Dieselmaschinen durchgeführt werden.

Um die 35.000 Tonnen Aluminium für die Rahmen der Solarmodule zu produzieren, werden 12.777.950.000 kWh Elektrizität benötigt, die als Graue Energie daherkommt. Im Prozess der Verhüttung und Raffinerie von 35.000 Tonnen Aluminium werden 735.000 Tonnen CO_2 freigesetzt. Um die Solarmodule zu schützen, werden etwa 75.000 Tonnen Glas benötigt. Die Herstellung dieses Glases setzt etwa 260.000 Tonnen CO_2 in die Atmosphäre frei. Die Graue Energie im Glas ist 661.425.000 kWh Strom.

Für eine 1000 MW Solarkraftanlage werden mindestens 600.000 Tonnen Stahl benötigt. Die Herstellung der Stromenergie, die man für die Stahlgewinnung benötigt, würden 3.901.576 Tonnen CO_2 in die Umwelt freisetzten, und der Hochofen würde weitere 1.218.000 Tonnen CO_2 in die Atmosphäre freisetzen. Die Graue Energie im Stahl beläuft sich dann auf 9.070.000.000 kWh Elektrizität. Für die Verkabelung der Solaranlage benötigt man 7500 Tonnen Kupfer. Diese haben eine Graue Energie von 529.507 kWh. Um dieses Kupfer herzustellen, würden 13.500 Tonnen CO_2 bei der Verhüttung freigesetzt und die für den Prozess benötigte Strommenge würde zur Freisetzung von 494.200 Tonnen CO_2 in die Atmosphäre führen.

Die für Fundamente benötigten 2 Millionen Tonnen Beton würden 2.706.885 Tonnen CO_2 für den benötigten Strom freisetzen und 360.000 Tonnen CO_2 durch die Verbrennung von Kalkstein in der Zementmanufaktur. Die Graue Energie im Beton ist 6.249.000.000 kWh Elektrizität. Unter Berechnung nur dieser Komponenten, würden insgesamt 9.688.661 Tonnen CO_2 in die Atmosphäre freigesetzt und der 1000 MW Generator müsste bei einer Effizienz von 10,27% für mehr als 24 Jahre laufen, nur um die 20.804.705 kWh Graue Energie zurückzugewinnen.

Wenn also Solarstromerzeugung nicht heftig subventioniert

wird, dann ist sie eindeutig unwirtschaftlich. Warum sollte der durchschnittliche Arbeiter für eine umweltschädliche, unökonomische, subventionierte Elektrizität bezahlen?

Die oben genannten Zahlen sind untere Schätzwerte, da Emissionen von CO_2 durch Straßenbau, den Transport über Trasse und Schiff, den lokalen Maschinenbetrieb, die Manufaktur anderer Metalle (zum Beispiel das Silikon in der Solarzelle, Zinn und Silber an den elektrischen Kontakten), die Verpackung, und die Verwaltungsaktivitäten noch nicht eingerechnet worden sind. Auch die für den Betrieb nötigen Fahrzeuge wurden nicht eingerechnet. Über 100.000 LKW-Ladungen Zement hätten für den Bau durch dieselbetriebene LKWs unter CO_2-Ausstoß sowie dem Ausstoβ von Partikeln und Staub geliefert werden müssen.

Bei der Herstellung eines Sonnenmoduls auf Silikonbasis werden viele giftige, brennbare und gefährliche Chemikalien benutzt. So braucht man zum Beispiel Arsen, Cadmium und Blei zum Löten. Die Säuberungslösung in der Silikonmanufaktur ist Schwefelhexafluorid, ein Treibhausgas, das 25.000mal wirksamer ist als Kohlendioxid. Eine kürzliche Berechnung zeigte, dass zur Herstellung eines Silikonchips von 2g etwa 72g Chemikalien benötigt werden, 1,6 kg Öl oder Kohleäquivalent und 3,2 Tonnen Wasser.

Die tatsächlichen Umweltkosten für die Herstellung und den Abbau von Solarmodulen sind nicht bekannt, aber es sieht nicht gut aus. Und all dieses dient der Herstellung einer kurzlebigen Solarzelle. Als Sonnenkraft Hochkonjunktur hatte, wurden in China viele Unternehmen gegründet, die Solarzellen herstellten und an leichtgläubige westliche grün-kontaminierte Länder verkauften.

Diese Unternehmen schließen jetzt mit großer Geschwindigkeit, da die Chinesen durch die Umweltverschmutzung im Rahmen der

Herstellung von Solarzellen vergiftet wurden. Aber vermutlich ist es das für die Grünen wert, wenn man den Planeten retten kann – und sei es auf Kosten des Todes chinesischer Arbeiter.

Mit dem Ziel, den Planeten vor einer Erhöhung der atmosphärischen CO_2 Konzentration zu retten unter Verbrauch riesiger Energiemengen und Freisetzung von mindestens 10 Millionen Tonnen CO_2 in die Atmosphäre eine 1000 MW Sonnenkraftanlage zu bauen, ist sicher keine gute Idee. Dies gilt besonders, da mindestens 128 km^2 Lebensraum von Pflanzen und Tieren dafür zerstört würden und die Energie, die dabei produziert würde, ineffizient, unzuverlässig und teuer wäre. Darüber hinaus müsste man Elektrizität aus Kohle oder Gas zur Rückstellung von Reservekapazität nutzen, da die Natur mit den träumenden Ideologen nicht kooperiert. Und so müsste man damit fortfahren, jenes CO_2 in die Atmosphäre freizusetzen, das man eigentlich sparen wollte.

Die Herstellung von Sonnenstrom während der Nacht

Das sonnige Spanien wurde zum perfekten Ort für die Erzeugung von Solarenergie erklärt. Spanien hat für die Konstruktion von Solar und Windkraftanlagen mit großzügigen Subventionen ein Vermögen ausgegeben. Spanien hat sogar herausgefunden, wie man Solarstrom auch nachts herstellen kann. Solarstrom-Herstellung während der Nacht? Nein, es geht nicht um die neue Physik.

Der Umstand wurde durch unglaublich hohe Subventionen herbeigeführt, die es den Betreibern der Solaranlagen ermöglichten, Geld zu verdienen, indem sie ihre Solarmodule nachts mit Flutlicht beleuchteten. Diese Flutlichtanlagen wurden von Dieselgeneratoren angetrieben. Das ist verrückt. Kein Wunder, dass Spanien pleite ging.

Subventionierte heiße Luft und Sonnenschein

Der Premier State

Es ist eine politische Mode geworden, Windenergie und andere erneuerbare Energien zu propagieren. Aber da gibt es noch die Realität. 2015 hatte NSW keine Kapazität aus Solarstromerzeugung. Und obwohl es fünf industrielle Windkraftanlagen gab, machte die gesamte Einspeisung aus Windenergie nur etwa 0,6% des Netzstroms aus. Zu welchen Kosten? Kein grünlinker Umweltaktivist in NSW könnte heute das tägliche Leben basierend auf Windkraft oder Solarenergie meistern.

Selbst grünlinke Umweltaktivisten brauchen fossile Brennstoffe, um Nahrungsmittel aus den ländlichen Gegenden oder dem Ausland in die Städte zu transportieren. Eine riesige Menge von Nahrungsmitteln, Blumen und Handelswaren von hohem Wert reisen als Luftfracht um die Welt. Ohne fossile Brennstoffe und Staudämme zur Erzeugung von Energie für Haushalt und Industrie in NSW gäbe es keine Kühlung, Heizung, Kochen, Transport, Arbeit oder Kommunikation. Nichts. Wenn es das ist, wie sich die grünlinken Umweltaktivisten unser Leben vorstellen, dann sollten Sie ein Beispiel setzen und ihre Ideologie in einer kalten, nassen, windigen Nacht aus den Höhlen verkündigen.

In NSW gab es 2014 eine gemischte Stromerzeugung aus Kohle, Naturgas, Wasserkraft, Windenergie, Diesel und Flözgas.[612] Die Tabelle zeigt, was wir schon wissen. Wenn eine große Grundlast erzeugt werden muss, dann können zur Stromgewinnung Kohle (10.760 MW; 59,3%), und Wasserkraft (4510 MW; 24,9%) rund um die Uhr das schwere Geschäft erledigen. Zu Spitzenzeiten können Gas (2144 MW; 11,8%)

612 http://www.aemo.com.au/About-the-industry/Registration/Current-Registration-and-Exemption-lists2465

und Wasserkraft zur Steigerung der Stromproduktion verwendet werden. Von den 18.138 MW Kapazität macht die Windkapazität 550 MW (3.0%) aus. Da aber der Wind nicht ständig weht, ist die tatsächliche Einspeisung ins Energienetz nur etwa 110 MW (0,6 %). Die Verbrennung von aus Zuckerrohr Abfall stammender Bagasse erzeugt eine Kapazität von nur 68 MW (0.4%) und die Stromerzeugung ist abhängig von der Jahreszeit. Diesel (106 MW; (0,6%) kann nach Bedarf genutzt werden.

Mehr als 71% des Stroms in NSW werden aus fossilen Brennstoffen erzeugt. In Australien werden 65% des benötigten Stroms von 48% der Kapazität erzeugt. Dies spiegelt das Vorherrschen der Grundlast wieder und den Umstand, dass vor allem Kohle in Australien den Grundlastbedarf befriedigt.

NSW unternimmt einen großen Schritt – wirtschaftlich gesehen mehr als wahrscheinlich nach hinten – indem es in Broken Hill eine Solaranlage baut. Bei voller Auslastung der Kapazität wird diese Anlage ruhmreiche 2,9% des Stroms für NSW erzeugen. Bei normaler Kapazität werden dies nur 0,29% sein. Die Anlage einer Kapazität von 53 MW ist in privater Hand und die Kapitalkosten belaufen sich auf 166,7 Millionen Dollar. Die Regierung von NSW und die Agentur für Erneuerbare Energien der Bundesregierung Australiens tragen 64,9 Millionen Dollar der Kapitalkosten.[613] Darüber hinaus werden die Konsumenten gezwungen werden, für diese „erneuerbare" Energie den Aufpreis zu zahlen.

Angesichts der wohl bekannten Ineffizienz von Solaranlagen ist die Wirklichkeit, dass nur etwa 5-6 MW von dieser neuen Anlage produziert werden. Das reicht nicht einmal, um die Gruben von Broken Hill am Laufen zu halten. Und wenn es keine Minen gibt, dann gibt es auch keine Arbeitsplätze. Ich

613 http://www.agl.com.au/about_agl/how-we-source-energy/renewable-energy/broken-hill-solar-plant

fahre in den Zink-Blei-Silberminen von Broken Hill oft unter Tage. Würde ich mich auf Solarstrom verlassen, wenn ich in der Nacht unter Tage die Sicherheitssysteme und Pumpen am Laufen halten will? Können die Aufbereitungsanlagen 24 Stunden am Tag mit Solarenergie betrieben werden?

Was auch immer die grünlinken Umweltaktivisten wünschen mögen, es ist eine Realität, dass NSW auch weiterhin eine Mischung aus verlässlichen Quellen wie Kohle Wasserkraft und Gas für die Erzeugung der Grundlast sowie der Spitzenlast von Strom benutzen wird. Warum? Weil es funktioniert.

Tab. 2: Wichtige Stromerzeugungs-Stätten in NSW[614]

Kraftwerk	Ort	Technologie	Kapazität (MW)
Appin	Illawarra	Gas[a]	55
Bayswater	Hunter	Kohle	2,800
Bendeela	Nowra	Hydro	240
Blowering	Snowy	Hydro	80
Broadwater	North Coast	Zuckerrohr	38
Boco Rock	Nimmitabel	Wind	113
Broken Hill	Broken Hill	Diesel	50
Capital	Tarago	Wind	140
Condong	North Coast	Zuckerrohr	30
Colongra	Central Coast	Gas[b]	724
Cullerin	Upper Lachlan	Wind	30
Eraring	Hunter	Kohle	3,000
Eraring	Hunter	Diesel	56
Gullen Range	Goulburn	Wind	172
Gunning	Gunning	Wind	47
Guthega	Snowy	Hydro	80
Hume	Snowy	Hydro	70
Hunter	Hunter	Gas[b]	50
Liddell	Hunter	Kohle	2,200
Mt Piper	Central West	Kohle	1,400
Murray	Snowy	Hydro	1,575
Smithfield	Smithfield	Gas[c]	175
Tallawarra	Illawarra	Gas[c]	435

614 http://www.resourcesandenergy.nsw.gov.au/investors/projects-in-nsw/electricity-generation

Tower Point	Illawarra	Gas[a]	41
Tumut	Snowy	Hydro	2,465
Uranquinty	Wagga Wagga	Gas[c]	664
Vales Point	Central Coast	Kohle	1,360
Woodlawn	Tarago	Wind	48

a = Untertagevergasung; b = Gasturbine, offener Zyklus; c = Gasturbine, combinierter Zyklus

2007 lagen die Stromkosten in Australien unter den Niedrigsten der Welt. Zwischen 2007 und 2013 wurde Australien von der Labour-Partei regiert. Diese führte Kohlenstoffsteuern und verschiedene staatlich unterstützte erneuerbare Energiepläne ein. Bereits 2011 waren die Strompreise in Westaustralien, Victoria, NSW und Südaustralien so hoch, dass sie direkt hinter Dänemark und Deutschland rangierten.

Auf Wiedersehen Arbeitsplätze

2009 ergab eine Zeugenbefragung im Komitee für Energie-Unabhängigkeit und Globale Erwärmung des Parlamentes der USA über die spanischen erneuerbaren Energien[615], dass für jeden grünen Arbeitsplatz, der von den spanischen Steuerzahlern subventioniert worden war, 2,2 Arbeitsplätze verloren gingen. Nur einer von zehn grünen Arbeitsplätzen dienten der Erhaltung und dem Betrieb von bereits betriebenen „alternativen" Stromerzeugungsstellen. Die anderen Arbeitsplätze wurden allein durch hohe Subventionen möglich gemacht. Jeder grüne Arbeitsplatz in Spanien kostete den Steuerzahler 750.000 Dollar und grüne Programme führten zur Zerstörung von 110.500 Arbeitsplätzen. Die Installation jedes einzelnen grünen Megawatts an Energieerzeugung zerstörte 5,39 Arbeitsstellen

615 http://www.markey.senate.gov/GlobalWarming/index.html

im Rest der Wirtschaft. Ich bin mir sicher, dass jene, die durch die grünen Aktivisten ihre Arbeitsplätze verloren haben, sich gut dabei fühlen, dass sie ein Opfer für einen höheren Zweck gebracht haben.

Während während des Besuchs einer Fabrik in Ohio, die Teile für Windräder herstellt, sagte Präsident Obama am 16. Januar 2009:

„*...und denken Sie an das, was gerade in Ländern wie Spanien, Deutschland und Japan vorgeht. Dort werden wirkliche Investitionen in erneuerbare Energien gesteckt. Sie sind uns voraus, und sind darauf aus, in diesen neuen Industrien die Führung zu übernehmen.*"

Präsident Obama ist ziemlich gut darin, Arbeitslosigkeit herbeizuführen. Wenn er dem Beispiel Spaniens folgt, dann kann er das noch besser hinbekommen. Spanien hat seither den Zusammenbruch der Staatsfinanzen erlebt, der zum Teil auf die extrem hohen Kosten für Strom und Subventionen zurückging. Unser Dank geht an die Grünen. Auch die grünlinken Aktivisten fühlen sich bestätigt und fühlen sich aufgrund ihrer Politik moralisch über uns gestellt.

Die Umweltfolgen der Windenergie

Die Antwort ist nicht im Wind

Die Geschichte geht um, dass durch Verbrennung von Kohle zur Herstellung von Dampf, zum Betrieb eines sich drehenden Magneten zur Herstellung billiger Elektrizität so viel CO_2 emittiert wird, dass die atmosphärische Temperatur steigt, welche dann zu einem Anstieg des Meeresspiegels führt durch Ausdehnung des Wassers und Schmelzen des Eises. Um daher diese vorhergesagte globale Katastrophe zu verhindern, müssen wir Windkraftwerke bauen. Diese Narrative ist die der grünlinken Umweltaktivisten. Aber da CO_2 keine globale Erwärmung hervorruft, ist der Bau von Windkraftwerken nicht notwendig. Darüber hinaus ist Windenergie teuer, ineffizient und schädigt die Umwelt.

Der Don Quixote des Miguel de Cervantes sah in den Windmühlen böse Giganten, die unbedingt zerstört werden mussten. Das tue ich auch, aber aus anderen Gründen. Allzu oft, wenn die Grünen das wissenschaftliche Argument aus Mangel an Beweisen verloren haben und auch keine wirtschaftlichen und logischen Gründe mehr vorbringen können, dann berufen sie sich auf das „Präkautionäre Prinzip“. In der Wissenschaft gibt es kein solches Prinzip. Der Papst zitiert aus der Erklärung von Rio aus dem Jahre 1992[616] jenen Vortrag, in dem das sogenannte Präkautionäre Prinzip zum ersten Mal auftaucht:

„*Drohen schwerwiegende oder bleibende Schäden, so darf ein Mangel an vollständiger wissenschaftlicher Gewissheit kein Grund dafür sein, kostenwirksame Maßnahmen zur Vermeidung von Umweltverschlechterungen aufzuschieben.*“

Das Präkautionäre Prinzip des Papstes

In seiner Enzyklika erkennt der Papst wissenschaftliche Ungewissheit indirekt an, propagiert alternative Energietechnologien und versäumt es doch, die schmerzhaften wohlbekannten Fakten über die Windenergie anzugehen. Warum wendet der Papst das Präkautionäre Prinzip nicht bezüglich der gesundheitlichen Einschränkungen durch den Lärm der Windräder an? Niedrigfrequenter Lärm, ggf. in Frequenzen bis zu 8 Hz[617], hat mögliche möglicherweise physische und von daher psychologische Auswirkungen auf den Menschen. Es ist nicht bekannt, welche Auswirkungen niedrigfrequenter

616 *Laudato Si'*, Paragraph 186

617 Physikalisch Technische Bundesanstalt EurekAlert Public release 10-Jul-2015; Dr Christian Koch

Lärm auf Tiere hat. Säugetiere erleiden Stress, Verwirrung und Furcht durch den für uns unhörbaren tief-frequenten Klang im Brüllen der Großkatzen.[618] Bei der Propagation alternativer Energiequellen für Menschen hätten die Ratgeber des Papstes sehr vorsichtig mit den möglichen Gesundheitsfolgen von Windrädern umgegangen sein sollen. Zum jetzigen Zeitpunkt sind die medizinischen Auswirkungen des Lärms aus Windrädern schwer zu quantifizieren, die medizinische Forschung ist noch jung, weitere Forschung wird benötigt. Doch legen Berichte von Anwohnern, die in der Nähe von Windrädern leben, nahe, dass möglicherweise ernsthafte Probleme durch den niedrig frequenten Schall ausgelöst werden.[619]

Die grünlinken Umweltberater des Papstes waren sich der Auswirkungen von Windrädern auf die menschliche Gesundheit nur zu bewusst, oder hätten sich leicht darüber informieren können.[620] Wenn der Papst hiervon nichts wusste, dann sollten ihm seine Berater davon berichtet haben. Seine Heiligkeit hätte das „*Präkautionäre Prinzip*“ bei der Betrachtung der Windenergie anrufen sollen, einer alternativen Energie, die durch viele grünlinke Aktivisten vorangetrieben wird. Das tat er nicht. Warum nicht? Die grünlinken Aktivisten äußern sich lautstark zu dem, was man nicht sehen kann (zum Beispiel Strahlung, genmanipulierte Nutzpflanzen), sind aber heuchlerisch ruhig im Bezug auf das, was man nicht hören kann. Unhörbarer Schall kann vielleicht doch gefühlt werden.

Es gibt eine breite Literatur, die belegt, dass Windräder Vögel (besonders seltene Adler) und Fledermäuse töten. Sie werden oft in Gegenden großer Naturschönheit gebaut. Der

618 von Muggenthaler, E. 2000: The secret of a tiger's roar. *American Institute of Physics*, www.sciencedaily.com/releases/2000/12/001201152406.htm

619 Australian Senate Select Committee on Wind Turbines, 2015

620 Salt, A. N. and Hullar, T. E. 2010: Responses of the ear to low frequency sounds, infrasound and wind turbines. *Hearing Research* 286, 12-21

Papst äußert Sorge um die Landschaft[621] und besonders um die schönen ländlichen Landschaften.[622] Da sich die industriellen Entwicklungen der Windkraft besonders in ländlichen Landschaften befinden, ist es deshalb überraschend, dass die Enzyklika den schlimmen umweltlichen Schaden, den Windräder im Namen des Umweltschutzes verursachen, nicht zur Sprache bringt.

Der Papst sagt in Paragraph 151:

„Jeglicher Eingriff in die städtische oder ländliche Landschaft müsste die Tatsache berücksichtigen, dass die verschiedenen Elemente des Ortes ein Ganzes bilden, das die Bewohner als ein kohärentes Bild mit seinem Reichtum an Bedeutungen wahrnehmen.“

Hier ist von den Windrädern als einer umweltschädlichen Form „erneuerbarer Energie“ nicht die Rede. An vielen Stellen der Enzyklika ist der Papst ein enthusiastischer Werber für erneuerbare Energie und ist eindeutig über die Details nicht informiert worden.[623]

Schaden an der Umwelt

Es wird die Theorie verbreitet, dass Windenergie die Emissionen von CO_2 senke. Dies ist nicht richtig. Windenergie erhöht die Immissionen. Windräder produzieren nur zwischenzeitlich und unverlässlich Strom. Von daher braucht man rund um die Uhr Rückstellungen durch Kohlekraftwerke, die man auch nicht einfach an- und abstellen kann. Die Erzeugung von Windstrom kann ohne fossile Treibstoffe nicht existieren. Die Energiedichte des Windes ist sehr niedrig. Wollte man den gesamten Strombedarf der USA aus Wind erzeugen, dann würde

621 *Laudato Si'*, Paragraphen 21, 58, 184 und 232

622 *Laudato Si'*, Paragraph 151

623 *Laudato Si'*, Paragraphen 26, 52, 153, 164, 165 und 179

man dafür eine Oberfläche der Größe Italiens benötigen.[624] Die Ressourcen, die ein Windrad dabei braucht, werden von ihren grünlinken Befürwortern nicht erwähnt.[625]

Darüber hinaus wird mehr Energie benötigt, um den Stahl, die Säule, die Blätter des Rotors und den Betonsockel, die Kupferverkabelung und Seltenerdmagneten herzustellen, als das Windrad in seiner Laufzeit jemals produzieren wird.[626] Die Herstellung von Seltenerdmetallen für Magneten von Windrädern ist mit schrecklicher Umweltverschmutzung verbunden. Dieses hat speziell in China eine lange Geschichte. Und doch sind diese Metalle eine unerlässliche Komponente der Windturbinen. Zusätzliche Energie aus fossilen Brennstoffen wird für den Transport großer Tonnage von Beton, für Instandhaltung und Altlastbeseitigung ausgegeben. Doch werden viele industrielle Windanlagen nicht desinstalliert, sondern bleiben als rostige, oft ausgebrannte, Relikte in Landschaften (einst) großer Schönheit zurück.

Die Landoberfläche, die für industrielle Windanlagen genutzt werden muss, ist um Größenordnungen größer als jene für Gaskraftwerke, Kohlekraftwerke und Kernkraftwerke. Eine einzige unsubventionierte Schiefergasförderung auf 2 Hektar Land würde mehr Energie produzieren als 87 gigantische Wind Räder auf 15 km² Oberfläche und Sichtbarkeit der Windräder aus 30 km Entfernung in 25 Jahren hervorbringen würden.[627] Hinzu kommt, dass das Schiefergas zur Stromerzeugung weder intermittierend noch unverlässlich ist.

---

624 Bryce, Robert 2014: *Smaller, faster, lighter, denser, cheaper. How innovation keeps providing the catastrophists wrong*. Public Affairs

625 Wind energy in the United States and materials required for the land-based turbine industry from 2010 through 2013: US Geological Survey

626 Plimer, Ian, 2014: *Not for greens*. Connor Court

627 Booker, Christopher 2015: Why are the greens so keen to destroy the world's wildlife? *Daily Telegraph* 04 Jul 2015

Das Endergebnis des Umweltschutzes ist eine Beschädigung der Umwelt – wie sich an industriellen Windkraftwerken zeigen lässt. Der Umweltschutz ist darauf aus, dass jeder sich über die Umwelt schuldig fühlt. Diese Schuldgefühl ist ein Nachgang der westlichen Christenheit. Die päpstliche Enzyklika gießt Öl in dieses Feuer.

Eine Wette, die immer gewinnt

Ein paar einfache Zahlen sollten den Enthusiasmus des Papstes für erneuerbare Energien ernüchtert haben. Wenn das Windrad tatsächlich läuft, dann werden zur Erzeugung von 1 MW Windenergie 103 Tonnen Edelstahl, 402 Tonnen Beton, 6,8 Tonnen Fiberglas, 3 Tonnen Kupfer und 20 Tonnen Gusseisen benötigt. Die Erzeugung von Edelstahl erfordert einen langen Prozess[628] der Abbau, Verhüttung und Fabrikation einschließt. All diese Prozesse erfordern fossile Brennstoffe. Bergbau erfordert hohe Energiedichte, sowie Dieseltreibstoff. Für jede abgebaute Tonne Gestein werden 2 l Treibstoff verbraucht.

Der Transport des Eisenerzes von der Mine zur Stahlmühle erfordert Dieselkraftstoff und Schiffsdiesel. Viele Treibstoffe für Schiffe sind schmutzig und führen zur Freisetzung großer Mengen von Schwefelgasen in die Atmosphäre. Zur Verwandlung von Eisen in Stahl braucht man Koks oder bisweilen Naturgas. Aus diesem wird CO_2 in die Atmosphäre freigesetzt. Für die Stahlmanufaktur werden fossile Treibstoffe sowohl zur Energieerzeugung als auch jene, die man für chemische Reduktion eines Oxides zu einem Metall benötigt. Chemische Reduktion kann man mit Windkraft, Sonnenkraft, Wasserkraft oder Kernenergie nicht bewerkstelligen.

Beton besteht aus Gesteinskörnung, Sand und Zement. Der Vorläufer des Zement sind Kalkstein und Schiefer. Diese werden

628 Plimer, Ian 2014: *Not for greens.* Connor Court

erhitzt und dabei wird CO_2 in die Atmosphäre freigesetzt. Um Kies, Sand, Kalkstein und Schiefer im Steinbruch abzubauen, zu transportieren und zu zerkleinern, benötigt man Dieseltreibstoff. Die Energie, die zur Erhitzung des Kalksteins benötigt ist, um ihn in Zement zu verwandeln, benötigt Kohle oder Naturgas.

Und damit sind wir nicht fertig. Bevor sie die Arbeit aufnehmen können, müssen große Windturbinen Energie aus dem Stromnetz entnehmen. Wenn der Rotor sich nicht dreht, so verbraucht die Turbine doch Energie für die Kontrollen, die Lichter, die Kommunikation, die Sensoren, die Messungen, die Datensammlung, die Ölheizung, Pumpen, Kühler und Getriebefilter. Dieser Strom kommt aus dem Netz und stammt aus der Verbrennung von Kohle. Im wesentlichen kann ohne die Benutzung fossiler Treibstoffe ein Windrad nicht gebaut, betrieben oder in Stand gehalten werden.

Wenn Windräder Elektrizität herstellen, so führt dies nicht zum Abstellen der Kohlekraftwerke. Denn Kohlekraftwerke muss man für die Zeitpunkte am Laufen halten, an denen der Wind nicht mehr bläst. Wenn ein Windrad seine ineffiziente, intermittierende, teure und subventionierte Elektrizität erzeugt, so entsteht dabei mehr CO_2, als wenn dieselbe Strommenge in einem Kohlekraftwerk generiert worden wäre. Dazu treten natürlich das Töten der Vögel und Fledermäuse sowie Gesundheitsschäden.

Nichts davon hat der Papst erwähnt. Er war schlecht beraten. Der Papst erhebt keine Einwände gegen Energieverbrauch und entstehenden Abfall im Rahmen industrieller Prozesse, die beim Bau der Anlagen für erneuerbare Energien, wie etwa Windräder,[629] anfallen.

Der Papst kann es nicht mal so herum, und mal andersherum haben.

---

629 *Laudato Si'*, Paragraphen 21 und 161

Welttag der heißen Luft

Der Welt-Wind-Tag ist am 15. Juni. Das nimmt sich aus wie ein gut organisiertes Medienereignis, das von Profiteuren gefeiert wird, die auf Subventionen aus sind und die Strompreise in garantierten Märkten steigern können. Landbesitzer erhalten eine indirekte Bezahlung von den Konsumenten. Die Fürsprecher der grünlinken Umweltagenda propagieren dann verschiedene UN-Resolutionen auf Kosten der Souveränität, der Freiheit, der Umwelt und des gesunden Menschenverstandes im Finanzwesen.

Der Welt-Wind-Tag wird von den Vögeln, Fledermäusen, umliegenden Anwohnern für die sich der Hauswert verringert hat, und jenen die vom Lärm der Rotorblätter krank geworden sind ebenso wenig gefeiert wie von der Industrie, die höhere Strompreise verschmerzen muss. Auch wenn Ästhetik etwas Subjektives ist, so sehen doch die Meisten keine Verbesserung in der Bedeckung der Hügel mit Windrädern. Am Welt-Wind-Tag wird für die Stromverbraucher, die Steuerzahler, Betriebe und die wahren Umweltschützer nur heiße Luft produziert. Vielleicht gibt es nicht genug Tage im Jahr, um Feiertage für die Zerstörung von Arbeitsplätzen, die Zerstörung von Industrien, Treibstoffarmut, Verlust der Souveränität, Verlust der Freiheit, Vermögens-Verschiebung und UN-Heuchelei zu feiern.

Ein gescheitertes Konzept

Die Windkraft hat ihren Zenith vor 400 Jahren überschritten. Vor Jahrhunderten nutzte man Windkraft für Wasserpumpen und zum Mahlen des Korns. Diese Vorgänge liefen nicht ständig ab. Seitdem haben eine Zunahme des Energiebedarfs, die Energiedichte, Ineffizienz und Unzuverlässigkeit Windkraft immer teurer gemacht. Windstrom wird massiv subventioniert. Obwohl Wind und Solarenergie massiv subventioniert werden,

werden bei den im Wettbewerb stehenden Energien weder Kohleproduktion noch Kohlestromwerke subventioniert. Sie begegnen höchsten bürokratischen Hürden mit massiven Kosten für Umweltschutz und rechtliche Fragen, wenn sie ein Unternehmen aufbauen wollen, das Arbeitsplätze schafft. In Folge von Regierungs-Interventionen, durch das Vorschreiben und Subventionieren der teuersten „erneuerbaren" Energieressourcen, wurden die Strompreise in die Höhe getrieben und billige Energie aus Kohlekraftwerken teuer gemacht, die erst dadurch jetzt im Preis mit der Wind Energie vergleichbar ist.

Industrielle Windstromanlagen sind ein gescheitertes Konzept. Es ist Zeit, dass ihre Befürworter für ihre Fantasien zahlen, statt Steuerzahler und Stromkonsumenten das Geld aus der Tasche zu ziehen. Die Windindustrie hat lange versprochen, preislich wettbewerbsfähige Elektrizität zu erzeugen, hat das aber nie geleistet. Australien hat eine traurige Geschichte, was das Finanzieren junger Industrien oder das Subventionieren der Industrie angeht (zum Beispiel Textilien, Kleidung, Schuhe, Autos, Chemikalien und jetzt Windenergie). Diese Initiativen sind alle gescheitert. Ein kleines Land wie Australien kann Verlierer nicht unterstützen und Technologie mit hohen Kapitalkosten subventionieren. Selbst dann nicht, wenn eine gut bezahlte Lobbygruppe die Öffentlichkeit in Angst und Schrecken versetzt, die Politiker unter Druck setzt und über unterstützende Medien verfügt, denen die Fähigkeit abgeht, die nötigen Fragen zu stellen. Solche Subventionen steigern die Kosten der Regulation, schädigen Wirtschaft, Arbeitsmarkt und Haushalt und führen zu Schulden. Die verschwenderische grüne Bank der australischen Regierung, die Clean Energy Finance Corporation, erhält Subventionen der Verbraucher durch die Zielvorgabe für erneuerbare Energien. Die sogenannte grüne Energie ist doppelt so teuer, die aus den verlässlichen Kohlekraftwerken.

Die jährlichen Subventionen belaufen sich auf 2,5 Milliarden Dollar.

Der Wind ist nicht umsonst

Wind ist nicht umsonst. Die grünlinken Umweltaktivisten können nicht rechnen. Windkraft ist furchtbar teuer, beschädigt die Umwelt und ist unzuverlässig. Das Finanzkomitee des US Senates[630] hat Steuervorteile von 2,3 Cent pro Kilowattstunde produzierte Windenergie vorgeschlagen. Dieses ist, seit 1992, das siebte Mal, dass Subventionen gewährt wurden, um „*der Industrie zu helfen, im Markt wettbewerbsfähig zu sein*". Seit 1978 hat es weitere „*zeitweilige*" staatliche Subventionen gegeben. Man sollte meinen, dass die Windkraft nach mehr als 30 Jahren Zeit genug hatte, um wettbewerbsfähig zu werden. Falls nicht die Branche selbst so hoffnungslos ist, dass sie ohne massive Subventionen nicht überleben kann. Das Amt für Energieinformation[631] berichtet, dass die Steuererleichterungen für Windenergie 2013 bei 5,9 Milliarden Dollar lagen, und die für Solarenergie bei 5,3. 2013 trugen Wind und Sonnenenergie in den USA weniger als 5% zur gesamten Stromerzeugung bei und erhielten doch 50mal mehr Subventionen als Kohle und Gas zusammen.[632] Diese Zusatzkosten werden vom Steuerzahler getragen. Dies verdanken sie Gesetzgebungen zu erneuerbaren Energie in 29 Staaten und im District of Columbia. Diese Gesetze garantieren Wind- und Sonnenenergie einen Marktanteil, gleichwohl, wie hoch die Erzeugungskosten liegen mögen.

So bezahlen zum Beispiel Haushalte im Staat New York[633] nun im Jahr 400 Dollar mehr für Strom als der nationale

630 http://finance.senate.gov
631 http://eia.gov
632 http://instituteforenergyresearch.org
633 http://www.nyiso.com

Durchschnitt.[634] Auf den gesamten Staat von New York berechnet belaufen sich diese 53% Extrakosten gegenüber dem nationalen Durchschnitt auf 3,2 Milliarden Dollar im Jahr. 2010 produzierten die 15 Windanlagen 2,4 Millionen MWh Strom. Dieselbe Menge Elektrizität könnte von einem kleinen 450 MW Gaskraftwerk geliefert werden, dass auf 60% Kapazität liefe. Die Kapitalkosten lägen dabei bei 25% derer von Windkraftanlagen. Die Windräder müssen alle 10-13 Jahre ersetzt werden, was Kapitalkosten von 2 Milliarden Dolar nach sich zieht.

Einige Staaten sind aufgewacht (Ohio, Virginia) und haben die Mandate für erneuerbare Energien eingefroren oder eingestellt. Windkraft produziert Strom intermittierend und unabhängig vom Verbrauch, kann zu Zeiten hohen Bedarfs nicht genug Strom erzeugen und bedarf einer laufenden Reserve aus Kohle oder Gaskraftwerken zu Betrieb und Energiesicherung, wenn der Wind einmal nicht bläst.

Die US Behörde für Energie Information (EIA) behauptet, dass Strom aus landständigen Windfarmen eine der billigsten Formen der Elektrizität sei und billiger sei, als Kernkraft[635], Kohle, Wasserkraft und Solarenergie.

Ein Bericht der Utah State University[636] zeigt, dass die wahren Kosten der EIA 48% höher liegen, als angegeben. Staaten haben „Renewable Energy Portfolio's" (RPS) in Kraft gesetzt, welche Einrichtungen verpflichten, Elektrizität zu hohen Kosten im Sektor der erneuerbaren Energien zu kaufen. Windräder befinden sich oft weit weg von den Überlandleitungen, die Ausweitung des Stromnetzes ist teuer und die Kosten werden dem Steuerzahler und dem Konsumenten auferlegt. Konventionelle

634 http://newsmax.com/LarryBell/Climate-Change-Global-Warming/2015/008/03/id/665118/

635 www.eia.gov

636 http://www.usu.edu/ipe/wp-content/uploads/2015/04/Renewable-Portfolio-Standards-Colorado.pdf

Stromerzeugung muss dabei rund um die Uhr weiter betrieben werden, wenn der Wind den Bedarf nicht sättigen kann. Dieses treibt die Stromkosten weiter in die Höhe. Steuererleichterungen auf die Stromerzeugung alleine bringen den Windstromerzeugern jährlich 5 Milliarden Dollar Subventionen ein. Die wahren Kosten der Windenergie beinhalten darüber hinaus Umweltschäden und mögliche Gesundheitsschäden.

Die Deutschen reut der Tag, an dem sie beschlossen, die Welt zu retten und rasch auf Windenergie umzustellen. Die deutsche Energiepolitik war ein Desaster. Die Subventionen sindgigantisch, der Elektrizitätsmarkt ist jetzt chaotisch und die Stromnetze haben Probleme, mit der sporadischen Einspeisung der Windräder fertig zu werden.[637] Die CO_2-Emissionen steigen schnell, die deutsche Industrie ist in andere Jurisdiktionen abgewandert, mehr als 800.000 Haushalte in Deutschland sind von der Stromversorgung abgeschnitten worden, weil sie die erhöhten Kosten nicht mehr tragen konnten, und der grüne Traum von Tausenden von neuen Arbeitsplätzen hat sich in einen kalten schwarzen Albtraum verwandelt.

Manche Menschen in Deutschland leiden an der Energiearmut und haben deshalb begonnen in den Wäldern Holz für das Heizen und Kochen zu sammeln. Gott allein weiß, wie Deutschland den Strom für den Winter produzieren soll, wenn 800.000 illegale Immigranten aus dem mittleren Osten und Afrika eintreffen. Die Strompreise in den USA liegen bei etwa einem Drittel jener in Deutschland. Doch Obama beschreitet jetzt denselben Weg wie

---

637 Grid systems have tolerances of a few volts and Hertz hence any excessive variation results in a shutdown. On 13th June 2015 between 9am and 3pm, the whole South Australian grid collapsed from 750 MW to 50 MW, a drop of 94%. It's been known for a long time that feed-in solar and wind power leads to uncontrolled power surges and blackouts and attempts to increase the proportion of renewables to the grid result in more blackouts and no savings of CO_2 emissions.

Deutschland. Warum?

Dänemark hat den teuersten Strom Europas. Wenn der Wind nicht weht, kauft Dänemark Kohleelektrizität aus Deutschland, Kernenergie aus Frankreich und Schweden und Wasserkraft aus Norwegen. Wir haben eine große Schlagzeile gesehen[638] mit der Nachricht: „*Windkraft erzeugt 140% des dänischen Elektrizitätsbedarfs.*“ Doch waren dies nur für einen kurzen Moment in einer windigen Nacht um 3:00 Uhr morgens - 140%, zu jener Zeit, in der der Bedarf am tiefsten liegt. Besuchen Sie die Website der dänischen Elektrizitätsbehörde[639] und schauen Sie sich die Landkarten der Einspeisung und Abnahmen des Stroms an.

In Dänemark wird weit mehr Strom aus konventionellen Quellen eingeführt, als Windstrom exportiert wird. Dänemark ist nicht energieunabhängig, denn Windenergie produziert nicht genug für die Verbraucher und die Industrie. Windkraft ist eine ineffiziente, teure Ideologie. Es ist nicht schwer zu verstehen, wie fehlgeleitete Energiepolitiker den wirtschaftlichen Niedergang Europas beschleunigt haben. Wäre Windkraft effizient und verlässlich, dann müssten grünlinke Zeitungen wie der *Guardian* nicht irreführend und täuschend berichten. Die staatseigene dänische Energie-Gesellschaft Dong Energy hat den Bau landständiger Windanlagen wegen öffentlicher Proteste eingestellt. Manchmal kann Dänemarks Windenergie nicht im Lande benutzt werden und wird dann exportiert. Am Ende des Ganzen stammen etwa 7% der dänischen Energie aus dem Wind. Der Rest wird importiert.

Australien hat eine Bevölkerung von 24 Millionen Menschen, die über eine Oberfläche von 7.692.024 km²

---

638 http://www.theguardian.com/environment/2015/jul/10/denmark-wind-windfarm-power-exceeded-electricity-demand

639 http://energinet/dk/EN/EI/Sider/Elsystermet-lige-nu.aspx

verteilt sind. Der Strombedarf ist sechsmal höher als in Dänemark. In Dänemark sind 5,7 Millionen Menschen auf nur 43.094 km² zusammengedrängt und es gibt keine großen, stromkonsumierenden Industrien wie etwa Verhüttungsbetriebe, die dem Rest der Welt Metalle liefern. Australien ist eine Insel und wir können uns nicht darauf verlassen, dass benachbarte Staaten uns mit Strom versorgen, falls unsere ideologische Energie-Politik scheitert. Genau wie in Dänemark ist auch unser Stromverbrauch um 3 Uhr morgens niedrig und unsere Preise sind morgens und abends am höchsten. Südaustralien, das einen größeren Anteil an Windkraft hat, zeichnet sich durch höhere Stromkosten aus. Was für eine Überraschung.

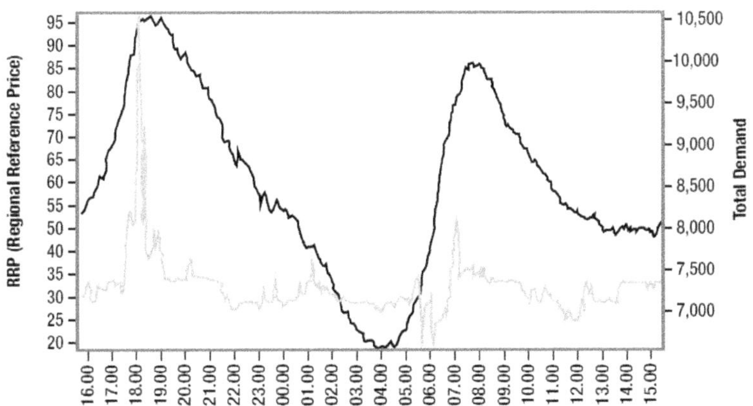

Abb. 8: Spitzenbedarf, Basisbedarf und Minimalbedarf für Strom während eines 24 Stunden Tages im Victoria (10. August 2015); die dicke Linie ist der gesamte Bedarf, die graue Linie ist der Verkaufspreis.[640]

640 http://www.aemo.com.au/Electricity/Data/Price-and-Demand/Price-and-Demand-Graphs/Current-Dispatch-Interval-Price-and-Demand-Graph-VIC

In Grossbritannien wird Elektrizität bezahlt, die nicht benötigt wird und die Betreiber erhalten Kompensationen, wenn die Konsumenten die Windkraft nicht benutzen. Diese unwirkliche Welt haben die Regierungen des Vereinigten Königreiches während des Versuches geschaffen, die Wirtschaft zu „decarbonisieren". Das nationale Stromnetz Großbritanniens[641] hat gewarnt, dass Kohlekraftwerke so schnell geschlossen werden, dass die Reservekapazität von 16% im Jahre 2012 bis 2015 auf 1,2% gesunken war.

Die meisten Kohlekraftwerke werden bis 2023 geschlossen werden, weil die EU-Gesetze beabsichtigen, die „Kohlenstoff"-Emissionen zu senken.[642] Wie wird der nächste kalte Winter aussehen? Großbritannien steht am Rande eines selbstgemachten Desasters. Dieses Problem werden selbst Tausende von teuren Notstrom-Dieselaggregaten nicht lösen.

Zielvorgaben für erneuerbare Energien

Stromausfall in der Europäischen Union

Die Politik der EU, Kohlekraftwerke zu schließen und die Nutzung erneuerbarer Energien zu steigern, nimmt Großbritannien einen Teil seiner Souveränität und erzeugt ein Risiko für Stromausfälle im nationalen Netz. Im weiteren hat diese Politik die Stromkosten für die Konsumenten erhöht. Genau das will Obama jetzt für die Vereinigten Staaten. Während die Europäer in einem schmerzhaften Lernprozess begriffen sind und die Subventionen abschaffen, will die US-Regierung, dass die amerikanischen Familien denselben Schmerz fühlen müssen, der durch erhöhte Strompreise, den Verlust verlässlichen

---

641 http://www.ft.com/intl/cms/s/0/f3d1b352-fef4-11e4-84b2-00144feabdc0.html#axzz3ilYqjyfx

642 http://www.bloomberg.com/news/articles/2014-07-09/most-uk-power-plants-seen-shut-by-2023-on-climate-rules.html

Stromangebots und den Abbau von Arbeitsplätzen entsteht.

Deutschland hat ein Eigentor geschossen. Deutschlands Übergang zur „erneuerbaren" Energie hatte größere Auswirkungen auf die traditionellen Kohle- und Gaskraftwerke als ursprünglich geplant. Wegen der deutschen Energiewende werden 57 traditionelle Gas und Kohlekraftwerke geschlossen werden. Es ist nun praktisch unmöglich, eine neue moderne Anlage zu bauen.[643] Wenn sie nach Deutschland reisen, bringen Sie am besten Kerzen und einen warmen Mantel mit. Die Kerzen müssen natürlich von grüner Farbe sein.

Deutschland ist massiv von russischem Gas abhängig. Russland ist nicht als stabiler Lieferant bekannt und benutzt Energie, besonders im Winter, für politische Erpressung. Russland und die Ukraine haben ein Kartenkunststück gezaubert und als Ergebnis politischen Pferdehandels in den Vereinten Nationen werden nun die meisten Kohlestofflasten, die sie schaffen, nicht als Emissionssenkung dargestellt, weil sie Emissionen einschließen, die aus Feuern aus dem Abfall von Kohlebergbau und austretenden Gas während der Ölproduktion entstammen.[644] Warum bin ich nicht überrascht?

Erneuerbare Energien in Großbritannien

In Großbritannien hat das Amt für Verantwortliche Haushaltsführung (der Bundesrechnungshof) besorgniserregende Schätzungen über die Auswirkungen der Zielsetzungen für erneuerbare Energien in Großbritannien abgegeben.[645] 2014 wurden in Form verschiedener Umweltsteuern für

643 *Deutsche Welle*, 24th August 2015

644 http://www.sei-international.org/mediamanager/documents/Publications/Climate/SEI-WP-2015-07-JI-lessons-for-carbon-mechs.pdf

645 http://www.telegraph.co.uk/news/earth/environment//11483899/Green-levies-on-energy-bills-to-treble-by-2020-because-of-renewable-targets-official-figures-suggest.html

die Unterstützung von Windrädern, Sonnenkraft und Biomasseverbrennungsanlagen 3,1 Milliarden £ erhoben. Diese Summe wird bis 2020 auf 9,4 Milliarden £ pro Jahr steigen. Solche Gesetze machen derzeit 5% der Stromrechnungen aus und werden 2000 schon 15% betragen (226 £ pro Person und Jahr). Für 2020 ist eine Zielvorgabe von 30% für erneuerbare Energien gesetzt worden. Während desselben Zeitraums bis 2020 werden Umweltsteuern die britischen Haushalte insgesamt 89 Milliarden £ kosten. Für Windenergie wird man über die nächsten 20 Jahre 85-90 £ pro Megawattstunde bezahlen. Davon sind 40 £ Subventionen. Das wirkliche Problem hat noch niemand angesprochen: wenn Großbritannien 70% seiner Stromerzeugung aus fossilen Treibstoffen verliert, was werden sie dann tun, wenn der Wind nicht bläst und die Sonne nicht scheint, in diesem Land, in dem Sonnenschein heute schon rar ist? Die Konsumenten dort werden nervös.[646]

Die Klimaministerin des Vereinigten Königreiches, Amber Rudd, reduziert derzeit Subventionen für Wind und Sonnenkraft und schützt den Steuerzahler vor undurchsichtigen Spielen, wie etwa Einspeisungstarifen für Solaranlagen, die außer Kontrolle geraten sind.[647] Sie sagte, sie verstehe, warum die Leute die Bekämpfung der globalen Erwärmung[648] als „Deckmäntelchen für eine gegen Wachstum und Kapitalismus gerichtete sozialistische Agenda halten". Der Premierminister David Cameron ist dazu übergegangen, den „grünen Unsinn" loszuwerden, der die Energierechnungen in die Höhe getrieben hat und die Betriebe

---

646 http://www.telegraph.co.uk/news/earth/earthnews/11679649/Rising-green-energy-levies-risk-public-backlash.html

647 Pilita Clark, *Financial Times*, 24 July 2015; Ben Webster, *The Times* 23 July 2015

648 UK Government Axes Green Deal; Global Warming Policy Foundation, 24 July 2015

wettbewerbsunfähig machte.[649] Es gibt keine Subventionen mehr für jene, die kleine Solarmodule auf dem Dach installieren, ein System, dass es früher wohlhabenden Familien erlaubt hat, Subventionen für sich nutzbar zu machen, die von armen Leuten gezahlt worden waren, die Mühe hatten, ihre Stromrechnung zu bezahlen.[650] Subventionen für erneuerbare Energien haben als Teil des „green deal“ der Regierung 1,5 Milliarden £ im Jahr erreicht. Ministerin Amber Rudd hat 540 Millionen Pfund aus Initiativen gestrichen, die Kredite oder Bargeld für energieeffiziente Verbesserungen am Eigenheim ausschütteten.[651]

Die Regierung des Vereinigten Königreichs versucht, Millionen von Familien vor steigenden Energiekosten zu schützen und reduziert Subventionen. Der Lärm derer, die auf politische Renten aus sind, ist ohrenbetäubend. Energieunternehmen, Investoren und sogar Gemeinderäten war es wohl bewusst, dass die Wind-Energie durch Gesetzgebung subventioniert war und dass das zentrale finanzielle Risiko in einem Wechsel der Regierung oder der Regierungspolitik lag. Einige schottische Gemeinden investierten in Windstromprojekte und hofften, von den höheren Strom-Rechnungen im Rest der Vereinigten Königreiche zu profitieren. Nun protestieren sie lautstark, dass Ihnen diese Vorteile abhanden kommen könnten. Diesen Gemeinden wurden ihre Windkraftanlagen nicht weggenommen und so könnten sie zusätzliche Kosten über die Gemeindesteuer umlegen. Hier hat man lediglich der Ausbeutung des nationalen Subventionsmarktes durch die Gemeinden Einhalt geboten.

---

649 "Get rid of the green crap", *Daily Mail* 21st November 2013

650 *Daily Telegraph*, 28th August 2015

651 *The Australian*, 9th August 2015

Erneuerbare Energien in den USA

1983 wurden die ersten Mandate für erneuerbare Energien in den USA aufgelegt. Die meisten Staaten haben erst 20 Jahre später diese Praxis aufgenommen. Solche Auflagen hat es in 30 Staaten gegeben. Ohio war der erste Staat in den USA, der sein Mandat für erneuerbare Energien eingefroren hat. Die Energieversorger wären sonst bis 2025 gezwungen gewesen, 25% des Stroms aus erneuerbaren Energiequellen zu gewinnen.

Ohio hat das Mandat wegen hoher Kosten halbiert. West Virginia hat sein Mandat für erneuerbare Energien aufgehoben, während es in Neu Mexiko eingefroren wurde. Kansas ist fast damit fertig, sein Mandat aufzuheben, was den Verbrauchern 171 Millionen Dollar oder auch 4367 Dollar pro Haushalt sparen wird. Staaten mit höheren Mandaten erlebten eine höhere Arbeitslosigkeit, als solche ohne Mandate. Das Energieministerium der USA fand, dass in Staaten mit erneuerbaren Energiemandaten die Strompreise zweimal so schnell gestiegen sind, wie in jenen ohne Mandate. Die Strompreise sind in Staaten mit Mandaten 40% höher als in jenen ohne Mandate.

Seit 2006 hat die nationale Regierung der USA 18,1 Milliarden Dollar grüne Energie-Subventionen ausgeteilt, um so die Haushalte zu ermutigen, energie-effiziente Fenster und Klimaanlagen einzubauen, Solarmodule auf dem Dach anzubringen oder elektrische und Hybrid-Autos zu kaufen. Eine Studie der Universität von Kalifornien zeigte, dass die unteren 60% der US-Haushalte (nach Einkommen) etwa 10% der Grünen Kredite erhielten, während die oberen 20% (d.h. Haushalte mit einem Einkommen von mehr als 75.000 Dollar pro Jahr) etwa 60% der Subventionen gewannen. Für elektrische Fahrzeuge erhielten die 20% der Bestverdienenden 90% der Grünen Boni.[652]

---

652 *The Australian*, 12th August 2015

Tesla Cars erhielt 256 Millionen Dollar für die Produktion von elektrischen Autos und General Elektric gab mehrere Dutzend Millionen Dollar für Werbung um durch Steuern finanzierte erneuerbare Energien aus. Solche Autos können sich nur die Reichen leisten, die – weil sie so gute und umweltbewusste Bürger sind – 2500-7500 US Dollar Steuervergünstigungen erhalten (und zusätzlich freies Stromtanken).

Erneuerbare Energie in Australien

Auch die australische Regierung sucht Wege, Subventionen zu stoppen. Auch hier beklagen sich die grünlinken Umweltaktivisten, die Energiegesellschaften und die Investoren mit Unterstützung der üblichen Verdächtigen in den Medien. Subventionen, die in Form höherer Elektrizitätspreise an die Verbraucher weitergeleitet werden, werden irgendwann zu einem Ende kommen und dieses sollte in einem angeblich freien Markt weder Energiegesellschaften noch Investoren überraschen.

Der Klimawandel war eine riesige Geschäftsgelegenheit. Die grünlinken Umweltaktivisten, welche Unternehmen, die Arbeitsplätze schaffen, zu verabscheuen scheinen, haben der Klimawandelindustrie große Geschäftsmöglichkeiten auf dem Silberteller serviert. Angesichts der zwischen den beiden politischen Parteien Australiens bekannt gegensätzlichen politischen Leitlinien zur Klimapolitik geht jedes Unternehmen mit der Investition in Wind- oder Sonnenenergie ein großes Risiko ein. Doch wenn sich die Leitlinien der Politik aus zutreffenden fiskalischen Gründen ändern, dann warten sie auf die Schreie und die emotionale Sprache der betroffenen Investoren.

Parteipolitik

Es gibt nie eine gute Zeit für eine schlechte Politik. Über ein halbes Jahrhundert lang haben uns die grünlinken Umwelt-

Gurus weisgemacht, dass erneuerbare Energien bald so billig und verlässlich sein würden wie Kohle, Gas, Öl und Kernenergie. Der Wendepunkt und große neue Entdeckungen stünden unmittelbar auf bevor und alles was man nun brauche, sei mehr Finanzierung durch die öffentliche Hand und Steuererleichterungen. Dann würden die reichlichen, billigen, sauberen, verlässlichen Energien aus dünner Luft zur Wirklichkeit werden.

Wir haben 50 Jahre gewartet und der Traum ist vorbei. Zu viele Beispiele belegen, dass erneuerbare Energie nicht umweltfreundlich ist. Große Areale Natur und Lebensräume der Tiere sind nun industrielles Abfallland der Wind- und Solarstromerzeugung. Ackerbau ist durch Bio-Treibstoff Nutzpflanzen ersetzt worden und es gab einen Genozid an Vögeln und Fledermäusen. Unabhängig von den hohen Umweltkosten haben auch die ökonomischen Kosten ein erneutes Nachdenken erzwungen. In den meisten Jurisdiktionen wurde die Gesetzgebung hastig verfasst (in der Absicht Wählerstimmen zu gewinnen) und zögerlich bedauert (wiederum um Wähler zu gewinnen).

Nachhaltigkeit

Über Nachhaltigkeit hören wir im Umweltschutz eine Menge. Ich weiß nicht wirklich, was das Wort bedeutet, denn es ist nicht wirklich definiert worden. So bin ich nun ganz für Nachhaltigkeit. Fiskalische Nachhaltigkeit. Dieses kann man ganz einfach definieren als „keine roten Zahlen schreiben“. Auch wenn es Argumente dafür gibt, Regierungsgelder als Startkapital für neue Technologien zu nutzen, so gibt es doch auch einen Zeitpunkt, an dem ein solcher Geldstrom zu einem Ende kommen sollte. Für die Erfindungen des 19. Jahrhunderts gab es kein Startkapital. Entweder sie funktionierten – oder man war pleite.

Die große Periode der Erfindungen in der Geschichte der Welt beruht auf dem Kapitalismus. Die Regierung war Zuschauer und behinderte die Dinge nicht durch Überregulation und Mikromanagement. Die Abschaffung der Subventionen für Wind- und Solarenergie ist ein gutes Beispiel. Es gab nun genug Zeit zu beweisen, dass solche alternative Energie nachhaltig und effizient ist. Doch propagiert man jetzt die Vorstellung, dass solche Initiativen dauerhaft durch Subventionen auf Kosten des Verbrauchers fortgesetzt werden sollten, nur für den Fall, dass etwas passiert, nachdem wir alle lange tot sind.

Wenn es menschengemachten Klimawandel tatsächlich gibt und man etwas daran tun muss, dann sind der beste Weg freie Unternehmung und Wettbewerb, um die Energiekosten zu senken und neue Technologien zu entwickeln. Erprobte und nachweislich ineffiziente, unverlässliche alte Technologien wie Wind- und Solarstrom haben ihre Tage gesehen. Im 19. Jahrhundert wurden ineffiziente Technologien einfach fallen gelassen, wenn sie die Erwartungen nicht erfüllten.

Die Autos des Henry Ford wurden nicht deshalb Verkaufsschlager, weil sie subventioniert waren, weil Pferde heftig besteuert wurden oder wegen eines Dekret der Regierung. Diese Autos waren billig, effizient, verlässlich, schneller, funktionell und besser als die Pferde. Auch verpesteten sie die Städte nicht mit dem Umweltproblem ungesunden Pferdedungs und seinem Geruch. Wind- und Solarstrom sind nicht effizient, nicht verlässlich, nicht umweltschützend, funktionieren nicht wie gewünscht, sind schlecht für die menschliche Gesundheit und fiskalisch nicht nachhaltig.

Während die in Massen produzierten Autos des Henry Ford mit der Zeit immer besser wurden, sind weder Windenergie noch Solarenergie effizienter geworden. Es ist Zeit, damit aufzuhören, dass Steuergeld eine ineffiziente, unzuverlässige, ideologische

Stromerzeugung unterstützt. Das nennt man gesunden Menschenverstand und verantwortliche Haushaltsführung.

Fiskalische Nachhaltigkeit liegt auch darin, sicherzustellen, dass nicht eine Generation der nächsten monströse Schulden hinterlässt.

Seltene und bedrohte Arten

Der Papst äußert Sorge um seltene[653] und bedrohte[654] Arten. Es sieht so aus, als wenn Bergbau die Umwelt schädigt, während die Produktionsstellen erneuerbarer Energie dies nicht tun. Die Beispiele, die der Papst in seiner Enzyklika gegeben hat, entstammen Scenarien von Bergbau und Verhüttung mit primitiven Methoden der Dritten Welt.[655] Die entwickelte Welt baut so nicht mehr ab und verhüttet so nicht mehr. Die Verwendung primitiver Methoden in der Dritten Welt ist eine Folge von Armut.

Es ist eines der großen Mysterien der Welt, dass endemische, bedrohte oder geschützte Arten von Pflanzen oder Tieren nur dort vorkommen, wo neue Minen, Gebäude oder Energieprojekte geplant werden. Man findet sie nie, wo Wind und Sonnenkraftwerke geplant werden. Behauptungen eine Art sei endemisch, selten oder bedroht, wird von den Minengesellschaften während detaillierter Studien zu den Umweltfolgen geprüft. Was für eine Überraschung, dass ohne Ausnahme gezeigt wird, dass die Arten eine weite Verteilung haben und gar nicht so selten sind. Das zeigt uns, wie wenig wir wissen.

---

653 *Laudato Si'*, Paragraph 37

654 *Laudato Si'*, Paragraphen 91, 123 und 168

655 *Laudato Si'*, Paragraph 51

Irreführende Ungläubige

Die geplante Carmichael Kohlegrube in Queensland mit einem Planungsvolumen von 16 Milliarden Dollar wird 10.000 dringend gebrauchte neue Arbeitsplätze schaffen und Strom für 100 Millionen Menschen in Indien erzeugen, die keinen Strom haben. Dieses ist eine nachhaltige Aktion: Arbeitsplätze werden für Jahrzehnte geschaffen werden und Generationen von Indern werden in die Lage versetzt, sich aus der Armut zu befreien und für mindestens 50 Jahre von billigem Kohlestrom zu profitieren. Der Gerichtshof urteilte, dass der Baubeginn durch die indische Gesellschaft Adani verzögert werden müsse, weil der Bundesumweltminister internen Rat seines Ministeriums bezüglich des Yakka-Stachelschwanz-Skinks (*Egernia rugosa*) und der Ornament-Bänderotter (*Denisonia maculata*) nicht gebührend berücksichtigt hatte. Was für ein Unsinn anzunehmen, dass diese zwei Arten auf diese genaue Gegend beschränkt seien und darüber hinaus, dass sie durch ein sorgfältig geplantes Projekt bedroht würden.

Wenn der Minister nicht vollständig informiert wurde, dann sollten im Ministerium Köpfe rollen. Das wahrscheinlichste Szenario ist, dass grünlinke Umweltaktivisten im Umweltdepartment „vergessen" haben, den Minister mit den relevanten Dokumenten zu versorgen.

Ist dies wirklich eine Angelegenheit für das Bundesgericht? Politische und bürokratische Angelegenheiten sollten in den Parlamenten diskutiert werden, während die Gerichtshöfe sich sich mit *bona fide* rechtlichen Streitfragen beschäftigen sollten. Um beim Bundesgericht einen Prozess anhängig zu machen, müssen die grünlinken Umweltaktivisten lediglich nachweisen, dass sie Umweltaktivisten oder Umweltforscher sind und in den vergangenen zwei Jahren aktiv waren. Die diesbezüglichen Regeln und ihre Hürden sind dermaßen niedrig geschraubt worden, dass grünlinke Umweltaktivisten, wenn immer ihr Argument in der Politik oder bei den Bürokraten nicht gewonnen hat, sie mit ihrem Problem vor ein gewogeneres Forum ziehen: die Gerichtshöfe. Richter sind nicht ausgebildet, den komplexen Prozess widerstrebender Interessen abzuwägen. Letzteres ist das Geschäft der Regierungen, die im öffentlichen Interesse handeln, während grünlinke Umweltaktivisten nur zu glücklich sind, vitale wirtschaftliche Projekte zu sabotieren und eine politische Vendetta gegen Projekte, die Arbeitsplätze schaffen, anzuzetteln. Sollte die Carmichael Mine gestoppt werden, so wird das keinerlei Effekt auf die Emissionen von CO_2 aus der Verbrennung von Kohle haben. Was es bewirken wird, ist ein weiterer Preisanstieg der Elektrizität für bereits arme Inder. Es wird das Risiko für Investitionen in Australien erhöhen, mehr Arbeitslosigkeit in Australien schaffen und Australien in Richtung einer Wirtschaft im griechischen Stil stoßen. Nein danke, lasst uns den Indern eine Chance geben, ihrer harten Armut zu entkommen.

Ein paar einschlägige Fakten zeigen, dass in Australien der Hund den Herrn führt. Das Areal, welches für die Bergbauunternehmung projektioniert ist, enthält einige Akazien und Felslandschaften. Es ist auch von Nirgendwo noch einen weiten Weg entfernt. Das Welterbe der feuchten Tropen liegt 270 km nördlich, das Great Barrier Reef ist 200 km östlich – oder 320 km stromabwärts, wenn man Wasserwege benutzt. Der Ökologische Fußabdruck der vorgeschlagenen Grube misst 3 km^2. Adani begann mit einer Studie zu Umweltfolgen bereits im Jahre 2010 und gab bereits fast 1 Milliarde der geplanten 16 Milliarden Dollar aus. Sie müssen eine Strategie zur Minenschließung und Renarurierung bis 2074 vorlegen. Hier zerstört keine multinationale Krake kostbare Wildnis und beschädigt das Great Barrier Reef um „Killerkohle“ abzubauen.

Die Gutachten zur Beurteilung der Umweltfolgen waren von unabhängigen Wissenschaftlern, Umweltschützern und Ingenieursgruppen erschöpfend vorbereitet.[656] Diese Umweltstudie war nach allen Kriterien eine umfassende und bestmögliche Studie. 2013 rief die öffentliche Diskussion dieser Dokumente 14.464 Eingaben hervor, die meisten von Umweltaktivisten.[657] Von den über das Internet gemachten Eingaben stammten 36% aus NSW und 24% aus Victoria. Es ist hochgradig unwahrscheinlich, dass diese in einem anderen Staat lebenden grünlinken Agitatoren die geplante Grubenstelle jemals besucht haben. Ihre schlecht informierten Einwände können nur ideologischer Natur sein. Nur 17% der Eingaben kamen aus Queensland.

Nach Umschreiben einer sehr technischen Darstellung umfassten die Abschlussdokumente viele Hundert Seiten. Dem folgte ein Bericht aus dem Amt des Regierungskoordinators von Queensland. Sein Bericht war eine 585-seitige Bewertung der abschließenden und erweiterten Stellungnahmen zu Umweltfolgen mit Notizen und Anmerkungen des Bundesumweltministeriums. Mit Kosten in Hunderten von Millionen von Dollars handelte es sich hier um einen außergewöhnlich teuren Vorgang, wenn man bedenkt, dass es darum ging, in Queensland Arbeitsplätze zu schaffen und arme Inder mit billiger Energie zu versorgen. Das vorgeschlagene Projekt Adanis gefährdete die Umwelt nicht und es war auch nicht versucht worden, das australische Umweltregulationssystem zu umgehen. Die Firma tat alles, was von ihr zu erwarten war.

---

656 Volume 1 68pp, Volume 2 79pp, Volume 3 85pp plus hundreds of pages of appendices plus supplementary documents written after public consultation comprising three volumes and 62 appendices.

657 68 Eingaben von Landbesitzern, Agenturen, der Lokalregierung und Privatorganisationen; mehr als 14.000 Eingaben von grünlinken Umweltagitatoren.

Die grünlinken Umweltaktivisten versuchten, die Öffnung einer neuen Bergbaustelle zu verhindern und unterhielten eine irreführende und täuschende Kampagne. Solche Manipulationen grünlinker Umweltaktivisten sollten unter dem Korporationsrecht behandelt werden. Unternehmungen dürfen nicht irreführen und täuschen. Warum sollten Umweltaktivisten und Gewerkschaftler nicht durch dieselben Gesetze gebunden sein?

Das Bundesgericht überstimmte die Pläne einer Regierung, die zum Wahlgewinn 5.882.818 Stimmen gewonnen hatte. Stattdessen unterstützte es Gruppen, die über die Fehler des politischen Systems klagten. In den Augen von Greenpeace hat das politische System versagt, weil eine Mehrheit der Australier den Extremismus von Greenpeace nicht unterstützen. Dieses ist keine „fortschrittliche" Politik, denn solche Aktionen verdammen arme Inder zu ewiger Armut, während die grünlinken Umweltaktivisten jede mit Kohlekraft betriebene Kommunikationsmöglichkeit des modernen Australien benutzen, um gegen ärmere Nationen zu agitieren, wenn sie versuchen, unseren Lebensstandard zu erreichen. Es ist offensichtlich, dass die Gerichte und die ungewählten grünlinken Umweltaktivisten davon ausgehen, dass sie besser als die gewählten offiziellen Organe die Entscheidungen der Politik treffen sollten. Dieser Abscheu vor der Demokratie ist anarchisch. Es sieht sehr so aus, als wenn ein vom Steuerzahler finanziertes Bundesgericht sich wie eine Aktivistengruppe benimmt und sich über die Interessen des Bundesstaates und der Nation, den normalen demokratischen Prozess und die Wirtschaftspolitik stellt. Wenn ein Richter in einem Bundesgericht eine falsche Entscheidung trifft, dann ist seine Arbeitsstelle sicher. Wenn ein gewählter Vertreter eine falsche Entscheidung trifft, dann könnte er seine Arbeit verlieren.

Der Gerichtsprozess wurde von der Mackay Conservation Group[658] angestrengt, die keinerlei Arbeitsplätze schafft und auch keine irgendwie gearteten Bedenken bezüglich eines Stachelschwanz-Skinks der Gattung *Egernia* haben. Sie leben 600 km entfernt von der geplanten Mine. Sie würden sich sehr anstellen und schreiend zu ihrem mit fossilen Rohstoffen betriebenem Auto zurückrennen, wenn sie einer Schlange begegneten. Sie wollen aus rein ideologischen Gründen eine neue Kohlemine stoppen und behaupten deshalb, dass diese Reptilien durch die Mine gefährdet werden. Verstehen sie eigentlich, dass jedwede Kohle, die aus der Carmichael Mine gefördert wird, CO_2 in Indien und nicht in Australien immitiert. Aus der Onlinedatenbank australischer Reptilien[659] erfährt man, dass die Verbreitungsgebiete sowohl des Yakka-Stachelschwanz -Skinks als auch der Ornament-Bänderotter deutlich größer sind als die Oberflächen von NSW und Tasmanien; und dass beide Arten zum ersten Mal im 19. Jahrhundert beschrieben worden. Es handelt sich nicht um neu gefundene Arten, nicht um seltene Arten, und die Arten sind nicht in einem kleinen Gebiet rund um die Mine endemisch.

658 www.mackayconservationgroup.org.au
659 http://arod.com.au/arod/

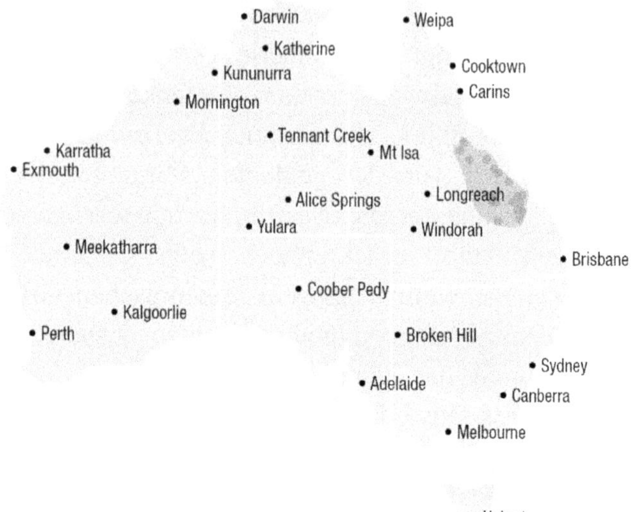

Abbildung 9: Geographische Verteilung des Yakka-Stachelschwanz-Skinks (siehe Ref 659).

Abbildung 10: Geographische Verteilung der Ornament-Bänderotter (siehe Ref. 659).

Die grünlinken Umweltaktivisten müssen daran erinnert werden, dass in Zukunft keine Mittel zur Finanzierung von Krankenhäusern, Schulen und anderen öffentlichen Dienstleistungen zur Verfügung stehen werden, wenn man fortfährt, große Projekte zu blockieren, die Arbeitsplätze schaffen. Vielleicht würde die Nachricht ins Bewusstsein vordringen, wenn das Mackay Krankenhaus, die Pionier-Oberschule, die staatliche Mackay Oberschule, und die James Cook Universität für Medizin und Zahnheilkunde in Mackay wegen des Fehlens künftiger Einkünfte aus dem Bergbau geschlossen würden. Muss das Bundesgericht daran erinnert werden, dass eine produktive Industrie und ihre Angestellten Steuern zahlen und dass diese Steuern durch Regierungen eingenommen werden. Diese Steuern werde u.a. dafuer ausgegeben, um engstirnige Richter aus der innerstädtischen Zone am Bundesgericht in ihren Elfenbeintürmen von der Realität fernzuhalten.

Regierungen zahlen, um Beschäftigung zu verhindern

Die Regierung von Queensland und die australische Regierung haben Adani ermutigt, dass Minenprojekt voranzutreiben. Um die Angelegenheit noch skandalöser zu machen, gab die Labour-Regierung von Queensland 50.000 Dollar Steuergelder an die Mackay Conversation Group[660], die diese dafür benutzten um Industrien zu verhindern und 10.000 neue Arbeitsplätze in der Gegend von Mackay und Zentralqueensland zu verhindern. Darüber hinaus wurde die Mackay Conversation Group von *GetUp!* und dem Amt für Umweltschutz der Regierung von NSW (Environmental Defender's Office) finanziell unterstützt[661].

Das Amt für Umwelt-Schutz der Regierung von NSW (Environmental Defender's Office) erhielt im Finanzjahr

660 http://www.budget.qld.gov.au/regional-budget-statements/mackay.php
661 *The Australian*, 17. August 2015

2014-2015 750.000 australische Dollar vom Public Purpose Fund. Im Finanzjahr 2013-2014 erhielt es 221.885 australische Dollar als ständige Mittel und 1,2 Millionen Dollar vom Public Purpose Fund; im Finanzjahr 2012-2013 erhielt die Behörde 1,4 Millionen australische Dollar von der öffentlichen Hand in NSW.[662] Diese öffentlichen Gelder von NSW sind erfolgreich dazu benutzt worden, den Bau einer Bergbaumine in Queensland zu verhindern. Staatliche Mittel von NSW werden benutzt, um Bergbauin einem anderen Staat zu verhindern, die Einkünfte für die Regierung in Queensland erzeugt hätte. Man könnte es nicht erfinden.

Aber es kommt noch schlimmer. Die Umweltaktivisten erhielten von der Regierung von Queensland fünf Dollar für jede Arbeitsstelle, die sie in Queensland verhinderten. Und doch trägt die Webseite für den Haushalt 2015-2016 der Regierung von Queensland für Mackay den Titel: *„Arbeitsplätze jetzt, Arbeitsplätze für die Zukunft von Mackay.“* Der der Labour-Partei zugehörige Minenminister von Queensland, Anthony Lynham, insistiert, dass die Verzögerung durch das Bundesgericht das geplante Projekt nicht stoppen würden. Was er aber nicht gesagt hat, ist, dass Verzögerungen Geld kosten. Verzögerungen bringen Unternehmen dazu, Projekte wegen eines erhöhten Risiko durch Instabilität im Zielland abzubrechen. Diese Verzögerung waren zum Teil durch seine eigene Regierung platziert worden.

Wo ist die Führung durch die Regierung? Es scheint, dass die Regierung eine Sache sagt, während Regierungsangestellte andere Sachen tun. Wenn Regierungsangestellte einen kleinen Fehler machen, dann ist man nett mit ihnen und Sie bekommen Erholungsurlaub wegen Stress Erholungsurlaub bei vollem Gehalt. Wenn Sie einen großen Fehler machen, dann werden sie in eine andere Abteilung befördert. In der Privatwirtschaft führt

662 *The Australian*, 21. August 2015

ein kleiner Fehler zu einem schwarzen Strich und ein großer Fehler oft zur Entlassung.

Der *Wotif* Gründer Graeme Wood und der frühere Greenpeace Angestellte John Hepburn waren einst an einer Firmengründung beteiligt, nämlich dem Sunrise Project, das dazu diente, Eingeborenen zu helfen, Adani zu bekämpfen. Dieses Projekt hat die eingeborenen Völker der Wangan und Jagalingou in zwei Gruppen gespalten. Die einen wurden bezahlt, um Arbeitsplätze zu verhindern, die anderen wollten Arbeitsplätze für Generationen. Eine Zahlung von 325.000 australischen Dollar erfolgte „*um ein Entwicklungsprogramm für die Gemeinschaft anzustoßen und ihre Alternativen zur Minenwirtschaft auf ihrem Land zu explorieren*". Außerdem wurde Zugang zu einem Stipendienprogramm in Verbindung mit der Universität von Queensland im Wert von 600.000 Dollar über fünf Jahre angeboten.[663] Um keinesfalls übertroffen zu werden, erklärte die stellvertretende Führerin der Grünen Partei, Larissa Waters, auf ABC Radio 612 Brisbane am 25. August 2012: „S*ie sollten nicht anfangen, dass Great Barrier Reef umzugraben.*" Niemand bei der durch Steuergelder finanzierten ABC korrigierte sie.

Plutonische Kreaturen

In Australien sind die Umweltstandards schon jetzt sehr hoch. Nach meiner Erfahrung werden seltene Spezies gefunden, sobald eine Bergbau-, Konstruktions- oder Energiegesellschaft eine umfassende Studie über die Umwelt für eine geplante Unternehmung ausführt. Wird diese Studie dann außerhalb der angezielten Stelle fortgesetzt, so stellt sich heraus, dass die seltene Spezies gar nicht so selten ist. Das Problem ist nicht, dass die Art so selten ist, nur sind umfassende Studien der Umwelt

663 *The Australian*, 21. August 2015

selten.

So wurde zum Beispiel die seltene Pilbara Fledermaus (*Rhinonicteris aurantia*) in der Gegend der Schwefelquellen bei Pilbara in Westaustralien gefunden. Alte Minenschächte boten einen perfekten Lebensraum. Studien zu Umweltfolgen für andere geplante Minen haben gezeigt, dass diese Fledermaus weit verbreitet ist. Bohrlöcher an den Schwefelquellen enthielten Stygofauna[664], welche man zu jener Zeit für außergewöhnlich selten hielt. Aber seit den anfänglichen Funden in den Bohrlöchern sind weitere 350 Arten Stygofauna an mehr als 200 Stellen rund um Bohrlöcher gefunden worden, wobei man derzeit die Gesamtzahl der Arten auf 550 einschätzt. Die meisten Arten, die entdeckt wurden, waren der Wissenschaft neu und in Pilbara endemisch.[665] Was man für außergewöhnlich selten gehalten hatte, war in der Tat sehr häufig, einfach nur, weil bei Explorationsbohrungen Proben von unter der Erdoberfläche gewonnen worden waren, was bei Zoologen keine übliche Praxis ist.

Stygofauna wird am häufigsten in Höhlen berichtet, sie war zuvor von Cape Range, Kimberley, Nullarbor Ebene und zwischen Eneabba und August Westaustralien bekannt gewesen. Sie war aus der Gegend um Bohrlöcher noch nicht bekannt, als 1993 eine Übersicht über die Stygofauna Westaustraliens publiziert wurde.[666] Für alle, die sich mit Scrabble abmühen:

664 Blind unpigmented critters that live in fresh water and wet soil, derive food from organic matter in percolating ground water and are probably climatic refugees from previous higher rainfall times.

665 Eberhard, S. M. *et al.* 2005: Stygofauna in the Pilbara region, north-west Western Australia: a review. *Jour. Roy. Soc. West. Aust.* 88, 167-176

666 Knott, B. 1993: Stygofauna from Cape Range peninsula, Western Australia: Tethyan relicts. *WA Museum Records and Supplements* 45: 109-127

Stygofauna hilft.[667]

Falls die grünlinken Umweltaktivisten tatsächlich einmal vom Sofa aufstehen sollten, aufhören würden, auf irgendwelche Art und Weise das Geld anderer Leute ausgeben zu wollen und das Unmögliche in Angriff nehmen, eine umfassende Umweltstudie über ein Gebiet anzufertigen, dann würden sie herausfinden, dass in wohlhabenden Ländern sehr hohe Umweltstandards angelegt werden, dass reiche Länder die Mittel haben, um tatsächliche oder eingebildete Umwelt-Probleme in Angriff zu nehmen und dass viele Umweltprobleme nur der Vorstellung entspringen und nicht auf harten Messdaten begründet sind.

Viele wahrgenommene Umweltprobleme sind in der Tat das Ergebnis unvollständiger Datensätze über die Artenverteilung. Es sind die Umweltfolgen-Studien der Minengesellschaften, die zu diesen Datensätzen sehr viel beigetragen haben.

Olympische Hysterie

Wer kann schon den bedrohten Goldenen Laubfrosch (*Litoria aurea*) vergessen, der 1993 auf einer Baustelle für die Olympischen Sommerspiele in Sydney 2000 gefunden wurde. Es sah eine Zeit lang so aus, als würde dieser eine Frosch die Spiele stoppen. Keine goldenen Medaillen, einfach nur ein goldener Frosch.

Tümpel wurden gebaut, Froschzäune konstruiert, froschfreundliche Vegetation gepflanzt, elf Unterführungen gebaut, um so zu verhindern, dass Frösche auf die Binnenstraßen des Olympischen Quatiers hüpfen könnten, und 6,5 Millionen wurden dafür ausgegeben, eine alte Tonziegelgrube in ein Frosch

667 Smith, Anthony 1953: *Blind white fish of Persia*. Penguin. Smith describes the tasty fish stygofauna from the underground irrigation canals of Iran (called qanats). One fish species was named after him (*Nemacheilius smithi*). During Scrabble, if you are ever stuck with a q without a u, think of a qanat and its stygofauna. End of trivia, back to the Papal Encyclical.

Saktuarium umzubauen.[668] Und wenn sie nicht gestorben sind, dann leben die Frösche auch heute noch glücklich auf Kosten des Steuerzahlers. Sollte der heilige Petrus ein Goldener Laubfrosch sein, dann, so bin ich ganz sicher, werden die Menschen von Sydney im Himmel einen Platz in der ersten Reihe bekommen.

Ich frage mich, ob die Chinesen bei der Vorbereitung der Sommerspiele in Peking 2008 dasselbe taten?

Der Betrug der Aktivisten

Australien

Der Umweltaktivist Jonathan Moylan ist ein Anti-Kohle Aktivist und führte eine Gruppe mit dem Namen *Front Line Action in Coal*. Er sandte eine betrügerische Pressemitteilung an 295 Journalisten und 98 Medienorganisationen. Dort war geschrieben, dass die ANZ Bank 1.26 Milliarden Dollar aus dem Kohleprojekt in Whitehaven Maules Creek in NSW abstoßen würde. Binnen Stunden waren 314 Millionen vom Aktienwert der Whitehaven Coal ausgelöscht. Auf telefonische Anfrage von Journalisten gab Moylan vor, er sei der ANZ-Angestellte Toby Kent. Er wurde vor dem höchsten Gericht in NSW verurteilt, erhielt eine Bewährungsstrafe von einem Jahr und acht Monaten mit der Bewährungsauflage guten Verhaltens für zwei Jahre und eine Geldstrafe von 1000 Dollar. Moylan sagte aus, er sei reuig und voller Bedauern und doch erforderten seine Handlungen ein hohes Ausmaß an Planung und Vorausdenken. Meiner Meinung nach war er eben nur reuig und voller Bedauern, weil man ihn überführt hatte.

Viele Investoren, besonders Rentner, haben durch einen Fehler, der nicht ihr eigener war, eine Menge Geld verloren. Wenn irgendjemand in der Unternehmenswelt den Markt so

---

668 http://www.sopa.nsw.gov.au/___data/assets/pdf_file/0006/347847/Protecting-and-restoring-green-and-golden-bell-frog-habitat.pdf

manipuliert hätte,wie es Moylan tat, dann hätte er eine lange Zeit in einem Gefängnis zugebracht, denn die Höchststrafe beläuft sich auf zehn Jahre, eine Geldbuße von bis zu 765.000 Dollar oder beides.[669] Die Gerichte gehen mit grünlinken Aktivisten, die bewusst das Gesetz brechen, unbefugt Land betreten, vandalieren oder an geplantem Betrug beteiligt sind, sehr milde um. Die Kommission für Australische Sicherheiten und Investitionen (ASIC) sagte zu jener Zeit, sie seien „*mit dem Urteil zufrieden*".

Im Vergleich, erhielt Australiens größter einzelner Steuerzahler eine Geldbuße von 130.000 Dollar dafür, dass Steuerdokumente spät eingereicht worden waren. Nach Einreichung der Dokumente und Zahlung der Steuern entschied die ASIC sich zur Strafverfolgung, um „*schlechte Kultur*" auszurotten. Hier gab es keine Absicht zu täuschen, Märkte zu manipulieren oder Steuern nicht zu zahlen. Und so scheint es, dass die Manipulation von Märkten durch Betrug nicht Teil einer „*schlechten Kultur*" sind, während die Zahlung von hunderten von Millionen an Steuern und das verspätete Einreichen eines Teils der Steuererklärung „*schlechte Kultur*" darstellen.

Kohle ist essenziell für die Prosperität Australiens und sorgt für Arbeitsplätze und billige Energie. Auch der hohe Standard von Gesundheit, Bildung und Wohlfahrt in Australien werden durch Handel finanziert, der sich vor allen Dingen im Sektor des Ressourcenhandels abspielt. Die öffentliche Meinung ist ambivalent und findet es schwierig, der ideologischen Kampagne zum Stop fossiler Brennstoffe und ihrem Ersatz durch erneuerbare Energien entgegenzutreten. Eine Menge Vereinigungen haben ständigen Lärm, die sozialen Medien und Geld benutzt, um auf einen Ersatz der Fossilien Brennstoffe durch erneuerbare Energien zu drängen: so etwa die Grünen und Greenpeace, verschiedene

669 Section 1041E of the Corporations Act

grünlinke think tanks, die hauptsächlich grünlinken privaten und öffentlich finanzierten Medien, Klimawandelaktivisten in Schulen, Universitäten, Forschungsstellen der Regierung, Gewerkschaften und politischen Parteien; reiche Individuen und die christlichen Kirchen.

Fossile Brennstoffe stellen derzeit 86,5% des globalen Energiemix und die Internationale Energie Assoziation[670] sagt voraus, dass sie auch 2050 noch 76% des Weltenergieverbrauchs decken werden. 2014 stellte China jede Woche ein neues Kohlekraftwerk fertig, China fügte seinem Portfolio 3mal mehr Kohlestrom, verglichen mit Wind- und Solarstrom, zu. China wird sich von der Kohle auch in Zukunft nicht zurückziehen. China zieht sich von der schmutzigen Kohle zurück, jene mit hohem Aschegehalt und viel Schwefel, und wendet sich sauberer Kohle und der Kernenergie zu.

Vielleicht sollte Jonathan Moylan, der denkt, dass Bergbau etwas so schlechtes sei, einmal etwas Positives für die Umwelt tun. Ein Kollege von mir, der sein ganzes Leben in der Bergbauindustrie verbracht hat, hat in Port Melbourne eine praktische Umweltgruppe gegründet. Sie verbringen ihre Freizeit damit, den Plastikmüll aufzusammeln, der am Strand angespült wird. Später gründete ein Bankier in Melbourne eine ähnliche Gruppe am Albertpark und Umweltschützer sind der Sache in St. Kilda und Elwood gefolgt.

Der Papst schreibt über *„Schmutz“*[671] und damit hat er ganz recht. Plastikmüll liegt überall auf dem Land herum (besonders in den Entwicklungsländern) und ist eingeschlossen in große Wirbel im Ozean. Dies ist ein großes Umweltproblem und jeder einzelne kann tatsächlich etwas daran tun. Es ist eines der größten Umweltprobleme, dass sie Welt hat. Ich warte auf die Zeit, dass

---

670 http://worldenergyoutlook.org

671 *Laudato Si'*, Paragraphen 21 und 161

Moylan solche Aktivitäten organisiert und ihm reichlich zur Verfügung stehende Zeit mit etwas verbringt, dass tatsächlich für die Welt Umwelt etwas bedeutet. Möchte irgendjemand wetten?

Indien

Der indische Premierminister Modi weiß, dass es für Hunderte von Millionen seines Volkes keinen Weg aus der Armut gibt, wenn sein Land keine billige Energie hat. Indien hat riesige Kohlelager und diese können benutzt werden, um die Inder mit billiger Kohlekraft aus dem Armenhaus zu bringen. Doch wünschen westliche Nichtregierungsorganisationen (NGOs), dass Indien in der Umwelt puristisch sei und seine Elektrizität aus Wind und Sonnenkraft gewinnt. Natürlich werden dabei Kosten, Ineffizienz und Unverlässlichkeit nicht in Erwägung gezogen. Greenpeace hat seine normalen Spiele gespielt, indem es gegen die wirtschaftlichen Interessen der Menschen agiert. Sie erhalten Instruktionen von ihren ausländischen, nicht am Ort befindlichen Bossen bezüglich wichtiger Einstellungen und ihrer eigenen täglichen administrativen Angelegenheiten.

Indien ist jener großen, ausländischen, gegen die Entwicklung gerichteten Kooperation, die betrügerisch und verantwortungslos gegen die Interessen Indiens operiert, seit Weilen überdrüssig. Greenpeace war sehr aktiv im Widerstand gegen die genetisch modifizierte Landwirtschaft. Wenn jemals ein Land größere Ernteerträge benötigte, dann ist es Indien. Genetisch veränderte Pflanzen und Tiere sind ganz einfach eine verbesserte Form der uralten Praxis der selektiven Züchtung. In der Tat ist eigentlich alles, was wir essen, genetisch modifiziert, es sei denn, wir gehen in die jungfräulichen Wälder, um dort nach Nahrung zu suchen. Indien weiß, dass die grüne Revolution unter Nutzung genetisch modifizierter Pflanzen, Dünger, Insektizide und Herbizide die

Welt ernährt hat und Armut in einem bisher nie da gewesenen Ausmaß reduziert hat.

Die Regierung in Indien hat die Konten von Greenpeace eingefroren. Regierungsbeamte haben am 16. Juni 2015 eine Gerichtsvorladung hinterlassen, nachdem Inspektoren das Büro von Greenpeace am 3. Juni 2015 besucht hatten. Dieses ist der erste Schritt, um das Geschäft von Greenpeace in Indien zu schließen. Der Inspektor fand erhebliche Anomalien und Unregelmäßigkeiten sowohl im Büro, als auch in den Büchern.[672] Warum bin ich nicht erstaunt?

Darüber hinaus hat Greenpeace sein Zentralbüro ohne Genehmigung von Bengaluru nach Chennai verlagert. Das Büro in Chennai war keine registrierte Adresse. Es sieht so aus, dass Greenpeace die Gesetze Indiens nach Belieben brechen kann, um die Inder davor zu schützen, sich in der Umwelt selbst Schaden zuzufügen. Denn anscheinend ist die Umwelt wichtiger als das Gesetz. In Indien ist Greenpeace nicht mehr willkommen.

Es gibt eine konstante Bedrohung durch den Umweltschutz. Sie haben es zu ihrer Sache gemacht, uns vor uns selbst zu retten. Nun… Nein danke. Ich kann recht gut selbst auf mich aufpassen und brauche niemanden, der mir sagt, was und wie ich denken soll.

Russland

Greenpeace macht manchmal Wind in resoluten Teilen der Welt. Das ist nicht sehr klug. Am 18. September 2013 versuchten Greenpeaceaktivisten Russlands Bohrplattform Priraziomnaya im arktischen Ozean zu erklimmen. Dieser Akt der Piraterie brachte andere, die sich in den Hoheitsgewässern der russischen ökonomischen Zone befanden, in Gefahr und zeigt dass

---

672 "Greenpeace's days in India are almost over" *Business Insider, India*, 23 July 2015

Greenpeace eine anarchistische Organisation ohne Respekt für Hoheitsrechte ist. Die russischen Autoritäten hatten zuvor Greenpeace den Aufenthalt in der russischen ökonomischen Zone verboten.

Greenpeace ignorierte diesen Bann, ganz offensichtlich, weil ihre eigene moralische Ideologie höher steht als Russlands Souveränität. Die Greenpeace Aktivisten und die Mannschaft der Arctic Sunrise haben Glück gehabt, dass sie nicht lebenslänglich eingesperrt worden sind oder energetisch in russischer Manier behandelt wurden. Die Russen waren uncharakteristisch geduldig und freundlich.

Für den Bau großer neuer industrieller Anlagen gibt es in den westlichen Ländern eine verpflichtende Prozedur, die von den demokratisch gewählten Regierungen etabliert worden ist. Greenpeace und andere Gruppen haben dabei Gelegenheit, ihre Ansichten gegen solche Anlagen zur Sprache zu bringen. Aber diese Prozesse beruhen auf dem Gesetz, der Logik und validierten Informationen. Wenn der Vorgang Greenpeace nicht gefällt, dann folgen protrahierte rechtliche Auseinandersetzungen. Aber auch das beruht auf dem Gesetz, der Logik und validierten Informationen. Wenn die Entscheidung Ihnen dann nicht gefällig ist, dann sind Anarchie, Demonstrationen, Eindringen in fremdes Eigentum, Beschädigung fremden Eigentums, und rücksichtsloses Vorgehen an der Tagesordnung. Greenpeace hat sich von einer Organisation, die Banner von großen Gebäuden hängte, zu einem internationalen Geschäft entwickelt, das von öffentlichen Spenden abhängt, um Anarchie einzuführen. Sie haben entdeckt, dass der Klimawandelaktivismus ein großes globales Geschäft ist.

Der Ökologe und Mitbegründer von Greenpeace, Dr. Patrick Moore, hat die Organisation verlassen, weil sie keine Umweltschutzgruppe mehr ist, sondern ein weit links stehendes

Kollektiv von Anarchisten. Und was tut Greenpeace? Sie versuchen nun, ihn aus der Geschichte zu streichen. Erinnern Sie mich: Wo war das früher schon mal vorgekommen?

Fragen Sie einen Greenpeace Anhänger, er möge ein Beispiel für eine Mine, eine Hütte, eine Fabrik oder einen großen Landwirtschaftsbetrieb geben, der auf einem für Greenpeace umweltakzeptablen Niveau arbeitet. Sie werden von denen, die alle Vorzüge der modernen Welt und die Produkte dieser Industrien genießen, wenig zu hören bekommen.

Der Papst muss aufpassen, in wessen Gesellschaft er sich begibt.

Des Guten zu viel

Wir hören von den Medien, dass es in der wissenschaftlichen Gemeinschaft wenig Kontroverse gibt und 97% der Klimawissenschaftler annehmen, dass Menschen globale Erwärmung verursachen. Ist das wirklich wahr? In den wissenschaftlichen Kreisen, in denen ich mich bewege, gibt es eine überwältigende Skepsis an der Theorie des menschengemachten Klimawandels. Viele meiner wissenschaftlichen Kollegen glauben, dass das Mantra der vom Menschen gemachten globalen Erwärmung der größte Wissenschaftsbetrug aller Zeiten ist. Und künftige Generationen werden dafür bezahlen.

Darüberhinaus hat es in meiner über 40-jährigen Wissenschaftskarriere nie eine Hypothese gegeben, in der sich 97% der Wissenschaftler einig waren. Fahren Sie einfach zu irgendeiner wissenschaftlichen Konferenz. Konferenzen sind Versammlungen argumentativer, skeptischer Wissenschaftler, die überhaupt nichts glauben, über Daten streiten und darüber streiten, welche Schlüsse aus den Daten gezogen werden können. Auch in der Wissenschaft gibt es Launen, Moden, Betrug und

Narren.

Wissenschaftler können nicht von sich behaupten – so wenig wie Rechtsanwälte, Banker, Gewerkschaftler oder Leute irgendeiner anderen Sparte – sie seien ehrlich oder ehrenwert. Verschiedene Cliquen von Wissenschaftlern haben ihre Führer, ihre Anhänger und Feinde. Wissenschaftler unterscheiden sich nicht vom Rest der Welt und sind menschlich mit allen menschlichen Schwächen. Wissenschaftler unterscheiden sich von vielen in der Gemeinschaft durch ihre Erziehung dazu, zu denken, zu analysieren, zu kritisieren und unabhängig zu sein. Falls nicht gerade große Mengen an Fördergeldern für Klima-„Wissenschaft" vor ihnen hin und her gewedelt werden.

Und was ist eigentlich ein Klima-„Wissenschaftler"? Dieses ist keine Sparte der Wissenschaft. Es ist die Erfindung eines exklusiven Clubs mit dem Ziel, all jene Mathematiker, Physiker, Chemiker, Biologen, Astronomen, Geologen und Meteorologen auszuschließen, die ihrer Ideologie nicht folgen. Dieser Club lebt vom Raffen der Fördergelder, die von Steuerzahlern bezahlt werden. Was erhält der Steuerzahler dafür im Ausgleich? Klimawissenschaftler versuchen Leute durch Angst um den Verstand zu bringen, damit es mehr durch Steuergelder geförderte Klimaforschung gibt. Wenn man tatsächlich das Klima studieren möchte, dann muss fast jedes Feld der Wissenschaft studiert und einbezogen werden. Nur ist das fast nicht möglich.

Dieses ist der Grund, dass die Clique der Klimawissenschaftler, die vor allen Dingen aus Computermodell-Experten und Meteorologen besteht, all jene ausschließt, die zum Thema am meisten beitragen könnten, so wie etwa Sonnenphysiker, Astronomen, Geologen und Kohlendioxidchemiker. Klimawissenschaft ist darauf augelegt, die Ideologie zu bestätigen, dass menschengemachte globale Erwärmung und keine andere Vorstellung zur Untersuchung kommt. Wie wäre es mit einem Studium der natürlichen Klimazyklen? Wie wäre es mit einer Studie über die Möglichkeit einer globalen Abkühlung?

Eine kürzliche Veröffentlichung über den wissenschaftlichen Konsensus bezüglich des menschengemachten Klimawandels war ein grober Schnitzer.[673] Die Veröffentlichung von Cook et al. (2013) behauptete, dass publizierte wissenschaftliche Papiere belegten, dass es einen Konsens von 97,1% gebe, dass der Mensch zumindest die Hälfte der globalen Erwärmung um 0,7°C seit 1950 verursacht hätte.

Wie wurde diese Zahl von 97,1% ermittelt? Durch eine Inspektion von 11. 944 Veröffentlichungen. Inspektion? Ist das eine Art rigoroser Gelehrsamkeit? Hier geht es nicht um eine kritische Lektüre oder ein Verständnis jeder einzelnen der 11.944 Veröffentlichungen. Dies war einfach praktisch nicht möglich, da die Studie im März 2012 begann und in der Mitte 2013 schon veröffentlicht wurde. Deshalb war nur eine Inspektion möglich. Was wurde inspiziert? Und durch wen? Der Methodenteil in Cook's Veröffentlichung sagt alles:

„Dieser Brief wurde geplant als ein „Bürgerwissenschaftsprojekt" von Freiwilligen, die zu der skeptischen Wissenschafts-Webseite www.scepticalscience.com beitragen. Im März 2012 suchten wir im ISS Web of Science nach Veröffentlichungen, die zwischen 1991-2011 veröffentlicht worden waren mittels der Stichwortsuche"global warming" oder „global climate change"."

Dieses kann man auch so übersetzen: diese Studie war eine voreingenommene Zusammenschreibung von Meinungen nicht wissenschaftlicher, politisch motivierter, freiwilliger Aktivisten,

673 Cook *et al.* 2013: Quantifying the consensus on anthropogenic global warming in the scientific literature. *Envir. Res. Lett.* 8: doi:10.1088/1748-9326/8/2/024024

die 11.944 wissenschaftliche Veröffentlichungen „inspizierten", dabei nicht in der Lage waren, den wissenschaftlichen Kontext von „globaler Erwärmung" und „globalem Klimawandel" zu verstehen, welche sich selbst als „Bürger-Wissenschaftler" bezeichneten, um ihren Aktivismus und ihre wissenschaftliche Ignoranz zu verbergen, welche nicht die vollständigen Veröffentlichungen gelesen hatten und wenn sie es getan hätten, nicht in der Lage gewesen wären, die Komplexität der darin veröffentlichten Wissenschaft kritisch zu evaluieren.

Die Schlussfolgerungen waren vorhersagbar, da die Methodik nicht objektiv war und Entscheidungen von Teilnehmern einschloss, die nicht unabhängig waren. Wäre dies eine Finanzstudie für Investmententscheidungen, dann wären Leute ins Gefängnis gegangen.

Als Teil einer unabhängigen Re-Evaluation wurden die ursprünglichen 11.944 Papiere studiert. Die Leser kamen zu diametral entgegengesetzten Schlussfolgerung im Vergleich zu denen von Cook et al.[674] Von 11.944 Veröffentlichungen behaupteten nur 41 (d.h. 0,3%) explizit, dass Menschen den größten Teil der Erwärmung seit 1950 verursacht hätten. Cook hatte darauf hingewiesen, dass nur 64 Publikationen den Konsens unterstützten, aber von diesen 64 unterstützen in der Tat nur 23 den Konsens. Von 11.944 Klimawissenschaftspapieren sagten 99,7% nicht, dass CO_2 die meiste Erwärmung seit 1950 verursachte. Nicht ein einziges Papier unterstützte die menschengemachte globale Erwärmungskatastrophe. Nicht ein einziges! Warum war es also nötig gewesen, irreführende und täuschende Informationen zu veröffentlichen? Die Karriere von Cook hängt von der Zahl der Veröffentlichungen ab. So funktionieren Universitäten. Fragen

674 Legates, D. R *et al.* 2013: Climate consensus and 'Misinformation': A rejoinder to Agnotology, Scientific Consensus, and the Teaching and Learning of Climate Change. *Sci. Educn* 24: 299-318

Sie mich, ich bin da gewesen.

Darüber hinaus benutzten Cook et al. drei verschiedene Definitionen von Klimakonsens und schlossen willkürlich etwa 8000 der 11.944 Veröffentlichungen aus, da sie über den Klima-Konsens keine Meinung abgaben. Es sieht so aus, dass Cook's Gehilfen, d.h. „Bürger- Wissenschaftler", wissenschaftliche Urteile sprachen, obwohl sie keine Wissenschaftler waren. Die Veröffentlichung von Cook et al. zeigte das Gegenteil der vorgefertigten Schlussfolgerungen, was man auf der Website Skeptical Science erahnen kann.[675] Die Leser können sich selbst ein Urteil bilden, ob die Zahl 97,1% irreführend ist, täuschend, betrügerisch oder alles drei.

Die Veröffentlichung von Cook et al. sieht nicht sehr rigoros aus, sondern eher wie Propaganda, die von einer unbekannten Zeitschrift akzeptiert wurde. Die ist sicher nicht die Art von Gelehrsamkeit, die von einem Mitglied einer durch den Steuerzahler finanzierten Universität erwartet werden kann. Cook ist bei weitem kein junger Mann mehr, arbeitet immer noch an einer Doktorarbeit im Feld der kognitiven Psychologie, ist „Climate Communication Fellow" am Global Climate Institute der Universität von Queensland, und betreibt natürlich einen online Kurs mit dem Titel „*Die Leugnung der Klimawissenschaft verstehen*". Der Kurs wurde entwickelt, um „*die Bildung der Öffentlichkeit voranzubringen und Menschen zu ermächtigen, die Realitäten des Klimawandels zu kommunizieren*". Es wirkt wie eine Nachahmung von Al Gore's Unterrichtung von Präsentatoren, die die Schauergeschichten aus seinem Film *An Inconvenient Truth* propagieren sollten.

Wir Steuerzahler stellen Mittel für eine unterqualifizierte Person bereit, die dann Propaganda zur Unterstützung einer politischen Ideologie betreibt. Wie Cook's Veröffentlichung

675 www.skepticalscience.com

zeigt, sind Beweise kaum vorhanden. Und nun ein heretischer Gedanke: vielleicht sind es ja diejenigen von uns, die sich an die Fakten halten, die leugnen, dass menschliche Emissionen von CO_2 Klimawandel verursachen. Legates schreibt:

„Es ist erstaunlich, dass überhaupt irgendeine Zeitschrift ein Papier veröffentlicht hat, dass einen 97% Klimakonsens behauptet, wenn doch die Analyse der Autoren selbst zeigt, dass der wahre Konsens weit unter 1% liegt. Es ist noch erstaunlicher, dass die IPCC Gewissheit über den Klima Konsensus verkündet, wenn nur eine so kleine Fraktion der publizierten Literatur explizit den Konsens anerkennt, so wie ihn die IPCC definiert.“

Die Veröffentlichung von Cook et al. (2013) ist nicht im Einklang mit einigen seiner anderen Veröffentlichungen. In meiner Lebenszeit in der Wissenschaft baut jede neue Publikation auf vorigen Werken auf. Auf diesem Wege gibt es keinen großen Eureka Moment der Wissenschaft, aber einen wachsenden Körper an wiederholter, validierter Evidenz, die eine Theorie stärkt. Nun gibt es auch den Druck „zu publizieren oder zu verschwinden“ und man braucht einen nicht abreißenden Strom von Publikationen, um neue Forschungsförderung einzuwerben und Anstellung zu behalten. Dieser Druck senkt den Standard in der Wissenschaft und führt zu widersprüchlichen Publikationen. Cook ist dafür ein Musterbeispiel.

Nach seinem Papier von 2013 hielt Cook die Drittmittelmühle als Co-Autor anderer Wissenschaftler mit Veröffentlichungen zum Thema globale Erwärmung am Laufen.[676] Bei dem zur Sprache kommenden Beispiel geht es nicht um rigorose Forschung, da es nur um eine Zusammenschreibung der Meinungen von 1868 Beifahrern auf diesem Zug eigennütziger Interessen geht. Aber eine Veröffentlichung von Verheggen et al. (2014) deutet darauf

676 Verheggen, B. *et al.* 2014: Scientists' views about attribution of global warming. *Envir. Sci. Technol.* 48: 8963-8971

hin, dass der Konsens unter Klimawissenschaftlern nicht so stark sein mag, wie man dachte. Cook war Co-Autor auf diesem Papier.

2013 publizierte Cook dass der Konsens 97.1% sei und 2014 waren es nun 43%. Die Autoren schlugen vor, dass „*in dem Maße, in dem die Expertise in der Klimawissenschaft wuchs, so wuchs auch das Maß an Zustimmung zur anthropomorphischen Verursachung*". Expertise wurde subjektiv gleichgesetzt mit der Zahl an fachbegutachteten Veröffentlichungen in der Klimaliteratur. So ist das also, jene der ersten Klasse des Interessenzuges sind Experten, während jene in der dritten Klasse keine sind. Sie haben es hier zuerst gehört. Veröffentlichungen in soziologischen Zeitschriften sind immer eine amüsante Lektüre, besonders wenn man einen harten Drink zur Hand hat. Sie demonstrieren klar die Verdummung unseres Bildungssystems.

Solch schlampige Arbeit wirft viele Fragen auf. Wie konnte Cook von 97,1% plötzlich innerhalb eines Jahres zu 43% kommen? Dieses wurde nicht erklärt. Die Untersuchung fand im März bis April 2012 statt, und doch war es im März 2012, dass Cook die Daten für seinen 2013-Artikel zusammenschrieb. Cook musste wissen, dass seine März April 2012 Daten, die in Verheggen et al. 2014 benutzt wurden, nicht im Einklang standen mit seinen März 2012 Daten, die er in Cook et al. 2013 publizierte. Cook et al. 2013 machte keinen Versuch, die konträren Resultate, die er im selben Zeitraum für eine andere Publikation zusammentrug, zu erklären.

Das ist unstimmig. Erhielt Cook seine Idee von Verheggen, führte seine eigene hastige Untersuchung unter Gebrauch von „Bürgerwissenschaftern"durch, um Veröffentlichungs-Priorität vor Verheggen zu erlangen? In der Welt der Unternehmen würde man für solches Verhalten zu Gericht gehen. Ich sehe keinen Grund, warum fragwürdiges Verhalten in der akademischen, politischen oder gewerkschaftlichen Welt irgendwie anders sein sollte als in der Unternehmenswelt.

Also warum war Verheggen et al. (2014) so verschieden von Cook et al, (2013)? Keine der Veröffentlichungen trägt einen entsprechenden Hinweis von Cook. Gab es einen plötzlichen Meinungswechsel unter den Klimawissenschaftlern, weil die Methodik nicht sauber war? Hatten die „Bürgerwissenschaftler" die Daten verdorben oder gaben verschiedene Stichproben verschiedene Antworten und machten damit den ganzen Prozess unzuverlässig? Die Methodik von Verheggen et al (2014) war sehr subjektiv. 6550 Individuen wurden eingeladen an einer Befragung teilzunehmen und nur 1868 nahmen teil. Ich werde oft danach gefragt, an solchen Umfragen teilzunehmen und die Einladung endet immer im Abfalleimer. Eine Teilnahmerate von 29% flößt nicht viel Vertrauen ein und ist nicht repräsentativ für die potentielle Befragungspopulation.

Die Untersuchten waren ausgewählt worden, weil sie zwischen 1991 in 2011 Veröffentlichungen zum Thema Klimawissenschaft geschrieben hatten, die die Schlüsselworte „global warming" und „global climate change" enthielten. Dieses ist ein plumpe Untersuchung, weil die Autoren die Papiere der Autoren nicht lesen mussten, es nicht notwendig war, dass sie die Wissenschaft verstanden und weil sie so nicht verstehen konnten, ob die in die Untersuchung aufgenommenen Veröffentlichungen gute oder schlechte Wissenschaft darstellten. Eine Computersuche nach Schlüsselwörtern lässt keine Schlüsse zu, ob man Methoden oder Schlussfolgerungen vertrauen kann.

Fabius Maximus[677] analysierte die Untersuchung von Verheggen et al. 2014 und zeigte, dass nur 64% damit übereinstimmten, dass menschliche Emissionen von CO_2 die

677 http://fabiusmaximus.com/2015/07/29/new-study-undercuts-ipcc-keynote-finding-87796/

dominante Ursache für mehr als die Hälfte des Temperaturanstiegs waren. Dies alles trotz des Umstandes, dass es seit 18 Jahren keine gemessene Zunahme der durchschnittlichen globalen Lufttemperatur gibt. Von diesen 64% (1222 Teilnehmer) stimmten nur 797 zu, dass eine anthropogene Verursachung „praktisch erwiesen“ oder „extrem wahrscheinlich“ sei. Das heisst, nur 43% der Klimawissenschaftler stimmen mit der Aussage der IPCC überein:

„*Es ist extrem wahrscheinlich (95% Gewissheit), dass mehr als die Hälfte des beobachteten Anstiegs der globalen durchschnittlichen Oberflächentemperatur zwischen 1951 und 2010 auf einen anthropogenen Zuwachs der Treibhausgaskonzentrationen und anderer Menschen gemachter Kräfte zurückzuführen ist.*“

Wenn aber trotz solch lausiger Methodik in einer Meinungsbefragung nur 43% der Klimawissenschaftler mit der „95% Gewissheit“ der IPCC übereinstimmen, dann ist das meiner Erfahrung nach in der Wissenschaft das, was man erwarten kann.

Die Zeiten sind vorbei, in denen Experten ihre Autorität benutzen konnten, einfach zu sagen, dass „sie wissen“. Versuchen Sie das bei Gericht als Fachgutachter; sie werden gekaut und in wenigen Minuten ausgespien sein. Es gibt einen großen Körper Fachliteratur, der zeigt, dass Expertenmeinungen falsch sein können. Nichts ist falsch dabei, wenn man sagt „das weiß ich nicht“, wie ich es zu Generationen von Studenten gesagt habe. Dieses taten 47% der Wissenschaftler die Verheggen et al. 2014 untersuchte.

Sobald es eine Behauptung gibt, dass 97 % oder 95 % der Wissenschaftler übereinstimmen, dann glaube ich dem nicht. Und das sollten auch Sie nicht tun. Ich habe viele Male Gruppen von Geologen vor einem Aufschluss im Busch gehabt und die Argumente angehört. Alle Argumente waren auf dieselbe Evidenz gestützt, die sich gleich vor ihren Augen befand. Der einzige Konsens, der erzielt werden konnte, war oft, dass alle Teilnehmer sich einig waren, dass sie sich mit den anderen nicht einig waren.

Wenn es einen Konsens in der Wissenschaft gibt, dann ist das keine Wissenschaft, sondern politischer Aktivismus oder Betrug. Keines der 102 Konsensus Computermodelle sagte vorher, dass es während der letzten 18 Jahre keine globale Erwärmung geben würde. Sie alle sagten eine beschleunigte Erwärmung voraus. Keines der 102 Konsensus Computermodelle kann das replizieren, was sich in den letzten Jahrzehnten oder Jahrhunderten abgespielt hat. Und doch sind es genau diese Computermodelle, die verwendet werden um vorherzusagen, dass wir alle den Hitzetod sterben und das lange nachdem die Macher dieser katastrophistischen Computermodelle schon gestorben sind.

Statt die Beweise zu diskutieren, werden politische Maßnahmen von vielen Milliarden Dollar diskutiert unter der Behauptung es gebe einen 97.1% Konsens. Die ganze Debatte beginnt mit der Annahme, dass es ein Problem mit dem Thema gibt. Es gibt kein Problem. Das Klima ist komplex, wir verstehen es nicht und Modelle, die versucht haben, es zu verstehen, sind gescheitert. Alle Berechnungen zeigen, dass es keinen messbaren Unterschied an der mittleren globalen Temperatur machen wird, wenn eine Nation ihre CO_2-Emissionen um 5% oder sogar um 50% zurückfährt. Darüber hinaus wird die sich entwickelnde Welt damit fortfahren, mehr zu emittieren als die entwickelte Welt. Werden die globalen Temperaturen sinken, wenn wir fertig sind mit all den politischen Auseinandersetzungen, dem Trauma, wenn wir uns endlich entschieden haben, eine Carbonsteuer, Emissionshandel, Kohlenstoffsequestrierung, erneuerbare

Energievorgaben, Windräder, Solarzellen, und alles was es gibt, um aufzuhören, Kohle zu nutzen, wenn wir all dieses eingeführt haben, werden dann die globalen Temperaturen sinken? Nein.

Warum tun wir dann, was wir tun? Ist es Nationalstolz bei internationalen Klimakonferenzen sowie in Kopenhagen und Paris? Sind es politisches Prestige, Ego, Popularität und Status? Geht es um größere Regierungskontrolle jedes Aspektes unseres Lebens? Geht es um die Förderung einer Weltregierung? Darum, mehr Macht an nicht gewählte Bürokraten, Gerichtshöfe, Akademiker, NGOs und grünlinke Umweltaktivisten abzugeben? Geht es um künstliche Kohlenstoffmärkte, die sowohl die Banken, als auch die Sozialisten begehren? Geht es um die Zerstörung des Kapitalismus? Es geht ganz sicher nicht um die Umwelt oder die Ökonomie. Dieses wird künftige Generationen teuer zu stehen kommen.

Arbeitsplätze werden vertrieben

Bis zur industriellen Revolution waren die Menschen in westlichen Ländern Lasttiere. Wir arbeiteten hart, einfach nur, um zu existieren. Dieses ist in vielen Länder der Dritten Welt auch heute noch so. Und doch sind es die grünlinken Umwelt Aktivisten in den reichen westlichen Ländern, die möchten, dass wir zur prä-industriellen Zeit zurückkehren. Sie belehren uns – mit einem Mikrofon in der Hand und allen Wohltaten der modernen Gesellschaft ausgerüstet. Sie wollen, dass wir umkehren und wieder Lasttiere werden. Lasst uns darauf warten, dass sie uns mit gutem Beispiel vorangehen.

Grüne saubere Energie ist teuer, selbst in westlichen wohlhabenden Gesellschaften wie den USA, wo es reichlich billiges Öl, Gas und Kohle gibt. In jenen Staaten der USA mit erneuerbare Energie werden von einer Lobby, die gegen die Benutzung fossiler Treibstoffe ist, Mandate benutzt, um den

Verbraucher zu zwingen, mehr für erneuerbare Energie zu zahlen. Irgendjemand muss ja zahlen und das ist der Verbraucher.

So zahlt zum Beispiel im energiereichen Kansas wegen der Mandate für erneuerbare Energie jeder Verbraucher zusätzlich 4367 Dollar pro Jahr für Energie.[678] Für eine ganze Zeit wurde die Industrie der USA in andere Länder vertrieben, weil es hohe erneuerbare Energiemandate gab.

Die Grünsteuern sind in Großbritannien so hoch, dass TATA Stahl 720 Mitarbeiter entließ (Juli 2015)[679], gefolgt von weiteren 250 Mitarbeitern (August 2015)[680], mit der Begründung, die Elektrizitätskosten seien „doppelt so hoch wie jene von zentralen Europäischen Konkurrenten". Wenn nichts geändert wird, wird das Emissionshandels-Schema der EU in Großbritannien 30 £ zu den durchschnittlichen Kosten der Produktion jeder Tonne Stahl aufschlagen. Die Redcar Steel Anlage in Teeside wird nach 160 Jahren fortgesetzten Betriebs unter Verlust von 1700 direkten und 4000 indirekten Arbeitsplätzen schließen. Grüne Steuern für CO_2-Emissionen haben in einer Gegend mit schon schwachem Arbeitsmarkt Tausende arbeitslos gemacht. Man erwartet bis 2020 einen Anstieg der Strompreise um 47%.[681] Die Manufakturen des Vereinigten Königreiches wandern schon jetzt ab, weil die Decarbonisation dort ein erheblicher Wettbewerbsnachteil ist.

Papst Franziskus ruft nach einer Zukunft mit weniger Kohlenstoff und weniger Umweltschäden. Er rief sicher nicht nach höheren Kosten und mehr Arbeitslosigkeit.

---

678 http://www.washingtontimes.com/news/2015/mar/29/h-sterling-burnett-pulling-the-plug-on-renewable-e/?page=allhppt://www.washingtontimes.com/news/2015/mar/29/h-sterling-burnett-pulling-the-plug-on-renewable-e/

679 http://www.bbc.com/news/business-33550863

680 http://www.bbc.com/news/uk-wales-south-east-wales-34065990

681 Global Warming Policy Foundation 30th September 2015

Wie Nationen gesund und wohlhabend werden

Die Antwort ist einfach. Benutze fossile Treibstoffe. Die Geschichte zeigt uns, das ihre Nutzung der Pfad zu nationalem Wohlstand, Gesundheit, Langlebigkeit und einer besseren Umwelt ist.

Die Verfügbarkeit von Elektrizität

Gemäß Oilprice.com ist in der westlichen Welt der Anteil von „sauberer grüne Energie“ sehr niedrig (2%). Die Hauptenergiequelle ist das Öl. Es wird für Transport verwendet. Kohle, Gaswasserkraft und Kernenergie werden zur Stromerzcugung genutzt und Kohle für Verhüttung und Raffinerie. Ohne fossile Treibstoffe für den Transport könnte keine Nahrung aus den Anbaugebieten zum Verbrauch in die Stadt gebracht werden, es stünde kein Beton für den Bau zur Verfügung. Es gäbe keinen Handel. Genau dies ist die ökomarxistische grüne Utopie, der wir uns widersetzen. Die päpstliche Enzyklika enthält Hinweise auf Öko-Marxismus.

Die Internationale Energieagentur sagt, *„die Verfügbarkeit von Elektrizität ist eine der klarsten und unverzerrteren Anzeigen bezüglich der Frage, ob sich ein Land im Zustand der Energiearmut befindet*“. Es gibt in den führenden 20 Ländern eine fast vollständige Korrelation zwischen Bruttosozialprodukt und der Stromproduktion. Billige Elektrizität ist ein Antidot zur Armut und die mit ihr verbundene schlechte Gesundheit, Umweltbeschädigung, schlechte Erziehung, Kindersterblichkeit oder kurzes Leben.

Tab. 3: Beitrag zum Globalen Energieverbrauch 2015[682]

Energiequelle	Produktion (Milliarden BTUs)	2015 Globale Produktion (%)
Petroleum	46,163,119	32.2
Kohle	43,971,202	30.6
Naturgas	33,953,799	23.7
Wasserkraft	9,133,759	6.4
Kernkraft	7,377,624	5.1
Windkraft	1,755,206	1.2
Bio-Treibstoffe	697,809	0.5
Solarenergie	349,369	0.2
Geothermale Energie	95,705	0.1
Total	143,497,592	

Während des letzten Jahrzehnts ist der globale Energieverbrauch um 28% gestiegen (d.h. auf 56 Millionen Fass Rohöl pro Tag) und heute stammen etwa 86,5% der globalen Energie aus fossilen Treibstoffen. Obwohl fossile Treibstoffe durch die grünlinken Umweltaktivisten dämonisiert worden sind, ist es klar, dass sie für eine sehr lange Zeit eine wesentliche Komponente des globalen Energiemixes darstellen werden. Dies gilt umso mehr, als Kohle reichlich verfügbar ist, niedrige Kosten hat, sich in fast allen geographischen Zonen findet und nicht durch irgend eine Entität wie etwa die OPEC kontrolliert wird.

Erneuerbare Energien können nicht einmal mit dem Wachstum im Strombedarf mithalten, und schon gar nicht die fossilen Treibstoffe ersetzen, wenn wir uns nicht freiwillig entscheiden, alle bedauerlich arm zu werden. Wenn der Papst

682 http://www.eia.gov

und seine grünen Aktivisten die Verwendung fossiler Treibstoffe stoppen wollen, dann werden Wirtschaften kollabieren und die Welt wird kollabieren in einen Zustand des Hungers, der Armut und des Krieges. Denn es gibt keine brauchbare, billige, mit wenig Kapitaleinsatz erwerbbare, energieeffiziente Alternative. Sind der Papst und seine grünlinken Umweltratgeber gegen die Realität immun?

Die zweite Industrielle Revolution

Wir Menschen im Westen haben von der ersten Industriellen Revolution profitiert. Eine weit größere Industrielle Revolution spielt sich zurzeit in China, Südostasien und Indien ab. Diese zweite Industrielle Revolution verläuft schneller als die erste und betrifft weit mehr Menschen, als die vergangene. Trotzdem gibt es nach wie vor 1,2 Milliarden Menschen ohne Zugang zu Elektrizität. Gemäß der Weltbank benutzen weitere 2,8 Milliarden Menschen feste Brennstoffe sowie Zweige, Dung und Holz zum Kochen und zum Heizen der Wohnung. Diese Brennstoffe emittieren giftige Gase, die Frauen und Kinder töten. Und doch wollen viele im Westen die derzeitige Industrielle Revolution stoppen. Der Papst lamentiert über die derzeitige Situation, aber er offeriert nicht die ganz offensichtliche Lösung: Kohlestrom. Ein paar Beispiele machen das klar.

Seit 1985 hat Thailand die Herstellung von Kohlestrom erhöht und seine CO_2-Emissionen um 600% gesteigert, Vietnam hat seine Stromproduktion um 2500% gesteigert und Indonesien verbraucht heute 6000% mehr Kohle.[683] 2013 exportierte Indonesien mindestens 330 Millionen Tonnen Kohle und während der letzten fünf Jahre steigerten China und Indien den Import indonesischer Kohle um 101 bzw. 70 Millionen Tonnen. Indonesien exportiert ein Drittel der weltweit gehandelten

683 Bryce, Robert 2015: More energy please. *IPA Review* February 2015

Thermalkohle (steaming coal) und hat jetzt Australien als den größten Kohleexporteur sowohl in Bezug auf Tonnage als auch Energiegehalt überholt.[684] Diese drei Länder haben mehr als 400 Millionen Einwohner, das durchschnittliche *per capita* Bruttosozialprodukt ist 6000 Dollar *per annum*. Weit entfernt von dem Wunsch, Wind oder Solarenergie zu nutzen und arm zu bleiben, wollen diese Menschen mehr und mehr Energie aus billiger Kohle.

Indien ist weltweit der drittgrößte Produzent von CO_2. Besuchen Sie Indien. Selbst über den entferntesten Teilen des Subkontinentes hängt eine Dunstglocke aus ungesundem, umweltverschmutzendem Rauch, der aus der Benutzung biologischer Brennstoffe statt Kohlestrom herrührt. Der indische Umweltminister Prakash Javadekar ist entschlossen, Indiens CO_2-Emissionen nicht vor dem Klimagipfel in Paris im späten 2015 herunterzusetzen. Der Minister sagte, dass es die Priorität seiner Regierung sei, der Armut abzuhelfen und die Wirtschaft der Nation verbessern, was einen Anstieg der CO_2-Emissionen durch neue Kohlestrom Erzeugung und Transport einschließe. Als er dann über Einschränkung der CO_2-Emissionen gefragt wurde, sagte der Minister:

„*Was für Einschränkung? Das ist etwas für entwickelte Länder... Indiens erste Aufgabe ist die Beseitigung der Armut... 20% unserer Bevölkerung haben keinen Zugang zu Elektrizität und das ist unsere erste Priorität. Wir werden schneller wachsen und unsere Emissionen werden steigen.*“

Javadekar sagte das Offensichtliche:

„*... Wenn wir nicht zunächst die Armut besiegen, dann können wir nicht wirklich die Probleme des Klimawandels angehen... Zu diesem Zweck müssen wir wachsen. Unsere netto Emissionen*

684 International Energy Agency, www.iea.org/newsroomandevents/graphics/2015-02-17-indonesia-coal-exports.html

müssen steigen[685] *"*

Javadekar sagte auf dem Welttag zur Bekämpfung der Wüstenbildung unter anderem, dass Armut ein *„Umweltdesaster"* sei und dass die BASIC Gruppe von Nationen (Brasilien, Südafrika, Indien und China) das Recht habe zu wachsen.[686] Vielleicht hätte der Papst von der Erfahrung und dem Wissen der Führer armer Länder Rat einholen sollen, statt bei wohlhabenden westlichen grünlinken umweltaktivistischen Atheisten, welchen Armut wenig Kopfzerbrechen macht. Keine Enzyklika wird das Wachstum von BASIC, von Südostasien, von Südamerika und den afrikanischen Ländern aufhalten. Es ist unmoralisch zu versuchen, Menschen daran zu hindern, erdrückender Armut zu entkommen.

Gemäß der Weltbank haben in den letzten 20 Jahren 1,7 Milliarden Menschen Zugang zu Strom gewonnen, 800 Millionen davon durch Kohlestrom. Während dieser Periode haben auch 100 Millionen Indonesier Zugang zu Elektrizität gewonnen. Gleichzeitig wuchs das Bruttosozialprodukt *per capita* um 442%, die Lebenserwartung stieg um 8 Jahre, die Kindersterblichkeit fiel um 45%, die Unterernährung von Kindern fiel um 65% und der Analphabetismus fiel um 77%. Das ist kein Zufall. Die Indonesier waren abgrundarm, manche sind noch heute arm, aber die Kohle gibt Indonesien den Weg, aus der drückenden Armut zu entkommen.

Der Papst bekundet Sorge und Mitleid mit den Armen. Er zeigt Besorgnis über Entwicklung, Wirtschaftswachstum und die Verwendung fossiler Brennstoffe. Er hat keine Lösung für die weltweite Armut. Vielleicht könnten seine Berater

---

685 http://zeenews.india.com/news/eco-news/india-has-right-to-grow-carbon-emissions-may-rise-prakash-javadekar-960613.html

686 http://indianexpress.com/article/business/economy/don't-blame-us-for-carbon-emissions-india/

vorgeschlagen haben, dass die Lösung darin liegt, sicht zu entwickeln, und durch Verbrennung örtlicher Kohlevorkommen ein differenziertes Stromverteilungsnetz aufzubauen. Fast jedes Land hat Kohle-Ressourcen. Wenn heute Indonesien, Südost-Asien, China und Indien anfangen, der Armut zu entkommen, dann können das auch andere Länder.

Die einzige moralische Position, die der Papst vertreten kann, ist zu argumetieren, dass die armen Länder Kohlestrom erzeugen sollten.

5

Was man dem Papst gesagt haben sollte

Ich habe grossen Respekt für den ehrlichen Wunsch des Papstes, Umweltverschmutzung und Armut zu beenden. Wir teilen alle dieselben Gefühle. Die Lösung liegt im billigen Kohlestrom, und nicht in der Dämonisierung der Kohle und anderer fossiler Brennstoffe. Die Industrielle Revolution und das heutige Wachstum in Ostasien und Indien zeigen, dass man mit billigem Kohlestrom ganze Völker von der Armut befreien kann. Das ist mit Hunderten von Millionen Menschen in den letzten 20 Jahren passiert.

Die Verbrennung von Kohle setzt CO_2 frei. Dies ist das Gas des Lebens. Planzen werden mit CO_2 gedüngt und verbrauchen weniger Wasser. Mit dem leichten Anstieg von CO_2 in der Atmosphäre ist die Erde grüner geworden. Die Nahrung allen Lebens auf Erden ist als Umweltschadstoff dämonisiert worden.

Es bleibt erst noch zu beweisen, dass CO_2 globale Erwärmung bewirkt. Alle Modelle zur Vorhersage künftigen Klimas auf der Basis von CO_2 sind gescheitert. Trotz hysterischer Vorhersagen ist der Planet Erde nicht wegen eines Anstiegs des CO_2 im Niedergang. Sowohl die Natur als auch der Mensch fügen der Atmosphäre Spuren von CO_2 zu.

Der Planet ist seit 18 Jahren nicht wärmer geworden, obwohl Modelle eine stetige Zunahme der Temperatur voraussagten. Ein von Modellen vorhergesagter *heisser Punkt* über dem Äquator ist inexistent. Die Modelle sind nicht im Einklang mit der gemessenen Realität und müssen darum zurückgewiesen werden. Die Annahmen, die in die Modelle einfliessen, sind nicht transparent. Die Klimawissenschaft ist alles andere als abgeschlossen. Es gibt keinen Konsens über und auch keine zwingenden Beweise für eine durch Menschen verursachte Erwärmung.

Darüberhinaus gab es in der Vergangenheit keinen Scheitelpunkt, keine unaufhaltsame globale Erwärmung, kein beschleunigtes Aussterben, keinen Anstieg an bakteriellen und viralen Todesfällen, als der Planet eine hohe atmosphärische CO_2-Konzentration hatte. Die Ökosysteme gediehen damals besser als heute. Als in der Vergangenheit die atmosphärische CO_2-Konzentration 1000mal höher war als heute, gab es Eiszeiten, keine sauren Ozeane, keine Korrelation zwischen Temperatur und atmosphärischem CO_2, und keine Korrelation zwischen atmosphärischem CO_2 und dem Meeresspiegel.

Dieser hohe atmosphärische CO_2-Gehalt wurde von den Sedimenten und dem Leben aus der Atmosphäre entfernt und schließlich in Sedimentgesteinen abgelagert. Es gibt kein überzeugendes Argument für eine Reduktion der menschlichen CO_2-Emissionen. Modelle des künftigen Klimas haben die vorhergesagte Erwärmungsgeschwindigkeit überschätzt und haben die Möglichkeit globaler Abkühlung völlig außer acht gelassen. Geologie und Geschichte zeigen uns, dass globale Abkühlung Menschen tötet und Ökosysteme zerstört.

Es bedarf einiger Erklärung, wenn behauptet wird, dass menschliche Emissionen von CO_2 Klimawandel hervorrufen. Der Temperaturanstieg um 0,4°C nach 1940 während einer Periode des Krieges, gefolgt von intensiver Industrialisierung, war derselbe wie in den vorhergehenden 40 Jahren, als die Emissionen viel niedriger waren. Dieses hat bis jetzt niemand erklärt, aber es liegt auf der Hand, dass CO_2 wenn es um Klimawandel geht, wenig Bedeutung hat. Darüber hinaus stellt sich die Frage, warum die Erwärmung des 19. Jahrhunderts mit praktisch keiner Änderung des atmosphärischen CO_2 einhergeht. Auch dies verdeutlicht, dass es zwischen CO_2 und globalem Klima wenig Beziehungen gibt.

Die Tatsache, dass der Papst erneuerbare Energien propagiert, zeigt, dass er nicht gut beraten war. Windenergie, Sonnenenergie, Wellenenergie haben alle nicht die nötige Energiedichte, um eine moderne Gesellschaft am Leben zu erhalten. Wind- und Solaranlagen setzen mehr Kohlendioxid frei, als sie einsparen, sind uneffizient, unzuverlässig und brauchen ein rund um die Uhr bereitstehendes Ersatzsystem durch Kohle, Gas, Kernenergie oder Wasserkraft. Im Versuch, erneuerbare Energien wettbewerbsfähig zu machen, haben die Regierungen vielerorts die Kosten konventioneller Energie bis zu dem Punkt hin erhöht, dass es nun in westlichen Ländern Treibstoffarmut gibt und Arbeitsplätze erzeugende Industrien schließen oder abwandern.

Kein dritte Welt Land, das versucht der Armut zu entkommen, kann sich erneuerbare Energien leisten. Allein die westlichen Länder nutzen erneuerbare Energien, weil sie wohlhabend sind. Wohlhabende Länder wurden nicht über Nacht wohlhabend. Jahrhunderte der Entwicklung eines freien Handels, der Demokratie, der Kreativität, der Ressourcennutzung und der Eigentumsrechte haben die Erschaffung von Wohlstand möglich gemacht. Es sind nicht die Regierungen, kollektive oder internationale Verträge gewesen, die der Schaffung von Wohlstand zugrunde liegen. Individuen haben den Wohlstand geschaffen. Indem er den armen Ländern den Zugang zu fossilen Treibstoffen verwehrt, verdammt Papst Franziskus sie zu ewiger Armut mit der damit verbundenen Krankheit, Kurzlebigkeit und Arbeitslosigkeit.

In seiner zweiten Enzyklika, *Laudato Si'*, scheint der Papst der neuen Umweltreligion vollständig auf den Leim gegangen zu sein. Die Enzyklika ist eine enthusiastisch gegen Entwicklung und Märkte gerichtete Umarmung der globalen grünlinken Umweltideologie. Viele der 40.000 Worte der Enzyklika sind ein Angriff auf die freien Märkte. Dieses wird als religiöse Belehrung der größten Kirche der Welt verkleidet. Ich bin mir sicher, dass Papst Franziskus die Parabel von den Talenten in Matthäus 25:14-30 nur zu gut bekannt ist.

Es mag sein, dass der Papst versucht, besonders unter jungen Menschen den Römischen Katholizismus wiederzubeleben, indem er sich als Umweltpopulist darstellt und dass er möchte, dass seine Enzyklika ein Teil der katholischen Lehre sei. Die Enzyklika hat die Absicht, ein belehrender Brief zu sein, in dem der Papst als moralischer und spiritueller Führer spricht, aber nicht als Wissenschaftler oder Politiker. Die Enzyklika soll keine öffentliche Politik-Leitlinie sein[687], aber sie ist es. Die meisten Enzykliken handeln von der Hoffnung[688], während *Laudato Si'* tatsächlich eine deprimierende Weltuntergangs-Sicht der Zukunft ist, ein Zug, der durch das Fehlen von Beweisen, Wissenschaft und einer Erwägung der Ungewissheit verstärkt wird.

Der Papst äußert Sorge um die Armen und bietet doch nur Begrenzungen, die die Armen noch ärmer machen würden.[689] Es gibt in der Enzyklika keine wissenschaftlichen Referenzen, obwohl sie in wesentlichen Teilen von Wissenschaft handelt und obwohl sie versucht, unter Bezug auf Wissenschaft Aussagen über die Zukunft zu machen.[690]

Die Enzyklika warnt vor dem „Weltuntergang". Sie wurde zu einer Zeit geschrieben, als im mittleren Osten Hunderttausende von Christen tatsächlich den Weltuntergang erleben müssen. Christen werden berechnender Schlachtung

---

687 *Laudato Si'*, Paragraph 118
688 *Laudato Si'*, Paragraph 13
689 *Laudato Si'*, Paragraph 52
690 *Laudato Si'*, Paragraph 23

zugeführt, Enthauptung, Folter, Entführung, Sklaverei und Vergewaltigung durch Islamisten. Dieses ist das tatsächliche Weltuntergangsszenario, von dem der Papst nichts schreibt.

Der Papst hat nur einer kleinen Gruppe grünlinker Umweltaktivisten zugehört, von denen einige den Kommunismus innig umarmen. Der Papst war sehr schlecht beraten. Eindeutig hat er eminente Personen mit gegenläufigen Beweisen und Schlussfolgerungen nicht konsultiert. Er hat konservative christliche Wissenschaftler nicht befragt. Die Enzyklika leistet Vorschub für den roten Faden, der sich durch die ganze grünlinke umweltaktistische Bewegung zieht. Dieser rote Faden ist Täuschung. Ob in der wissenschaftlichen Methode, den wissenschaftlichen Veröffentlichungen, den Berichten der Medien oder der Politisierung, Täuschung ist immer dabei. Wenn eine Ideologie nicht ohne Täuschung oder Irreführung propagiert werden kann, dann sollte sie aufgegeben werden. Die Enzyklika wird den Tag überleben, aber aus den falschen Gründen.

Grünlinke Umweltaktivisten haben bewiesen, dass sie gemeine, heimtückische, schamlose Lügner sind, die vulgär, feige, gegen die Umwelt eingestellt und kenntnislos sind. Ihre Befürwortung der Prinzipien des Kommunismus sollte jeden erschaudern lassen, der ein Verständnis von Geschichte hat oder durch diese Zeiten hindurch gelebt hat – einschließlich von Millionen europäischer Katholiken. Der Kommunismus ist als Ideologie anti-demokratisch. Er ist gegen den Menschen eingestellt. Er ist dem Katholizismus gänzlich entgegengesetzt.

Die grünlinken Umweltaktivisten sind gegen Industrie, gegen Kapitalismus, gegen Werbung, gegen Verkauf, gegen Eigentum, gegen Profit, gegen Patriotismus, gegen die Monarchie, gegen das Imperium, gegen die Polizei, gegen die Armee, gegen die Atombombe, gegen Autorität und gegen das Christentum. Sie sind gegen fast alles, was die Welt hat freier, sicherer und wohlhabender werden lassen.

Politiker wollen uns glauben machen, dass sie uns vor dem Untergang bewahren. Religiöse Führer wie der Papst wollen die Konzepte der Erbsünde und der Busse verstärken. Grünlinke Umweltaktivisten sehen industriellen Fortschritt als Sünde und denken, das Busse durch Aufgabe aller Wohltaten der modernen Welt getan wird. Einige Wirtschaftsführer wollen, dass der Steuerzahler die teuren, unbewiesenen grünen Technologien subventioniert. Klimawissenschaftler wollen, dass diese vom Steuerzahler finanzierte Geld-Macht-Maschine ihnen immer weiter gibt. Der Papst hatte die Gelegenheit, Führung zu zeigen. Er versagte.

Weltweit ist der Lebensstandard gestiegen, die Menschen sind wohlhabender, weniger Menschen leben in erdrückender Armut und mehr Menschen haben Zugang zu Hygiene, sauberem Wasser und Elektrizität. Obwohl es noch viel zu erreichen gibt, ist der Zoll, den wir Krankheiten zahlen, geringer geworden, die Menschen leben länger, weniger Menschen werden von extremen Wetterereignissen umgebracht und es gibt keinen Anstieg wirtschaftlichen Schadens durch extreme Wetterereignisse. Alles in allem ist die Welt besser, als sie war. Ein geringer Anstieg des CO_2 in der Atmosphäre hat die Ernten verbessert, die bewaldete Fläche vergrößert und die Produktivität gesteigert. Der netto Einfluss einer geringen Steigerung des atmosphärischen CO_2 war für die Biosphäre wohltätig. Die Dritte Welt und die Entwicklungsländer müssen unbedingt aus der Armut kommen. Die Sorge des Papstes um die Armen der Welt wird zu nichts führen, wenn sie keinen Zugang zu sicherem Trinkwasser und erschwinglicher sowie verlässlicher Elektrizität fürs Heizen und Kochen haben. Die Armen sollten nicht länger an dem Rauch sterben, der beim Verbrennen von Dung, Zweigen und Blättern in den Hütten aufsteigt.

Nur wenn die Kinder in der Dritten Welt auch nachts Hausaufgaben machen können, indem sie billigen Kohlestrom verwenden, können Sie der Armut entkommen. In Abwesenheit von billigem Kohlestrom gibt es keine Elektrizität, um Wasser zu pumpen und Abwasser zu entsorgen. Getrennte, vernetzte Trinkwasser- und Abwassersysteme haben auf Erden mehr Leben gerettet, als irgend eine andere Erfindung.

Für heute und für voraussehbare Zeit können allein fossile Brennstoffe und Kernenergie bezahlbare und verlässliche Energie für die ganze Welt erzeugen. Man sollte dem Papst die Wahrheit gesagt haben und er sollte selbst nach der Wahrheit gesucht haben.

www.ingramcontent.com/pod-product-compliance
Ingram Content Group UK Ltd.
Pitfield, Milton Keynes, MK11 3LW, UK
UKHW020419250726
13967UKWH00007B/2717

9 781925 138924